suhrkamp taschenbuch
wissenschaft 605

Georg Wilhelm Friedrich Hegel
Werke 5

Georg Wilhelm Friedrich Hegel
Wissenschaft der Logik I

Erster Teil
Die objektive Logik
Erstes Buch

Suhrkamp

Auf Grundlage der *Werke* von 1832-1845 neu editierte Ausgabe
Redaktion Eva Moldenhauer und Karl Markus Michel

14. Auflage 2026

Erste Auflage 1986
suhrkamp taschenbuch wissenschaft 605

Umschlag nach Entwürfen von
Willy Fleckhaus und Rolf Staudt
Druck und Bindung: C. H. Beck, Nördlingen
Printed in Germany
ISBN 978-3-518-28205-2

Suhrkamp Verlag GmbH
Torstraße 44, 10119 Berlin
info@suhrkamp.de
www.suhrkamp.de

INHALT

Erster Teil
Die objektive Logik [Erstes Buch]

Erstes Buch
Die Lehre vom Sein

WISSENSCHAFT DER LOGIK I

ERSTER TEIL
DIE OBJEKTIVE LOGIK

Vorrede zur ersten Ausgabe

Die völlige Umänderung, welche die philosophische Denkweise seit etwa fünfundzwanzig Jahren unter uns erlitten, der höhere Standpunkt, den das Selbstbewußtsein des Geistes in dieser Zeitperiode über sich erreicht hat, hat bisher noch wenig Einfluß auf die Gestalt der *Logik* gehabt.

Dasjenige, was vor diesem Zeitraum Metaphysik hieß, ist sozusagen mit Stumpf und Stiel ausgerottet worden und aus der Reihe der Wissenschaften verschwunden. Wo lassen oder wo dürfen sich Laute der vormaligen Ontologie, der rationellen Psychologie, der Kosmologie oder selbst gar der vormaligen natürlichen Theologie noch vernehmen lassen? Untersuchungen, zum Beispiel über die Immaterialität der Seele, über die mechanischen und die Endursachen, wo sollten sie noch ein Interesse finden? Auch die sonstigen Beweise vom Dasein Gottes werden nur historisch oder zum Behufe der Erbauung und Gemütserhebung angeführt. Es ist dies ein Faktum, daß das Interesse teils am Inhalte, teils an der Form der vormaligen Metaphysik, teils an beiden zugleich verloren ist. So merkwürdig es ist, wenn einem Volke z. B. die Wissenschaft seines Staatsrechts, wenn ihm seine Gesinnungen, seine sittlichen Gewohnheiten und Tugenden unbrauchbar geworden sind, so merkwürdig ist es wenigstens, wenn ein Volk seine Metaphysik verliert, wenn der mit seinem reinen Wesen sich beschäftigende Geist kein wirkliches Dasein mehr in demselben hat.

Die exoterische Lehre der Kantischen Philosophie – daß der *Verstand die Erfahrung nicht überfliegen dürfe*, sonst werde das Erkenntnisvermögen *theoretische Vernunft*, welche für sich nichts als *Hirngespinste* gebäre – hat es von der wissenschaftlichen Seite gerechtfertigt, dem spekulativen Denken zu entsagen. Dieser populären Lehre kam das Geschrei der modernen Pädagogik, die Not der Zeiten, die den Blick auf das unmittelbare Bedürfnis richtet, entgegen, daß, wie für die Erkenntnis die Erfahrung das Erste, so für die Geschicklichkeit im öffentlichen und Privatleben theoretische Einsicht sogar schädlich und Übung und praktische Bildung überhaupt das Wesentliche, allein Förderliche sei. – Indem so die Wissenschaft und der gemeine Menschenverstand sich in die Hände arbeiteten, den Untergang der Metaphysik zu bewirken, so schien das sonderbare Schauspiel herbeigeführt zu werden, *ein gebildetes Volk ohne Metaphysik* zu sehen, – wie einen sonst mannigfaltig ausgeschmückten Tempel ohne Allerheiligstes. – Die Theologie, welche in früheren Zeiten die Bewahrerin der spekulativen Mysterien und der obzwar abhängigen Metaphysik war, hatte diese Wissenschaft gegen Gefühle, gegen das Praktisch-Populäre und gelehrte Historische aufgegeben. Welcher Veränderung entsprechend ist, daß anderwärts jene *Einsamen*, die von ihrem Volke aufgeopfert und aus der Welt ausgeschieden wurden, zu dem Zwecke, daß die Kontemplation des Ewigen und ein ihr allein dienendes Leben vorhanden sei – nicht um eines Nutzens, sondern um des Segens willen –, verschwanden; ein Verschwinden, das in einem anderen Zusammenhange dem Wesen nach als dieselbe Erscheinung wie das vorhin erwähnte betrachtet werden kann. – So daß, nach Vertreibung dieser Finsternisse, der farblosen Beschäftigung des in sich gekehrten Geistes mit sich selbst, das Dasein in die heitere Welt der Blumen verwandelt zu sein schien, unter denen es bekanntlich keine *schwarze* gibt.

Ganz so schlimm als der Metaphysik ist es der *Logik* nicht ergangen. Daß man durch sie *denken lerne,* was sonst für ihren Nutzen und damit für den Zweck derselben galt – gleichsam als ob man durch das Studium der Anatomie und Physiologie erst verdauen und sich bewegen lernen sollte –, dies Vorurteil hat sich längst verloren, und der Geist des Praktischen dachte ihr wohl kein besseres Schicksal zu als ihrer Schwester. Dessenungeachtet, wahrscheinlich um einigen formellen Nutzens willen, wurde ihr noch ein Rang unter den Wissenschaften gelassen, ja sie wurde selbst als Gegenstand des öffentlichen Unterrichts beibehalten. Dies bessere Los betrifft jedoch nur das äußere Schicksal; denn ihre Gestalt und Inhalt ist derselbe geblieben, als er sich durch eine lange Tradition fortgeerbt, jedoch in dieser Überlieferung immer mehr verdünnt und abgemagert hatte; der neue Geist, welcher der Wissenschaft nicht weniger als der Wirklichkeit aufgegangen ist, hat sich in ihr noch nicht verspüren lassen. Es ist aber ein für allemal vergebens, wenn die substantielle Form des Geistes sich umgestaltet hat, die Formen früherer Bildung erhalten zu wollen; sie sind welke Blätter, welche von den neuen Knospen, die an ihren Wurzeln schon erzeugt sind, abgestoßen werden.

Mit dem *Ignorieren* der allgemeinen Veränderung fängt es nachgerade an, auch im Wissenschaftlichen auszugehen. Unbemerkterweise sind selbst den Gegnern die anderen Vorstellungen geläufig und eigen geworden, und wenn sie gegen deren Quelle und Prinzipien fortdauernd spröde tun und sich widersprechend dagegen benehmen, so haben sie dafür die Konsequenzen sich gefallen lassen und des Einflusses derselben sich nicht zu erwehren vermocht; zu ihrem immer unbedeutender werdenden negativen Verhalten wissen sie sich auf keine andere Weise eine positive Wichtigkeit und einen Inhalt zu geben, als daß sie in den neuen Vorstellungsweisen mitsprechen.

Von der andern Seite scheint die Zeit der Gärung, mit der eine neue Schöpfung beginnt, vorbei zu sein. In ihrer ersten Erscheinung pflegt eine solche sich mit fanatischer Feindseligkeit gegen die ausgebreitete Systematisierung des früheren Prinzips zu verhalten, teils auch furchtsam zu sein, sich in der Ausdehnung des Besonderen zu verlieren, teils aber die Arbeit, die zur wissenschaftlichen Ausbildung erfordert wird, zu scheuen und im Bedürfnisse einer solchen zuerst zu einem leeren Formalismus zu greifen. Die Anforderung der Verarbeitung und Ausbildung des Stoffes wird nun um so dringender. Es ist eine Periode in der Bildung einer Zeit, wie in der

Bildung des Individuums, wo es vornehmlich um Erwerbung und Behauptung des Prinzips in seiner unentwickelten Intensität zu tun ist. Aber die höhere Forderung geht darauf, daß es zur Wissenschaft werde.

Was nun auch für die Sache und für die Form der Wissenschaft bereits in sonstiger Rücksicht geschehen sein mag, – die logische Wissenschaft, welche die eigentliche Metaphysik oder reine spekulative Philosophie ausmacht, hat sich bisher noch sehr vernachlässigt gesehen. Was ich unter dieser Wissenschaft und ihrem Standpunkte näher verstehe, habe ich in der *Einleitung* vorläufig angegeben. Die Notwendigkeit, mit dieser Wissenschaft wieder einmal von vorne anzufangen, die Natur des Gegenstandes selbst und der Mangel an Vorarbeiten, welche für die vorgenommene Umbildung hätten benutzt werden können, mögen bei billigen Beurteilern in Rücksicht kommen, wenn auch eine vieljährige Arbeit diesem Versuche nicht eine größere Vollkommenheit geben konnte. – Der wesentliche Gesichtspunkt ist, daß es überhaupt um einen neuen Begriff wissenschaftlicher Behandlung zu tun ist. Die Philosophie, indem sie Wissenschaft sein soll, kann, wie ich anderwärts erinnert habe*, hierzu ihre Methode nicht von einer untergeordneten Wissenschaft, wie die Mathematik ist, borgen, sowenig als es bei kategorischen Versicherungen innerer Anschauung bewenden lassen oder sich des Räsonnements aus Gründen der äußeren Reflexion bedienen. Sondern es kann nur *die Natur des Inhalts* sein, welche sich im wissenschaftlichen Erkennen *bewegt*, indem zugleich diese *eigene Reflexion* des Inhalts es ist, *welche seine Bestimmung* selbst erst setzt und *erzeugt*.

Der *Verstand bestimmt* und hält die Bestimmungen fest; die *Vernunft* ist negativ und *dialektisch*, weil sie die Bestimmungen des Verstands in nichts auflöst; sie ist *positiv*, weil sie das *Allgemeine* erzeugt und das Besondere darin begreift.

* *Phänomenologie des Geistes*, Vorrede zur ersten Ausgabe. – Die eigentliche Ausführung ist die Erkenntnis der Methode und hat ihre Stelle in der Logik selbst. [→ Bd. 3, S. 40 ff.]

Wie der Verstand als etwas Getrenntes von der Vernunft überhaupt, so pflegt auch die dialektische Vernunft als etwas Getrenntes von der positiven Vernunft genommen zu werden. Aber in ihrer Wahrheit ist die Vernunft *Geist*, der höher als beides, verständige Vernunft oder vernünftiger Verstand ist. Er ist das Negative, dasjenige, welches die Qualität sowohl der dialektischen Vernunft als des Verstandes ausmacht; – er negiert das Einfache, so setzt er den bestimmten Unterschied des Verstandes; er löst ihn ebensosehr auf, so ist er dialektisch. Er hält sich aber nicht im Nichts dieses Resultates, sondern ist darin ebenso positiv und hat so das erste Einfache damit hergestellt, aber als Allgemeines, das in sich konkret ist; unter dieses wird nicht ein gegebenes Besonderes subsumiert, sondern in jenem Bestimmen und in der Auflösung desselben hat sich das Besondere schon mit bestimmt. Diese geistige Bewegung, die sich in ihrer Einfachheit ihre Bestimmtheit und in dieser ihre Gleichheit mit sich selbst gibt, die somit die immanente Entwicklung des Begriffes ist, ist die absolute Methode des Erkennens und zugleich die immanente Seele des Inhalts selbst. – Auf diesem sich selbst konstruierenden Wege allein, behaupte ich, ist die Philosophie fähig, objektive, demonstrierte Wissenschaft zu sein. – In dieser Weise habe ich das *Bewußtsein* in der *Phänomenologie des Geistes* darzustellen versucht. Das Bewußtsein ist der Geist als konkretes, und zwar in der Äußerlichkeit befangenes Wissen; aber die Fortbewegung dieses Gegenstandes beruht allein, wie die Entwicklung alles natürlichen und geistigen Lebens, auf der Natur der *reinen Wesenheiten*, die den Inhalt der Logik ausmachen. Das Bewußtsein, als der erscheinende Geist, welcher sich auf seinem Wege von seiner Unmittelbarkeit und äußerlichen Konkretion befreit, wird zum reinen Wissen, das sich jene reinen Wesenheiten selbst, wie sie an und für sich sind, zum Gegenstand gibt. Sie sind die reinen Gedanken, der sein Wesen denkende Geist. Ihre Selbstbewegung ist ihr geistiges Leben und ist das, wodurch sich die Wissenschaft konstituiert und dessen Darstellung sie ist.

Es ist hiermit die Beziehung der Wissenschaft, die ich *Phänomenologie des Geistes* nenne, zur Logik angegeben. – Was das äußerliche Verhältnis betrifft, so war dem ersten Teil *des Systems der Wissenschaft**, der die Phänomenologie enthält, ein zweiter Teil zu folgen bestimmt, welcher die Logik und die beiden realen Wissenschaften der Philosophie, die Philosophie der Natur und die Philosophie des Geistes, enthalten sollte und das System der Wissenschaft beschlossen haben würde. Aber die notwendige Ausdehnung, welche die Logik für sich erhalten mußte, hat mich veranlaßt, diese besonders ans Licht treten zu lassen; sie macht also in einem erweiterten Plane die erste Folge zur Phänomenologie des Geistes aus. Späterhin werde ich die Bearbeitung der beiden genannten realen Wissenschaften der Philosophie folgen lassen. – Dieser erste Band der Logik aber enthält als erstes Buch *die Lehre vom Sein*; das zweite Buch, *die Lehre vom Wesen*, als zweite Abteilung des ersten Bandes[1]; der zweite Band aber wird die *subjektive Logik* oder die *Lehre vom Begriff* enthalten.

Nürnberg, den 22. März 1812

* (Bamberg und Würzburg bei Göbhard 1807.) Dieser Titel wird der zweiten Ausgabe, die auf nächste Ostern erscheinen wird, nicht mehr beigegeben werden. – An die Stelle des im folgenden erwähnten Vorhabens eines zweiten Teils, der die sämtlichen anderen philosophischen Wissenschaften enthalten sollte, habe ich seitdem die *Enzyklopädie der philosophischen Wissenschaften,* voriges Jahr in der dritten Ausgabe, ans Licht treten lassen. [Anm. 1831]

---

1 in A lautet dieser Satz vollständig: »das zweite Buch ... ist bereits unter der Presse«

Vorrede zur zweiten Ausgabe

An diese neue Bearbeitung der Wissenschaft der Logik, wovon hiermit der erste Band erscheint, bin ich wohl mit dem ganzen Bewußtsein sowohl der Schwierigkeit des Gegenstandes für sich und dann seiner Darstellung als der Unvollkommenheit, welche die Bearbeitung desselben in der ersten Ausgabe an sich trägt, gegangen; sosehr ich nach weiterer vieljähriger Beschäftigung mit dieser Wissenschaft bemüht gewesen, dieser Unvollkommenheit abzuhelfen, so fühle ich, noch Ursache genug zu haben, die Nachsicht des Lesers in Anspruch zu nehmen. Ein Titel solchen Anspruchs aber zunächst darf wohl auf den Umstand gegründet werden, daß sich für den Inhalt vornehmlich nur äußerliches Material in der früheren Metaphysik und Logik vorgefunden hat. So allgemein und häufig dieselben, die letztere noch bis auf unsere Zeiten fort, getrieben worden, sowenig hat solche Bearbeitung die spekulative Seite betroffen; vielmehr ist im Ganzen dasselbe Material wiederholt, abwechselnd bald bis zu trivialer Oberflächlichkeit verdünnt, bald der alte Ballast umfangreicher von neuem hervorgeholt und mitgeschleppt worden, so daß durch solche, häufig ganz nur mechanische Bemühungen dem philosophischen Gehalt kein Gewinn zuwachsen konnte. Das Reich des Gedankens philosophisch, d. i. in seiner eigenen immanenten Tätigkeit oder, was dasselbe ist, in seiner notwendigen Entwicklung darzustellen, mußte deswegen ein neues Unternehmen sein und dabei von vorne angefangen werden; jenes erworbene Material, die bekannten Denkformen, aber ist als eine höchst wichtige Vorlage, ja eine notwendige Bedingung [und] dankbar anzuerkennende Voraussetzung anzusehen, wenn dieselbe auch nur hie und da einen dürren Faden oder die leblosen Knochen eines Skeletts, sogar in Unordnung untereinander geworfen, dargibt.

Die Denkformen sind zunächst in der *Sprache* des Menschen herausgesetzt und niedergelegt; es kann in unseren Tagen nicht oft genug daran erinnert werden, daß das, wodurch sich der Mensch vom Tiere unterscheidet, das Denken ist. In alles, was ihm zu einem Innerlichen, zur Vorstellung überhaupt wird, was er zu dem Seinigen macht, hat sich die Sprache eingedrängt, und was er zur Sprache macht und in ihr äußert, enthält eingehüllter, vermischter oder herausgearbeitet eine Kategorie; so sehr natürlich ist ihm das Logische, oder vielmehr: dasselbige ist seine eigentümliche *Natur* selbst. Stellt man aber die Natur überhaupt, als das Physikalische, dem Geistigen gegenüber, so müßte man sagen, daß das Logische vielmehr das Übernatürliche ist, welches sich in alles Naturverhalten des Menschen, in sein Empfinden, Anschauen, Begehren, Bedürfnis, Trieb eindrängt und es dadurch überhaupt zu einem Menschlichen, wenn auch nur formell, zu Vorstellungen und Zwecken macht. Es ist der Vorteil einer Sprache, wenn sie einen Reichtum an logischen Ausdrücken, nämlich eigentümlichen und abgesonderten, für die Denkbestimmungen selbst besitzt; von den Präpositionen, Artikeln gehören schon viele solchen Verhältnissen an, die auf dem Denken beruhen; die chinesische Sprache soll es in ihrer Ausbildung gar nicht oder nur dürftig bis dahin gebracht haben; aber diese Partikeln treten ganz dienend, nur etwas weniges abgelöster als die Augmente, Flexionszeichen u. dgl. auf. Viel wichtiger ist es, daß in einer Sprache die Denkbestimmungen zu Substantiven und Verben herausgestellt und so zur gegenständlichen Form gestempelt sind; die deutsche Sprache hat darin viele Vorzüge vor den anderen modernen Sprachen; sogar sind manche ihrer Wörter von der weiteren Eigenheit, verschiedene Bedeutungen nicht nur, sondern entgegengesetzte zu haben, so daß darin selbst ein spekulativer Geist der Sprache nicht zu verkennen ist; es kann dem Denken eine Freude gewähren, auf solche Wörter zu stoßen und die Vereinigung Entgegengesetzter, welches Resultat der Spekulation für den Verstand aber widersinnig ist, auf naive Weise schon lexikalisch als *ein* Wort von den entgegengesetzten Bedeutungen vorzufinden. Die Philosophie bedarf daher überhaupt keiner besonderen Terminologie; es sind wohl aus fremden Sprachen einige Wörter aufzunehmen, welche jedoch durch den Gebrauch bereits das Bürgerrecht in ihr erhalten haben, – ein affektierter Purismus würde da, wo es am entschiedensten auf die Sache ankommt, am wenigsten am Platze sein. – Das Fortschreiten der Bildung überhaupt und insbesondere der Wissenschaften, selbst der empirischen und sinnlichen, indem sie im allgemeinen sich in den gewöhnlichsten Kategorien (z. B. eines Ganzen und der Teile, eines Dinges und seiner Eigenschaften und dergleichen) bewegen, fördert nach und nach auch höhere Denkverhältnisse zutage oder hebt sie wenigstens zu größerer Allgemeinheit und damit zu näherer Aufmerksamkeit hervor. Wenn z. B. in der Physik die Denkbestimmung der *Kraft* vorherrschend geworden ist, so spielt in neuerer Zeit die Kategorie der *Polarität*, die übrigens zu sehr *à tort et à travers* in alles, selbst in das Licht eingedrängt wird, die bedeutendste Rolle, – die Bestimmung von einem Unterschiede, in welchem die Unterschiedenen *untrennbar* verbunden sind; daß auf solche Weise von der Form der Abstraktion, der Identität, durch welche eine Bestimmtheit z. B. als Kraft eine Selbständigkeit erhält, fortgegangen [wird] und die Form des Bestimmens, des Unterschiedes, welcher zugleich als ein Untrennbares in der Identität bleibt, herausgehoben und eine geläufige Vorstellung geworden [ist], ist von unendlicher Wichtigkeit. Die Naturbetrachtung bringt durch die Realität, in welcher ihre Gegenstände sich festhalten, dieses Zwingende mit sich, die Kategorien, die in ihr nicht länger ignoriert werden können, wenn auch mit der größten Inkonsequenz gegen andere, die *auch* geltend gelassen werden, zu fixieren und es nicht zu gestatten, daß, wie im Geistigen leichter geschieht, zu Abstraktionen von dem Gegensatze und zu Allgemeinheiten übergegangen wird.

Aber indem so die logischen Gegenstände wie deren Ausdrücke etwa in der Bildung Allbekanntes sind, so ist, wie ich anderwärts gesagt[1], was *bekannt* ist, darum nicht *erkannt*; und es kann selbst die Ungeduld erregen, sich noch mit Bekanntem beschäftigen zu sollen, – und was ist bekannter als eben die Denkbestimmungen, von denen wir allenthalben Gebrauch machen, die uns in jedem Satze, den wir sprechen, zum Munde herausgehen. Über den Gang des Erkennens von diesem Bekannten aus, über das Verhältnis des wissenschaftlichen Denkens zu diesem natürlichen Denken die allgemeinen Momente anzugeben, soll dieses Vorwort bestimmt sein; so viel, zusammengenommen mit dem, was die frühere *Einleitung* enthält, wird hinreichend sein, um eine allgemeine Vorstellung, wie man eine solche von einer Wissenschaft zum voraus, vor derselben, welche die Sache selbst ist, zu erhalten fordert, von dem Sinne des logischen Erkennens zu geben.

Zunächst ist es als ein unendlicher Fortschritt anzusehen, daß die Formen des Denkens von dem Stoffe, in welchen sie im selbstbewußten Anschauen, Vorstellen wie in unserem Begehren und Wollen oder vielmehr auch in dem vorstellenden Begehren und Wollen (und es ist kein menschliches Begehren oder Wollen ohne Vorstellen) versenkt sind, befreit, diese Allgemeinheiten für sich herausgehoben und, wie *Platon*, dann aber *Aristoteles* vornehmlich getan, zum Gegenstande der Betrachtung für sich gemacht worden [sind]; dies gibt den Anfang des Erkennens derselben. »Erst nachdem beinahe alles Notwendige«, sagt Aristoteles, »und was zur Bequemlichkeit und zum Verkehr des Lebens gehört, vorhanden war, hat man angefangen, sich um philosophische Erkenntnis zu bemühen.«[2] »In Ägypten«, hatte er vorher bemerkt, »sind die mathematischen Wissenschaften früh aus-

---

1 *Phänomenologie des Geistes* (→ Bd. 2, S. 35): »Das Bekannte ist darum, weil es *bekannt* ist, nicht *erkannt*.«
2 *Metaphysik* I, 2, 982 b

gebildet worden, weil daselbst der Priesterstand früh in die Lage versetzt worden, Muße zu haben.«[3] – In der Tat setzt das Bedürfnis, sich mit den reinen Gedanken zu beschäftigen, einen weiten Gang voraus, den der Menschengeist durchgemacht haben muß; es ist, kann man sagen, das Bedürfnis[4] des schon befriedigten Bedürfnisses der Notwendigkeit, der Bedürfnislosigkeit, zu dem er gekommen sein muß, der Abstraktion von dem Stoffe des Anschauens, Einbildens usf., der konkreten Interessen des Begehrens, der Triebe, des Willens, in welchem Stoffe die Denkbestimmungen eingehüllt stecken. In den stillen Räumen des zu sich selbst gekommenen und nur in sich seienden Denkens schweigen die Interessen, welche das Leben der Völker und der Individuen bewegen. »Nach sò vielen Seiten«, sagt Aristoteles in demselben Zusammenhange, »ist die Natur des Menschen abhängig; aber diese Wissenschaft, die nicht zu einem Gebrauche gesucht wird, ist allein die an und für sich freie, und sie scheint darum nicht ein menschlicher Besitz zu sein.«[5] – Die Philosophie überhaupt hat es noch mit konkreten Gegenständen, Gott, Natur, Geist, in ihren Gedanken zu tun, aber die Logik beschäftigt sich ganz nur mit diesen für sich in ihrer vollständigen Abstraktion. Diese Logik pflegt darum dem Studium der Jugend zunächst anheimzufallen, als welche noch nicht in die Interessen des konkreten Lebens eingetreten ist, in der Muße in Rücksicht derselben lebt und nur erst für ihren subjektiven Zweck mit der Erwerbung der Mittel und der Möglichkeit, in den Objekten jener Interessen tätig zu werden, sich – und mit diesen selbst noch theoretisch – zu beschäftigen hat[6]. Unter diese *Mittel* wird im Widerspiele von der angeführten Vorstellung des Aristoteles die logische Wissenschaft gerechnet; die Bemühung mit der-

3 ebenda I, 1, 981 b
4 B: »es ist das Bedürfnis«
5 *Metaphysik* I, 2, 982 b
6 B: »sich zu beschäftigen hat«

selben ist eine vorläufige Arbeit, ihr Ort die Schule, auf welche erst der Ernst des Lebens und die Tätigkeit für die wahrhaften Zwecke folgen soll. Im Leben geht es zum *Gebrauch* der Kategorien; sie werden von der Ehre, für sich betrachtet zu werden, dazu herabgesetzt, in dem geistigen Betrieb lebendigen Inhalts in dem Erschaffen und Auswechseln der darauf bezüglichen Vorstellungen zu *dienen* – teils als *Abbreviaturen* durch ihre Allgemeinheit; denn welche unendliche Menge von Einzelheiten des äußerlichen Daseins und der Tätigkeit faßt die Vorstellung: Schlacht, Krieg, Volk oder Meer, Tier usf. in sich zusammen; wie ist in der Vorstellung: Gott oder Liebe usf. in die *Einfachheit* solchen Vorstellens eine unendliche Menge von Vorstellungen, Tätigkeit, Zuständen usf. epitomiert!, – teils zur näheren Bestimmung und Findung der *gegenständlichen Verhältnisse*, wobei aber Gehalt und Zweck, die Richtigkeit und Wahrheit des sich einmischenden Denkens ganz von dem Vorhandenen selbst abhängig gemacht ist und den Denkbestimmungen für sich keine inhaltbestimmende Wirksamkeit zugeschrieben wird. Solcher Gebrauch der Kategorien, der vorhin die natürliche Logik genannt worden ist, ist bewußtlos; und wenn ihnen in wissenschaftlicher Reflexion das Verhältnis, als Mittel zu dienen, im Geiste angewiesen wird, so wird das Denken überhaupt zu etwas den anderen geistigen Bestimmungen Untergeordnetem gemacht. Von unseren Empfindungen, Trieben, Interessen sagen wir nicht wohl, daß sie uns dienen, sondern sie gelten als selbständige Kräfte und Mächte, so daß wir dies selbst sind, so zu empfinden, dies zu begehren und zu wollen, in dies unser Interesse zu legen. Aber wieder kann es vielmehr unser Bewußtsein werden, daß wir im Dienste unserer Gefühle, Triebe, Leidenschaften, Interessen, ohnehin von Gewohnheiten stehen, als daß wir sie im Besitz haben, noch weniger, daß sie bei unserer innigen Einheit mit ihnen uns als Mittel dienen. Dergleichen Bestimmungen des Gemüts und Geistes zeigen sich uns bald als *besondere* im Gegensatze gegen die *Allgemeinheit*, als die wir uns bewußt werden, in der wir unsere Freiheit haben, und [wir] halten dafür, in diesen Besonderheiten vielmehr befangen zu sein, von ihnen beherrscht zu werden. Sonach können wir dann viel weniger dafür halten, daß die Denkformen, die sich durch alle unsere Vorstellungen – diese seien bloß theoretisch oder enthalten einen Stoff, der der Empfindung, dem Triebe, dem Willen angehört – hindurchziehen, uns dienen, daß wir sie und sie nicht vielmehr uns im Besitz haben; was ist *uns* übrig gegen sie, wie sollen *wir*, *ich* mich als das Allgemeinere *über* sie hinausstellen, sie, die selbst das Allgemeine als solches sind? Wenn wir uns in eine Empfindung, Zweck, Interesse legen und uns darin beschränkt, unfrei fühlen, so ist der Ort, in den wir [uns] daraus heraus- und in die Freiheit zurückzuziehen vermögen, dieser Ort der Gewißheit seiner selbst, der reinen Abstraktion, des Denkens. Oder ebenso, wenn wir von den *Dingen* sprechen wollen, so nennen wir die *Natur* oder das *Wesen* derselben ihren *Begriff*, und dieser ist nur für das Denken; von den Begriffen der Dinge aber werden wir noch viel weniger sagen, daß wir sie beherrschen oder daß die Denkbestimmungen, von denen sie der Komplex sind, uns dienen; im Gegenteil muß sich unser Denken nach ihnen beschränken, und unsere Willkür oder Freiheit soll sie nicht nach sich zurichten wollen. Insofern also das subjektive Denken unser eigenstes, innerlichstes Tun ist und der objektive Begriff der Dinge die Sache selbst ausmacht, so können wir aus jenem Tun nicht heraus sein, nicht über demselben stehen, und ebensowenig können wir über die Natur der Dinge hinaus. Von der letzteren Bestimmung jedoch können wir absehen; sie fällt mit der ersteren insofern zusammen, da sie eine Beziehung unserer Gedanken auf die Sache, aber nur etwas Leeres ergäbe, weil die Sache damit als Regel für unsere Begriffe aufgestellt werden würde, aber eben die Sache für uns nichts anderes als unsere Begriffe von ihr sein kann. Wenn die kritische Philosophie das Verhälnis dieser drei *terminorum* so versteht, daß wir *die Gedanken* zwischen *uns* und *die Sachen* als Mitte stellen in dem Sinne, daß diese Mitte *uns* von den *Sachen* vielmehr abschließt, statt uns mit denselben zusammenzuschließen, so ist dieser Ansicht die einfache Bemerkung entgegenzusetzen, daß eben diese Sachen, die jenseits unserer und jenseits der sich auf sie beziehenden Gedanken auf dem anderen Extreme stehen sollen, selbst Gedankendinge und, als ganz unbestimmte, nur *ein* Gedankending, – das sogenannte Ding-an-sich der leeren Abstraktion selbst sind.

Doch dies mag für den Gesichtspunkt genügen, aus welchem das Verhältnis verschwindet, nach welchem die Denkbestimmungen nur als zum Gebrauch und als Mittel genommen werden; wichtiger ist das weiter damit Zusammenhängende, nach welchem sie als äußere Formen gefaßt zu werden pflegen. – Die uns alle Vorstellungen, Zwecke, Interessen und Handlungen durchwirkende Tätigkeit des Denkens ist, wie gesagt, bewußtlos geschäftig (die natürliche Logik); was unser Bewußtsein vor sich hat, ist der Inhalt, die Gegenstände der Vorstellungen, das, womit das Interesse erfüllt ist; die Denkbestimmungen gelten nach diesem Verhältnis als *Formen*, die nur *an dem Gehalt*, nicht der Gehalt selbst seien. Wenn es aber an dem ist, was vorhin angegeben worden und was sonst im allgemeinen zugestanden wird, daß die *Natur*, das eigentümliche *Wesen*, das wahrhaft *Bleibende* und *Substantielle* bei der Mannigfaltigkeit und Zufälligkeit des Erscheinens und der vorübergehenden Äußerung der *Begriff* der Sache, *das in ihr selbst Allgemeine* ist, wie jedes menschliche Individuum, [ob]zwar ein unendlich eigentümliches, das Prius aller seiner Eigentümlichkeit darin, *Mensch* zu sein, in sich hat, wie jedes einzelne Tier das Prius, *Tier* zu sein, so wäre nicht zu sagen, was, wenn diese Grundlage aus dem mit noch so vielfachen sonstigen Prädikaten Ausgerüsteten weggenommen würde, ob sie gleich wie die anderen ein Prädikat genannt werden kann, – was so ein Individuum noch sein sollte. Die unerläßliche Grundlage, der Begriff, das Allgemeine, das der Gedanke, insofern man nur von der Vorstellung bei dem Worte »Gedanke« abstrahieren kann, selbst ist, kann nicht *nur* als eine gleichgültige Form, die *an* einem Inhalte sei, angesehen werden. Aber diese Gedanken aller natürlichen und geistigen Dinge, selbst der substantielle *Inhalt,* sind noch ein solcher, der vielfache Bestimmtheiten enthält und noch den Unterschied einer Seele und eines Leibes, des Begriffs und einer relativen Realität an ihm hat; die tiefere Grundlage ist die Seele für sich, der reine Begriff, der das Innerste der Gegenstände, ihr einfacher Lebenspuls, wie selbst des subjektiven Denkens derselben ist. Diese *logische* Natur, die den Geist beseelt, in ihm treibt und wirkt, zum Bewußtsein zu bringen, dies ist die Aufgabe. Das instinktartige Tun unterscheidet sich von dem intelligenten und freien Tun dadurch überhaupt, daß dieses mit Bewußtsein geschieht; indem der Inhalt des Treibenden heraus aus der unmittelbaren Einheit mit dem Subjekte zur Gegenständlichkeit vor dieses gebracht ist, beginnt die Freiheit des Geistes, der in dem instinktweisen Wirken des Denkens, befangen in den Banden seiner Kategorien, in einen unendlich mannigfachen Stoff zersplittert ist. In diesem Netze schürzen sich hin und wieder festere Knoten, welche die Anhalts- und Richtungspunkte seines Lebens und Bewußtseins sind, sie verdanken ihre Festigkeit und Macht eben dem, daß sie, vor das Bewußtsein gebracht, an und für sich seiende Begriffe seiner Wesenheit sind. Der wichtigste Punkt für die Natur des Geistes ist das Verhältnis nicht nur dessen, was er *an sich* ist, zu dem, was er *wirklich* ist, sondern dessen, als was er *sich weiß*; dieses Sichwissen ist darum, weil er wesentlich Bewußtsein [ist], Grundbestimmung seiner *Wirklichkeit.* Diese Kategorien, die nur instinktmäßig als Triebe wirksam sind und zunächst vereinzelt, damit veränderlich und sich verwirrend in das Bewußtsein des Geistes gebracht [sind] und ihm so eine vereinzelte und unsichere Wirklichkeit gewähren, zu reinigen und ihn damit in ihnen zur Freiheit und Wahrheit zu erheben, dies ist also das höhere logische Geschäft.

Was wir als Anfang der Wissenschaft, dessen hoher Wert für sich und zugleich als Bedingung der wahrhaften Erkenntnis vorhin anerkannt worden ist, angaben, die Begriffe und die Momente des Begriffs überhaupt, die Denkbestimmungen zunächst als Formen, die von dem Stoffe verschieden und nur an ihm seien, zu behandeln, dies gibt sich sogleich an sich selbst als ein zur Wahrheit, die als Gegenstand und Zweck der Logik angegeben wird, unangemessenes Verhalten kund. Denn so als bloße Formen, als verschieden von dem Inhalte, werden sie in einer Bestimmung stehend angenommen, die sie zu endlichen stempelt und die Wahrheit, die in sich unendlich ist, zu fassen unfähig macht. Mag das Wahre sonst, in welcher Rücksicht es sei, wieder mit Beschränkung und Endlichkeit vergesellschaftet sein, – dies ist die Seite seiner Negation, seiner Unwahrheit und Unwirklichkeit, eben seines Endes, nicht der Affirmation, welche es als Wahres ist. Gegen die Kahlheit der bloß formellen Kategorien hat der Instinkt der gesunden Vernunft sich endlich so erstarkt gefühlt, daß er ihre Kenntnis mit Verachtung dem Gebiete einer Schullogik und Schulmetaphysik überläßt, zugleich mit der Mißachtung des Wertes, den schon das Bewußtsein dieser Fäden für sich hat, und mit der Bewußtlosigkeit, in dem instinktartigen Tun natürlicher Logik, noch mehr in dem reflektierten Verwerfen der Kenntnis und Erkenntnis der Denkbestimmungen selbst, im Dienste des ungereinigten und damit unfreien Denkens gefangen zu sein. Die einfache Grundbestimmung oder gemeinschaftliche Formbestimmung der Sammlung solcher Formen ist die *Identität,* die als Gesetz, als A = A, als Satz des Widerspruchs in der Logik dieser Sammlung behauptet wird. Die gesunde Vernunft hat ihre Ehrerbietung vor der Schule, die im Besitze solcher Gesetze der Wahrheit [ist] und in der sie noch immer so fortgeführt werden, so sehr verloren, daß sie dieselbe darob verlacht und einen Menschen, der nach solchen Gesetzen wahrhaft zu sprechen weiß: »die Pflanze ist eine – Pflanze«, »die Wissenschaft ist – die Wissenschaft« *und so fort ins Unendliche*, für unerträglich hält. Über die Formeln auch, welche die Regeln des Schließens [angeben], das in der Tat ein Hauptgebrauch des Verstandes ist, hat sich – so ungerecht es ist zu verkennen, daß sie ihr Feld in der Erkenntnis haben, worin sie gelten müssen, und zugleich, daß sie wesentliches Material für das Denken der Vernunft sind – das ebenso gerechte Bewußtsein festgesetzt, daß sie gleichgültige Mittel wenigstens ebensosehr des Irrtums und der Sophisterei sind und, wie man auch sonst die Wahrheit bestimmen mag, für die höhere, z. B. die religiöse Wahrheit unbrauchbar sind, – daß sie überhaupt nur eine Richtigkeit der Erkenntnisse, nicht die Wahrheit betreffen.

Die Unvollständigkeit dieser Weise, das Denken zu betrachten, welche die Wahrheit auf der Seite läßt, ist allein dadurch zu ergänzen, daß nicht bloß das, was zur äußeren Form gerechnet zu werden pflegt, sondern der Inhalt mit in die denkende Betrachtung gezogen wird. Es zeigt sich von selbst bald, daß, was in der nächsten gewöhnlichsten Reflexion als Inhalt von der Form geschieden wird, in der Tat nicht formlos, nicht bestimmungslos in sich sein soll – so wäre er nur das Leere, etwa die Abstraktion des Dings-an-sich –, daß er vielmehr Form in ihm selbst, ja durch sie allein Beseelung und Gehalt hat und daß sie selbst es ist, die nur in den Schein eines Inhalts sowie damit auch in den Schein eines an diesem Scheine Äußerlichen umschlägt. Mit dieser Einführung des Inhalts in die logische Betrachtung sind es nicht die *Dinge*, sondern die *Sache*, der *Begriff* der Dinge, welcher Gegenstand wird. Hierbei kann man aber auch daran erinnert werden, daß es eine Menge Begriffe, eine Menge Sachen *gibt*. Wodurch aber diese Menge beschränkt wird, ist teils vorhin gesagt worden, daß der Begriff als Gedanke überhaupt, als Allgemeines, die unermeßliche Abbreviatur gegen die Einzelheit der Dinge, wie sie [in] ihre[r] Menge dem unbestimmten Anschauen und Vorstellen vorschweben, ist; teils aber ist *ein* Begriff sogleich erstens *der* Begriff an ihm selbst, und dieser ist nur *einer* und ist die substantielle Grundlage; fürs andere aber ist er wohl ein *bestimmter* Begriff, welche Bestimmtheit an ihm das ist, was als Inhalt erscheint; die Bestimmtheit des Begriffs aber ist eine Formbestimmung dieser substantiellen Einheit, ein Moment der Form als Totalität, *des Begriffes selbst*, der die Grundlage der bestimmten Begriffe ist. Dieser wird nicht sinnlich angeschaut oder vorgestellt; er ist nur Gegenstand, Produkt und Inhalt *des Denkens* und die an und für sich seiende Sache, der Logos, die Vernunft dessen, was ist, die Wahrheit dessen, was den Namen der Dinge führt; am wenigsten ist es der Logos, was außerhalb der logischen Wissenschaft gelassen werden soll. Es muß darum nicht ein Belieben sein, ihn in die Wissenschaft hereinzuziehen oder ihn draußen zu lassen. Wenn die Denkbestimmungen, welche nur äußerliche Formen sind, wahrhaft an ihnen selbst betrachtet werden, kann nur ihre Endlichkeit und die Unwahrheit ihres Für-sich-sein-Sollens und, als ihre Wahrheit, der Begriff hervorgehen. Daher wird die logische Wissenschaft, indem sie die Denkbestimmungen, die überhaupt unseren Geist instinktartig und bewußtlos durchziehen und, selbst indem sie in die Sprache hereintreten, ungegenständlich, unbeachtet bleiben, abhandelt, auch die Rekonstruktion derjenigen sein, welche durch die Reflexion herausgehoben und von ihr als subjektive, an dem Stoff und Gehalt äußere Formen fixiert sind.

Die Darstellung keines Gegenstandes wäre an und für sich fähig, so[7] streng ganz immanent plastisch zu sein als die der Entwicklung des Denkens in seiner Notwendigkeit; keiner führte so sehr diese Forderung mit sich; seine Wissenschaft müßte darin auch die Mathematik übertreffen, denn kein Gegenstand hat in ihm selbst diese Freiheit und Unabhängigkeit. Solcher Vortrag erforderte, wie dies in seiner Art in dem Gange der mathematischen Konsequenz vorhanden ist,

---

7 B: »gar« – C: »so«

daß bei keiner Stufe der Entwicklung eine Denkbestimmung und Reflexion vorkäme, die nicht in dieser Stufe unmittelbar hervorgeht und aus den vorhergehenden in sie herübergekommen ist. Allein auf solche abstrakte Vollkommenheit der Darstellung muß freilich im allgemeinen Verzicht getan werden; schon indem die Wissenschaft mit dem rein Einfachen, hiermit dem Allgemeinsten und Leersten anfangen muß, ließe der Vortrag nur eben diese selbst ganz einfachen Ausdrücke des Einfachen ohne allen weiteren Zusatz irgendeines Wortes zu; – was der Sache nach stattfinden dürfte, wären negierende Reflexionen, die das abzuhalten und zu entfernen sich bemühten, was sonst die Vorstellung oder ein ungeregeltes Denken einmischen könnte. Solche Einfälle in den einfachen immanenten Gang der Entwicklung sind jedoch für sich zufällig, und die Bemühung, sie abzuwehren, wird somit selbst mit dieser Zufälligkeit behaftet; ohnehin ist es vergeblich, *allen* solchen Einfällen, eben weil sie außer der Sache liegen, begegnen zu wollen, und wenigstens wäre Unvollständigkeit das, was hierbei für die systematische Befriedigung verlangt würde. Aber die eigentümliche Unruhe und Zerstreuung unseres modernen Bewußtseins läßt es nicht anders zu, als gleichfalls mehr oder weniger auf naheliegende Reflexionen und Einfälle Rücksicht zu nehmen. Ein plastischer Vortrag erfordert dann auch einen plastischen Sinn des Aufnehmens und Verstehens; aber solche plastische Jünglinge und Männer, so ruhig mit der Selbstverleugnung *eigener* Reflexionen und Einfälle, womit das *Selbst*denken sich zu erweisen ungeduldig ist, nur der Sache folgende Zuhörer, wie sie Platon dichtet, würden in einem modernen Dialoge nicht aufgestellt werden können; noch weniger dürfte auf solche Leser gezählt werden. Im Gegenteil haben sich mir zu häufig und zu heftig solche Gegner gezeigt, welche nicht die einfache Reflexion machen mochten, daß ihre Einfälle und Einwürfe Kategorien enthalten, welche Voraussetzungen sind und selbst erst der Kritik bedürfen, ehe sie gebraucht werden. Die Bewußtlosigkeit hierüber geht unglaublich weit; sie macht das Grundmißverständnis, das üble, d. h. ungebildete Benehmen, bei einer Kategorie, die betrachtet wird, *etwas Anderes* zu denken und nicht diese Kategorie selbst. Diese Bewußtlosigkeit ist um so weniger zu rechtfertigen, als solches *Anderes* andere Denkbestimmungen und Begriffe sind, in einem Systeme der Logik aber eben diese anderen Kategorien gleichfalls ihre Stelle müssen gefunden haben und daselbst für sich der Betrachtung werden unterworfen sein. Am auffallendsten ist dies in der überwiegenden Menge von Einwürfen und Angriffen auf[8] die ersten Begriffe oder Sätze der Logik, das *Sein* und *Nichts* und das *Werden,* als welches, selbst eine einfache Bestimmung, wohl unbestritten – die einfachste Analyse zeigt dies – jene beiden Bestimmungen als Momente enthält. Die Gründlichkeit scheint zu erfordern, den Anfang als den Grund, worauf alles gebaut sei, allem voraus[9] zu untersuchen, ja nicht weiterzugehen, als bis er sich fest erwiesen hat, im Gegenteil vielmehr, wenn dies nicht der Fall ist, alles noch Folgende zu verwerfen. Diese Gründlichkeit hat zugleich den Vorteil, die größte Erleichterung für das Denkgeschäft zu gewähren; sie hat die ganze Entwicklung in diesen Keim eingeschlossen vor sich und hält sich für mit allem fertig, wenn sie mit diesem fertig ist, der das Leichteste zum Abtun ist, denn er ist das Einfachste, das Einfache selbst; es ist die geringe Arbeit, die erforderlich ist, wodurch sich diese so selbstzufriedene Gründlichkeit wesentlich empfiehlt. Diese Beschränkung auf das Einfache läßt der Willkür des Denkens, das für sich nicht einfach bleiben will, sondern seine Reflexionen darüber anbringt, freien Spielraum. Mit dem guten Rechte, sich zuerst *nur* mit dem Prinzip zu beschäftigen und damit sich auf *das Weitere* nicht einzulassen, tut diese Gründlichkeit in ihrem Geschäfte selbst das Gegenteil hiervon, vielmehr das *Weitere,* d. i. andere Kategorien, als

8 B: »Angriffen, die auf«
9 B: »vor Allem aus«

nur das Prinzip ist, andere Voraussetzungen und Vorurteile herbeizubringen. Solche Voraussetzungen, daß die Unendlichkeit verschieden von der Endlichkeit, der Inhalt etwas anderes als die Form, das Innere ein anderes als das Äußere, die Vermittlung ebenso nicht die Unmittelbarkeit sei, als ob einer dergleichen nicht wüßte, werden zugleich belehrungsweise vorgebracht und nicht sowohl bewiesen als erzählt und versichert. In solchem Belehren als Benehmen liegt – man kann es nicht anders nennen – eine Albernheit; der Sache nach aber teils das Unberechtigte, dergleichen nur vorauszusetzen und geradezu anzunehmen, teils aber noch mehr die Unwissenheit, daß es das Bedürfnis und Geschäft des logischen Denkens ist, eben dies zu untersuchen, ob denn so ein Endliches ohne Unendlichkeit etwas Wahres ist, ebenso [ob] solche abstrakte Unendlichkeit, ferner ein formloser Inhalt und eine inhaltslose Form, so ein Inneres für sich, das keine Äußerung hat, eine Äußerlichkeit ohne Innerlichkeit usf. *etwas Wahres*, ebenso *etwas Wirkliches* ist. – Aber diese Bildung und Zucht des Denkens, durch welche ein plastisches Verhalten desselben bewirkt und die Ungeduld der einfallenden Reflexion überwunden würde, wird allein durch das Weitergehen, das Studium und die Produktion der ganzen Entwicklung verschafft.

Bei der Erwähnung Platonischer Darstellung kann, wer ein selbständiges Gebäude philosophischer Wissenschaft in modernen Zeiten neu aufzuführen arbeitet, an die Erzählung erinnert werden, daß Platon seine Bücher über den Staat siebenmal umgearbeitet habe. Die Erinnerung hieran, eine Vergleichung, insofern sie eine solche in sich zu schließen schiene, dürfte nur um so mehr bis zu dem Wunsche treiben, daß für ein Werk, das, als der modernen Welt angehörig, ein tieferes Prinzip, einen schwereren Gegenstand und ein Material von reicherem Umfang zur Verarbeitung vor sich hat, die freie Muße, es siebenundsiebzigmal durchzuarbeiten, gewährt gewesen wäre. So aber mußte der Verfasser, indem er es im Angesicht der Größe der Aufgabe betrachtet, sich mit dem begnügen, was es hat werden mögen, unter den Umständen einer äußerlichen Notwendigkeit, der unabwendbaren Zerstreuung durch die Größe und Vielseitigkeit der Zeitinteressen, sogar unter dem Zweifel, ob der laute Lärm des Tages und die betäubende Geschwätzigkeit der Einbildung, die auf denselben sich zu beschränken eitel ist, noch Raum für die Teilnahme an der leidenschaftslosen Stille der nur denkenden Erkenntnis offen lasse.

Berlin, den 7. November 1831

Einleitung

Allgemeiner Begriff der Logik

Es fühlt sich bei keiner Wissenschaft stärker das Bedürfnis, ohne vorangehende Reflexionen von der Sache selbst anzufangen, als bei der logischen Wissenschaft. In jeder anderen ist der Gegenstand, den sie behandelt, und die wissenschaftliche Methode voneinander unterschieden; so wie auch der Inhalt nicht einen absoluten Anfang macht, sondern von anderen Begriffen abhängt und um sich herum mit anderem Stoffe zusammenhängt. Diesen Wissenschaften wird es daher zugegeben, von ihrem Boden und dessen Zusammenhang sowie von der Methode nur lemmatischer Weise zu sprechen, die als bekannt und angenommen vorausgesetzten Formen von Definitionen und dergleichen ohne weiteres anzuwenden und sich der gewöhnlichen Art des Räsonnements zur Festsetzung ihrer allgemeinen Begriffe und Grundbestimmungen zu bedienen.

Die Logik dagegen kann keine dieser Formen der Reflexion oder Regeln und Gesetze des Denkens voraussetzen, denn sie machen einen Teil ihres Inhalts selbst aus und haben erst innerhalb ihrer begründet zu werden. Nicht nur aber die Angabe der wissenschaftlichen Methode, sondern auch der *Begriff* selbst der *Wissenschaft* überhaupt gehört zu ihrem Inhalte, und zwar macht er ihr letztes Resultat aus; was sie ist, kann sie daher nicht voraussagen, sondern ihre ganze Abhandlung bringt dies Wissen von ihr selbst erst als ihr Letztes und als ihre Vollendung hervor. Gleichfalls ihr Gegenstand, das *Denken* oder bestimmter das *begreifende Denken,* wird wesentlich innerhalb ihrer abgehandelt; der Begriff desselben erzeugt sich in ihrem Verlaufe und kann somit nicht vorausgeschickt werden. Was daher in dieser Einleitung vorausgeschickt wird, hat nicht den Zweck, den Begriff der Logik etwa zu begründen oder den Inhalt und die Methode derselben zum voraus wissenschaftlich zu rechtfertigen, sondern durch einige Erläuterungen und Reflexionen in räsonierendem und historischem Sinne den Gesichtspunkt, aus welchem diese Wissenschaft zu betrachten ist, der Vorstellung näherzubringen.

Wenn die Logik als die Wissenschaft des Denkens im allgemeinen angenommen wird, so wird dabei verstanden, daß dies Denken die *bloße Form* einer Erkenntnis ausmache, daß die Logik von allem *Inhalte* abstrahiere und das sogenannte zweite *Bestandstück*, das zu einer Erkenntnis gehöre, die *Materie*, anderswoher gegeben werden müsse, daß somit die Logik, als von welcher diese Materie ganz und gar unabhängig sei, nur die formalen Bedingungen wahrhafter Erkenntnis angeben, nicht aber reale Wahrheit selbst enthalten, noch auch nur der *Weg* zu realer Wahrheit sein könne, weil gerade das Wesentliche der Wahrheit, der Inhalt, außer ihr liege.

Fürs erste aber ist es schon ungeschickt zu sagen, daß die Logik von allem *Inhalte* abstrahiere, daß sie nur die Regeln des Denkens lehre, ohne auf das Gedachte sich einzulassen und auf dessen Beschaffenheit Rücksicht nehmen zu können. Denn da das Denken und die Regeln des Denkens ihr Gegenstand sein sollen, so hat sie ja unmittelbar daran ihren eigentümlichen Inhalt; sie hat daran auch jenes zweite Bestandstück der Erkenntnis, eine Materie, um deren Beschaffenheit sie sich bekümmert.

Allein *zweitens* sind überhaupt die Vorstellungen, auf denen der Begriff der Logik bisher beruhte, teils bereits untergegangen, teils ist es Zeit, daß sie vollends verschwinden, daß der Standpunkt dieser Wissenschaft höher gefaßt werde und daß sie eine völlig veränderte Gestalt gewinne.

Der bisherige Begriff der Logik beruht auf der im gewöhnlichen Bewußtsein ein für allemal vorausgesetzten Trennung des *Inhalts* der Erkenntnis und der *Form* derselben, oder der *Wahrheit* und der *Gewißheit*. Es wird *erstens* vorausgesetzt, daß der Stoff des Erkennens als eine fertige Welt außerhalb des Denkens an und für sich vorhanden, daß das

Denken für sich leer sei, als eine Form äußerlich zu jener Materie hinzutrete, sich damit erfülle, erst daran einen Inhalt gewinne und dadurch ein reales Erkennen werde.
Alsdann stehen diese beiden Bestandteile (denn sie sollen das Verhältnis von Bestandteilen haben, und das Erkennen wird aus ihnen mechanischer- oder höchstens chemischerweise zusammengesetzt) in dieser Rangordnung gegeneinander, daß das Objekt ein für sich Vollendetes, Fertiges sei, das des Denkens zu seiner Wirklichkeit vollkommen entbehren könne, dahingegen das Denken etwas Mangelhaftes sei, das sich erst an einem Stoffe zu vervollständigen, und zwar als eine weiche unbestimmte Form sich seiner Materie angemessen zu machen habe. Wahrheit ist die Übereinstimmung des Denkens mit dem Gegenstande, und es soll, um diese Übereinstimmung hervorzubringen – denn sie ist nicht an und für sich vorhanden –, das Denken nach dem Gegenstande sich fügen und bequemen.
Drittens, indem die Verschiedenheit der Materie und der Form, des Gegenstandes und des Denkens nicht in jener nebligen Unbestimmtheit gelassen, sondern bestimmter genommen wird, so ist jede eine von der anderen geschiedene Sphäre. Das Denken kommt daher in seinem Empfangen und Formieren des Stoffs nicht über sich hinaus, sein Empfangen und sich nach ihm Bequemen bleibt eine Modifikation seiner selbst, es wird dadurch nicht zu seinem Anderen; und das selbstbewußte Bestimmen gehört ohnedies nur ihm an; es kommt also auch in seiner Beziehung auf den Gegenstand nicht aus sich heraus zu dem Gegenstande: dieser bleibt als ein Ding an sich schlechthin ein Jenseits des Denkens.
Diese Ansichten über das Verhältnis des Subjekts und Objekts zueinander drücken die Bestimmungen aus, welche die Natur unseres gewöhnlichen, des erscheinenden Bewußtseins ausmachen; aber diese Vorurteile, in die Vernunft übertragen, als ob in ihr dasselbe Verhältnis stattfinde, als ob dieses Verhältnis an und für sich Wahrheit habe, so sind sie die Irrtümer, deren durch alle Teile des geistigen und natür-

lichen Universums durchgeführte Widerlegung die Philosophie ist oder die vielmehr, weil sie den Eingang in die Philosophie versperren, vor derselben abzulegen sind.

Die ältere Metaphysik hatte in dieser Rücksicht einen höheren Begriff von dem Denken, als in der neueren Zeit gang und gäbe geworden ist. Jene legte nämlich zugrunde, daß das, was durchs Denken von und an den Dingen erkannt werde, das allein an ihnen wahrhaft Wahre sei, somit nicht sie in ihrer Unmittelbarkeit, sondern sie erst in die Form des Denkens erhoben, als Gedachte. Diese Metaphysik hielt somit dafür, daß das Denken und die Bestimmungen des Denkens nicht ein den Gegenständen Fremdes, sondern vielmehr deren Wesen sei oder daß die *Dinge* und das *Denken* derselben (wie auch unsere Sprache eine Verwandtschaft derselben ausdrückt) an und für sich übereinstimmen, daß das Denken in seinen immanenten Bestimmungen und die wahrhafte Natur der Dinge ein und derselbe Inhalt sei.

Aber der *reflektierende* Verstand bemächtigte sich der Philosophie. Es ist genau zu wissen, was dieser Ausdruck sagen will, der sonst vielfach als Schlagwort gebraucht wird; es ist überhaupt darunter der abstrahierende und damit trennende Verstand zu verstehen, der in seinen Trennungen beharrt. Gegen die Vernunft gekehrt, beträgt er sich als *gemeiner Menschenverstand* und macht seine Ansicht geltend, daß die Wahrheit auf sinnlicher Realität beruhe, daß die Gedanken *nur* Gedanken seien, in dem Sinne, daß erst die sinnliche Wahrnehmung ihnen Gehalt und Realität gebe, daß die Vernunft, insofern sie an und für sich bleibe, nur Hirngespinste erzeuge. In diesem Verzichttun der Vernunft auf sich selbst geht der Begriff der Wahrheit verloren; sie ist darauf eingeschränkt, nur subjektive Wahrheit, nur die Erscheinung zu erkennen, nur etwas, dem die Natur der Sache selbst nicht entspreche; das *Wissen* ist zur *Meinung* zurückgefallen.

Diese Wendung jedoch, welche das Erkennen nimmt und die als Verlust und Rückschritt erscheint, hat das Tiefere zum

Grunde, worauf überhaupt die Erhebung der Vernunft in den höheren Geist der neueren Philosophie beruht. Der Grund jener allgemein gewordenen Vorstellung ist nämlich in der Einsicht von dem *notwendigen Widerstreite* der Bestimmungen des Verstandes mit sich selbst zu suchen. – Die schon namhaft gemachte Reflexion ist dies, über das konkrete Unmittelbare *hinaus*zugehen und dasselbe zu *bestimmen* und zu *trennen*. Aber sie muß *ebensosehr* über diese ihre *trennenden* Bestimmungen *hinausgehen* und sie zunächst *beziehen*. Auf dem Standpunkte dieses Beziehens tritt der Widerstreit derselben hervor. Dieses Beziehen der Reflexion gehört an sich der Vernunft an; die Erhebung über jene Bestimmungen, die zur Einsicht des Widerstreits derselben gelangt, ist der große negative Schritt zum wahrhaften Begriffe der Vernunft. Aber die nicht durchgeführte Einsicht fällt in den Mißverstand, als ob die Vernunft es sei, welche in Widerspruch mit sich gerate; sie erkennt nicht, daß der Widerspruch eben das Erheben der Vernunft über die Beschränkungen des Verstandes und das Auflösen derselben ist. Statt von hier aus den letzten Schritt in die Höhe zu tun, ist die Erkenntnis von dem Unbefriedigenden der Verstandesbestimmungen zu der sinnlichen Existenz zurückgeflohen, an derselben das Feste und Einige zu haben vermeinend. Indem aber auf der andern Seite diese Erkenntnis sich als die Erkenntnis nur von Erscheinendem weiß, wird das Unbefriedigende derselben eingestanden, aber zugleich vorausgesetzt, als ob zwar nicht die Dinge an sich, aber doch innerhalb der Sphäre der Erscheinung richtig erkannt würde, als ob dabei gleichsam nur die *Art der Gegenstände* verschieden wäre und die eine Art, nämlich die Dinge an sich, zwar nicht, aber doch die andere Art, nämlich die Erscheinungen, in die Erkenntnis fielen. Wie wenn einem Manne richtige Einsicht beigemessen würde, mit dem Zusatz, daß er jedoch nichts Wahres, sondern nur Unwahres einzusehen fähig sei. So ungereimt das letztere wäre, so ungereimt ist eine wahre Erkenntnis, die den Gegenstand nicht erkennte, wie er an sich ist.

Die *Kritik der Formen des Verstandes* hat das angeführte Resultat gehabt, daß diese Formen keine *Anwendung auf die Dinge an sich* haben. – Dies kann keinen anderen Sinn haben, als daß diese Formen an ihnen selbst etwas Unwahres sind. Allein indem sie für die sujektive Vernunft und für die Erfahrung als geltend gelassen werden, so hat die Kritik keine Änderung an ihnen selbst bewirkt, sondern läßt sie für das Subjekt in derselben Gestalt, wie sie sonst für das Objekt galten. Wenn sie aber ungenügend für das Ding an sich sind, so müßte der Verstand, dem sie angehören sollen, noch weniger dieselben sich gefallen lassen und damit vorlieb nehmen wollen. Wenn sie nicht Bestimmungen des *Dinges an sich* sein können, so können sie noch weniger Bestimmungen des Verstandes sein, dem wenigstens die Würde eines Dings an sich zugestanden werden sollte. Die Bestimmungen des Endlichen und Unendlichen sind in demselben Widerstreit, es sei, daß sie auf Zeit und Raum, auf die Welt angewendet werden oder daß sie Bestimmungen innerhalb des Geistes seien, – so gut als schwarz und weiß ein Grau geben, ob sie an einer Wand oder aber noch auf der Palette miteinander vereinigt werden. Wenn unsere *Welt*vorstellung sich auflöst, indem die Bestimmungen des Unendlichen und Endlichen auf sie übertragen werden, so ist noch mehr der *Geist* selbst, welcher sie beide in sich enthält, ein in sich selbst Widersprechendes, ein sich Auflösendes. – Es ist nicht die Beschaffenheit des Stoffes oder Gegenstandes, worauf sie angewendet würden oder in dem sie sich befänden, was einen Unterschied ausmachen kann; denn der Gegenstand hat nur durch und nach jenen Bestimmungen den Widerspruch an ihm.

Jene Kritik hat also die Formen des objektiven Denkens nur vom Ding entfernt, aber sie im Subjekt gelassen, wie sie sie vorgefunden. Sie hat dabei nämlich diese Formen nicht an und für sich selbst, nach ihrem eigentümlichen Inhalt betrachtet, sondern sie lemmatisch aus der subjektiven Logik geradezu aufgenommen; so daß [nicht] von einer Ableitung ihrer an ihnen selbst oder auch einer Ableitung derselben als subjektiv-logischer Formen, noch weniger aber von der dialektischen Betrachtung derselben die Rede war.

Der konsequenter durchgeführte transzendentale Idealismus hat die Nichtigkeit des von der kritischen Philosophie noch übriggelassenen Gespensts des *Dings-an-sich*, dieses abstrakten, von allem Inhalt abgeschiedenen Schattens erkannt und den Zweck gehabt, ihn vollends zu zerstören. Auch machte diese Philosophie den Anfang, die Vernunft aus sich selbst ihre Bestimmungen darstellen zu lassen. Aber die subjektive Haltung dieses Versuchs ließ ihn nicht zur Vollendung kommen. Fernerhin ist diese Haltung und mit ihr auch jener Anfang und die Ausbildung der reinen Wissenschaft aufgegeben worden.

Ganz ohne Rücksicht auf metaphysische Bedeutung aber wird dasjenige betrachtet, was gemeinhin unter Logik verstanden wird. Diese Wissenschaft, in dem Zustande, worin sie sich noch befindet, hat freilich keinen Inhalt der Art, wie er als Realität und als eine wahrhafte Sache in dem gewöhnlichen Bewußtsein gilt. Aber sie ist nicht aus diesem Grunde eine formelle, inhaltsvoller Wahrheit entbehrende Wissenschaft. In jenem Stoffe, der in ihr vermißt [wird], welchem Mangel das Unbefriedigende derselben zugeschrieben zu werden pflegt, ist ohnehin das Gebiet der Wahrheit nicht zu suchen. Sondern das Gehaltlose der logischen Formen liegt vielmehr allein in der Art, sie zu betrachten und zu behandeln. Indem sie als feste Bestimmungen auseinanderfallen und nicht in organischer Einheit zusammengehalten werden, sind sie tote Formen und haben den Geist in ihnen nicht wohnen, der ihre lebendige konkrete Einheit ist. Damit aber entbehren sie des gediegenen Inhalts, – einer Materie, welche Gehalt an sich selbst wäre. Der Inhalt, der an den logischen Formen vermißt wird, ist nichts anderes als eine feste Grundlage und Konkretion dieser abstrakten Bestimmungen; und ein solches substantielles Wesen pflegt für sie außen gesucht zu werden. Aber die logische Vernunft selbst ist das Substantielle oder Reelle, das alle abstrakten Bestimmungen

in sich zusammenhält und ihre gediegene, absolut-konkrete Einheit ist. Nach dem also, was eine Materie genannt zu werden pflegt, brauchte nicht weit gesucht zu werden; es ist nicht Schuld des Gegenstandes der Logik, wenn sie gehaltlos sein soll, sondern allein der Art, wie derselbe gefaßt wird.
Diese Reflexion führt näher auf die Angabe des Standpunkts, nach welchem die Logik zu betrachten ist, inwiefern er sich von der bisherigen Behandlungsweise dieser Wissenschaft unterscheidet und der allein wahrhafte Standpunkt ist, auf den sie in Zukunft für immer zu stellen ist.
In der *Phänomenologie des Geistes* habe ich das Bewußtsein in seiner Fortbewegung von dem ersten unmittelbaren Gegensatz seiner und des Gegenstandes bis zum absoluten Wissen dargestellt. Dieser Weg geht durch alle Formen des *Verhältnisses des Bewußtseins zum Objekte* durch und hat den *Begriff der Wissenschaft* zu seinem Resultate. Dieser Begriff bedarf also (abgesehen davon, daß er innerhalb der Logik selbst hervorgeht) hier keiner Rechtfertigung, weil er sie daselbst erhalten hat; und er ist keiner anderen Rechtfertigung fähig als nur dieser Hervorbringung desselben durch das Bewußtsein, dem sich seine eigenen Gestalten alle in denselben als in die Wahrheit auflösen. – Eine räsonierende Begründung oder Erläuterung des Begriffs der Wissenschaft kann zum höchsten dies leisten, daß er vor die Vorstellung gebracht und eine historische Kenntnis davon bewirkt werde; aber eine Definition der Wissenschaft oder näher der Logik hat ihren *Beweis* allein in jener Notwendigkeit ihres Hervorgangs. Eine Definition, mit der irgendeine Wissenschaft den absoluten Anfang macht, kann nichts anderes enthalten als den bestimmten, regelrechten Ausdruck von demjenigen, was man sich *zugegebener- und bekanntermaßen* unter dem Gegenstande und Zweck der Wissenschaft *vorstellt*. Daß man sich gerade dies darunter vorstelle, ist eine historische Versicherung, in Ansehung derer man sich allein auf dieses und jenes Anerkannte berufen oder eigentlich nur bittweise beibringen kann, daß man dies und jenes als anerkannt gelten

lassen möge. Es hört gar nicht auf, daß der eine daher, der andere dorther einen Fall und Instanz beibringt, nach der auch noch etwas mehr und anderes bei diesem und jenem Ausdrucke zu verstehen, in dessen Definition also noch eine nähere oder allgemeinere Bestimmung aufzunehmen und danach auch die Wissenschaft einzurichten sei. – Es kommt dabei ferner auf Räsonnement an, was alles und bis zu welcher Grenze und Umfang es hereingezogen oder ausgeschlossen werden müsse; dem Räsonnement selbst aber steht das mannigfaltigste und verschiedenartigste Dafürhalten offen, worüber am Ende allein die Willkür eine feste Bestimmung abschließen kann. Bei diesem Verfahren, die Wissenschaft mit ihrer Definition anzufangen, wird von dem Bedürfnis nicht die Rede, daß die *Notwendigkeit* ihres *Gegenstandes* und damit ihrer selbst aufgezeigt würde.

Der Begriff der reinen Wissenschaft und seine Deduktion wird in gegenwärtiger Abhandlung also insofern vorausgesetzt, als die Phänomenologie des Geistes nichts anderes als die Deduktion desselben ist. Das absolute Wissen ist die *Wahrheit* aller Weisen des Bewußtseins, weil, wie jener Gang desselben es hervorbrachte, nur in dem absoluten Wissen die Trennung des *Gegenstandes* von der *Gewißheit seiner selbst* vollkommen sich aufgelöst hat und die Wahrheit dieser Gewißheit sowie diese Gewißheit der Wahrheit gleich geworden ist.

Die reine Wissenschaft setzt somit die Befreiung von dem Gegensatze des Bewußtseins voraus. Sie enthält den *Gedanken, insofern er ebensosehr die Sache an sich selbst ist*, oder *die Sache an sich selbst*, insofern sie *ebensosehr der reine Gedanke ist*. Als *Wissenschaft* ist die Wahrheit das reine sich entwickelnde Selbstbewußtsein und hat die Gestalt des Selbsts, daß *das an und für sich Seiende gewußter Begriff, der Begriff als solcher aber das an und für sich Seiende ist.* Dieses objektive Denken ist denn der *Inhalt* der reinen Wissenschaft. Sie ist daher so wenig formell, sie entbehrt so wenig der Materie zu einer wirklichen und wahren Erkenntnis, daß ihr Inhalt vielmehr allein das absolute Wahre oder, wenn man sich noch des Worts Materie bedienen wollte, die wahrhafte Materie ist – eine Materie aber, der die Form nicht ein Äußerliches ist, da diese Materie vielmehr der reine Gedanke, somit die absolute Form selbst ist. Die Logik ist sonach als das System der reinen Vernunft, als das Reich des reinen Gedankens zu fassen. *Dieses Reich ist die Wahrheit, wie sie ohne Hülle an und für sich selbst ist.* Man kann sich deswegen ausdrücken, daß dieser Inhalt *die Darstellung Gottes* ist, *wie er in seinem ewigen Wesen vor der Erschaffung der Natur und eines endlichen Geistes ist.*

Anaxagoras wird als derjenige gepriesen, der zuerst den Gedanken ausgesprochen habe, daß der *Nus, der Gedanke,* das Prinzip der Welt, daß das Wesen der Welt als der Gedanke zu bestimmen ist. Er hat damit den Grund zu einer Intellektualansicht des Universums gelegt, deren reine Gestalt *die Logik* sein muß. Es ist in ihr nicht um ein Denken *über* etwas, das für sich außer dem Denken zugrunde läge, zu tun, um Formen, welche bloße *Merkmale* der Wahrheit abgeben sollten; sondern die notwendigen Formen und eigenen Bestimmungen des Denkens sind der Inhalt und die höchste Wahrheit selbst.

Um dies in die Vorstellung wenigstens aufzunehmen, ist die Meinung auf die Seite zu legen, als ob die Wahrheit etwas Handgreifliches sein müsse. Solche Handgreiflichkeit wird zum Beispiel selbst noch in die Platonischen Ideen, die in dem Denken Gottes sind, hineingetragen, als ob sie gleichsam existierende Dinge, aber in einer anderen Welt oder Region seien, außerhalb welcher die Welt der Wirklichkeit sich befinde und eine von jenen Ideen verschiedene, erst durch diese Verschiedenheit reale Substantialität habe. Die Platonische Idee ist nichts anderes als das Allgemeine oder bestimmter der Begriff des Gegenstandes; nur in seinem Begriffe hat etwas Wirklichkeit; insofern es von seinem Begriffe verschieden ist, hört es auf, wirklich zu sein, und ist ein Nichtiges; die Seite der Handgreiflichkeit und des sinnlichen

Außersichseins gehört dieser nichtigen Seite an. – Von der andern Seite aber kann man sich auf die eigenen Vorstellungen der gewöhnlichen Logik berufen; es wird nämlich angenommen, daß z. B. Definitionen nicht Bestimmungen enthalten, die nur ins erkennende Subjekt fallen, sondern die Bestimmungen des Gegenstandes, welche seine wesentlichste eigenste Natur ausmachen. Oder wenn von gegebenen Bestimmungen auf andere geschlossen wird, wird angenommen, daß das Erschlossene nicht ein dem Gegenstande Äußerliches und Fremdes sei, sondern daß es ihm vielmehr selbst zukomme, daß diesem Denken das Sein entspreche. – Es liegt überhaupt bei dem Gebrauche der Formen des Begriffs, Urteils, Schlusses, Definition, Division usf. zugrunde, daß sie nicht bloß Formen des selbstbewußten Denkens sind, sondern auch des gegenständlichen Verstandes. – *Denken* ist ein Ausdruck, der die in ihm enthaltene Bestimmung vorzugsweise dem Bewußtsein beilegt. Aber insofern gesagt wird, daß *Verstand*, *daß Vernunft in der gegenständlichen Welt ist*, daß der Geist und die Natur *allgemeine Gesetze* habe, nach welchen ihr Leben und ihre Veränderungen sich machen, so wird zugegeben, daß die Denkbestimmungen ebensosehr objektiven Wert und Existenz haben.

Die kritische Philosophie machte zwar bereits die *Metaphysik* zur *Logik*, aber sie wie der spätere Idealismus gab, wie vorhin erinnert worden, aus Angst vor dem Objekt den logischen Bestimmungen eine wesentliche subjektive Bedeutung; dadurch blieben sie zugleich mit dem Objekte, das sie flohen, behaftet, und ein Ding-an-sich, ein unendlicher Anstoß, blieb als ein Jenseits an ihnen übrig. Aber die Befreiung von dem Gegensatze des Bewußtseins, welche die Wissenschaft muß voraussetzen können, erhebt die Denkbestimmungen über diesen ängstlichen, unvollendeten Standpunkt und fordert die Betrachtung derselben, wie sie an und für sich, ohne eine solche Beschränkung und Rücksicht, das Logische, das Rein-Vernünftige sind.

Kant preist sonst die Logik, nämlich das Aggregat von Bestimmungen und Sätzen, das im gewöhnlichen Sinne Logik heißt, darüber glücklich, daß ihr vor anderen Wissenschaften eine so frühe Vollendung zuteil geworden sei; seit *Aristoteles* habe sie keinen Rückschritt getan, aber auch keinen Schritt vorwärts, das letztere deswegen, weil sie allem Ansehen nach geschlossen und vollendet zu sein scheine. – Wenn die Logik seit Aristoteles keine Veränderung erlitten hat – wie denn in der Tat die Veränderungen, wenn man die neueren Kompendien der Logik betrachtet, häufig mehr nur in Weglassungen bestehen –, so ist daraus eher zu folgern, daß sie um so mehr einer totalen Umarbeitung bedürfe; denn ein zweitausendjähriges Fortarbeiten des Geistes muß ihm ein höheres Bewußtsein über sein Denken und über seine reine Wesenheit in sich selbst verschafft haben. Die Vergleichung der Gestalten, zu denen sich der Geist der praktischen und der religiösen Welt und der Geist der Wissenschaft in jeder Art reellen und ideellen Bewußtseins emporgehoben hat, mit der Gestalt, in der sich die Logik, sein Bewußtsein über sein reines Wesen, befindet, zeigt einen zu großen Unterschied, als daß es nicht der oberflächlichsten Betrachtung sogleich auffallen sollte, daß dies letztere Bewußtsein den ersteren Erhebungen durchaus unangemessen und ihrer unwürdig ist.

In der Tat ist das Bedürfnis einer Umgestaltung der Logik längst gefühlt worden. In der Form und im Inhalt, wie sie sich in den Lehrbüchern zeigt, ist sie, man darf sagen, in Verachtung gekommen. Sie wird noch mitgeschleppt mehr im Gefühle, daß eine Logik überhaupt nicht zu entbehren sei, und aus einer noch fortdauernden Gewohnheit an die Tradition von ihrer Wichtigkeit als aus Überzeugung, daß jener gewöhnliche Inhalt und die Beschäftigung mit jenen leeren Formen Wert und Nutzen habe.

Die Erweiterungen, die ihr durch psychologisches, pädagogisches und selbst physiologisches Material eine Zeitlang gegeben wurden, sind nachher für Verunstaltungen ziemlich allgemein anerkannt worden. An und für sich muß ein großer Teil dieser psychologischen, pädagogischen, physiologischen Beobachtungen, Gesetze und Regeln, sie mochten in der Logik oder wo es sei stehen, als sehr schal und trivial erscheinen. Vollends solche Regeln als zum Beispiel, daß man dasjenige durchdenken und prüfen solle, was man in Büchern lese oder mündlich höre; daß man, wenn man nicht gut sehe, seinen Augen durch Brillen zu Hilfe zu kommen habe – Regeln, die von den Lehrbüchern in der sogenannten angewandten Logik, und zwar ernsthaft in Paragraphen abgeteilt, gegeben wurden, auf daß man zur Wahrheit gelange –, müssen jedermann als überflüssig vorkommen, nur höchstens dem Schriftsteller oder Lehrer nicht, der in Verlegenheit ist, den sonst zu kurzen und toten Inhalt der Logik durch irgend etwas auszudehnen.*

Was solchen Inhalt betrifft, so ist schon oben der Grund angegeben worden, warum er so geistlos ist. Die Bestimmungen desselben gelten in ihrer Festigkeit unverrückt und werden nur in äußerliche Beziehung miteinander gebracht. Dadurch, daß bei den Urteilen und Schlüssen die Operationen vornehmlich auf das Quantitative der Bestimmungen zurückgeführt und gegründet werden, beruht alles auf einem äußerlichen Unterschiede, auf bloßer Vergleichung, wird ein völlig analytisches Verfahren und begriffloses Kalkulieren. Das Ableiten der sogenannten Regeln und Gesetze, des Schließens vornehmlich, ist nicht viel besser als ein Befingern von Stäbchen von ungleicher Länge, um sie nach ihrer Größe zu sortieren und zu verbinden, – als die spielende Beschäftigung der Kinder, von mannigfaltig zerschnittenen Gemälden

* [In B gestrichen:] Eine soeben erschienene neueste Bearbeitung dieser Wissenschaft, *System der Logik* von Fries[1], kehrt zu den anthropologischen Grundlagen zurück. Die Seichtigkeit der dabei zugrunde liegenden Vorstellung oder Meinung an und für sich und der Ausführungen überhebt mich der Mühe, irgendeine Rücksicht auf diese bedeutungslose Erscheinung zu nehmen.

---

1 Jakob Friedrich Fries, *System der Logik*, Heidelberg 1811

die passenden Stücke zusammenzusuchen. – Man hat daher nicht mit Unrecht dieses Denken dem Rechnen und das Rechnen wieder diesem Denken gleichgesetzt. In der Arithmetik werden die Zahlen als das Begrifflose genommen, das außer seiner Gleichheit oder Ungleichheit, d. h. außer seinem ganz äußerlichen Verhältnisse keine Bedeutung hat, das weder an ihm selbst noch dessen Beziehung ein Gedanke ist. Wenn auf mechanische Weise ausgerechnet wird, daß drei Viertel mit zwei Dritteln multipliziert ein Halbes ausmacht, so enthält diese Operation ungefähr soviel und sowenig Gedanken als die Berechnung, ob in einer Figur diese oder jene Art des Schlusses statthaben könne.

Damit, daß dies tote Gebein der Logik durch den Geist zu Gehalt und Inhalt belebt werde, muß ihre *Methode* diejenige sein, wodurch sie allein fähig ist, reine Wissenschaft zu sein. In dem Zustande, in dem sie sich befindet, ist kaum eine Ahnung von wissenschaftlicher Methode zu erkennen. Sie hat ungefähr die Form einer Erfahrungswissenschaft. Erfahrungswissenschaften haben für das, was sie sein sollen, ihre eigentümliche Methode des Definierens und des Klassifizierens ihres Stoffes, so gut es geht, gefunden. Auch die reine Mathematik hat ihre Methode, die für ihre abstrakten Gegenstände und für die quantitative Bestimmung, in der sie sie allein betrachtet, passend ist. Ich habe über diese Methode und überhaupt das Untergeordnete der Wissenschaftlichkeit, die in der Mathematik stattfinden kann, in der Vorrede zur *Phänomenologie des Geistes* das Wesentliche gesagt; aber sie wird auch innerhalb der Logik selbst näher betrachtet werden. *Spinoza*, *Wolff* und andere haben sich verführen lassen, sie auch auf die Philosophie anzuwenden und den äußerlichen Gang der begrifflosen Quantität zum Gange des Begriffes zu machen, was an und für sich widersprechend ist. Bisher hatte die Philosophie ihre Methode noch nicht gefunden; sie betrachtete mit Neid das systematische Gebäude der Mathematik und borgte sie, wie gesagt, von ihr oder behalf sich mit der Methode von Wissenschaften, die nur Vermischungen von gegebenem Stoffe, Erfahrungssätzen und Gedanken sind, – oder half sich auch mit dem rohen Wegwerfen aller Methode. Die Exposition dessen aber, was allein die wahrhafte Methode der philosophischen Wissenschaft sein kann, fällt in die Abhandlung der Logik selbst; denn die Methode ist das Bewußtsein über die Form der inneren Selbstbewegung ihres Inhalts. Ich habe in der *Phänomenologie des Geistes* ein Beispiel von dieser Methode an einem konkreteren Gegenstande, an dem *Bewußtsein*, aufgestellt.* Es sind hier Gestalten des Bewußtseins, deren jede in ihrer Realisierung sich zugleich selbst auflöst, ihre eigene Negation zu ihrem Resultate hat – und damit in eine höhere Gestalt übergegangen ist. Das Einzige, *um den wissenschaftlichen Fortgang zu gewinnen* – und um dessen ganz *einfache* Einsicht sich wesentlich zu bemühen ist –, ist die Erkenntnis des logischen Satzes, daß das Negative ebensosehr positiv ist oder daß das sich Widersprechende sich nicht in Null, in das abstrakte Nichts auflöst, sondern wesentlich nur in die Negation seines *besonderen* Inhalts, oder daß eine solche Negation nicht alle Negation, sondern *die Negation der bestimmten Sache*, die sich auflöst, somit bestimmte Negation ist; daß also im Resultate wesentlich das enthalten ist, woraus es resultiert, – was eigentlich eine Tautologie ist, denn sonst wäre es ein Unmittelbares, nicht ein Resultat. Indem das Resultierende, die Negation, *bestimmte* Negation ist, hat sie einen *Inhalt*. Sie ist ein neuer Begriff, aber der höhere, reichere Begriff als der vorhergehende; denn sie ist um dessen Negation oder Entgegengesetztes reicher geworden, enthält ihn also, aber auch mehr als ihn, und ist die Einheit seiner und seines Entgegengesetzten. – In diesem Wege hat sich das System der Begriffe überhaupt zu bilden – und in unaufhaltsamem, reinem, von außen nichts hereinnehmendem Gange sich zu vollenden.

* Später an den anderen konkreten Gegenständen und resp. Teilen der Philosophie.

Wie würde ich meinen können, daß nicht die Methode, die ich in diesem Systeme der Logik befolge[2] – oder vielmehr die dies System an ihm selbst befolgt –, noch vieler Vervollkommnung, vieler Durchbildung im einzelnen fähig sei; aber ich weiß zugleich, daß sie die einzige wahrhafte ist. Dies erhellt für sich schon daraus, daß sie von ihrem Gegenstande und Inhalte nichts Unterschiedenes ist; – denn es ist der Inhalt in sich, *die Dialektik, die er an ihm selbst hat*, welche ihn fortbewegt. Es ist klar, daß keine Darstellungen für wissenschaftlich gelten können, welche nicht den Gang dieser Methode gehen und ihrem einfachen Rhythmus gemäß sind, denn es ist der Gang der Sache selbst.

In Gemäßheit dieser Methode erinnere ich, daß die Einteilungen und Überschriften der Bücher, Abschnitte und Kapitel, die in dem Werke angegeben sind, sowie etwa die damit verbundenen Erklärungen, zum Behuf einer vorläufigen Übersicht gemacht und daß sie eigentlich nur von *historischem* Werte sind. Sie gehören nicht zum Inhalte und Körper der Wissenschaft, sondern sind Zusammenstellungen der äußeren Reflexion, welche das Ganze der Ausführung schon durchlaufen hat, daher die Folge seiner Momente vorausweiß und angibt, ehe sie noch durch die Sache selbst sich herbeiführen.

In den anderen Wissenschaften sind solche Vorausbestimmungen und Einteilungen gleichfalls für sich nichts anderes als solche äußere Angaben; aber auch innerhalb der Wissenschaft werden sie nicht über diesen Charakter erhoben. Selbst in der Logik zum Beispiel heißt es etwa, »die Logik hat zwei Hauptstücke, die Elementarlehre und die Methodik«; alsdann unter der Elementarlehre findet sich ohne weiteres etwa die *Überschrift*: Gesetze des Denkens; alsdann *erstes Kapitel*: von den Begriffen; *erster Abschnitt*: von der Klarheit der Begriffe usf. – Diese ohne irgendeine Deduktion und Rechtfertigung gemachten Bestimmungen und Einteilun-

---

2 AB: »befolgt«

gen machen das systematische Gerüst und den ganzen Zusammenhang solcher Wissenschaften aus. Eine solche Logik sieht es für ihren Beruf an, davon zu sprechen, daß die Begriffe und Wahrheiten aus Prinzipien müssen *abgeleitet* sein; aber bei dem, was sie Methode nennt, wird auch nicht von weitem an ein Ableiten gedacht. Die Ordnung besteht etwa in der Zusammenstellung von Gleichartigem, in der Vorausschickung des Einfacheren vor dem Zusammengesetzten und anderen äußerlichen Rücksichten. Aber in Rücksicht eines inneren, notwendigen Zusammenhangs bleibt es bei dem Register der Abteilungsbestimmungen, und der Übergang macht sich nur damit, daß es jetzt heißt: *Zweites Kapitel*, – oder: *wir kommen nunmehr* zu den Urteilen, u. dgl.

Auch die Überschriften und Einteilungen, die in diesem Systeme vorkommen, sollen für sich keine andere Bedeutung haben als die einer Inhaltsanzeige. Außerdem aber muß die *Notwendigkeit* des Zusammenhangs und die *immanente Entstehung* der Unterschiede sich in der Abhandlung der Sache selbst vorfinden, denn sie fällt in die eigene Fortbestimmung des Begriffes.

Das, wodurch sich der Begriff selbst weiterleitet, ist das vorhin angegebene *Negative*, das er in sich selbst hat; dies macht das wahrhaft Dialektische aus. Die *Dialektik*, die als ein abgesonderter Teil der Logik betrachtet und in Ansehung ihres Zwecks und Standpunkts, man kann sagen, gänzlich verkannt worden, erhält dadurch eine ganz andere Stellung. – Auch die *Platonische* Dialektik hat selbst im *Parmenides*, und anderswo ohnehin noch direkter, teils nur die Absicht, beschränkte Behauptungen durch sich selbst aufzulösen und zu widerlegen, teils aber überhaupt das Nichts zum Resultate. Gewöhnlich sieht man die Dialektik für ein äußerliches und negatives Tun an, das nicht der Sache selbst angehöre, in bloßer Eitelkeit als einer subjektiven Sucht, sich das Feste und Wahre in Schwanken zu setzen und aufzulösen, seinen Grund habe oder wenigstens zu nichts führe als zur Eitelkeit des dialektisch behandelten Gegenstandes.

Kant hat die Dialektik höher gestellt – und diese Seite gehört unter die größten seiner Verdienste –, indem er ihr den Schein von Willkür nahm, den sie nach der gewöhnlichen Vorstellung hat, und sie als *ein notwendiges Tun der Vernunft* darstellte. Indem sie nur für die Kunst, Blendwerke vorzumachen und Illusionen hervorzubringen, galt, wurde schlechthin vorausgesetzt, daß sie ein falsches Spiel spiele und ihre ganze Kraft allein darauf beruhe, daß sie den Betrug verstecke; daß ihre Resultate nur erschlichen und ein subjektiver Schein seien. Kants dialektische Darstellungen in den Antinomien der reinen Vernunft verdienen zwar, wenn sie näher betrachtet werden, wie dies im Verfolge dieses Werkes weitläufiger geschehen wird, freilich kein großes Lob; aber die allgemeine Idee, die er zugrunde gelegt und geltend gemacht hat, ist die *Objektivität des Scheins* und *Notwendigkeit des Widerspruchs*, der zur *Natur* der Denkbestimmungen gehört: zunächst zwar in der Art, insofern diese Bestimmungen von der Vernunft auf *die Dinge an sich* angewendet werden; aber eben, was sie in der Vernunft und in Rücksicht auf das sind, was an sich ist, ist ihre Natur. Es ist dies Resultat, in *seiner positiven Seite aufgefaßt*, nichts anderes als die innere *Negativität* derselben, als ihre sich selbst bewegende Seele, das Prinzip aller natürlichen und geistigen Lebendigkeit überhaupt. Aber sowie nur bei der abstrakt-negativen Seite des Dialektischen stehengeblieben wird, so ist das Resultat nur das Bekannte, daß die Vernunft unfähig sei, das Unendliche zu erkennen; – ein sonderbares Resultat, indem das Unendliche das Vernünftige ist, zu sagen, die Vernunft sei nicht fähig, das Vernünftige zu erkennen.

In diesem Dialektischen, wie es hier genommen wird, und damit in dem Fassen des Entgegengesetzten in seiner Einheit oder des Positiven im Negativen besteht *das Spekulative*. Es ist die wichtigste, aber für die noch ungeübte, unfreie Denkkraft schwerste Seite. Ist solche noch darin begriffen, sich vom sinnlich-konkreten Vorstellen und vom Räsonieren loszureißen, so hat sie sich zuerst im abstrakten Denken zu üben, Begriffe in ihrer *Bestimmtheit* festzuhalten und aus ihnen erkennen zu lernen. Eine Darstellung der Logik zu diesem Behuf hätte sich in ihrer Methode an das obenbesagte Einteilen und in Ansehung des näheren Inhalts an die Bestimmungen, die sich für die einzelnen Begriffe ergeben, zu halten, ohne sich auf das Dialektische einzulassen. Sie würde der äußeren Gestalt nach dem gewöhnlichen Vortrag dieser Wissenschaft ähnlich werden, sich übrigens dem Inhalte nach auch davon unterscheiden und immer noch dazu dienen, das abstrakte, obzwar nicht das spekulative Denken zu üben, welchen Zweck die durch psychologische und anthropologische Zutaten populär gewordene Logik nicht einmal erfüllen kann. Sie würde dem Geiste das Bild eines methodisch geordneten Ganzen geben, obgleich die Seele des Gebäudes, die Methode, die im Dialektischen lebt, nicht selbst darin erschiene.

In Rücksicht auf *die Bildung und das Verhältnis des Individuums zur Logik* merke ich schließlich noch an, daß diese Wissenschaft wie die Grammatik in zwei verschiedenen Ansichten oder Werten erscheint. Sie ist etwas anderes für den, der zu ihr und den Wissenschaften überhaupt erst hinzutritt, und etwas anderes für den, der von ihnen zu ihr zurückkommt. Wer die Grammatik anfängt kennenzulernen, findet in ihren Formen und Gesetzen trockene Abstraktionen, zufällige Regeln, überhaupt eine isolierte Menge von Bestimmungen, die nur den Wert und die Bedeutung dessen zeigen, was in ihrem unmittelbaren Sinne liegt; das Erkennen erkennt in ihnen zunächst nichts als sie. Wer dagegen einer Sprache mächtig ist und zugleich andere Sprachen in Vergleichung mit ihr kennt, dem erst kann sich der Geist und die Bildung eines Volks in der Grammatik seiner Sprache zu fühlen geben; dieselben Regeln und Formen haben nunmehr einen erfüllten, lebendigen Wert. Er kann durch die Grammatik hindurch den Ausdruck des Geistes überhaupt, die Logik, erkennen. So wer zur Wissenschaft hinzutritt, findet in der Logik zunächst ein isoliertes System von Abstraktionen, das, auf sich selbst beschränkt, nicht über die anderen Kenntnisse und Wissenschaften übergreift. Vielmehr, gehalten gegen den Reichtum der Weltvorstellung, gegen den real erscheinenden Inhalt der anderen Wissenschaften und verglichen mit dem Versprechen der absoluten Wissenschaft, das *Wesen* dieses Reichtums, die *innere Natur* des Geistes und der Welt, die *Wahrheit* zu enthüllen, hat diese Wissenschaft in ihrer abstrakten Gestalt, in der farblosen, kalten Einfachheit ihrer reinen Bestimmungen vielmehr das Ansehen, alles eher zu leisten als dies Versprechen und gehaltlos jenem Reichtum gegenüberzustehen. Die erste Bekanntschaft mit der Logik schränkt ihre Bedeutung auf sie selbst ein; ihr Inhalt gilt nur für eine isolierte Beschäftigung mit den Denkbestimmungen, *neben* der die anderen wissenschaftlichen Beschäftigungen ein eigener Stoff und Gehalt für sich sind, auf welche das Logische etwa einen formellen Einfluß hat, und zwar einen solchen, der sich mehr von selbst macht und für den die wissenschaftliche Gestalt und deren Studium allerdings auch zur Not entbehrt werden kann. Die anderen Wissenschaften haben die regelrechte Methode, eine Folge von Definitionen, Axiomen, Theoremen und deren Beweisen usf. zu sein, im Ganzen abgeworfen; die sogenannte natürliche Logik macht sich für sich in ihnen geltend und hilft sich ohne besondere, auf das Denken selbst gerichtete Erkenntnis fort. Vollends aber hält sich der Stoff und Inhalt dieser Wissenschaften für sich selbst vom Logischen völlig unabhängig und ist auch für Sinn, Gefühl, Vorstellung und praktisches Interesse jeder Art ansprechender.

So muß denn allerdings die Logik zuerst gelernt werden als etwas, das man wohl versteht und einsieht, aber woran Umfang, Tiefe und weitere Bedeutung anfangs vermißt wird. Erst aus der tieferen Kenntnis der anderen Wissenschaften erhebt sich für den subjektiven Geist das Logische als ein nicht nur abstrakt Allgemeines, sondern als das den Reichtum des Besonderen in sich fassende Allgemeine; –

wie derselbe Sittenspruch in dem Munde des Jünglings, der ihn ganz richtig versteht, nicht die Bedeutung und den Umfang besitzt, welchen er im Geiste eines lebenserfahrenen Mannes hat, dem sich damit die ganze Kraft des darin enthaltenen Gehaltes ausdrückt. So erhält das Logische erst dadurch die Schätzung seines Werts, wenn es zum Resultate der Erfahrung der Wissenschaften geworden ist; es stellt sich daraus als die allgemeine Wahrheit, nicht als eine *besondere* Kenntnis *neben* anderem Stoffe und Realitäten, sondern als das Wesen alles dieses sonstigen Inhalts dem Geiste dar.

Ob nun das Logische zwar im Anfange des Studiums nicht in dieser bewußten Kraft für den Geist vorhanden ist, so empfängt er durch dasselbe darum nicht weniger die Kraft in sich, die ihn in alle Wahrheit leitet. Das System der Logik ist das Reich der Schatten, die Welt der einfachen Wesenheiten, von aller sinnlichen Konkretion befreit. Das Studium dieser Wissenschaft, der Aufenthalt und die Arbeit in diesem Schattenreich ist die absolute Bildung und Zucht des Bewußtseins. Es treibt darin ein von sinnlichen Anschauungen und Zwecken, von Gefühlen, von der bloß gemeinten Vorstellungswelt fernes Geschäft. Von seiner negativen Seite betrachtet, besteht dies Geschäft in dem Fernhalten der Zufälligkeit des räsonierenden Denkens und der Willkür, diese oder die entgegengesetzten Gründe sich einfallen und gelten zu lassen.

Vornehmlich aber gewinnt der Gedanke dadurch Selbständigkeit und Unabhängigkeit. Er wird in dem Abstrakten und in dem Fortgehen durch Begriffe ohne sinnliche Substrate einheimisch, wird zur unbewußten Macht, die sonstige Mannigfaltigkeit der Kenntnisse und Wissenschaften in die vernünftige Form aufzunehmen, sie in ihrem Wesentlichen zu erfassen und festzuhalten, das Äußerliche abzustreifen und auf diese Weise aus ihnen das Logische auszuziehen – oder, was dasselbe ist, die vorher durch das Studium erworbene abstrakte Grundlage des Logischen mit dem Gehalte aller Wahrheit zu erfüllen und ihm den Wert eines Allgemeinen zu geben, das nicht mehr als ein Besonderes neben anderem Besonderen steht, sondern über alles dieses übergreift und dessen Wesen, das Absolut-Wahre ist.

Allgemeine Einteilung der Logik

In dem, was über den *Begriff* dieser Wissenschaft und wohin seine Rechtfertigung falle, gesagt worden ist, liegt, daß die allgemeine *Einteilung* hier nur *vorläufig* sein, gleichsam nur insofern angegeben werden kann, als der Verfasser die Wissenschaft bereits kennt, daher *historisch* hier zum voraus anzuführen imstande ist, zu welchen Hauptunterschieden sich der Begriff in seiner Entwicklung bestimmen wird.

Doch kann versucht werden, das, was zum *Einteilen* erforderlich ist, zum voraus im allgemeinen verständlich zu machen, obgleich auch dabei ein Verfahren der Methode in Anspruch genommen werden muß, das seine volle Verständigung und Rechtfertigung erst innerhalb der Wissenschaft erhält. – Zuvörderst also ist zu erinnern, daß hier vorausgesetzt wird, die *Einteilung* müsse mit dem *Begriffe* zusammenhängen oder vielmehr in ihm selbst liegen. Der Begriff ist nicht unbestimmt, sondern *bestimmt* an ihm selbst; die Einteilung aber drückt *entwickelt* diese seine *Bestimmtheit* aus; sie ist das *Urteil* desselben, nicht ein Urteil *über* irgendeinen äußerlich genommenen Gegenstand, sondern das Urteilen, d. i. *Bestimmen* des Begriffs an ihm selbst. Die Rechtwinkligkeit, Spitzwinkligkeit usf., wie die Gleichseitigkeit usf., nach welchen Bestimmungen die Dreiecke eingeteilt werden, liegt nicht in der Bestimmtheit des Dreiecks selbst, d. h. nicht in dem, was der Begriff des Dreiecks genannt zu werden pflegt, ebensowenig als in dem, was für den Begriff des Tieres überhaupt oder des Säugetiers, Vogels usw. [gilt,] die Bestimmungen liegen, nach welchen jenes in Säugetiere, Vögel usw. und diese Klassen in weitere Gattungen eingeteilt werden. Solche Bestimmungen werden anderswoher, aus der empirischen Anschauung aufgenommen; sie treten zu jenem sogenannten Begriffe von außen hinzu. In der philosophischen Behandlung des Einteilens muß der Begriff selbst sich als ihren Ursprung enthaltend zeigen.

Der Begriff der Logik aber selbst ist in der Einleitung als das Resultat einer jenseits liegenden Wissenschaft, damit hier gleichfalls als eine *Voraussetzung* angegeben worden. Die Logik bestimmte sich danach als die Wissenschaft des reinen Denkens, die zu ihrem Prinzip *das reine Wissen* habe, die nicht abstrakte, sondern dadurch konkrete lebendige Einheit, daß in ihr der Gegensatz des Bewußtseins von einem subjektiv *für sich Seienden* und einem zweiten solchen *Seienden,* einem Objektiven, als überwunden und das Sein als reiner Begriff an sich selbst und der reine Begriff als das wahrhafte Sein gewußt wird. Dies sind sonach die beiden *Momente,* welche im Logischen enthalten sind. Aber sie werden nun als *untrennbar* seiend gewußt, nicht wie im Bewußtsein jedes *auch* als *für sich seiend*; dadurch allein, daß sie zugleich als *unterschiedene* (jedoch nicht für sich seiende) gewußt werden, ist ihre Einheit nicht abstrakt, tot, unbewegend, sondern konkret.

Diese Einheit macht das logische Prinzip zugleich als *Element* aus, so daß die Entwicklung jenes Unterschiedes, der sogleich in ihm ist, nur *innerhalb* dieses Elementes vor sich geht. Denn indem die Einteilung, wie gesagt worden, das *Urteil* des Begriffs, das Setzen der ihm schon immanenten Bestimmung und damit seines Unterschiedes ist, so darf dies Setzen nicht als ein Wiederauflösen jener konkreten Einheit in ihre Bestimmungen, wie sie als für sich seiend gelten sollen, gefaßt werden, was hier ein leeres Zurückgehen auf den vorigen Standpunkt, den Gegensatz des Bewußtseins, wäre; dieser ist vielmehr verschwunden; jene Einheit bleibt das Element, und aus ihr tritt jenes Unterscheiden der Einteilung und überhaupt der Entwicklung nicht mehr heraus. Damit sind die früher (auf dem *Wege zur Wahrheit*) für sich *seienden* Bestimmungen, wie ein Subjektives und Objektives oder auch Denken und Sein oder Begriff und Realität, wie sie in irgendeiner Rücksicht bestimmt worden sein mögen, *nun in ihrer Wahrheit,* d. i. in ihrer Einheit, zu *Formen* herabgesetzt. In ihrem Unterschiede bleiben sie daher selbst *an sich* der ganze Begriff, und dieser wird in der Einteilung nur unter seinen eigenen Bestimmungen gesetzt.

So ist es der ganze Begriff, der das eine Mal als *seiender* Begriff, das andere Mal als *Begriff* zu betrachten ist; dort *ist* er nur Begriff *an sich,* der Realität oder des Seins, hier ist er Begriff als solcher, *für sich seiender* Begriff (wie er es, um konkrete Formen zu nennen, im denkenden Menschen, aber auch schon, freilich nicht als *bewußter,* noch weniger als *gewußter* Begriff, im empfindenden Tier und in der organischen Individualität überhaupt ist; Begriff *an sich* ist er aber nur in der unorganischen Natur). – Die Logik wäre hiernach zunächst in die Logik des *Begriffs als Seins* und des Begriffs *als Begriffs* oder – indem wir uns der sonst gewöhnlichen, obgleich der unbestimmtesten und darum der vieldeutigsten Ausdrücke bedienen – in die *objektive* und *subjektive* Logik einzuteilen.

Nach dem zugrunde liegenden Elemente aber der Einheit des Begriffs in sich selbst und damit der Untrennbarkeit seiner Bestimmungen müssen diese ferner auch, insofern sie *unterschieden,* der Begriff in ihrem *Unterschiede* gesetzt wird, wenigstens in *Beziehung* aufeinander stehen. Es ergibt sich daraus eine Sphäre der *Vermittlung,* der Begriff als System der *Reflexionsbestimmungen,* d. i. des zum *Insich*sein des Begriffs übergehenden Seins, der auf diese Weise noch nicht *als solcher* für sich gesetzt ist, sondern mit dem unmittelbaren Sein als einem ihm auch Äußeren zugleich behaftet ist. Dies ist *die Lehre von dem Wesen,* die zwischen der Lehre vom Sein und der vom Begriff inmitten steht. – Sie ist in der allgemeinen Einteilung dieses logischen Werks noch unter die *objektive* Logik gestellt worden, insofern, ob das Wesen zwar bereits das Innere, dem Begriffe der Charakter des *Subjekts* ausdrücklich vorzubehalten ist.

*Kant** hat in neueren Zeiten dem, was gewöhnlich Logik genannt worden, noch eine, nämlich eine *transzendentale Logik* gegenübergestellt. Das, was hier *objektive Logik* genannt worden, würde zum Teil dem entsprechen, was bei ihm die *transzendentale Logik* ist. Er unterscheidet sie von dem, was er allgemeine Logik nennt, so, daß sie α) die Begriffe betrachte, die sich a priori auf *Gegenstände* beziehen, somit nicht von allem *Inhalte* der objektiven Erkenntnis abstrahiere, oder daß sie die Regeln des reinen Denkens eines *Gegenstandes* enthalte und β) zugleich auf den Ursprung unserer Erkenntnis gehe, insofern sie nicht den Gegenständen zugeschrieben werden könne. – Diese zweite Seite ist es, auf die das philosophische Interesse Kants ausschließend gerichtet ist. Sein Hauptgedanke ist, die *Kategorien* dem Selbstbewußtsein, als dem *subjektiven Ich*, zu vindizieren. Vermöge dieser Bestimmung bleibt die Ansicht innerhalb des Bewußtseins und seines Gegensatzes stehen und hat außer dem Empirischen des Gefühls und der Anschauung noch

* Ich erinnere, daß ich auf die Kantische Philosophie in diesem Werke darum häufig Rücksicht nehme (was manchen überflüssig scheinen könnte), weil sie – ihre nähere Bestimmtheit sowie die besonderen Teile der Ausführung mögen sonst und auch in diesem Werke betrachtet werden, wie sie wollen – die Grundlage und den Ausgangspunkt der neueren deutschen Philosophie ausmacht und dies ihr Verdienst durch das, was an ihr ausgesetzt werden möge, ihr ungeschmälert bleibt. Auch darum ist auf sie in der objektiven Logik häufig Rücksicht zu nehmen, weil sie sich auf wichtige *bestimmtere* Seiten des Logischen näher einläßt, spätere Darstellungen von Philosophie hingegen dasselbe wenig beachtet, zum Teil oft nur eine rohe – aber nicht ungerächte – Verachtung dagegen bewiesen haben. Das bei uns am weitesten verbreitete Philosophieren tritt *nicht* aus den Kantischen Resultaten, daß die Vernunft keinen wahren Gehalt erkennen könne und in Ansehung der absoluten Wahrheit auf das Glauben zu verweisen sei, heraus. Was aber bei Kant Resultat ist, damit wird in diesem Philosophieren unmittelbar angefangen, damit die vorhergehende Ausführung, aus welcher jenes Resultat herkommt und welche philosophisches Erkennen ist, vorweggeschnitten. Die Kantische Philosophie dient so als ein Polster für die Trägheit des Denkens, die sich damit beruhigt, daß bereits alles bewiesen und abgetan sei. Für Erkenntnis und einen bestimmten Inhalt des Denkens, der in solcher unfruchtbaren und trockenen Beruhigung sich nicht findet, ist sich daher an jene vorangegangene Ausführung zu wenden.

etwas, das nicht durch das denkende Selbstbewußtsein gesetzt und bestimmt ist, ein *Ding-an-sich*, ein dem Denken Fremdes und Äußerliches, übrigbleiben; obgleich leicht einzusehen ist, daß ein solches Abstraktum wie *Ding-an-sich* selbst nur ein Produkt des, und zwar nur abstrahierenden Denkens ist. – Wenn andere Kantianer sich über das Bestimmen des *Gegenstandes* durch Ich so ausgedrückt haben, daß das Objektivieren des Ich als ein ursprüngliches und notwendiges Tun des Bewußtseins anzusehen sei, so daß in diesem ursprünglichen Tun noch nicht die Vorstellung des Ich selbst ist – als welche erst ein Bewußtsein jenes Bewußtseins oder selbst ein Objektivieren jenes Bewußtseins sei –, so ist dieses von dem Gegensatze des Bewußtseins befreite objektivierende Tun näher dasjenige, was für *Denken* als solches überhaupt genommen werden kann.* Dieses Tun sollte aber nicht mehr Bewußtsein genannt werden; Bewußtsein schließt den Gegensatz des Ich und seines Gegenstandes in sich, der in jenem ursprünglichen Tun nicht vorhanden ist. Die Benennung »Bewußtsein« wirft noch mehr den Schein von Subjektivität auf dasselbe als der Ausdruck *Denken*, der aber hier überhaupt im absoluten Sinne als *unendliches*, mit der Endlichkeit des Bewußtseins nicht behaftetes Denken, kurz *Denken als solches* zu nehmen ist.

Indem nun das Interesse der Kantischen Philosophie auf das sogenannte *Transzendentale* der Denkbestimmungen gerichtet war, ist die Abhandlung derselben selbst leer ausgegangen; was sie an ihnen selbst sind, ohne die abstrakte, allen gleiche Relation auf Ich, ihre Bestimmtheit gegen- und ihr Verhältnis zueinander, ist nicht zu einem Gegenstande der Betrachtung gemacht worden; die Erkenntnis ihrer Natur

* Wenn der Ausdruck *objektivierendes* Tun des Ich an andere Produktionen des Geistes, z. B. die der *Phantasie* erinnern kann, so ist zu bemerken, daß von einem Bestimmen eines Gegenstandes die Rede ist, insofern dessen Inhaltsmomente *nicht dem Gefühl und der Anschauung* angehören. Solcher Gegenstand ist ein *Gedanke*, und ihn bestimmen heißt teils, ihn erst produzieren, teils, insofern er ein Vorausgesetztes ist, weitere Gedanken über ihn haben, ihn denkend weiterentwickeln.

hat sich daher durch diese Philosophie nicht im geringsten gefördert gefunden. Das einzige Interessante, was hierauf Beziehung hat, kommt in der Kritik der Ideen vor. Für den wirklichen Fortschritt der Philosophie aber war es notwendig, daß das Interesse des Denkens auf die Betrachtung der formellen Seite, des Ich, des Bewußtseins als solchen, d. i. der abstrakten Beziehung eines subjektiven Wissens auf ein Objekt, gezogen, daß die Erkenntnis der *unendlichen Form*, d. i. des Begriffs, auf diese Weise eingeleitet wurde. Um jedoch diese Erkenntnis zu erreichen, mußte jene endliche Bestimmtheit, in der die Form als Ich, Bewußtsein ist, noch abgestreift werden. Die Form, so in ihre Reinheit herausgedacht, enthält es dann in sich selbst, sich zu *bestimmen*, d. i. sich Inhalt zu geben, und zwar denselben in seiner Notwendigkeit, – als System der Denkbestimmungen.

Die objektive Logik tritt damit vielmehr an die Stelle der vormaligen *Metaphysik*, als welche das wissenschaftliche Gebäude über die Welt war, das nur durch *Gedanken* aufgeführt sein sollte. – Wenn wir auf die letzte Gestalt der Ausbildung dieser Wissenschaft Rücksicht nehmen, so ist [es] erstens unmittelbar die *Ontologie*, an deren Stelle die objektive Logik tritt, – der Teil jener Metaphysik, der die Natur des *Ens* überhaupt erforschen sollte; das Ens begreift sowohl *Sein* als *Wesen* in sich, für welchen Unterschied unsere Sprache glücklicherweise den verschiedenen Ausdruck gerettet hat. – Alsdann aber begreift die objektive Logik auch die übrige Metaphysik insofern in sich, als diese mit den reinen Denkformen die besonderen, zunächst aus der Vorstellung genommenen Substrate, die Seele, die Welt, Gott, zu fassen suchte und die *Bestimmungen des Denkens* das *Wesentliche* der Betrachtungsweise ausmachten. Aber die Logik betrachtet diese Formen frei von jenen Substraten, den Subjekten der *Vorstellung*, und ihre Natur und Wert an und für sich selbst. Jene Metaphysik unterließ dies und zog sich daher den gerechten Vorwurf zu, sie *ohne Kritik* gebraucht zu haben, ohne die vorgängige Untersuchung, ob und wie sie fähig seien, Bestimmungen des Dings-an-sich, nach Kantischem Ausdruck, oder vielmehr des Vernünftigen zu sein. – Die objektive Logik ist daher die wahrhafte Kritik derselben – eine Kritik, die sie nicht nach der abstrakten Form der Apriorität gegen das Aposteriorische, sondern sie selbst in ihrem besonderen Inhalte betrachtet.

Die subjektive Logik ist die Logik des *Begriffs,* – des Wesens, das seine Beziehung auf ein Sein oder seinen Schein aufgehoben hat und in seiner Bestimmung nicht äußerlich mehr, sondern das freie selbständige, sich in sich bestimmende Subjektive oder vielmehr das *Subjekt* selbst ist. – Indem das *Subjektive* das Mißverständnis von Zufälligem und Willkürlichem sowie überhaupt von Bestimmungen, die in die Form des *Bewußtseins* gehören, mit sich führt, so ist hier auf den Unterschied von Subjektivem und Objektivem, der sich späterhin innerhalb der Logik selbst näher entwickeln wird, kein besonderes Gewicht zu legen.

Die Logik zerfällt also zwar überhaupt in *objektive* und *subjektive* Logik; bestimmter aber hat sie die drei Teile:

I. *Die Logik des Seins,*

II. *die Logik des Wesens* und

III. *die Logik des Begriffs.*

Erstes Buch

DIE LEHRE VOM SEIN

Womit muß der Anfang der Wissenschaft gemacht werden?

In neueren Zeiten erst ist das Bewußtsein entstanden, daß es eine Schwierigkeit sei, einen *Anfang* in der Philosophie zu finden, und der Grund dieser Schwierigkeit sowie die Möglichkeit, sie zu lösen, ist vielfältig besprochen worden. Der Anfang der Philosophie muß entweder ein *Vermitteltes* oder *Unmittelbares* sein, und es ist leicht zu zeigen, daß er[1] weder das eine noch das andere sein könne; somit findet die eine oder die andere Weise des Anfangens ihre Widerlegung.

Das *Prinzip* einer Philosophie drückt wohl auch einen Anfang aus, aber nicht sowohl einen subjektiven als *objektiven*, den Anfang *aller Dinge*. Das Prinzip ist ein irgendwie bestimmter *Inhalt*: das Wasser, das Eine, Nus, Idee, – Substanz, Monade usf.; oder wenn es sich auf die Natur des Erkennens bezieht und damit mehr nur ein Kriterium als eine objektive Bestimmung sein soll – Denken, Anschauen, Empfinden, Ich, die Subjektivität selbst –, so ist es hier gleichfalls die Inhaltsbestimmung, auf welche das Interesse geht. Das Anfangen als solches dagegen bleibt als ein Subjektives in dem Sinne einer zufälligen Art und Weise, den Vortrag einzuleiten, unbeachtet und gleichgültig, somit auch das Bedürfnis der Frage, womit anzufangen sei, unbedeutend gegen das Bedürfnis des Prinzips, als in welchem allein das Interesse *der Sache* zu liegen scheint, das Interesse, was das *Wahre*, was der *absolute Grund* von allem sei.

Aber die moderne Verlegenheit um den Anfang geht aus einem weiteren Bedürfnisse hervor, welches diejenigen noch nicht kennen, denen es dogmatisch um das Erweisen des Prinzips zu tun ist oder skeptisch um das Finden eines subjektiven Kriteriums gegen dogmatisches Philosophieren, und welches diejenigen ganz verleugnen, die wie aus der Pistole

---

1 A: »er« – B: »es«

aus ihrer inneren Offenbarung, aus Glauben, intellektueller Anschauung usw. anfangen und der *Methode* und Logik überhoben sein wollten. Wenn das früher abstrakte Denken zunächst nur für das Prinzip als *Inhalt* sich interessiert, aber im Fortgange der Bildung auf die andere Seite, auf das Benehmen des *Erkennens* zu achten getrieben ist, so wird auch das *subjektive* Tun als wesentliches Moment der objektiven Wahrheit erfaßt, und das Bedürfnis führt sich herbei, daß die Methode mit dem Inhalt, die *Form* mit dem *Prinzip* vereint sei. So soll das *Prinzip* auch Anfang und das, was das *Prius* für das Denken ist, auch das *Erste* im *Gange* des Denkens sein.

Es ist hier nur zu betrachten, wie der *logische* Anfang erscheint; die beiden Seiten, nach denen er genommen werden kann, sind schon genannt, entweder als Resultat auf vermittelte oder als eigentlicher Anfang auf unmittelbare Weise. Die in der Bildung der Zeit so wichtig erscheinende Frage, ob das Wissen der Wahrheit ein unmittelbares, schlechthin anfangendes Wissen, ein Glauben, oder aber ein vermitteltes Wissen sei, ist an diesem Orte nicht zu erörtern. Insofern solche Betrachtung *vorläufig* angestellt werden kann, ist dies anderwärts (in meiner *Enzyklopädie der philosophischen Wissenschaften*, 3. Ausgabe [1830] im »Vorbegriff«, § 61 ff.) geschehen. Hier mag daraus nur dies angeführt werden, daß es Nichts *gibt*, nichts im Himmel oder in der Natur oder im Geiste oder wo es sei, was nicht ebenso die Unmittelbarkeit enthält als die Vermittlung, so daß sich diese beiden Bestimmungen als *ungetrennt* und *untrennbar* und jener Gegensatz sich als ein Nichtiges zeigt. Was aber die *wissenschaftliche Erörterung* betrifft, so ist es jeder logische Satz, in welchem die Bestimmungen der Unmittelbarkeit und der Vermittlung und also die Erörterung ihres Gegensatzes und ihrer Wahrheit vorkommt. Insofern dieser Gegensatz in Beziehung auf Denken, Wissen, Erkennen die konkretere Gestalt von unmittelbarem oder vermitteltem *Wissen* erhält, wird die Natur des Erkennens überhaupt sowohl innerhalb der Wissenschaft der Logik betrachtet, als dasselbe in seiner weiteren konkreten Form in die Wissenschaft vom Geiste und in die Phänomenologie desselben fällt. *Vor* der Wissenschaft aber schon über das Erkennen ins reine kommen wollen, heißt verlangen, daß es *außerhalb* derselben erörtert werden sollte; *außerhalb* der Wissenschaft läßt sich dies wenigstens nicht auf wissenschaftliche Weise, um die es hier allein zu tun ist, bewerkstelligen.

Logisch ist der Anfang, indem er im Element des frei für sich seienden Denkens, im *reinen Wissen* gemacht werden soll. *Vermittelt* ist er hiermit dadurch, daß das reine Wissen die letzte, absolute Wahrheit des *Bewußtseins* ist. Es ist in der Einleitung bemerkt, daß die *Phänomenologie des Geistes* die Wissenschaft des Bewußtseins, die Darstellung davon ist, daß das Bewußtsein den *Begriff* der Wissenschaft, d. i. das reine Wissen, zum Resultate hat. Die Logik hat insofern die Wissenschaft des erscheinenden Geistes zu ihrer Voraussetzung, welche die Notwendigkeit und damit den Beweis der Wahrheit des Standpunkts, der das reine Wissen ist, wie dessen Vermittlung überhaupt enthält und aufzeigt. In dieser Wissenschaft des erscheinenden Geistes wird von dem empirischen, *sinnlichen* Bewußtsein ausgegangen, und dieses ist das eigentliche *unmittelbare* Wissen; daselbst wird erörtert, was an diesem unmittelbaren Wissen ist. Anderes Bewußtsein, wie der Glaube an göttliche Wahrheiten, innere Erfahrung, Wissen durch innere Offenbarung usf., zeigt sich bei geringer Überlegung sehr uneigentlich als unmittelbares Wissen aufgeführt zu werden. In jener Abhandlung ist das unmittelbare Bewußtsein auch das in der Wissenschaft Erste und Unmittelbare, somit die Voraussetzung; in der Logik aber ist dasjenige die Voraussetzung, was aus jener Betrachtung sich als das Resultat erwiesen hatte, – die Idee als reines Wissen. Die *Logik ist die reine Wissenschaft,* d. i. das reine Wissen in dem ganzen Umfange seiner Entwicklung. Diese Idee aber hat sich in jenem Resultate dahin bestimmt, die zur Wahrheit gewordene Gewißheit zu sein, die Gewißheit, die nach der einen Seite dem Gegenstande nicht mehr gegenüber ist, sondern ihn innerlich gemacht hat, ihn als sich selbst weiß, – und die auf der andern Seite das Wissen von sich als von einem, das dem Gegenständlichen gegenüber und nur dessen Vernichtung sei, aufgegeben [hat], dieser Subjektivität entäußert und Einheit mit seiner Entäußerung ist.

Daß nun von dieser Bestimmung des reinen Wissens aus der Anfang seiner Wissenschaft immanent bleibe, ist nichts zu tun, als das zu betrachten oder vielmehr mit Beiseitsetzung aller Reflexionen, aller Meinungen, die man sonst hat, nur aufzunehmen, *was vorhanden ist.*

Das reine Wissen, als in diese *Einheit zusammengegangen,* hat alle Beziehung auf ein Anderes und auf Vermittlung aufgehoben; es ist das Unterschiedslose; dieses Unterschiedslose hört somit selbst auf, Wissen zu sein; es ist nur *einfache Unmittelbarkeit* vorhanden.

Die einfache Unmittelbarkeit ist selbst ein Reflexionsausdruck und bezieht sich auf den Unterschied von dem Vermittelten. In ihrem wahren Ausdrucke ist daher diese einfache Unmittelbarkeit das *reine Sein.* Wie das *reine* Wissen nichts heißen soll als das Wissen als solches, ganz abstrakt, so soll auch reines Sein nichts heißen als das *Sein* überhaupt; Sein, sonst nichts, ohne alle weitere Bestimmung und Erfüllung.

Hier ist das Sein das Anfangende, als durch Vermittlung, und zwar durch sie, welche zugleich Aufheben ihrer selbst ist, entstanden dargestellt; mit der Voraussetzung des reinen Wissens als Resultats des endlichen Wissens, des Bewußtseins. Soll aber keine Voraussetzung gemacht, der Anfang selbst *unmittelbar* genommen werden, so bestimmt er sich nur dadurch, daß es der Anfang der Logik, des Denkens für sich, sein soll. Nur der Entschluß, den man auch für eine Willkür ansehen kann, nämlich daß man das *Denken als solches* betrachten wolle, ist vorhanden. So muß der Anfang *absoluter* oder, was hier gleichbedeutend ist, abstrakter Anfang sein; er darf so *nichts voraussetzen,* muß durch nichts vermittelt sein noch einen Grund haben; er soll vielmehr selbst Grund der ganzen Wissenschaft sein. Er muß daher schlechthin *ein* Unmittelbares sein oder vielmehr nur *das Unmittelbare* selbst. Wie er nicht gegen Anderes eine Bestimmung haben kann, so kann er auch keine in sich, keinen Inhalt enthalten, denn dergleichen wäre Unterscheidung und Beziehung von Verschiedenem aufeinander, somit eine Vermittlung. Der Anfang ist also das *reine Sein.*

Nach dieser einfachen Darlegung dessen, was zunächst nur zu diesem selbst Allereinfachsten, dem logischen Anfang gehört, können noch folgende weitere Reflexionen beigebracht werden; doch können sie nicht sowohl zur Erläuterung und Bestätigung jener Darlegung, die für sich fertig ist, dienen sollen, als sie vielmehr nur durch Vorstellungen und Reflexionen veranlaßt werden, die uns zum voraus in den Weg kommen können, jedoch, wie alle anderen vorangehenden Vorurteile, in der Wissenschaft selbst ihre Erledigung finden müssen, und daher eigentlich zur Geduld hierauf zu verweisen wäre[2].

Die Einsicht, daß das Absolut-Wahre ein Resultat sein müsse, und umgekehrt, daß ein Resultat ein erstes Wahres voraussetzt, das aber, weil es Erstes ist, objektiv betrachtet nicht notwendig und nach der subjektiven Seite nicht erkannt ist, – hat in neueren Zeiten den Gedanken hervorgebracht, daß die Philosophie nur mit einem *hypothetischen* und *problematischen* Wahren anfangen und das Philosophieren daher zuerst nur ein Suchen sein könne, eine Ansicht, welche *Reinhold*[3] in den späteren Zeiten seines Philosophierens vielfach urgiert hat und der man die Gerechtigkeit widerfahren lassen muß, daß ihr ein wahrhaftes Interesse zugrunde liegt, welches die spekulative Natur des philosophischen *Anfangs* betrifft. Die Auseinandersetzung dieser

2 B: »wären«
3 Karl Leonhard Reinhold, 1758–1823

Ansicht ist zugleich eine Veranlassung, ein vorläufiges Verständnis über den Sinn des logischen Fortschreitens überhaupt einzuleiten; denn jene Ansicht schließt die Rücksicht auf das Fortgehen sogleich in sich. Und zwar stellt sie es so vor, daß das Vorwärtsschreiten in der Philosophie vielmehr ein Rückwärtsgehen und Begründen sei, durch welches erst sich ergebe, daß das, womit angefangen wurde, nicht bloß ein willkürlich Angenommenes, sondern in der Tat teils das *Wahre*, teils das *erste Wahre* sei.

Man muß zugeben, daß es eine wesentliche Betrachtung ist – die sich innerhalb der Logik selbst näher ergeben wird –, daß das Vorwärtsgehen ein *Rückgang* in den *Grund*, zu dem *Ursprünglichen* und *Wahrhaften* ist, von dem das, womit der Anfang gemacht wurde, abhängt und in der Tat hervorgebracht wird. – So wird das Bewußtsein auf seinem Wege von der Unmittelbarkeit aus, mit der es anfängt, zum absoluten Wissen als seiner innersten *Wahrheit* zurückgeführt. Dies Letzte, der Grund, ist denn auch dasjenige, aus welchem das Erste hervorgeht, das zuerst als Unmittelbares auftrat. – So wird noch mehr der absolute Geist, der als die konkrete und letzte höchste Wahrheit alles Seins sich ergibt, erkannt, als am *Ende* der Entwicklung sich mit Freiheit entäußernd und sich zur Gestalt eines *unmittelbaren* Seins entlassend, – zur Schöpfung einer Welt sich entschließend, welche alles das enthält, was in die Entwicklung, die jenem Resultate vorangegangen, fiel und das durch diese umgekehrte Stellung mit seinem Anfang in ein von dem Resultate als dem Prinzip Abhängiges verwandelt wird. Das Wesentliche für die Wissenschaft ist nicht so sehr, daß ein rein Unmittelbares der Anfang sei, sondern daß das Ganze derselben ein Kreislauf in sich selbst ist, worin das Erste auch das Letzte und das Letzte auch das Erste wird.

Daher ergibt sich auf der andern Seite als ebenso notwendig, dasjenige, in welches die Bewegung als in seinen *Grund* zurückgeht, als *Resultat* zu betrachten. Nach dieser Rücksicht ist das Erste ebensosehr der Grund und das Letzte ein Abgeleitetes; indem von dem Ersten ausgegangen und durch richtige Folgerungen auf das Letzte als auf den Grund gekommen wird, ist dieser Resultat. Der *Fortgang* ferner von dem, was den Anfang macht, ist nur als eine weitere Bestimmung desselben zu betrachten, so daß das Anfangende allem Folgenden zugrunde liegen bleibt und nicht daraus verschwindet. Das Fortgehen besteht nicht darin, daß nur ein *Anderes* abgeleitet oder daß in ein wahrhaft Anderes übergegangen würde; – und insofern dies Übergehen vorkommt, so hebt es sich ebensosehr wieder auf. So ist der Anfang der Philosophie die in allen folgenden Entwicklungen gegenwärtige und sich erhaltende Grundlage, das seinen weiteren Bestimmungen durchaus immanent Bleibende.

Durch diesen Fortgang denn verliert der Anfang das, was er in dieser Bestimmtheit, ein Unmittelbares und Abstraktes überhaupt zu sein, Einseitiges hat; er wird ein Vermitteltes, und die Linie der wissenschaftlichen Fortbewegung macht sich damit *zu einem Kreise*. – Zugleich ergibt sich, daß das, was den Anfang macht, indem es darin das noch Unentwickelte, Inhaltslose ist, im Anfange noch nicht wahrhaft erkannt wird und daß erst die Wissenschaft, und zwar in ihrer ganzen Entwicklung, seine vollendete, inhaltsvolle und erst wahrhaft begründete Erkenntnis ist.

Darum aber, weil das *Resultat* erst als der absolute Grund hervortritt, ist das Fortschreiten dieses Erkennens nicht etwas Provisorisches noch ein problematisches und hypothetisches, sondern es muß durch die Natur der Sache und des Inhaltes selbst bestimmt sein. Weder ist jener Anfang etwas Willkürliches und nur einstweilen Angenommenes noch ein als willkürlich Erscheinendes und bittweise Vorausgesetztes, von dem sich aber doch in der Folge zeige, daß man recht daran getan habe, es zum Anfange zu machen; nicht wie bei den Konstruktionen, die man zum Behuf des Beweises eines geometrischen Satzes zu machen angewiesen wird, es der Fall ist, daß von ihnen es sich erst hinterher an den Beweisen ergibt, daß man wohlgetan habe, gerade diese Linien zu ziehen und dann in den Beweisen selbst mit der Vergleichung dieser Linien oder Winkel anzufangen; für sich an diesem Linienziehen oder Vergleichen begreift es sich nicht.

So ist vorhin der *Grund*, warum in der reinen Wissenschaft vom reinen Sein angefangen wird, unmittelbar an ihr selbst angegeben worden. Dies reine Sein ist die Einheit, in die das reine Wissen zurückgeht, oder wenn dieses selbst noch als Form von seiner Einheit unterschieden gehalten werden soll, so ist es auch der Inhalt desselben. Dies ist die Seite, nach welcher dies *reine Sein*, dies Absolut-Unmittelbare, ebenso absolut Vermitteltes ist. Aber es muß ebenso wesentlich nur in der Einseitigkeit, das Rein-Unmittelbare zu sein, genommen werden, *eben weil* es hier als der Anfang ist. Insofern es nicht diese reine Unbestimmtheit, insofern es bestimmt wäre, würde es als Vermitteltes, schon Weitergeführtes genommen; ein Bestimmtes enthält ein *Anderes* zu einem Ersten. Es liegt also in der *Natur des Anfangs selbst*, daß er das Sein sei und sonst nichts. Es bedarf daher keiner sonstigen Vorbereitungen, um in die Philosophie hineinzukommen, noch anderweitiger Reflexionen und Anknüpfungspunkte.

Daß der Anfang Anfang der Philosophie ist, daraus kann eigentlich auch keine *nähere Bestimmung* oder ein *positiver* Inhalt für denselben genommen werden. Denn die Philosophie ist hier im Anfange, wo die Sache selbst noch nicht vorhanden ist, ein leeres Wort oder irgendeine angenommene ungerechtfertigte Vorstellung. Das reine Wissen gibt nur diese negative Bestimmung, daß er der *abstrakte* Anfang sein soll. Insofern das reine Sein als *Inhalt* des reinen Wissens genommen wird, so hat dieses von seinem Inhalte zurückzutreten, ihn für sich selbst gewähren zu lassen und nicht weiter zu bestimmen. – Oder indem das reine Sein als die Einheit zu betrachten ist, in die das Wissen auf seiner höchsten Spitze der Einigung mit dem Objekte zusammengefallen, so ist das Wissen in diese Einheit verschwunden und hat keinen Unterschied von ihr und somit keine Bestimmung für sie übriggelassen. – Auch sonst ist nicht etwas oder

irgendein Inhalt vorhanden, der gebraucht werden könnte, um damit den bestimmteren Anfang zu machen.
Aber auch die bisher als Anfang angenommene Bestimmung *des Seins* könnte weggelassen werden, so daß nur gefordert würde, daß ein reiner Anfang gemacht werde. Dann ist nichts vorhanden als der *Anfang* selbst, und es wäre zu sehen, was er ist. – Diese Stellung könnte zugleich als ein Vorschlag zur Güte an diejenigen gemacht werden, welche teils damit, daß mit dem Sein angefangen werde, aus welchen Reflexionen es sei, sich nicht beruhigen und noch weniger mit dem Erfolge, den das Sein hat, in das Nichts überzugehen, teils [es] überhaupt nicht anders wissen, als daß in einer Wissenschaft mit der *Voraussetzung* einer *Vorstellung* angefangen werde – einer Vorstellung, welche hierauf *analysiert* werde, so daß nun das Ergebnis solcher Analyse den ersten bestimmten Begriff in der Wissenschaft abgebe. Indem wir auch dies Verfahren beobachteten, so hätten wir keinen besonderen Gegenstand, weil der Anfang, als des *Denkens*, ganz abstrakt, ganz allgemein, ganz Form ohne allen Inhalt sein soll; wir hätten somit gar nichts als die Vorstellung von einem bloßen Anfang als solchem. Es ist also nur zu sehen, was wir in dieser Vorstellung haben.
Es ist noch Nichts, und es soll Etwas werden. Der Anfang ist nicht das reine Nichts, sondern ein Nichts, von dem Etwas ausgehen soll; das Sein ist also auch schon im Anfang enthalten. Der Anfang enthält also beides, Sein und Nichts; ist die Einheit von Sein und Nichts, – oder ist Nichtsein, das zugleich Sein, und Sein, das zugleich Nichtsein ist.
Ferner: Sein und Nichts sind im Anfang als *unterschieden* vorhanden; denn er weist auf etwas anderes hin; – er ist ein Nichtsein, das auf das Sein als auf ein Anderes bezogen ist; das Anfangende *ist* noch nicht; es geht erst dem Sein zu. Der Anfang enthält also das Sein als ein solches, das sich von dem Nichtsein entfernt oder es aufhebt, als ein ihm Entgegengesetztes.
Ferner aber *ist* das, was anfängt, schon; ebensosehr aber *ist*

es auch noch *nicht*. Die Entgegengesetzten, Sein und Nichtsein, sind also in ihm in unmittelbarer Vereinigung; oder er ist ihre *ununterschiedene Einheit*.

Die Analyse des Anfangs gäbe somit den Begriff der Einheit des Seins und des Nichtseins – oder, in reflektierterer Form, der Einheit des Unterschieden- und des Nichtunterschiedenseins – oder der Identität der Identität und Nichtidentität. Dieser Begriff könnte als die erste, reinste, d. i. abstrakteste Definition des Absoluten angesehen werden, – wie er dies in der Tat sein würde, wenn es überhaupt um die Form von Definitionen und um den Namen des Absoluten zu tun wäre. In diesem Sinne würden, wie jener abstrakte Begriff die erste, so alle weiteren Bestimmungen und Entwicklungen nur bestimmtere und reichere Definitionen dieses Absoluten sein. Aber die, welche mit dem *Sein* als Anfang darum nicht zufrieden sind, weil es in Nichts übergeht und daraus die Einheit des Seins und Nichts entsteht, mögen zusehen, ob sie mit diesem Anfange, der mit der Vorstellung des *Anfangs* anfängt, und mit deren Analyse, die wohl richtig sein wird, aber gleichfalls auf die Einheit des Seins und Nichts führt, zufriedener sein mögen als damit, daß das Sein zum Anfange gemacht wird.

Es ist aber noch eine weitere Betrachtung über dieses Verfahren zu machen. Jene Analyse setzt die Vorstellung des Anfangs als bekannt voraus; es ist so nach dem Beispiele anderer Wissenschaften verfahren worden. Diese setzen ihren Gegenstand voraus und nehmen bittweise an, daß jedermann dieselbe Vorstellung von ihm habe und darin ungefähr dieselben Bestimmungen finden möge, die sie durch Analyse, Vergleichung und sonstiges Räsonnement von ihm da- und dorther beibringen und angeben. Das aber, was den absoluten Anfang macht, muß gleichfalls ein sonst Bekanntes sein; wenn es nun ein Konkretes, somit in sich mannigfaltig Bestimmtes ist, so ist diese *Beziehung*, die es in *sich* ist, als etwas Bekanntes vorausgesetzt; sie ist damit als etwas *Unmittelbares* angegeben, *was sie aber nicht ist*; denn sie ist nur

Beziehung als von Unterschiedenen, enthält somit die *Vermittlung* in sich. Ferner tritt am Konkreten die Zufälligkeit und Willkür der Analyse und des verschiedenen Bestimmens ein. Welche Bestimmungen herausgebracht werden, hängt von dem ab, was jeder in seiner unmittelbaren zufälligen Vorstellung *vorfindet.* Die in einem Konkreten, einer synthetischen Einheit enthaltene Beziehung ist eine *notwendige* nur, insofern sie nicht vorgefunden, sondern durch die eigene Bewegung der Momente, in diese Einheit zurückzugehen, hervorgebracht ist, – eine Bewegung, die das Gegenteil des analytischen Verfahrens ist, eines der Sache selbst äußerlichen, in das Subjekt fallenden Tuns.

Hierin ist auch das Nähere enthalten, daß das, womit der Anfang zu machen ist, nicht ein Konkretes, nicht ein solches sein kann, das eine Beziehung *innerhalb seiner selbst* enthält. Denn ein solches setzt ein Vermitteln und Herübergehen von einem Ersten zu einem Anderen innerhalb seiner voraus, wovon das einfachgewordene Konkrete das Resultat wäre. Aber der Anfang soll nicht selbst schon ein Erstes *und* ein Anderes sein; ein solches, das ein Erstes *und* ein Anderes in sich ist, enthält bereits ein Fortgegangensein. Was den Anfang macht, der Anfang selbst, ist daher als ein Nichtanalysierbares, in seiner einfachen unerfüllten Unmittelbarkeit, also *als Sein,* als das ganz Leere zu nehmen.

Wenn man etwa, gegen die Betrachtung des abstrakten Anfangs ungeduldig, sagen wollte, es solle nicht mit dem Anfange angefangen werden, sondern geradezu mit der *Sache,* so ist diese Sache nichts als jenes leere Sein; denn was die Sache sei, dies ist es, was sich eben erst im Verlaufe der Wissenschaft ergeben soll, was nicht vor ihr als bekannt vorausgesetzt werden kann.

Welche Form sonst genommen werde, um einen anderen Anfang zu haben als das leere Sein, so leidet er an den angeführten Mängeln. Diejenigen, welche mit diesem Anfange unzufrieden bleiben, mögen sich zu der Aufgabe auffordern, es anders anzufangen, um dabei diese Mängel zu vermeiden.

Ein origineller Anfang der Philosophie aber kann nicht ganz unerwähnt gelassen werden, der sich in neuerer Zeit berühmt gemacht hat, der Anfang mit *Ich*. Er kam teils aus der Reflexion, daß aus dem ersten Wahren alles Folgende abgeleitet werden müsse, teils aus dem Bedürfnisse, daß das erste Wahre ein Bekanntes und noch mehr ein *unmittelbar Gewisses* sei. Dieser Anfang ist im allgemeinen nicht eine solche Vorstellung, die zufällig ist und in einem Subjekte so, in einem anderen anders beschaffen sein kann. Denn Ich, dies unmittelbare Selbstbewußtsein, erscheint zunächst selbst teils als ein Unmittelbares, teils als ein in einem viel höheren Sinne Bekanntes als eine sonstige Vorstellung; etwas sonst Bekanntes gehört zwar dem Ich an, aber ist noch ein von ihm unterschiedener, damit sogleich zufälliger Inhalt; Ich hingegen ist die einfache Gewißheit seiner selbst. Aber Ich überhaupt ist auch *zugleich* ein Konkretes, oder Ich ist vielmehr das Konkreteste, – das Bewußtsein seiner als unendlich mannigfaltiger Welt. Daß Ich Anfang und Grund der Philosophie sei, dazu wird die Absonderung dieses Konkreten erfordert, – der absolute Akt, wodurch Ich von sich selbst gereinigt wird und als abstraktes Ich in sein Bewußtsein tritt. Allein dies reine Ich ist nun *nicht* ein unmittelbares, noch das bekannte, das gewöhnliche Ich unseres Bewußtseins, woran unmittelbar und für jeden die Wissenschaft angeknüpft werden sollte. Jener Akt wäre eigentlich nichts anderes als die Erhebung auf den Standpunkt des reinen Wissens, auf welchem der Unterschied des Subjektiven und Objektiven verschwunden ist. Aber wie diese Erhebung so *unmittelbar* gefordert ist, ist sie ein subjektives Postulat; um als wahrhafte Forderung sich zu erweisen, müßte die Fortbewegung des konkreten Ichs vom unmittelbaren Bewußtsein zum reinen Wissen an ihm selbst, durch seine eigene Notwendigkeit, aufgezeigt und dargestellt worden sein. Ohne diese objektive Bewegung erscheint das reine Wissen, auch als *die intellektuelle Anschauung* bestimmt, als ein willkürlicher Standpunkt oder selbst als einer der empirischen *Zustände* des Bewußtseins, in Rücksicht dessen es darauf ankommt, ob ihn der eine in sich *vorfinde* oder hervorbringen könne, ein anderer aber nicht. Insofern aber dies reine Ich das wesentliche reine Wissen sein muß und das reine Wissen aber nur durch den absoluten Akt der Selbsterhebung im individuellen Bewußtsein gesetzt wird und nicht unmittelbar in ihm vorhanden ist, geht gerade der Vorteil verloren, der aus diesem Anfange der Philosophie entspringen soll, daß er nämlich etwas schlechthin Bekanntes sei, was jeder unmittelbar in sich finde und daran die weitere Reflexion anknüpfen könne; jenes reine Ich ist vielmehr in seiner abstrakten Wesenheit etwas dem gewöhnlichen Bewußtsein Unbekanntes, etwas, das es nicht darin vorfindet. Damit tritt vielmehr der Nachteil der Täuschung ein, daß von etwas Bekanntem, dem Ich des empirischen Selbstbewußtseins die Rede sein solle, indem in der Tat von etwas diesem Bewußtsein Fernem die Rede ist. Die Bestimmung des reinen Wissens als Ich führt die fortdauernde Rückerinnerung an das subjektive Ich mit sich, dessen Schranken vergessen werden sollen, und erhält die Vorstellung gegenwärtig, als ob die Sätze und Verhältnisse, die sich in der weiteren Entwicklung vom Ich ergeben, im gewöhnlichen Bewußtsein, da es ja das sei, von dem sie behauptet werden, vorkommen und darin vorgefunden werden können. Diese Verwechslung bringt statt unmittelbarer Klarheit vielmehr nur eine um so grellere Verwirrung und gänzliche Desorientierung hervor; nach außen hat sie vollends die gröbsten Mißverständnisse veranlaßt.

Was ferner die *subjektive* Bestimmtheit des Ich überhaupt betrifft, so benimmt wohl das reine Wissen dem Ich seine beschränkte Bedeutung, an einem Objekte seinen unüberwindlichen Gegensatz zu haben. Aus diesem Grunde wäre es aber wenigstens *überflüssig*, noch diese subjektive Haltung und die Bestimmung des reinen Wesens als Ich beizubehalten. Allein diese Bestimmung führt nicht nur jene störende Zweideutigkeit mit sich, sondern sie bleibt auch, näher betrachtet, ein subjektives Ich. Die wirkliche Entwicklung der Wissenschaft, die vom Ich ausgeht, zeigt es, daß das Objekt darin die perennierende Bestimmung eines *Anderen* für das Ich hat und behält, daß also das Ich, von dem ausgegangen wird, nicht das reine Wissen, das den Gegensatz des Bewußtseins in Wahrheit überwunden hat, sondern noch in der Erscheinung befangen ist.

Es ist hierbei noch die wesentliche Bemerkung zu machen, daß, wenn *an sich wohl Ich* als das reine Wissen oder als intellektuelle Anschauung bestimmt und als Anfang behauptet werden könnte, es[4] in der Wissenschaft nicht um das zu tun ist, was *an sich* oder *innerlich* vorhanden sei, sondern um das Dasein des Innerlichen *im Denken* und um die *Bestimmtheit,* die ein solches in diesem Dasein hat. Was aber von der intellektuellen Anschauung oder – wenn ihr Gegenstand das Ewige, das Göttliche, das Absolute genannt wird – was vom Ewigen oder Absoluten im *Anfange* der Wissenschaft *da ist*, dies kann nichts anderes sein als erste, unmittelbare, einfache Bestimmung. Welcher reichere Name ihm gegeben werde, als das bloße Sein ausdrückt, so kann nur in Betracht kommen, wie solches Absolute in das *denkende* Wissen und in das Aussprechen dieses Wissens eintritt. Die intellektuelle Anschauung ist wohl die gewaltsame Zurückweisung des Vermittelns und der beweisenden, äußerlichen Reflexion. Was sie aber mehr ausspricht als einfache Unmittelbarkeit, ist ein Konkretes, ein in sich verschiedene Bestimmungen Enthaltendes. Das Aussprechen und die Darstellung eines solchen jedoch ist, wie schon bemerkt, eine vermittelnde Bewegung, die von *einer* der Bestimmungen anfängt und zu der anderen fortgeht, wenn diese auch zur ersten zurückgeht; – es ist eine Bewegung, die zugleich nicht willkürlich oder assertorisch sein darf. Von was daher in solcher Darstellung *angefangen* wird, ist nicht das Konkrete selbst, sondern nur das einfache Unmittelbare, von dem die

4 B: »daß es«

Bewegung ausgeht. Außerdem fehlt, wenn ein Konkretes zum Anfange gemacht wird, der Beweis, dessen die Verbindung der im Konkreten enthaltenen Bestimmungen bedarf.

Wenn also im Ausdrucke des Absoluten oder Ewigen oder Gottes (und das unbestrittenste Recht hätte *Gott*, daß mit ihm der Anfang gemacht werde), wenn in deren Anschauung oder Gedanken *mehr liegt* als im reinen Sein, so soll das, was darin *liegt*, ins Wissen als denkendes, nicht vorstellendes, erst *hervortreten*; das, was darin liegt, sei[5] so reich, als es wolle, so ist die Bestimmung, die ins Wissen *zuerst* hervortritt, ein Einfaches, denn nur im Einfachen ist nicht mehr als der reine Anfang; nur das Unmittelbare ist einfach, denn nur im Unmittelbaren ist noch nicht ein Fortgegangensein von einem zu einem anderen. Was somit über das Sein ausgesprochen oder enthalten sein soll in den reicheren Formen des Vorstellens von Absolutem oder Gott, dies ist im Anfange nur leeres Wort und nur Sein; dies Einfache, das sonst keine weitere Bedeutung hat, dies Leere ist also schlechthin der Anfang der Philosophie.

Diese Einsicht ist selbst so einfach, daß dieser Anfang als solcher keiner Vorbereitung noch weiteren Einleitung bedarf; und diese Vorläufigkeit von Räsonnement über ihn konnte nicht die Absicht haben, ihn herbeizuführen, als vielmehr alle Vorläufigkeit zu entfernen.

Allgemeine Einteilung des Seins

Das Sein ist *zuerst* gegen Anderes überhaupt bestimmt; *Zweitens* ist es sich innerhalb seiner selbst bestimmend; *Drittens,* indem diese Vorläufigkeit des Einteilens weggeworfen ist, ist es die abstrakte Unbestimmtheit und Unmittelbarkeit, in der es der Anfang sein muß.

Nach der *ersten* Bestimmung teilt das Sein sich gegen das

---

5 A: »sei« – B: »es sei«

Wesen ab, indem es weiterhin in seiner Entwicklung seine Totalität nur als *eine* Sphäre des Begriffs erweist und ihr als Moment eine andere Sphäre gegenüberstellt.

Nach der *zweiten* ist es die Sphäre, innerhalb welcher die Bestimmungen und die ganze Bewegung seiner Reflexion fällt. Das Sein wird sich darin in den drei Bestimmungen setzen:

I. als *Bestimmtheit* als solche; *Qualität;*

II. als *aufgehobene* Bestimmtheit; *Größe, Quantität;*

III. als *qualitativ* bestimmte *Quantität*; Maß.

Diese Einteilung ist hier, wie in der Einleitung von diesen Einteilungen überhaupt erinnert worden, eine vorläufige Anführung; ihre Bestimmungen haben erst aus der Bewegung des Seins selbst zu entstehen, sich dadurch zu definieren und zu rechtfertigen. Über die Abweichung dieser Einteilung von der gewöhnlichen Aufführung der Kategorien, nämlich als Quantität, Qualität, Relation und Modalität, was übrigens bei *Kant* nur die Titel für seine Kategorien sein sollen, in der Tat aber selbst – nur allgemeinere – Kategorien sind, ist hier nichts zu erinnern, da die ganze Ausführung das überhaupt von der gewöhnlichen Ordnung und Bedeutung der Kategorien Abweichende zeigen wird.

Nur dies kann etwa bemerkt werden, daß sonst die Bestimmung der *Quantität* vor der *Qualität* aufgeführt wird, und dies – wie das meiste – ohne weiteren Grund. Es ist bereits gezeigt worden, daß der Anfang sich mit dem Sein *als solchem* macht, daher mit dem qualitativen Sein. Aus der Vergleichung der Qualität mit der Quantität erhellt leicht, daß jene die der Natur nach erste ist. Denn die Quantität ist die schon negativ gewordene Qualität; die *Größe* ist die Bestimmtheit, die nicht mehr mit dem Sein eins, sondern schon von ihm unterschieden, die aufgehobene, gleichgültig gewordene Qualität ist. Sie schließt die Veränderlichkeit des Seins ein, ohne daß die Sache selbst, das Sein, dessen Bestimmung sie ist, durch sie verändert werde; dahingegen die qualitative Bestimmtheit mit ihrem Sein eins ist, nicht darüber hinausgeht noch innerhalb desselben steht, sondern dessen unmittelbare Beschränktheit ist. Die Qualität ist daher, als die *unmittelbare* Bestimmtheit, die erste und mit ihr der Anfang zu machen.

Das *Maß* ist eine *Relation,* aber nicht die Relation überhaupt, sondern bestimmt der Qualität und Quantität zueinander; die Kategorien, die Kant unter der Relation befaßt, werden ganz anderwärts ihre Stelle nehmen. Das Maß kann auch für eine Modalität, wenn man will, angesehen werden; aber indem bei *Kant* diese nicht mehr eine Bestimmung des Inhalts ausmachen, sondern nur die Beziehung desselben auf das Denken, auf das Subjektive, angehen soll, so ist dies eine ganz heterogene, hierher nicht gehörige Beziehung.

Die *dritte* Bestimmung *des Seins* fällt innerhalb des Abschnittes der Qualität, indem es sich als abstrakte Unmittelbarkeit zu einer einzelnen Bestimmtheit gegen seine anderen innerhalb seiner Sphäre herabsetzt.

Erster Abschnitt
Bestimmtheit (Qualität)

Das Sein ist das unbestimmte Unmittelbare; es ist frei von der Bestimmtheit gegen das Wesen sowie noch von jeder, die es innerhalb seiner selbst erhalten kann. Dies reflexionslose Sein ist das Sein, wie es unmittelbar nur an ihm selber ist.

Weil es unbestimmt ist, ist es qualitätsloses Sein; aber *an sich* kommt ihm der Charakter der Unbestimmtheit nur im Gegensatze gegen das *Bestimmte* oder Qualitative zu. Dem Sein überhaupt tritt aber das *bestimmte* Sein als solches gegenüber; damit aber macht seine Unbestimmtheit selbst seine Qualität aus. Es wird sich daher zeigen, daß das *erste* Sein an sich bestimmtes [ist], und hiermit

Zweitens, daß es in das *Dasein* übergeht, *Dasein* ist; daß aber dieses als endliches Sein sich aufhebt und in die unendliche Beziehung des Seins auf sich selbst,

Drittens in das *Fürsichsein* übergeht.

Erstes Kapitel
Sein

A. Sein

Sein, reines Sein, – ohne alle weitere Bestimmung. In seiner unbestimmten Unmittelbarkeit ist es nur sich selbst gleich und auch nicht ungleich gegen Anderes, hat keine Verschiedenheit innerhalb seiner noch nach außen. Durch irgendeine Bestimmung oder Inhalt, der in ihm unterschieden oder wodurch es als unterschieden von einem Anderen gesetzt würde, würde es nicht in seiner Reinheit festgehalten. Es ist die reine Unbestimmtheit und Leere. – Es ist *nichts* in ihm anzuschauen, wenn von Anschauen hier gesprochen werden kann; oder es ist nur dies reine, leere Anschauen selbst. Es ist ebensowenig etwas in ihm zu denken, oder es ist ebenso nur dies leere Denken. Das Sein, das unbestimmte Unmittelbare ist in der Tat *Nichts* und nicht mehr noch weniger als Nichts.

B. Nichts

Nichts, das reine Nichts; es ist einfache Gleichheit mit sich selbst, vollkommene Leerheit, Bestimmungs- und Inhaltslosigkeit; Ununterschiedenheit in ihm selbst. – Insofern Anschauen oder Denken hier erwähnt werden kann, so gilt es als ein Unterschied, ob etwas oder *nichts* angeschaut oder gedacht wird. Nichts Anschauen oder Denken hat also eine Bedeutung; beide werden unterschieden, so *ist* (existiert) Nichts in unserem Anschauen oder Denken; oder vielmehr ist es das leere Anschauen und Denken selbst und dasselbe leere Anschauen oder Denken als das reine Sein. – Nichts ist somit dieselbe Bestimmung oder vielmehr Bestimmungslosigkeit und damit überhaupt dasselbe, was das reine *Sein* ist.

C. Werden

a. Einheit des Seins und Nichts

Das reine Sein und das reine Nichts ist also dasselbe. Was die Wahrheit ist, ist weder das Sein noch das Nichts, sondern daß das Sein in Nichts und das Nichts in Sein – nicht übergeht, sondern übergegangen ist. Aber ebensosehr ist die Wahrheit nicht ihre Ununterschiedenheit, sondern daß *sie nicht dasselbe,* daß sie *absolut unterschieden,* aber ebenso ungetrennt und untrennbar sind und unmittelbar *jedes in seinem Gegenteil verschwindet.* Ihre Wahrheit ist also diese *Bewegung* des unmittelbaren Verschwindens des einen in dem anderen: *das Werden*; eine Bewegung, worin beide unterschieden sind, aber durch einen Unterschied, der sich ebenso unmittelbar aufgelöst hat.

Anmerkung 1

Nichts pflegt dem *Etwas* entgegengesetzt zu werden; Etwas aber ist schon ein bestimmtes Seiendes, das sich von anderem Etwas unterscheidet; so ist also auch das dem Etwas entgegengesetzte Nichts, das Nichts von irgend Etwas, ein bestimmtes Nichts. Hier aber ist das Nichts in seiner unbestimmten Einfachheit zu nehmen. – Wollte man es für richtiger halten, daß statt des Nichts dem Sein das *Nichtsein* entgegengesetzt würde, so wäre in Rücksicht auf das Resultat nichts dawider zu haben, denn im *Nichtsein* ist die Beziehung auf das *Sein* enthalten; es ist beides, Sein und die Negation desselben, in *einem* ausgesprochen, das Nichts, wie es im Werden ist. Aber es ist zunächst nicht um die Form der Entgegensetzung, d. i. zugleich der *Beziehung* zu tun, sondern um die abstrakte, unmittelbare Negation, das Nichts rein für sich, die beziehungslose Verneinung, – was man, wenn man will, auch durch das bloße *Nicht* ausdrücken könnte.

Den einfachen Gedanken *des reinen Seins* haben die *Eleaten* zuerst, vorzüglich *Parmenides* als das Absolute und als einzige Wahrheit, und, in den übergebliebenen Fragmenten von ihm, mit der reinen Begeisterung des Denkens, das zum ersten Male sich in seiner absoluten Abstraktion erfaßt, ausgesprochen: *nur das Sein ist, und das Nichts ist gar nicht.* – In orientalischen Systemen, wesentlich im Buddhismus, ist bekanntlich das *Nichts,* das Leere, das absolute Prinzip. – Der tiefsinnige *Heraklit* hob gegen jene einfache und einseitige Abstraktion den höheren totalen Begriff des Werdens hervor und sagte: *das Sein ist sowenig als das Nichts,* oder auch: Alles *fließt,* das heißt: Alles ist *Werden.* – Die populären, besonders orientalischen Sprüche, daß alles, was ist, den Keim seines Vergehens in seiner Geburt selbst habe, der Tod umgekehrt der Eingang in neues Leben sei, drücken im Grunde dieselbe Einigung des Seins und Nichts aus. Aber diese Ausdrücke haben ein Substrat, an dem der Übergang geschieht; Sein und Nichts werden in der Zeit auseinandergehalten, als in ihr abwechselnd vorgestellt, nicht aber in ihrer Abstraktion gedacht, und daher auch nicht so, daß sie an und für sich dasselbe sind.

»*Ex nihilo nihil fit*« ist einer der Sätze, denen in der Metaphysik große Bedeutung zugeschrieben wurde. Es ist darin entweder nur die gehaltlose Tautologie zu sehen: Nichts ist Nichts; oder wenn das *Werden* wirkliche Bedeutung darin haben sollte, so ist vielmehr, indem nur *Nichts* aus *Nichts wird*, in der Tat kein *Werden* darin vorhanden, denn Nichts bleibt darin Nichts. Das Werden enthält, daß Nichts nicht Nichts bleibe, sondern in sein Anderes, in das Sein übergehe. – Wenn die spätere, vornehmlich christliche Metaphysik den Satz, aus Nichts werde Nichts, verwarf, so behauptete sie einen Übergang von Nichts in Sein; so synthetisch oder bloß vorstellend sie auch diesen Satz nahm, so ist doch auch in der unvollkommensten Vereinigung ein Punkt enthalten, worin Sein und Nichts zusammentreffen und ihre Unterschiedenheit verschwindet. – Seine eigentliche Wichtigkeit hat der Satz »*Aus Nichts wird Nichts, Nichts ist eben Nichts*« durch seinen Gegensatz gegen das *Werden* überhaupt und damit auch gegen die Erschaffung der Welt aus Nichts. Diejenigen, welche den Satz »Nichts ist eben Nichts«, sogar sich dafür ereifernd, behaupten, sind bewußtlos darüber, daß sie damit dem abstrakten *Pantheismus* der Eleaten, der Sache nach auch dem spinozistischen, beipflichten. Die philosophische Ansicht, welcher »Sein ist nur Sein, Nichts ist nur Nichts« als Prinzip gilt, verdient den Namen Identitätssystem; diese abstrakte Identität ist das Wesen des Pantheismus.

Wenn das Resultat, daß Sein und Nichts dasselbe ist, für sich auffällt oder paradox scheint, so ist hierauf nicht weiter zu achten; es wäre sich vielmehr über jene Verwunderung zu verwundern, die sich so neu in der Philosophie zeigt und vergißt, daß in dieser Wissenschaft ganz andere Bestimmungen vorkommen als im gewöhnlichen Bewußtsein und im sogenannten gemeinen Menschenverstande, der nicht gerade der gesunde, sondern auch der zu Abstraktionen und zu dem Glauben oder vielmehr Aberglauben an Abstraktionen heraufgebildete Verstand ist. Es wäre nicht schwer, diese Einheit von Sein und Nichts in jedem Beispiele, in *jedem* Wirklichen oder Gedanken aufzuzeigen. Es muß dasselbe, was oben von der Unmittelbarkeit und Vermittlung (welche letztere eine Beziehung aufein*ander*, damit *Negation* enthält), vom *Sein* und *Nichts* gesagt werden, *daß es nirgend im Himmel und auf Erden etwas gebe, was nicht beides, Sein und Nichts, in sich enthielte.* Freilich, da hierbei von *einem irgend Etwas* und *Wirklichem* die Rede wird, so sind darin jene Bestimmungen nicht mehr in der vollkommenen Unwahrheit, in der sie als Sein und Nichts sind, vorhanden, sondern in einer weiteren Bestimmung, und werden z. B. als *Positives* und *Negatives* aufgefaßt, jenes das gesetzte, reflektierte Sein, dieses das gesetzte, reflektierte Nichts; aber Positives und Negatives enthalten jenes das Sein, dieses das Nichts als ihre abstrakte Grundlage. – So in Gott selbst enthält die Qualität, *Tätigkeit, Schöpfung, Macht* usf. wesentlich die Bestimmung des Negativen, – sie sind ein Hervorbringen eines *Anderen.* Aber eine empirische Erläuterung von jener Behauptung durch Beispiele wäre hier ganz und gar überflüssig. Da nunmehr diese Einheit von Sein und Nichts als erste Wahrheit ein für allemal zugrunde liegt und das Element von allem Folgenden ausmacht, so sind außer dem Werden selbst alle ferneren logischen Bestimmungen: Dasein, Qualität, überhaupt alle Begriffe der Philosophie, Beispiele dieser Einheit. – Aber der sich so nennende gemeine oder gesunde Menschenverstand mag auf den Versuch hingewiesen werden, insofern er die Ungetrenntheit des Seins und Nichts verwirft, sich ein Beispiel ausfindig zu machen, worin eins vom anderen (Etwas von Grenze, Schranke, oder das Unendliche, Gott, wie soeben erwähnt, von Tätigkeit) getrennt zu finden sei. Nur die leeren Gedankendinge, Sein und Nichts selbst sind diese Getrennten, und sie sind es, die

der Wahrheit, der Ungetrenntheit beider, die allenthalben vor uns ist, von jenem Verstande vorgezogen werden.
Man kann nicht die Absicht haben wollen, den Verwirrungen, in welche sich das gewöhnliche Bewußtsein bei einem solchen logischen Satze versetzt, nach allen Seiten hin begegnen zu wollen, denn sie sind unerschöpflich. Es können nur einige erwähnt werden. Ein Grund solcher Verwirrungen ist unter anderen, daß das Bewußtsein zu solchem abstrakten logischen Satze Vorstellungen von einem konkreten Etwas mitbringt und vergißt, daß von einem solchen nicht die Rede ist, sondern nur von den reinen Abstraktionen des Seins und Nichts, und daß diese allein festzuhalten sind.
Sein und Nichtsein ist dasselbe; *also* ist es dasselbe, ob ich bin oder nicht bin, ob dieses Haus ist oder nicht ist, ob diese hundert Taler in meinem Vermögenszustand sind oder nicht. – Dieser Schluß oder Anwendung jenes Satzes verändert dessen Sinn vollkommen. Der Satz enthält die reinen Abstraktionen des Seins und Nichts; die Anwendung aber macht ein bestimmtes Sein und bestimmtes Nichts daraus. Allein vom bestimmten Sein ist, wie gesagt, hier nicht die Rede. Ein bestimmtes, ein endliches Sein ist ein solches, das sich auf anderes bezieht; es ist ein Inhalt, der im Verhältnisse der Notwendigkeit mit anderem Inhalte, mit der ganzen Welt steht. In Rücksicht des wechselbestimmenden Zusammenhangs des Ganzen konnte die Metaphysik die – im Grunde tautologische – Behauptung machen, daß, wenn ein Stäubchen zerstört würde, das ganze Universum zusammenstürzte. In den Instanzen, die gegen den in Rede stehenden Satz gemacht werden, erscheint etwas als nicht gleichgültig, ob es sei oder nicht sei, nicht um des Seins oder Nichtseins willen, sondern seines *Inhalts* willen, der es mit anderem zusammenhängt. Wenn ein bestimmter Inhalt, irgendein bestimmtes Dasein *vorausgesetzt* wird, so ist dies Dasein, weil es *bestimmtes* ist, in mannigfaltiger Beziehung auf anderen Inhalt; es ist für dasselbe nicht gleichgültig, ob ein gewisser anderer Inhalt, mit dem es in Beziehung steht,

ist oder nicht ist; denn nur durch solche Beziehung ist es wesentlich das, was es ist. Dasselbe ist der Fall in dem *Vorstellen* (indem wir das Nichtsein in dem bestimmteren Sinne des Vorstellens gegen die Wirklichkeit nehmen), in dessen Zusammenhange das Sein oder die Abwesenheit eines Inhalts, der als bestimmt mit anderem in Beziehung vorgestellt wird, nicht gleichgültig ist.

Diese Betrachtung enthält dasselbe, was ein Hauptmoment in der Kantischen Kritik des ontologischen Beweises vom Dasein Gottes ausmacht, auf welche jedoch hier nur in betreff des in ihr vorkommenden Unterschieds von Sein und Nichts überhaupt und von *bestimmtem* Sein oder Nichtsein Rücksicht genommen wird. – Bekanntlich wurde in jenem sogenannten Beweise der Begriff eines Wesens vorausgesetzt, dem alle Realitäten zukommen, somit auch die Existenz, die gleichfalls als eine der Realitäten angenommen wurde. Die Kantische Kritik hielt sich vornehmlich daran, daß die *Existenz* oder das Sein (was hier für gleichbedeutend gilt) keine *Eigenschaft* oder kein *reales Prädikat* sei, d. h. nicht ein Begriff von etwas, was zu dem *Begriffe* eines Dinges hinzukommen könne.* – Kant will damit sagen, daß Sein keine Inhaltsbestimmung sei. Also enthalte, fährt er fort, das Mögliche nicht mehr als das Wirkliche; hundert wirkliche Taler enthalten nicht das mindeste mehr als hundert mögliche; – nämlich jene haben keine andere Inhaltsbestimmung als diese. Für diesen als isoliert betrachteten Inhalt ist es in der Tat gleichgültig, zu sein oder nicht zu sein; es liegt in ihm kein Unterschied des Seins oder Nichtseins, dieser Unterschied berührt ihn überhaupt gar nicht; die hundert Taler werden nicht weniger, wenn sie nicht sind, und nicht mehr, wenn sie sind. Ein Unterschied muß erst anderswoher kommen. – »Aber«, erinnert Kant, »in meinem Vermögenszustande ist mehr bei hundert wirklichen Talern als bei dem bloßen Begriff derselben (d. i. ihrer Mög-

* Kants *Kritik der reinen Vernunft*, 2. Aufl. [B], S. 626 ff.

lichkeit). Denn der *Gegenstand* ist bei der Wirklichkeit nicht bloß in meinem Begriff analytisch enthalten, sondern *kommt zu meinem Begriffe* (der eine *Bestimmung* meines *Zustandes* ist) *synthetisch* hinzu, ohne daß durch dieses Sein außer meinem Begriffe diese gedachten hundert Taler selbst im mindesten vermehrt werden.«

Es werden hier zweierlei Zustände, um bei den Kantischen Ausdrücken, die nicht ohne verworrene Schwerfälligkeit sind, zu bleiben, *vorausgesetzt*: der eine, welchen Kant den Begriff nennt, darunter die Vorstellung zu verstehen ist, und ein anderer, der Vermögenszustand. Für den einen wie für den anderen, das Vermögen wie das Vorstellen, sind hundert Taler eine Inhaltsbestimmung, oder sie kommen zu einem solchen, wie Kant sich ausdrückt, *synthetisch* hinzu; ich als *Besitzer* von hundert Talern oder als Nichtbesitzer derselben, oder auch ich als mir hundert Taler *vorstellend* oder sie nicht vorstellend, ist allerdings ein verschiedener Inhalt. Allgemeiner gefaßt: Die Abstraktionen von Sein und Nichts hören beide auf, Abstraktionen zu sein, indem sie einen bestimmten Inhalt erhalten; Sein ist dann Realität, das bestimmte Sein von 100 Talern, das Nichts Negation, das bestimmte Nichtsein von denselben. Diese Inhaltsbestimmung selbst, die hundert Taler, auch abstrakt für sich gefaßt, ist in dem einen unverändert dasselbe, was in dem anderen. Indem aber ferner das Sein als Vermögenszustand genommen wird, treten die hundert Taler in Beziehung zu einem Zustand, und für diesen ist solche Bestimmtheit, die sie sind, nicht gleichgültig; ihr Sein oder Nichtsein ist nur *Veränderung*; sie sind in die Sphäre des *Daseins* versetzt. Wenn daher gegen die Einheit des Seins und Nichts urgiert wird, es sei doch nicht gleichgültig, ob dies und jenes (die 100 Taler) sei oder nicht sei, so ist es eine Täuschung, daß wir den Unterschied bloß aufs Sein und Nichtsein hinausschieben, ob ich die hundert Taler *habe* oder *nicht habe*, – eine Täuschung, die, wie gezeigt, auf der einseitigen Abstraktion beruht, welche das *bestimmte Dasein*, das in solchen Beispielen vorhanden ist, wegläßt und bloß das Sein und Nichtsein festhält, wie sie umgekehrt das abstrakte Sein und Nichts, das aufgefaßt werden soll, in ein bestimmtes Sein und Nichts, in ein Dasein, verwandelt. Erst das *Dasein* enthält den realen Unterschied von Sein und Nichts, nämlich ein *Etwas* und ein *Anderes.* – Dieser reale Unterschied schwebt der Vorstellung vor, statt des abstrakten Seins und reinen Nichts und ihrem nur gemeinten Unterschiede.

Wie Kant sich ausdrückt, so kommt ›durch die Existenz etwas in den Kontext der gesamten Erfahrung‹, ›wir bekommen dadurch einen Gegenstand der *Wahrnehmung* mehr, aber unser *Begriff* von dem Gegenstande wird dadurch nicht vermehrt‹. – Dies heißt, wie aus dem Erläuterten hervorgeht, so viel: durch die Existenz, wesentlich darum, weil Etwas bestimmte Existenz ist, ist es in dem Zusammenhang mit *Anderem* und unter anderem auch mit einem Wahrnehmenden. – Der Begriff der hundert Taler, sagt Kant, werde nicht durch das Wahrnehmen vermehrt. Der *Begriff* heißt hier die vorhin bemerkten *isoliert* vorgestellten hundert Taler. In dieser isolierten Weise sind sie zwar ein empirischer Inhalt, aber abgeschnitten, ohne Zusammenhang und Bestimmtheit gegen *Anderes*; die Form der Identität mit sich benimmt ihnen die Beziehung auf Anderes und macht sie gleichgültig, ob sie wahrgenommen seien oder nicht. Aber dieser sogenannte *Begriff* der hundert Taler ist ein falscher Begriff; die Form der einfachen Beziehung auf sich gehört solchem begrenzten, endlichen Inhalt nicht selbst; es ist eine ihm vom subjektiven Verstande angetane und geliehene Form; hundert Taler sind nicht ein sich auf sich Beziehendes, sondern ein Veränderliches und Vergängliches.

Das Denken oder Vorstellen, dem nur ein bestimmtes Sein, das Dasein, vorschwebt, ist zu dem erwähnten Anfange der Wissenschaft zurückzuweisen, welchen Parmenides gemacht hat, der sein Vorstellen und damit auch das Vorstellen der Folgezeit zu dem *reinen Gedanken,* dem Sein als solchem, geläutert und erhoben und damit das Element der Wissenschaft erschaffen hat. – Was das *Erste* in der *Wissenschaft* ist, hat sich müssen *geschichtlich* als das *Erste* zeigen. Und das eleatische *Eine* oder *Sein* haben wir für das Erste des Wissens vom Gedanken anzusehen; das *Wasser* und dergleichen materielle Prinzipien *sollen* wohl das Allgemeine sein, aber sind als Materien nicht reine Gedanken; die *Zahlen* sind weder der erste einfache noch der bei sich bleibende, sondern der sich selbst ganz äußerliche Gedanke.

Die Zurückweisung vom *besonderen endlichen* Sein zum Sein als solchem in seiner ganz abstrakten Allgemeinheit ist wie als die allererste theoretische, so auch sogar praktische Forderung anzusehen. Wenn nämlich ein Aufhebens von den hundert Talern gemacht wird, daß es in meinem Vermögenszustand einen Unterschied mache, ob ich sie *habe* oder *nicht*, noch mehr, ob Ich sei oder nicht, ob Anderes sei oder nicht, so kann – ohne zu erwähnen, daß es Vermögenszustände geben wird, für die solcher Besitz von hundert Talern gleichgültig sein wird – daran erinnert werden, daß der Mensch sich zu dieser abstrakten Allgemeinheit in seiner Gesinnung erheben soll, in welcher es ihm in der Tat gleichgültig sei, ob die hundert Taler, sie mögen ein quantitatives Verhältnis zu seinem Vermögenszustand haben, welches sie wollen, seien oder ob sie nicht seien, ebensosehr als es ihm gleichgültig sei, ob er sei oder nicht, d. i. im endlichen Leben sei oder nicht (denn ein Zustand, bestimmtes Sein ist gemeint) usf. – selbst *si fractus illabatur orbis, impavidum ferient ruinae,* hat ein Römer gesagt[1], und der Christ soll sich noch mehr in dieser Gleichgültigkeit befinden.

Es ist noch die unmittelbare Verbindung anzumerken, in welcher die Erhebung über die hundert Taler und die endlichen Dinge überhaupt mit dem ontologischen Beweise und der angeführten Kantischen Kritik desselben steht. Diese Kritik hat sich durch ihr populäres Beispiel allgemein plau-

---

1 Horaz, *Carmina* III, 3: »Wenn der Weltbau krachend einstürzt, treffen die Trümmer noch einen Helden.«

sibel gemacht; wer weiß nicht, daß hundert wirkliche Taler verschieden sind von hundert bloß möglichen Talern? daß sie einen Unterschied in meinem Vermögenszustand ausmachen? Weil sich so an den hundert Talern diese Verschiedenheit hervortut, so ist der Begriff, d. h. die Inhaltsbestimmtheit als leere Möglichkeit, und das Sein verschieden voneinander; *also* ist auch Gottes Begriff von seinem Sein verschieden, und sowenig ich aus der Möglichkeit der hundert Taler ihre Wirklichkeit herausbringen kann, ebensowenig kann ich aus dem Begriffe Gottes seine Existenz »herausklauben«; aus diesem Herausklauben aber der Existenz Gottes aus seinem Begriffe soll der ontologische Beweis bestehen. Wenn es nun allerdings seine Richtigkeit hat, daß [der] Begriff vom Sein verschieden ist, so ist noch mehr Gott verschieden von den hundert Talern und den anderen endlichen Dingen. Es ist die *Definition der endlichen Dinge*, daß in ihnen Begriff und Sein verschieden, Begriff und Realität, Seele und Leib trennbar, sie damit vergänglich und sterblich sind; die abstrakte Definition Gottes ist dagegen eben dies, daß sein Begriff und sein Sein *ungetrennt* und *untrennbar* sind. Die wahrhafte Kritik der Kategorien und der Vernunft ist gerade diese, das Erkennen über diesen Unterschied zu verständigen und dasselbe abzuhalten, die Bestimmungen und Verhältnisse des Endlichen auf Gott anzuwenden.

Anmerkung 2

Es ist weiter ein anderer Grund anzuführen, welcher zu dem Widerwillen gegen den Satz über Sein und Nichts behilflich ist; dieser Grund ist, daß der Ausdruck des Resultats, das sich aus der Betrachtung des Seins und des Nichts ergibt, durch den Satz »*Sein und Nichts ist eins und dasselbe*« unvollkommen ist. Der Akzent wird vorzugsweise auf das *Eins-und-dasselbe*-sein gelegt, wie im Urteile überhaupt, als in welchem das Prädikat erst es aussagt, was das Subjekt *ist*. Der Sinn scheint daher zu sein, daß der Unterschied geleugnet werde, der doch zugleich im Satze unmittelbar vorkommt; denn er spricht die *beiden* Bestimmungen, Sein und Nichts, aus und enthält sie als unterschiedene. – Es kann zugleich nicht gemeint sein, daß von ihnen abstrahiert und nur die Einheit festgehalten werden soll. Dieser Sinn gäbe sich selbst für einseitig, da das, wovon abstrahiert werden soll, gleichwohl im Satze vorhanden ist und genannt wird. – Insofern nun der Satz »*Sein und Nichts ist dasselbe*« die Identität dieser Bestimmungen ausspricht, aber in der Tat ebenso sie beide als unterschieden enthält, widerspricht er sich in sich selbst und löst sich auf. Halten wir dies näher fest, so ist also hier ein Satz gesetzt, der, näher betrachtet, die Bewegung hat, durch sich selbst zu verschwinden. Damit aber geschieht an ihm selbst das, was seinen eigentlichen Inhalt ausmachen soll, nämlich das *Werden*.

Der Satz *enthält* somit das Resultat, er ist dieses *an sich* selbst. Der Umstand aber, auf den hier aufmerksam zu machen ist, ist der Mangel, daß das Resultat nicht selbst im Satze *ausgedrückt* ist; es ist eine äußere Reflexion, welche es in ihm erkennt. – Es muß hierüber sogleich im Anfange diese allgemeine Bemerkung gemacht werden, daß der Satz, in *Form eines Urteils*, nicht geschickt ist, spekulative Wahrheiten auszudrücken; die Bekanntschaft mit diesem Umstande wäre geeignet, viele Mißverständnisse spekulativer Wahrheiten zu beseitigen. Das Urteil ist eine *identische* Beziehung zwischen Subjekt und Prädikat; es wird dabei davon abstrahiert, daß das Subjekt noch mehrere Bestimmtheiten hat als die des Prädikats, sowie davon, daß das Prädikat weiter ist als das Subjekt. Ist nun aber der Inhalt spekulativ, so ist auch das *Nichtidentische* des Subjekts und Prädikats wesentliches Moment, aber dies ist im Urteile nicht ausgedrückt. Das paradoxe und bizarre Licht, in dem vieles der neueren Philosophie den mit dem spekulativen Denken nicht Vertrauten erscheint, fällt vielfältig in die Form des einfachen Urteils, wenn sie für den Ausdruck spekulativer Resultate gebraucht wird.

Der Mangel wird zum Behuf, die spekulative Wahrheit auszudrücken, zunächst so ergänzt, daß der entgegengesetzte Satz hinzugefügt wird, der Satz *»Sein und Nichts ist nicht dasselbe«*, der oben gleichfalls ausgesprochen ist. Allein so entsteht der weitere Mangel, daß diese Sätze unverbunden sind, somit den Inhalt nur in der Antinomie darstellen, während doch ihr Inhalt sich auf ein und dasselbe bezieht und die Bestimmungen, die in den zwei Sätzen ausgedrückt sind, schlechthin vereinigt sein sollen, – eine Vereinigung, welche dann nur als eine *Unruhe* zugleich *Unverträglicher*, als *eine Bewegung* ausgesprochen werden kann. Das gewöhnlichste Unrecht, welches spekulativem Gehalte angetan wird, ist, ihn einseitig zu machen, d. i. den einen der Sätze nur, in die er aufgelöst werden kann, herauszuheben. Es kann dann nicht geleugnet werden, daß dieser Satz behauptet wird; *so richtig die Angabe ist, so falsch ist sie*, denn wenn einmal *ein* Satz aus dem Spekulativen genommen ist, so müßte wenigstens ebensosehr der andere gleichfalls beachtet und angegeben werden. – Es ist hierbei noch das sozusagen unglückliche Wort »Einheit« besonders zu erwähnen; die *Einheit* bezeichnet noch mehr als die *Identität* eine subjektive Reflexion; sie wird vornehmlich als die Beziehung genommen, welche aus der *Vergleichung*, der äußerlichen Reflexion entspringt. Insofern diese in zwei *verschiedenen Gegenständen* dasselbe findet, ist eine Einheit so vorhanden, daß dabei die vollkommene *Gleichgültigkeit* der Gegenstände selbst, die verglichen werden, gegen diese Einheit vorausgesetzt wird, so daß dies Vergleichen und die Einheit die Gegenstände selbst nichts angeht und ein ihnen äußerliches Tun und Bestimmen ist. Die Einheit drückt daher die ganz *abstrakte* Dieselbigkeit aus und lautet um so härter und auffallender, je mehr die, von denen sie ausgesprochen wird, sich schlechthin unterschieden zeigen. Für Einheit würde daher insofern besser nur *Ungetrenntheit* und *Untrennbarkeit* gesagt; aber damit ist das *Affirmative* der Beziehung des Ganzen nicht ausgedrückt.

So ist das ganze, wahre Resultat, das sich hier ergeben hat, das *Werden,* welches nicht bloß die einseitige oder abstrakte Einheit des Seins und Nichts ist. Sondern es besteht in dieser Bewegung, daß das reine Sein unmittelbar und einfach ist, daß es darum ebensosehr das reine Nichts ist, daß der Unterschied derselben[2] *ist,* aber ebensosehr *sich aufhebt* und *nicht ist.* Das Resultat behauptet also den Unterschied des Seins und des Nichts ebensosehr, aber als einen nur *gemeinten.*

Man *meint,* das Sein sei vielmehr das schlechthin Andere, als das Nichts ist, und es ist nichts klarer als ihr absoluter Unterschied, und es scheint nichts leichter, als ihn angeben zu können. Es ist aber ebenso leicht, sich zu überzeugen, daß dies unmöglich, daß er *unsagbar* ist. *Die, welche auf dem Unterschiede von Sein und Nichts beharren wollen, mögen sich auffordern, anzugeben, worin er besteht.* Hätte Sein und Nichts irgendeine Bestimmtheit, wodurch sie sich unterschieden, so wären sie, wie erinnert worden, bestimmtes Sein und bestimmtes Nichts, nicht das reine Sein und das reine Nichts, wie sie es hier noch sind. Ihr Unterschied ist daher völlig leer, jedes der beiden ist auf gleiche Weise das Unbestimmte; er besteht daher nicht an ihnen selbst, sondern nur in einem Dritten, im *Meinen.* Aber das Meinen ist eine Form des Subjektiven, das nicht in diese Reihe der Darstellung gehört. Das Dritte aber, worin Sein und Nichts ihr Bestehen haben, muß auch hier vorkommen; und es ist auch hier vorgekommen, es ist das *Werden.* In ihm sind sie als Unterschiedene; Werden ist nur, insofern sie unterschieden sind. Dies Dritte ist ein Anderes als sie; – sie bestehen nur in einem Anderen, dies heißt gleichfalls, sie bestehen nicht für sich. Das Werden ist das Bestehen des Seins sosehr als des Nichtseins; oder ihr Bestehen ist nur ihr Sein in *Einem;* gerade dies ihr Bestehen ist es, was ihren Unterschied ebensosehr aufhebt.

Die Aufforderung, den Unterschied von Sein und Nichts

---

2 A: »derselben« – B: »desselben«

anzugeben, schließt auch die in sich, zu sagen, was denn *Sein* und was *Nichts ist.* Die sich dagegen sträuben, das eine wie das andere nur als ein *Übergehen* ineinander zu erkennen, und vom Sein und vom Nichts dies oder das behaupten, mögen angeben, von *was* sie sprechen, d. i. eine *Definition* vom Sein und Nichts aufstellen und aufzeigen, daß sie richtig ist. Ohne dieser ersten Forderung der alten Wissenschaft genügt zu haben, deren logische Regeln sie sonst gelten lassen und anwenden, sind alle jene Behauptungen über das Sein und Nichts nur Versicherungen, wissenschaftliche Ungültigkeiten. Wenn man sonst gesagt hat, die Existenz, insofern man diese zunächst für gleichbedeutend mit Sein hält, sei die *Ergänzung* zur *Möglichkeit,* so ist damit eine andere Bestimmung, die Möglichkeit, vorausgesetzt, das Sein nicht in seiner Unmittelbarkeit, sogar als nicht selbständig, als bedingt ausgesprochen. Für das Sein, welches *vermittelt* ist, werden wir den Ausdruck *Existenz* aufbehalten. Aber man stellt sich wohl das Sein *vor* – etwa unter dem Bilde des reinen Lichts, als die Klarheit ungetrübten Sehens, das Nichts aber als die reine Nacht – und knüpft ihren Unterschied an diese wohlbekannte sinnliche Verschiedenheit. In der Tat aber, wenn man auch dies Sehen sich genauer vorstellt, so kann man leicht gewahr werden, daß man in der absoluten Klarheit soviel und sowenig sieht als in der absoluten Finsternis, daß das eine Sehen so gut als das andere, reines Sehen, Sehen von Nichts ist. Reines Licht und reine Finsternis sind zwei Leeren, welche dasselbe sind. Erst in dem bestimmten Lichte – und das Licht wird durch die Finsternis bestimmt –, also im getrübten Lichte, ebenso erst in der bestimmten Finsternis – und die Finsternis wird durch das Licht bestimmt –, in der erhellten Finsternis kann etwas unterschieden werden, weil erst das getrübte Licht und die erhellte Finsternis den Unterschied an ihnen selbst haben und damit bestimmtes Sein, *Dasein* sind.

Anmerkung 3

Die Einheit, deren Momente, Sein und Nichts, als untrennbare sind, ist von ihnen selbst zugleich verschieden, so ein *Drittes* gegen sie, welches in seiner eigentümlichsten Form das *Werden* ist. *Übergehen* ist dasselbe als Werden, nur daß in jenem die beiden, von deren einem zum anderen übergegangen wird, mehr als außereinander ruhend und das Übergehen als *zwischen* ihnen geschehend vorgestellt wird. Wo und wie nun vom Sein oder Nichts die Rede wird, muß dieses Dritte vorhanden sein; denn jene bestehen nicht für sich, sondern sind nur im Werden, in diesem Dritten. Aber dieses Dritte hat vielfache empirische Gestalten, welche von der Abstraktion beiseite gestellt oder vernachlässigt werden, um jene ihre Produkte, das Sein und das Nichts, jedes für sich festzuhalten und sie gegen das Übergehen geschützt zu zeigen. Gegen solches einfache Verhalten der Abstraktion ist ebenso einfach nur an die empirische Existenz zu erinnern, in der jene Abstraktion selbst nur Etwas ist, ein Dasein hat. Oder es sind sonst Reflexionsformen, durch welche die Trennung der Untrennbaren fixiert werden soll. An solcher Bestimmung ist an und für sich das Gegenteil ihrer selbst vorhanden, und ohne auf die Natur der Sache zurückzugehen und an diese zu appellieren, ist jene Reflexionsbestimmung an ihr selbst dadurch zu konfundieren, daß sie genommen wird, wie sie sich gibt, und ihr Anderes an ihr selbst aufgezeigt wird. Es würde eine vergebliche Mühe sein, alle Wendungen und Einfälle der Reflexion und ihres Räsonnements gleichsam einfangen zu wollen, um ihr die Auswege und Absprünge, womit sie sich ihren Widerspruch gegen sich selbst verdeckt, zu benehmen und unmöglich zu machen. Darum enthalte ich mich auch, gegen vielfache sich so nennende Einwürfe und Widerlegungen, welche dagegen, daß weder Sein noch Nichts etwas Wahrhaftes, sondern nur das Werden ihre Wahrheit ist, aufgebracht worden sind, Rücksicht zu nehmen; die Gedankenbildung, die dazu gehört, die

Nichtigkeit jener Widerlegungen einzusehen oder vielmehr solche Einfälle sich selbst zu vertreiben, wird nur durch die kritische Erkenntnis der Verstandesformen bewirkt; aber die, welche am ergiebigsten an dergleichen Einwürfen sind, fallen sogleich über die ersten Sätze mit ihren Reflexionen her, ohne durch das weitere Studium der Logik sich zum Bewußtsein über die Natur dieser kruden Reflexionen zu verhelfen oder verholfen zu haben.

Es sollen einige der Erscheinungen betrachtet werden, die sich daran ergeben, wenn das Sein und das Nichts voneinander isoliert und eins außer dem Bereiche des anderen gesetzt wird, so daß hiermit das Übergehen negiert ist.

Parmenides hielt das Sein fest und war am konsequentesten, indem er zugleich vom Nichts sagte, daß es *gar nicht ist*; nur das Sein ist. Das Sein so ganz für sich ist das Unbestimmte, hat also keine Beziehung auf Anderes; es scheint daher, daß *von diesem Anfang* aus nicht weiter *fortgegangen* werden könne, nämlich aus ihm selbst, und ein Fortgang nur dadurch geschehen könne, daß *von Außen* etwas Fremdes daran geknüpft würde. Der Fortgang, daß das Sein dasselbe ist als das Nichts, erscheint somit als ein zweiter, absoluter Anfang, – ein Übergehen, das für sich ist und äußerlich zu dem Sein hinzutrete. Sein wäre überhaupt nicht der absolute Anfang, wenn es eine Bestimmtheit hätte; alsdann hinge es von einem Anderen ab und wäre nicht unmittelbar, nicht der Anfang. Ist es aber unbestimmt und damit wahrer Anfang, so hat es auch nichts, wodurch es sich zu einem Anderen überleitet, es ist zugleich das *Ende*. Es kann ebensowenig etwas aus demselben hervorbrechen, als etwas in dasselbe einbrechen kann; bei Parmenides wie bei Spinoza soll von dem Sein oder der absoluten Substanz nicht fortgegangen werden zu dem Negativen, Endlichen. Wird nun dennoch fortgegangen, was, wie bemerkt, von dem beziehungs-, hiermit fortgangslosen Sein aus nur auf äußerliche Weise geschehen kann, so ist dieser Fortgang ein zweiter, neuer Anfang. So ist *Fichtes* absolutester, unbedingter Grundsatz:

A = A Setzen; der zweite ist *Entgegensetzen*; dieser soll *zum Teil* bedingt, *zum Teil* unbedingt (somit der Widerspruch in sich) sein. Es ist dies ein Fortgehen der äußeren Reflexion, welches ebensowohl das, womit es als einem Absoluten anfängt, wieder verneint – das Entgegensetzen ist die Negation der ersten Identität –, als es sein zweites Unbedingtes sogleich ausdrücklich zugleich zu einem Bedingten macht. Wenn aber überhaupt eine Berechtigung wäre fortzugehen, d. i. den ersten Anfang aufzuheben, so müßte es in diesem Ersten selbst liegen, daß ein Anderes sich darauf beziehen könnte; es müßte also ein *Bestimmtes* sein. Allein für ein solches gibt sich das *Sein* oder auch die absolute Substanz nicht aus; im Gegenteil. Es ist das *Unmittelbare*, das noch schlechthin *Unbestimmte*.

Die beredtesten, vielleicht vergessenen Schilderungen über die Unmöglichkeit, von einem Abstrakten zu einem Ferneren und zu einer Vereinigung beider zu kommen, macht *Jacobi* im Interesse seiner Polemik gegen die Kantische *Synthesis* des Selbstbewußtseins a priori in seiner Abhandlung *Über das Unternehmen des Kritizismus, die Vernunft zu Verstande zu bringen* (*Werke*, III. Bd. [Leipzig 1816]). Er stellt (S. 113) die Aufgabe so, daß in einem *Reinen*, sei es des Bewußtseins, des Raums oder der Zeit, das Entstehen oder Hervorbringen einer Synthesis aufgezeigt werde. »Der Raum sei *Eines*, die Zeit sei *Eines*, das Bewußtsein sei *Eines* ... Sagt nur an, wie sich euch eines von diesen drei Einen in ihm selbst *rein* vermannigfaltigt, ... jedes ist nur *Eines* und *kein Anderes;* eine Einerleiheit, eine *Der-Die-Das-Selbigkeit*! ohne Derheit, Dieheit, Dasheit; denn diese schlummern mit den *Der*, *Die*, *Das* noch im unendlichen = 0 des Unbestimmten, woraus alles und jedes *Bestimmte* auch erst hervorgehen soll! Was bringt ... in jene drei Unendlichkeiten ... *Endlichkeit;* was befruchtet Raum und Zeit a priori mit Zahl und Maß und verwandelt sie in ein *reines Mannigfaltiges;* was bringt die *reine Spontaneität* (Ich) zur Oszillation ... ? Wie kommt sein reiner Vokal zum Mitlauter, oder vielmehr wie setzt sein *lautloses* ununterbrochenes *Blasen*, sich selbst unterbrechend, *ab*, um wenigstens eine Art von Selbstlaut, einen *Akzent* zu gewinnen?« – Man sieht, Jakobi hat sehr bestimmt das *Unwesen* der Abstraktion, es sei nun sogenannter absoluter, d. i. nur abstrakter Raum oder ebensolche Zeit oder ebensolches reines Bewußtsein, Ich, erkannt; er beharrt darin zu dem Behuf, die Unmöglichkeit eines Fortganges zu Anderem, der Bedingung einer Synthesis, und zur Synthesis selbst zu behaupten. Die Synthesis, welche das Interesse ausmacht, muß nicht als eine Verknüpfung von *äußerlich* schon vorhandenen Bestimmungen genommen werden, – teils ist es selbst um die Erzeugung eines Zweiten zu einem Ersten, eines Bestimmten zum unbestimmten Anfänglichen zu tun, teils aber um die *immanente* Synthesis, Synthesis a priori, – an und für sich seiende Einheit der Unterschiedenen. *Werden* ist diese immanente Synthesis des Seins und Nichts; aber weil der Synthesis der Sinn von einem äußerlichen Zusammenbringen äußerlich gegeneinander Vorhandener am nächsten liegt, ist mit Recht der Name Synthesis, synthetische Einheit außer Gebrauch gesetzt worden. – Jacobi fragt, *wie* kommt der reine Vokal des Ich zum Mitlauter, *was* bringt Bestimmtheit in die Unbestimmtheit? Das *Was?* wäre leicht beantwortet, und von Kant ist diese Frage auf seine Weise beantwortet worden; aber die Frage nach dem *Wie?* heißt: auf welche Art und Weise, nach welchem Verhältnis und dergleichen, und verlangt so die Angabe einer besonderen Kategorie; aber von Art und Weise, Verstandeskategorien kann hierbei nicht die Rede sein. Die Frage nach dem Wie? gehört selbst zu den üblen Manieren der Reflexion, welche nach der Begreiflichkeit fragt, aber dabei ihre festen Kategorien voraussetzt und damit zum voraus gegen die Beantwortung dessen, nach was sie fragt, sich gewaffnet weiß. Den höheren Sinn einer Frage nach der *Notwendigkeit* der Synthese hat sie bei Jacobi auch nicht, denn er bleibt, wie gesagt, fest in den Abstraktionen beharren, für die Behauptung der Unmöglichkeit der Syn-

these. Insbesondere anschaulich beschreibt er (S. 147) die Prozedur, zur Abstraktion des Raumes zu gelangen. »Ich muß ... für solange rein zu vergessen suchen, daß ich je irgend etwas sah, hörte, rührte und berührte, mich selbst ausdrücklich nicht ausgenommen. Rein, rein, rein vergessen muß ich alle Bewegung und mir gerade dies *Vergessen*, weil es das Schwerste ist, am angelegentlichsten sein lassen. Alles überhaupt muß ich, so wie ich es weggedacht habe, auch ganz und vollkommen weg*geschafft* sein lassen und gar nichts übrigbehalten als die *mit Gewalt* stehengebliebene Anschauung allein des unendlichen *unveränderlichen Raums*. Ich darf mich daher auch nicht selbst als etwas von ihm Unterschiedenes und gleichwohl mit ihm Verbundenes *wieder in ihn hineindenken*; ich darf mich nicht von ihm bloß *umgeben* und *durchdringen* lassen, sondern ich muß ganz *übergehen* in ihn, eins mit ihm werden, mich in ihn verwandeln; ich muß von mir selbst nichts übriglassen als *diese meine Anschauung* selbst, um sie als eine wahrhaft selbständige, unabhängige, einig und alleinige Vorstellung zu betrachten.«
Bei dieser ganz abstrakten Reinheit der Kontinuität, d. i. Unbestimmtheit und Leerheit des Vorstellens ist es gleichgültig, diese Abstraktion Raum zu nennen oder reines Anschauen, reines Denken; – es ist Alles dasselbe, was der Inder – wenn er äußerlich bewegungslos und ebenso in Empfindung, Vorstellung Phantasie, Begierde usf. regungslos jahrelang nur auf die Spitze seiner Nase sieht, nur *Om*, *Om*, *Om* innerlich in sich oder gar nichts spricht – *Brahma* nennt. Dieses dumpfe, leere Bewußtsein ist, als Bewußtsein aufgefaßt, das *Sein*.
In diesem Leeren, sagt nun Jacobi weiter, widerfahre ihm das Gegenteil von dem, was Kantischer Versicherung gemäß ihm widerfahren sollte; er finde sich nicht als ein *Vieles* und *Mannigfaltiges*, vielmehr als Eines ohne alle Vielheit und Mannigfaltigkeit; ja, »ich bin die *Unmöglichkeit* selbst, bin die *Vernichtung* alles Mannigfaltigen und Vielen, ... *kann* aus meinem reinen, schlechterdings einfachen, unveränder-

lichen Wesen auch *nicht* das mindeste von jenem *wiederherstellen* oder in mich hineingespenstern ... So offenbart sich (in dieser Reinheit) ... alles Außer- und Nebeneinandersein, alle auf diesem Außer- und Nebeneinandersein allein beruhende Mannigfaltigkeit und Vielheit als ein *rein Unmögliches.*«
Diese Unmöglichkeit heißt nichts anderes als die Tautologie: ich halte an der abstrakten Einheit fest und schließe alle Vielheit und Mannigfaltigkeit aus, halte mich im Unterschiedslosen und Unbestimmten und sehe weg von allem Unterschiedenen und Bestimmten. Die Kantische Synthesis a priori des Selbstbewußtseins, d. i. die Tätigkeit dieser Einheit, sich zu dirimieren und in dieser Diremtion sich selbst zu erhalten, verdünnt sich Jacobi zu derselben Abstraktion. Jene »Synthesis *an sich*«, das »*ursprüngliche Urteilen*«, macht er [S. 125] einseitig zu »der *Kopula an sich*, – ein *Ist*, *Ist*, *Ist*, ohne Anfang und Ende und ohne Was, Wer und Welche. Dieses ins Unendliche fortgehende Wiederholen der Wiederholung ist die alleinige Geschäftigkeit, Funktion und Produktion der allerreinsten Synthesis; sie selbst ist das bloße, reine, absolute Wiederholen selbst«. Oder in der Tat, da kein Absatz, d. i. keine Negation, Unterscheiden darin ist, so sie nicht ein Wiederholen, sondern nur das ununterschiedene einfache Sein. – Aber ist dies denn noch Synthesis, wenn Jacobi gerade das wegläßt, wodurch die Einheit synthetische Einheit ist?
Zunächst, wenn Jacobi sich so in dem absoluten, d. h. abstrakten Raum, Zeit, auch Bewußtsein festsetzt, ist zu sagen, daß er sich auf diese Weise in etwas *empirisch* Falsches versetzt und festhält; es *gibt*, d. h. empirisch vorhanden ist kein Raum und Zeit, die ein unbegrenztes Räumliches und Zeitliches wären, nicht in ihrer Kontinuität von mannigfaltig begrenztem Dasein und Veränderung erfüllt wären, so daß diese Grenzen und Veränderungen ungetrennt und untrennbar der Räumlichkeit und Zeitlichkeit angehören; ebenso ist das Bewußtsein mit bestimmtem Empfinden, Vorstellen,

Begehren usf. erfüllt; es existiert nicht getrennt[3] von irgendeinem besonderen Inhalt. – Das empirische *Übergehen* versteht sich ohnehin von selbst; das Bewußtsein kann sich wohl den leeren Raum, leere Zeit und das leere Bewußtsein selbst oder das reine Sein zum Gegenstand und Inhalt machen; aber es bleibt nicht dabei, sondern geht nicht nur, sondern drängt sich aus solcher Leerheit hinaus zu einem besseren, d. i. auf irgendeine Weise konkreteren Inhalt, und so schlecht ein Inhalt sonst sei, so ist er insofern besser und wahrer; eben ein solcher Inhalt ist ein synthetischer überhaupt; synthetisch in allgemeinerem Sinne genommen. So bekommt Parmenides mit dem Scheine und der Meinung, dem Gegenteil des Seins und der Wahrheit, zu tun; so Spinoza mit den Attributen, den Modis, der Ausdehnung, Bewegung, dem Verstande, Willen usf. Die Synthesis enthält und zeigt die Unwahrheit jener Abstraktionen; in ihr sind sie in Einheit mit ihrem Anderen, also nicht als für sich bestehende, nicht als absolute, sondern schlechthin als relative.

Das Aufzeigen der empirischen Nichtigkeit des leeren Raums usf. aber ist es nicht, um das es zu tun ist. Das Bewußtsein kann sich abstrahierend allerdings auch mit jenem Unbestimmten erfüllen, und die festgehaltenen Abstraktionen sind *die Gedanken* von reinem Raum, Zeit, reinem Bewußtsein, reinem Sein. Der Gedanke des reinem Raums usf., d. i. der reine Raum usf. *an ihm selbst* soll als nichtig aufgezeigt werden, d.i. daß er als solcher schon sein Gegenteil, daß an ihm selbst schon sein Gegenteil in ihn eingedrungen, er schon für sich das Herausgegangensein aus sich selbst, Bestimmtheit sei.

Dies ergibt sich aber unmittelbar an ihnen. Sie sind, was Jacobi reichlich beschreibt, Resultate der Abstraktion, sind ausdrücklich als *Unbestimmte* bestimmt, was – um zu seiner einfachsten Form zurückzugehen – das Sein ist. Eben diese

3 B: »existiert ungetrennt« – Lasson: »existiert [nicht] ungetrennt«

Unbestimmtheit ist aber das, was die Bestimmtheit desselben ausmacht; denn die Unbestimmtheit ist der Bestimmtheit entgegengesetzt; sie ist somit als Entgegengesetztes selbst das Bestimmte oder Negative, und zwar das reine, ganz abstrakt Negative. Diese Unbestimmtheit oder abstrakte Negation, welche so das Sein an ihm selbst hat, ist es, was die äußere wie die innere Reflexion ausspricht, indem sie es dem Nichts gleichsetzt, es für ein leeres Gedankending, für Nichts erklärt. – Oder, kann man sich ausdrücken, weil das Sein das Bestimmungslose ist, ist es nicht die (affirmative) Bestimmtheit, die es ist, nicht Sein, sondern Nichts.

In der reinen Reflexion des Anfangs, wie er in dieser Logik mit dem *Sein* als solchem gemacht wird, ist der Übergang noch verborgen; weil das *Sein* nur als unmittelbar gesetzt ist, bricht das *Nichts* an ihm nur unmittelbar hervor. Aber alle folgenden Bestimmungen, wie gleich das *Dasein*, sind konkreter; es ist an diesem das schon *gesetzt*, was den Widerspruch jener Abstraktionen und daher ihr Übergehen enthält und hervorbringt. Beim Sein als jenem Einfachen, Unmittelbaren wird die Erinnerung, daß es Resultat der vollkommenen Abstraktion, also schon von daher abstrakte Negativität, Nichts ist, hinter der Wissenschaft zurückgelassen, welche innerhalb ihrer selbst, ausdrücklich vom *Wesen* aus, jene einseitige *Unmittelbarkeit* als eine vermittelte darstellen wird, wo das Sein als *Existenz* und das Vermittelnde dieses Seins, der Grund, *gesetzt* ist.

Mit jener Erinnerung läßt sich der Übergang vom Sein in Nichts als etwas selbst Leichtes und Triviales so vorstellen oder auch, wie man es nennt, *erklären* und *begreiflich machen*, daß freilich das Sein, welches zum Anfang der Wissenschaft gemacht worden, Nichts sei, denn man könne von allem abstrahieren, und wenn von allem abstrahiert worden, so bleibe Nichts übrig. Aber, kann man fortfahren, somit sei der Anfang nicht ein Affirmatives, nicht Sein, sondern eben Nichts, und Nichts sei dann auch das *Ende*, wenigstens sosehr als das unmittelbare Sein und selbst noch vielmehr. Das Kürzeste ist, solches Räsonieren gewähren zu lassen und zuzusehen, wie denn die Resultate beschaffen sind, auf welche es pocht. Daß hiernach das Nichts das Resultat jenes Räsonnements wäre und nun der Anfang mit Nichts (wie in chinesicher Philosophie) gemacht werden sollte, so wäre darum nicht die Hand umzukehren, denn ehe man sie umkehrte, hätte sich ebensosehr dies Nichts in Sein verkehrt (s. oben: B. Nichts). Aber ferner, wenn jene Abstraktion von *allem*, welches Alles denn doch *Seiendes* ist, vorausgesetzt wäre, so ist sie genauer zu nehmen; das Resultat der Abstraktion von allem Seienden ist zunächst abstraktes Sein, *Sein* überhaupt; wie im kosmologischen Beweise vom Dasein Gottes aus dem zufälligen Sein der Welt, über welches sich darin erhoben wird, noch das *Sein* mit hinaufgebracht, das Sein zum *unendlichen Sein* bestimmt wird. Es *kann* aber allerdings auch von diesem reinen Sein abstrahiert, das Sein noch zu dem Allen, wovon bereits abstrahiert worden, geschlagen werden; dann bleibt Nichts. Man *kann* nun, wenn man das *Denken* des Nichts, d. i. sein Umschlagen in Sein vergessen will oder nichts davon wüßte, im Stile jenes *Könnens* fortfahren; es kann nämlich (gottlob!) auch vom Nichts abstrahiert werden (wie denn auch die Schöpfung der Welt eine Abstraktion vom Nichts ist), und dann bleibt nicht Nichts, denn eben von diesem wird abstrahiert, sondern man ist so wieder im Sein angekommen. – Dies *Können* gibt ein äußerliches Spiel des Abstrahierens, wobei das Abstrahieren selbst nur das einseitige Tun des Negativen ist. Zunächst liegt in diesem Können selbst, daß ihm das Sein so gleichgültig ist als das Nichts und daß, sosehr jedes von beiden verschwindet, ebensosehr jedes auch entsteht; aber ebenso gleichgültig ist es, ob vom Tun des Nichts oder dem Nichts ausgegangen wird; das Tun des Nichts, d. i. das bloße Abstrahieren ist nicht mehr noch weniger etwas Wahrhaftes als das bloße Nichts.

Die Dialektik, nach welcher *Platon* das Eine im *Parmenides* behandelt, ist gleichfalls mehr für eine Dialektik der äußeren Reflexion zu achten. Das Sein und das Eine sind beides eleatische Formen, die dasselbe sind. Aber sie sind auch zu unterscheiden; so nimmt sie Platon in jenem Dialoge. Nachdem er von dem Einen die mancherlei Bestimmungen von Ganzem und Teilen, in sich selbst, in einem Anderen [zu] sein usf., von Figur, Zeit usf. entfernt, so ist das Resultat, daß dem Einen das Sein nicht zukomme, denn anders komme einem Etwas das Sein nicht zu als nach einer jener Weisen (Steph. 141 e). Hierauf behandelt Platon den Satz: *»das Eine ist«*; und es ist bei ihm nachzusehen, wie von diesem Satze aus der Übergang zu dem *Nichtsein* des Einen bewerkstelligt wird; es geschieht durch die *Vergleichung* der beiden Bestimmungen des vorausgesetzten Satzes: »das *Eine ist*«; er enthält das Eine *und* das Sein, und »das Eine *ist*« enthält mehr, als wenn man nur sagt: »das Eine«. Darin, daß sie *verschieden* sind, wird das Moment der Negation, das der Satz enthält, aufgezeigt. Es erhellt, daß dieser Weg eine Voraussetzung hat und eine äußere Reflexion ist.

Wie hier das Eine mit dem Sein in Verbindung gesetzt ist, so wird das Sein, welches abstrakt *für sich* festgehalten werden soll, am einfachsten, ohne sich in das Denken einzulassen, in einer Verbindung aufgezeigt, die das Gegenteil dessen enthält, was behauptet werden soll. Das Sein, wie es unmittelbar ist, genommen gehört einem *Subjekte an,* ist ein ausgesprochenes, hat ein empirisches *Dasein* überhaupt und steht damit im Boden der Schranke und des Negativen. In welchen Ausdrücken oder Wendungen der Verstand sich fasse, wenn er sich gegen die Einheit des Seins und Nichts sträubt und sich auf das, was unmittelbar vorhanden sei, beruft, wird er eben in dieser Erfahrung selbst nichts als *bestimmtes* Sein, Sein mit einer Schranke oder Negation, – jene Einheit finden, die er verwirft. Die Behauptung des unmittelbaren Seins reduziert sich so auf eine empirische Existenz, deren *Aufzeigen* sie nicht verwerfen kann, weil es die Unmittelbarkeit außerhalb des Denkens ist, an die sie sich halten will.

Dasselbe ist der Fall mit dem *Nichts,* nur auf entgegengesetzte Weise, und diese Reflexion ist bekannt und oft genug über dasselbe gemacht worden. Das Nichts zeigt sich in seiner Unmittelbarkeit genommen als *seiend*; denn seiner Natur nach ist es dasselbe als das Sein. Das Nichts wird gedacht, vorgestellt, es wird von ihm gesprochen, es *ist* also; das Nichts hat an dem Denken, Vorstellen, Sprechen usf. sein Sein. Dies Sein ist aber ferner auch von ihm unterschieden; es wird daher gesagt, daß das Nichts zwar im Denken, Vorstellen ist, aber daß darum nicht *es* ist, nicht ihm als solchem das Sein zukomme, daß nur Denken oder Vorstellen dieses Sein ist. Bei diesem Unterscheiden ist ebensosehr nicht zu leugnen, daß das Nichts in *Beziehung* auf ein Sein steht; aber in der Beziehung, ob sie gleich auch den Unterschied enthält, ist eine Einheit mit dem Sein vorhanden. Auf welche Weise das Nichts ausgesprochen oder aufgezeigt werde, zeigt es sich in Verbindung oder, wenn man will, Berührung mit einem Sein, ungetrennt von einem Sein, eben in einem *Dasein*.

Indem aber so das Nichts in einem Dasein aufgezeigt wird, pflegt noch dieser Unterschied desselben vom Sein vorzuschweben, daß das Dasein des Nichts durchaus nichts ihm selbst Zukommendes sei, daß es nicht das Sein für sich selbst an ihm habe, es nicht das Sein *als* solches *sei*; das Nichts sei nur Abwesenheit des Seins, die Finsternis so nur *Abwesenheit* des Lichts, die Kälte nur Abwesenheit der Wärme usf. Finsternis habe nur Bedeutung in Beziehung auf das Auge, in äußerer Vergleichung mit dem Positiven, dem Lichte, ebenso Kälte sei nur etwas in unserer Empfindung; Licht, Wärme wie Sein hingegen seien für sich das Objektive, Reale, Wirksame, von schlechthin anderer Qualität und Würde als jene Negativen, als Nichts. Man kann es häufig als eine sehr wichtige Reflexion und bedeutende Erkenntnis aufgeführt finden, daß Finsternis *nur Abwesenheit* des Lichts, Kälte *nur Abwesenheit* der Wärme sei. Über diese scharfsinnige Reflexion kann in diesem Felde von empirischen Gegenständen empirisch bemerkt werden, daß die

Finsternis sich im Lichte allerdings wirksam zeigt, indem sie dasselbe zur Farbe bestimmt und ihm selbst dadurch erst Sichtbarkeit erteilt, indem, wie früher gesagt, im reinen Lichte ebensowenig gesehen wird als in der reinen Finsternis. Die Sichtbarkeit ist aber Wirksamkeit im Auge, an der jenes Negative ebensoviel Anteil hat als das für das Reale, Positive geltende Licht; ebenso gibt sich die Kälte dem Wasser, unserer Empfindung usf. genugsam zu erkennen, und wenn wir ihr sogenannte objektive Realität absprechen, so ist damit durchaus nichts gegen sie gewonnen. Aber ferner wäre zu rügen, daß hier gleichfalls wie oben von einem Negativen von bestimmtem Inhalte gesprochen wird, nicht beim Nichts selbst stehengeblieben wird, dem das Sein an leerer Abstraktion nicht nachsteht noch etwas voraus hat. – Allein Kälte, Finsternis und dergleichen bestimmte Negationen sind sogleich für sich zu nehmen, und es ist zu sehen, was damit in Rücksicht ihrer allgemeinen Bestimmung, nach der sie hierher gebracht werden, gesetzt ist. Sie sollen nicht das Nichts überhaupt, sondern das Nichts vom Licht, Wärme usf., von etwas Bestimmtem, einem Inhalte sein; so sind sie bestimmte, inhaltige Nichts, wenn man so sagen kann. Aber eine Bestimmtheit ist, wie noch weiterhin vorkommt, selbst eine Negation; so sind sie negative Nichts; aber ein negatives Nichts ist etwas Affirmatives. Das Umschlagen des Nichts durch seine Bestimmtheit (die vorhin als ein *Dasein* im Subjekte, oder in sonst was es sei, erschien) in ein Affirmatives erscheint dem Bewußtsein, das in der Verstandesabstraktion feststeht, als das Paradoxeste; so einfach die Einsicht ist, oder auch wegen ihrer Einfachheit selbst erscheint die Einsicht, daß die Negation der Negation Positives ist, als etwas Triviales, auf welches der stolze Verstand daher nicht zu achten brauche, obgleich die Sache ihre Richtigkeit habe, – und sie hat nicht nur diese Richtigkeit, sondern um der Allgemeinheit solcher Bestimmungen willen ihre unendliche Ausdehnung und allgemeine Anwendung, so daß wohl darauf zu achten wäre.

Noch kann über die Bestimmung des Übergangs von Sein und Nichts ineinander bemerkt werden, daß derselbe ebenso ohne weitere Reflexionsbestimmung aufzufassen ist. Er ist unmittelbar und ganz abstrakt, um der Abstraktion der übergehenden Momente willen, d. i. indem an diesen Momenten noch nicht die Bestimmtheit des anderen gesetzt ist, vermittels dessen sie übergingen; das Nichts ist am Sein noch nicht *gesetzt*, obzwar Sein *wesentlich* Nichts ist und umgekehrt. Es ist daher unzulässig, weiters bestimmte Vermittlungen hier anzuwenden und Sein und Nichts in irgendeinem Verhältnisse zu fassen, – jenes Übergehen ist noch kein Verhältnis. Es ist also unstatthaft zu sagen: »Das Nichts ist der *Grund* vom Sein« oder »Sein ist der *Grund* von Nichts«, »das Nichts [ist] *Ursache* vom Sein« usf.; oder »es kann nur *unter der Bedingung* in das Nichts übergegangen werden, daß etwas *ist*, oder in das Sein nur *unter der Bedingung* des Nichtseins.« Die Art der Beziehung kann nicht weiter bestimmt sein, ohne daß zugleich die bezogenen *Seiten* weiter bestimmt würden. Der Zusammenhang von Grund und Folge usf. hat nicht mehr das bloße Sein und Nichts zu den Seiten, die er verbindet, sondern ausdrücklich Sein, das Grund ist, und etwas, das zwar nur ein Gesetztes, nicht Selbständiges sei, das aber nicht das abstrakte Nichts ist.

Anmerkung 4

Es geht aus dem Bisherigen hervor, welche Bewandtnis es mit der Dialektik gegen den *Anfang der Welt*, auch deren Untergang hat, wodurch die *Ewigkeit* der Materie erwiesen werden sollte, d. i. mit der Dialektik gegen *das Werden*, Entstehen oder Vergehen überhaupt. – Die Kantische Antinomie über die Endlichkeit oder Unendlichkeit der Welt in Raum und Zeit wird unten bei dem Begriffe der quantitativen Unendlichkeit näher betrachtet werden. – Jene einfache gewöhnliche Dialektik beruht auf dem Festhalten des Gegensatzes von Sein und Nichts. Es wird auf folgende Art bewiesen, daß kein Anfang der Welt oder von Etwas möglich sei:

Es kann nichts anfangen, weder insofern etwas ist, noch insofern es nicht ist; denn insofern es ist, fängt es nicht erst an; insofern es aber nicht ist, fängt es auch nicht an. – Wenn die Welt oder Etwas angefangen haben sollte, so hätte sie im Nichts angefangen, aber im Nichts oder das Nichts ist nicht Anfang; denn Anfang schließt ein Sein in sich, aber das Nichts enthält kein Sein. Nichts ist nur Nichts. In einem Grunde, Ursache usw., wenn das Nichts so bestimmt wird, ist eine Affirmation, Sein enthalten. – Aus demselben Grunde kann auch Etwas nicht aufhören. Denn so müßte das Sein das Nichts enthalten; Sein aber ist nur Sein, nicht das Gegenteil seiner selbst.

Es erhellt, daß hierin gegen das Werden, oder Anfangen und Aufhören, diese *Einheit* des Seins und Nichts, nichts vorgebracht wird, als sie assertorisch zu leugnen und dem Sein und Nichts, jedem getrennt von dem anderen, Wahrheit zuzuschreiben. – Diese Dialektik ist jedoch wenigstens konsequenter als das reflektierende Vorstellen. Ihm gilt es für vollkommene Wahrheit, daß Sein und Nichts nur getrennt seien; auf der andern Seite aber läßt es ein Anfangen und Aufhören als ebenso wahrhafte Bestimmungen gelten; in diesen aber nimmt es die Ungetrenntheit des Seins und Nichts faktisch an.

Bei der Voraussetzung der absoluten Geschiedenheit des Seins vom Nichts ist – was man so oft hört – der Anfang oder das Werden allerdings etwas *Unbegreifliches*; denn man macht eine Voraussetzung, welche den Anfang oder das Werden aufhebt, das man doch *wieder* zugibt, und dieser Widerspruch, den man selbst setzt und dessen Auflösung [man] unmöglich macht, heißt das *Unbegreifliche*.

Das Angeführte ist auch dieselbe Dialektik, die der Verstand gegen den Begriff braucht, den die höhere Analysis von den *unendlich-kleinen Größen* gibt. Von diesem Begriffe wird weiter unten ausführlicher gehandelt. – Diese Größen sind als solche bestimmt worden, die *in ihrem Verschwinden sind,* nicht *vor* ihrem Verschwinden, denn alsdann sind sie endliche Größen, – nicht *nach* ihrem Verschwinden, denn alsdann sind sie nichts. Gegen diesen reinen Begriff ist eingewendet und immer wiederholt worden, daß solche Größen *entweder* Etwas seien *oder* Nichts; daß es keinen *Mittelzustand* (Zustand ist hier ein unpassender, barbarischer Ausdruck) zwischen Sein und Nichtsein gebe. – Es ist hierbei gleichfalls die absolute Trennung des Seins und Nichts angenommen. Dagegen ist aber gezeigt worden, daß Sein und Nichts in der Tat dasselbe sind oder, um in jener Sprache zu sprechen, daß es gar nichts *gibt,* das nicht ein *Mittelzustand zwischen Sein und Nichts* ist. Die Mathematik hat ihre glänzendsten Erfolge der Annahme jener Bestimmung, welcher der Verstand widerspricht, zu danken.

Das angeführte Räsonnement, das die falsche Voraussetzung der absoluten Getrenntheit des Seins und Nichtseins macht und bei derselben stehenbleibt, ist nicht *Dialektik,* sondern *Sophisterei* zu nennen. Denn Sophisterei ist ein Räsonnement aus einer grundlosen Voraussetzung, die man ohne Kritik und unbesonnen gelten läßt; Dialektik aber nennen wir die höhere vernünftige Bewegung, in welche solche schlechthin getrennt Scheinende durch sich selbst, durch das, was sie sind, ineinander übergehen, die Voraussetzung [ihrer Getrenntheit] sich aufhebt. Es ist die dialektische immanente Natur des Seins und Nichts selbst, daß sie ihre Einheit, das Werden, als ihre Wahrheit zeigen.

b. Momente des Werdens

Das Werden, Entstehen und Vergehen[4], ist die Ungetrenntheit des Seins und Nichts; nicht die Einheit, welche vom

---

4 Lasson setzt »Entstehen und Vergehen« in die Überschrift, da er vermutet, daß diese Wörter versehentlich aus der Überschrift in den Text gerutscht sind.

Sein und Nichts abstrahiert, sondern als Einheit *des Seins* und *Nichts* ist es diese *bestimmte* Einheit oder [die,] in welcher sowohl Sein als Nichts *ist.* Aber indem Sein und Nichts jedes ungetrennt von seinem Anderen ist, *ist es nicht.* Sie *sind* also in dieser Einheit, aber als Verschwindende, nur als *Aufgehobene.* Sie sinken von ihrer zunächst vorgestellten *Selbständigkeit* zu *Momenten* herab, *noch unterschiedenen,* aber zugleich aufgehobenen.

Nach dieser ihrer Unterschiedenheit sie aufgefaßt, ist jedes in *derselben* als Einheit mit dem *anderen.* Das Werden enthält also Sein und Nichts als *zwei solche Einheiten,* deren jede selbst Einheit des Seins und Nichts ist; die eine das Sein als unmittelbar und als Beziehung auf das Nichts; die andere das Nichts als unmittelbar und als Beziehung auf das Sein: die Bestimmungen sind in ungleichem Werte in diesen Einheiten.

Das Werden ist auf diese Weise in gedoppelter Bestimmung; in der einen ist das Nichts als unmittelbar, d. h. sie ist anfangend vom Nichts, das sich auf das Sein bezieht, d. h. in dasselbe übergeht, in der anderen ist das Sein als unmittelbar, d. i. sie ist anfangend vom Sein, das in das Nichts übergeht, – *Entstehen* und *Vergehen.*

Beide sind dasselbe, Werden, und auch als diese so unterschiedenen Richtungen durchdringen und paralysieren sie sich gegenseitig. Die eine ist *Vergehen*; Sein geht in Nichts über, aber Nichts ist ebensosehr das Gegenteil seiner selbst, Übergehen in Sein, Entstehen. Dies Entstehen ist die andere Richtung; Nichts geht in Sein über, aber Sein hebt ebensosehr sich selbst auf und ist vielmehr das Übergehen in Nichts, ist Vergehen. – Sie heben sich nicht gegenseitig, nicht das eine äußerlich das andere auf, sondern jedes hebt sich an sich selbst auf und ist an ihm selbst das Gegenteil seiner.

c. *Aufheben des Werdens*

Das Gleichgewicht, worein sich Entstehen und Vergehen setzen, ist zunächst das Werden selbst. Aber dieses geht ebenso in *ruhige Einheit* zusammen. Sein und Nichts sind in ihm nur als Verschwindende; aber das Werden als solches ist nur durch die Unterschiedenheit derselben. Ihr Verschwinden ist daher das Verschwinden des Werdens oder Verschwinden des Verschwindens selbst. Das Werden ist eine haltungslose Unruhe, die in ein ruhiges Resultat zusammensinkt.

Dies könnte auch so ausgedrückt werden: Das Werden ist das Verschwinden von Sein in Nichts und von Nichts in Sein und das Verschwinden von Sein und Nichts überhaupt; aber es beruht zugleich auf dem Unterschiede derselben. Es widerspricht sich also in sich selbst, weil es solches in sich vereint, das sich entgegengesetzt ist; eine solche Vereinigung aber zerstört sich.

Dies Resultat ist das Verschwundensein, aber nicht als *Nichts*; so wäre es nur ein Rückfall in die eine der schon aufgehobenen Bestimmungen, nicht Resultat des Nichts *und des Seins*. Es ist die zur ruhigen Einfachheit gewordene Einheit des Seins und Nichts. Die ruhige Einfachheit aber ist *Sein*, jedoch ebenso nicht mehr für sich, sondern als Bestimmung des Ganzen.

Das Werden so [als] Übergehen in die Einheit des Seins und Nichts, welche als *seiend* ist oder die Gestalt der einseitigen *unmittelbaren* Einheit dieser Momente hat, ist *das Dasein.*

Anmerkung

Aufheben und das *Aufgehobene* (das *Ideelle*) ist einer der wichtigsten Begriffe der Philosophie, eine Grundbestimmung, die schlechthin allenthalben wiederkehrt, deren Sinn bestimmt aufzufassen und besonders vom Nichts zu unterscheiden ist. – Was sich aufhebt, wird dadurch nicht zu Nichts. Nichts ist das *Unmittelbare*; ein Aufgehobenes dagegen ist ein *Vermitteltes*, es ist das Nichtseiende, aber als

Resultat, das von einem Sein ausgegangen ist; es hat daher die *Bestimmtheit, aus der es herkommt, noch an sich.*

Aufheben hat in der Sprache den gedoppelten Sinn, daß es soviel als aufbewahren, *erhalten* bedeutet und zugleich soviel als aufhören lassen, *ein Ende machen.* Das Aufbewahren selbst schließt schon das Negative in sich, daß etwas seiner Unmittelbarkeit und damit einem den äußerlichen Einwirkungen offenen Dasein entnommen wird, um es zu erhalten. – So ist das Aufgehobene ein zugleich Aufbewahrtes, das nur seine Unmittelbarkeit verloren hat, aber darum nicht vernichtet ist. – Die angegebenen zwei Bestimmungen des *Aufhebens* können lexikalisch als zwei *Bedeutungen* dieses Wortes aufgeführt werden. Auffallend müßte es aber dabei sein, daß eine Sprache dazu gekommen ist, ein und dasselbe Wort für zwei entgegengesetzte Bestimmungen zu gebrauchen. Für das spekulative Denken ist es erfreulich, in der Sprache Wörter zu finden, welche eine spekulative Bedeutung an ihnen selbst haben; die deutsche Sprache hat mehrere dergleichen. Der Doppelsinn des lateinischen *tollere* (der durch den Ciceronianischen Witz »tollendum esse Octavium« berühmt geworden) geht nicht so weit, die affirmative Bestimmung geht nur bis zum Emporheben. Etwas ist nur insofern aufgehoben, als es in die Einheit mit seinem Entgegengesetzten getreten ist; in dieser näheren Bestimmung als ein Reflektiertes kann es passend *Moment* genannt werden. *Gewicht* und *Entfernung* von einem Punkt heißen beim Hebel dessen mechanische *Momente,* um der *Dieselbigkeit* ihrer Wirkung willen bei aller sonstigen Verschiedenheit eines Reellen, wie das ein Gewicht ist, und eines Ideellen, der bloßen räumlichen Bestimmung, der Linie; s. *Enzyklopädie der philosophischen Wissenschaften,* 3. Ausgabe [1830], § 261 Anm. – Noch öfter wird die Bemerkung sich aufdrängen, daß die philosophische Kunstsprache für reflektierte Bestimmungen lateinische Ausdrücke gebraucht, entweder weil die Muttersprache keine Ausdrücke dafür hat oder, wenn sie deren hat wie hier, weil ihr Ausdruck mehr

an das Unmittelbare, die fremde Sprache aber mehr an das Reflektierte erinnert.
Der nähere Sinn und Ausdruck, den Sein und Nichts, indem sie nunmehr *Momente* sind, erhalten, hat sich bei der Betrachtung des Daseins als der Einheit, in der sie aufbewahrt sind, zu ergeben. Sein ist Sein und Nichts ist Nichts nur in ihrer Unterschiedenheit voneinander; in ihrer Wahrheit aber, in ihrer Einheit sind sie als diese Bestimmungen verschwunden und sind nun etwas anderes. Sein und Nichts sind dasselbe; *darum weil sie dasselbe sind, sind sie nicht mehr Sein und Nichts* und haben eine verschiedene Bestimmung; im Werden waren sie Entstehen und Vergehen; im Dasein als einer anders bestimmten Einheit sind sie wieder anders bestimmte Momente. Diese Einheit bleibt nun ihre Grundlage, aus der sie nicht mehr zur abstrakten Bedeutung von Sein und Nichts heraustreten.

Zweites Kapitel
Das Dasein

Dasein ist *bestimmtes* Sein; seine Bestimmtheit ist *seiende* Bestimmtheit, *Qualität.* Durch seine Qualität ist *Etwas* gegen ein *Anderes,* ist *veränderlich* und *endlich,* nicht nur gegen ein Anderes, sondern an ihm schlechthin negativ bestimmt. Diese seine Negation dem endlichen Etwas zunächst gegenüber ist das *Unendliche*; der abstrakte Gegensatz, in welchem diese Bestimmungen erscheinen, löst sich in die gegensatzlose Unendlichkeit, in das *Fürsichsein* auf.
Die Abhandlung des Daseins hat so die drei Abteilungen:
A. das *Dasein als solches,*
B. *Etwas und Anderes,* die *Endlichkeit,*
C. die *qualitative Unendlichkeit.*

A. Dasein als solches

An dem Dasein
a) *als solchem* ist zunächst seine Bestimmtheit
b) als *Qualität* zu unterscheiden. Diese aber ist sowohl in der einen als in der anderen Bestimmung des Daseins zu nehmen, als *Realität* und als *Negation*. Aber in diesen Bestimmtheiten ist Dasein ebensosehr in sich reflektiert; und als solches gesetzt ist es
c) *Etwas*, Daseiendes.

a. Dasein überhaupt

Aus dem Werden geht das Dasein hervor. Das Dasein ist das einfache Einssein des Seins und Nichts. Es hat um dieser Einfachheit willen die Form von einem *Unmittelbaren*. Seine Vermittlung, das Werden, liegt hinter ihm; sie hat sich aufgehoben, und das Dasein erscheint daher als ein Erstes, von dem ausgegangen werde. Es ist zunächst in der einseitigen Bestimmung des *Seins*; die andere, die es enthält, das *Nichts*, wird sich gleichfalls an ihm hervortun, gegen jene.

Es ist nicht bloßes Sein, sondern *Dasein*; etymologisch genommen: Sein an einem gewissen *Orte*; aber die Raumvorstellung gehört nicht hierher. Dasein ist, nach seinem Werden, überhaupt *Sein* mit einem *Nichtsein*, so daß dies Nichtsein in einfache Einheit mit dem Sein aufgenommen ist. Das *Nichtsein* so in das Sein aufgenommen, daß das konkrete Ganze in der Form des Seins, der Unmittelbarkeit ist, macht die *Bestimmtheit* als solche aus.

Das *Ganze* ist gleichfalls in der Form, d. i. *Bestimmtheit* des Seins – denn Sein hat im Werden sich gleichfalls nur ein Moment zu sein gezeigt – ein aufgehobenes, negativ-bestimmtes; aber so ist es *für uns in unserer Reflexion*, noch nicht *gesetzt* an ihm selbst. Aber die Bestimmtheit des Daseins als solche ist die gesetzte, die auch im Ausdruck »*Da-*

sein« liegt. – Beides ist immer sehr wohl voneinander zu unterscheiden; das nur, was *gesetzt* ist an einem Begriffe, gehört in die entwickelnde Betrachtung desselben, zu seinem Inhalte. Die noch nicht an ihm selbst gesetzte Bestimmtheit aber gehört unserer Reflexion, sie betreffe nun die Natur des Begriffs selbst oder sie sei äußere Vergleichung; eine Bestimmtheit der letzteren Art bemerklich zu machen, kann nur zur Erläuterung oder Vorausandeutung des Ganges dienen, der in der Entwicklung selbst sich darstellen wird. Daß das Ganze, die Einheit des Seins und des Nichts, in der *einseitigen Bestimmtheit* des Seins sei, ist eine äußerliche Reflexion; in der Negation aber, im Etwas und *Anderen* usf. wird sie dazu kommen, als *gesetzte* zu sein. – Es hat hier auf den angegebenen Unterschied aufmerksam gemacht werden sollen; über alles aber, was die Reflexion sich erlauben kann zu bemerken, Rechenschaft zu geben, würde in die Weitläufigkeit führen, das zu antizipieren, was sich an der Sache selbst ergeben muß. Wenn dergleichen Reflexionen dienen können, die Übersicht und damit das Verständnis zu erleichtern, so führen sie wohl auch den Nachteil herbei, als unberechtigte Behauptungen, Gründe und Grundlagen für das Weitere auszusehen. Man soll sie daher für nichts mehr nehmen, als was sie sein sollen, und sie von dem unterscheiden, was ein Moment im Fortgange der Sache selbst ist.

Das Dasein entspricht dem *Sein* der vorigen Sphäre; das Sein jedoch ist das Unbestimmte, es ergeben sich deswegen keine Bestimmungen an demselben. Aber das Dasein ist ein bestimmtes Sein, ein *konkretes*; es tun sich daher sogleich mehrere Bestimmungen, unterschiedene Verhältnisse seiner Momente an ihm auf.

b. Qualität

Um der Unmittelbarkeit willen, in der im Dasein Sein und Nichts eins sind, gehen sie nicht übereinander hinaus; soweit das Dasein seiend ist, soweit ist es Nichtsein, ist es bestimmt.

Das Sein ist nicht das *Allgemeine,* die Bestimmtheit nicht das *Besondere.* Die Bestimmtheit hat sich noch *nicht* vom *Sein abgelöst*; zwar wird sie sich auch nicht mehr von ihm ablösen, denn das nunmehr zum Grunde liegende Wahre ist die Einheit des Nichtseins mit dem Sein; auf ihr als dem Grunde ergeben sich alle ferneren Bestimmungen. Aber die Beziehung, in der hier die Bestimmtheit mit dem Sein steht, ist die unmittelbare Einheit beider, so daß noch keine Unterscheidung derselben gesetzt ist.

Die Bestimmtheit so für sich isoliert, als *seiende* Bestimmtheit, ist die *Qualität,* – ein ganz Einfaches, Unmittelbares. Die *Bestimmtheit* überhaupt ist das Allgemeinere, das ebensosehr auch das Quantitative wie weiter Bestimmte sein kann. Um dieser Einfachheit willen ist von der Qualität als solcher weiter nichts zu sagen.

Aber das Dasein, in welchem ebensowohl das Nichts als das Sein enthalten, ist selbst der Maßstab für die Einseitigkeit der Qualität als nur *unmittelbarer* oder *seiender* Bestimmtheit. Sie ist ebensosehr in der Bestimmung des Nichts zu setzen, womit dann die unmittelbare oder die *seiende* Bestimmtheit als eine unterschiedene, reflektierte gesetzt wird; das Nichts so als das Bestimmte einer Bestimmtheit ist ebenso ein Reflektiertes, eine *Verneinung.* Die Qualität, so daß sie unterschieden als *seiende* gelte, ist die *Realität*; sie als mit einer Verneinung behaftet, *Negation* überhaupt, [ist] gleichfalls eine Qualität, aber die für einen Mangel gilt, sich weiterhin als Grenze, Schranke bestimmt.

Beide sind ein Dasein; aber in der *Realität* als Qualität mit dem Akzente, eine *seiende* zu sein, ist es versteckt, daß sie die Bestimmtheit, also auch die Negation enthält; die Realität gilt daher nur als etwas Positives, aus welchem Verneinung, Beschränktheit, Mangel ausgeschlossen sei. Die Negation als bloßer Mangel genommen wäre, was Nichts ist; aber sie ist ein Dasein, eine Qualität, nur mit einem Nichtsein bestimmt.

Anmerkung

Realität kann ein vieldeutiges Wort zu sein scheinen, weil es von verschiedenen, ja entgegengesetzten Bestimmungen gebraucht wird. Im philosophischen Sinne wird etwa von *bloß empirischer* Realität als einem wertlosen Dasein gesprochen. Wenn aber von Gedanken, Begriffen, Theorien gesagt wird, sie *haben keine Realität,* so heißt dies, daß ihnen keine *Wirklichkeit* zukomme; *an sich* oder im Begriffe könne die Idee einer Platonischen Republik z. B. wohl wahr sein. Der Idee wird hier ihr Wert nicht abgesprochen und sie *neben* der Realität auch belassen. Aber gegen sogenannte *bloße* Ideen, gegen *bloße* Begriffe gilt das Reelle als das allein Wahrhafte. – Der Sinn, in welchem das eine Mal dem äußerlichen Dasein die Entscheidung über die Wahrheit eines Inhalts zugeschrieben wird, ist ebenso einseitig, als wenn die Idee, das Wesen oder auch die innere Empfindung als gleichgültig gegen das äußerliche Dasein vorgestellt und gar für um so vortrefflicher gehalten wird, je mehr es von der Realität entfernt sei.

Bei dem Ausdrucke »Realität« ist der sonstige metaphysische *Begriff von Gott,* der vornehmlich dem sogenannten ontologischen Beweise vom Dasein Gottes zugrunde gelegt wurde, zu erwähnen. Gott wurde als *der Inbegriff aller Realitäten* bestimmt und von diesem Inbegriffe gesagt, daß er keinen Widerspruch in sich enthalte, daß keine der Realitäten die andere aufhebe; denn eine Realität sei nur als eine Vollkommenheit, als ein *Affirmatives* zu nehmen, das keine Negation enthalte. Somit seien die Realitäten sich nicht entgegengesetzt und widersprechen sich nicht.

Bei diesem Begriffe der Realität wird angenommen, daß sie dann noch bleibe, wenn alle Negation weggedacht werde; damit wird aber alle Bestimmtheit derselben aufgehoben. Die Realität ist Qualität, Dasein; damit enthält sie das Moment des Negativen und ist allein dadurch das Bestimmte, das sie ist. Im sogenannten *eminenten Sinne* oder als *unendliche* – in der gewöhnlichen Bedeutung des Wortes –, wie sie genommen werden soll, wird sie ins Bestimmungslose erweitert und verliert ihre Bedeutung. Die Güte Gottes soll nicht Güte im gewöhnlichen, sondern im eminenten Sinne, nicht verschieden von der Gerechtigkeit, sondern durch sie *temperiert* sein (ein *Leibnizischer* Vermittlungsausdruck), so wie umgekehrt die Gerechtigkeit durch die Güte; so ist weder Güte mehr Güte noch Gerechtigkeit mehr Gerechtigkeit. Die Macht solle durch die Weisheit temperiert sein, aber so ist sie nicht Macht als solche, denn sie wäre jener unterworfen, – die Weisheit solle zur Macht erweitert sein, aber so verschwindet sie als den Zweck und Maß bestimmende Weisheit. Der wahre Begriff des Unendlichen und dessen *absolute* Einheit, der sich später ergeben wird, ist nicht als ein *Temperieren, gegenseitiges Beschränken* oder *Vermischen* zu fassen, als welches eine oberflächliche, in unbestimmtem Nebel gehaltene Beziehung ist, mit der sich nur begriffloses Vorstellen begnügen kann. – Die Realität, wie sie in jener Definition Gottes als bestimmte Qualität genommen wird, über ihre Bestimmtheit hinausgeführt, hört auf, Realität zu sein; sie wird zum abstrakten Sein; Gott als das *rein* Reale in allem Realen oder als *Inbegriff* aller Realitäten ist dasselbe Bestimmungs- und Gehaltlose, was das leere Absolute, in dem alles eins ist.

Wird dagegen die Realität in ihrer Bestimmtheit genommen, so wird, da sie wesentlich das Moment des Negativen enthält, der Inbegriff aller Realitäten ebensosehr zu einem Inbegriff aller Negationen, dem Inbegriff aller Widersprüche, zunächst etwa zur absoluten *Macht*, in der alles Bestimmte absorbiert ist; aber da sie selbst nur ist, insofern sie noch ein von ihr nicht Aufgehobenes sich gegenüber hat, so wird sie, indem sie zur ausgeführten, schrankenlosen Macht erweitert gedacht wird, zum abstrakten Nichts. Jenes Reale in allem Realen, das *Sein* in allem *Dasein*, welches den Begriff Gottes ausdrücken soll, ist nichts anderes als das abstrakte Sein, dasselbe, was das Nichts ist.

Die Bestimmtheit ist die Negation als affirmativ gesetzt, – ist der Satz des Spinoza: *Omnis determinatio est negatio.* Dieser Satz ist von unendlicher Wichtigkeit; nur ist die Negation als solche die formlose Abstraktion; der spekulativen Philosophie muß aber nicht schuld gegeben werden, daß ihr die Negation oder das Nichts ein Letztes sei; dies ist es ihr sowenig als die Realität das Wahrhafte.

Von diesem Satze, daß die Bestimmtheit Negation ist, ist *die Einheit der Spinozistischen Substanz* – oder daß nur *eine* Substanz ist – die notwendige Konsequenz. *Denken* und *Sein* oder Ausdehnung, die zwei Bestimmungen, die Spinoza nämlich vor sich hat, mußte er in dieser Einheit in eins setzen; denn als bestimmte Realitäten sind sie Negationen, deren Unendlichkeit ihre Einheit ist; nach Spinozas Definition, wovon weiter unten, ist die Unendlichkeit von Etwas seine Affirmation. Er begriff sie daher als Attribute, d. h. als solche, die nicht ein besonderes Bestehen, ein Anundfürsichsein haben, sondern nur als aufgehobene, als Momente sind; oder vielmehr sind sie ihm nicht einmal Momente, denn die Substanz ist das in ihr selbst ganz Bestimmungslose, und die Attribute sind, wie auch die Modi, Unterscheidungen, die ein äußerer Verstand macht. – Ebenso kann die Substantialität der Individuen nicht gegen jenen Satz bestehen. Das Individuum ist Beziehung auf sich dadurch, daß es allem anderen Grenzen setzt; aber diese Grenzen sind damit auch Grenzen seiner selbst, Beziehungen auf Anderes, es hat sein Dasein nicht in ihm selbst. Das Individuum ist wohl *mehr* als nur das nach allen Seiten beschränkte, aber dies *Mehr* gehört in eine andere Sphäre des Begriffs; in der Metaphysik des Seins ist es ein schlechthin Bestimmtes; und daß ein solches, daß das Endliche als solches an und für sich sei, dagegen macht sich die Bestimmtheit wesentlich als Negation geltend und reißt es in dieselbe negative Bewegung des Verstandes, welche alles in der abstrakten Einheit, der Substanz, verschwinden läßt.

Die Negation steht unmittelbar der Realität gegenüber:

weiterhin, in der eigentlichen Sphäre der reflektierten Bestimmungen, wird sie dem *Positiven* entgegengesetzt, welches die auf die Negation reflektierende Realität ist, – die Realität, an der das Negative *scheint,* das in der Realität als solcher noch versteckt ist.

Die Qualität ist erst in der Rücksicht vornehmlich *Eigenschaft,* als sie in einer *äußerlichen Beziehung* sich als *immanente Bestimmung* zeigt. Unter Eigenschaften, z. B. von Kräutern, versteht man Bestimmungen, die einem Etwas nicht nur überhaupt *eigen* sind, sondern insofern es sich dadurch in der Beziehung auf andere auf eine eigentümliche Weise *erhält,* die fremden in ihm gesetzten Einwirkungen nicht in sich gewähren läßt, sondern seine eigenen Bestimmungen in dem Anderen – ob es dies zwar nicht von sich abhält – *geltend* macht. Die mehr ruhenden Bestimmtheiten, z. B. Figur, Gestalt, nennt man dagegen nicht wohl Eigenschaften, auch etwa nicht Qualitäten, insofern sie als veränderlich, mit dem *Sein* nicht identisch vorgestellt werden.

Die *Qualierung* oder *Inqualierung,* ein Ausdruck der Jakob *Böhmischen,* einer in die Tiefe, aber in eine trübe Tiefe gehenden Philosophie, bedeutet die Bewegung einer Qualität (der sauren, herben, feurigen usf.) in ihr selbst, insofern sie in ihrer negativen Natur (in ihrer *Qual*) sich aus Anderem setzt und befestigt, überhaupt die Unruhe ihrer an ihr selbst ist, nach der sie nur im Kampfe sich hervorbringt und erhält.

c. Etwas

An dem Dasein ist seine Bestimmtheit als Qualität unterschieden worden; an dieser als daseiender *ist* der Unterschied – der Realität und der Negation. Sosehr nun diese Unterschiede an dem Dasein vorhanden sind, sosehr sind sie auch nichtig und aufgehoben. Die Realität enthält selbst die Negation, ist Dasein, nicht unbestimmtes, abstraktes Sein. Ebenso ist die Negation Dasein, nicht das abstrakt sein sollende Nichts, sondern hier gesetzt, wie es an sich ist, als seiend, dem Dasein angehörig. So ist die Qualität überhaupt nicht vom Dasein getrennt, welches nur bestimmtes, qualitatives Sein ist.

Dieses Aufheben der Unterscheidung ist mehr als ein bloßes Zurücknehmen und äußeres Wiederweglassen derselben oder als ein einfaches Zurückkehren zum einfachen Anfange, dem Dasein als solchem. Der Unterschied kann nicht weggelassen werden; denn er *ist*. Das Faktische, was also vorhanden ist, ist das Dasein überhaupt, Unterschied an ihm und das Aufheben dieses Unterschiedes; das Dasein nicht als unterschiedlos, wie anfangs, sondern als *wieder* sich selbst gleich, *durch Aufheben des Unterschieds*, die Einfachheit des Daseins *vermittelt* durch dieses Aufheben. Dies Aufgehobensein des Unterschieds ist die eigene Bestimmtheit des Daseins; so ist es *Insichsein*; das Dasein ist *Daseiendes, Etwas.*

Das Etwas ist die *erste Negation der Negation*, als einfache seiende Beziehung auf sich. Dasein, Leben, Denken usf. bestimmt sich wesentlich zum *Daseienden, Lebendigen, Denkenden* (Ich) usf. Diese Bestimmung ist von der höchsten Wichtigkeit, um nicht bei dem Dasein, Leben, Denken usf., auch nicht bei der Gott*heit* (statt Gottes) als Allgemeinheiten stehenzubleiben. *Etwas* gilt der Vorstellung mit Recht als ein *Reelles*. Jedoch ist *Etwas* noch eine sehr oberflächliche Bestimmung; wie *Realität* und *Negation*, das Dasein und dessen Bestimmtheit zwar nicht mehr die leeren – Sein und Nichts –, aber ganz abstrakte Bestimmungen sind. Deswegen sind sie auch die geläufigsten Ausdrücke, und die philosophisch nicht gebildete Reflexion gebraucht sie am meisten, gießt ihre Unterscheidungen darein und meint daran etwas recht gut und fest Bestimmtes zu haben. – Das Negative des Negativen ist als *Etwas* nur der Anfang des Subjekts; – das Insichsein nur erst ganz unbestimmt. Es bestimmt sich fernerhin zunächst als Fürsichseiendes und so fort, bis es erst im Begriff die konkrete Intensität des Subjekts erhält. Allen diesen Bestimmungen liegt die negative

Einheit mit sich zugrunde. Aber dabei ist die Negation als *erste*, als Negation *überhaupt* wohl zu unterscheiden von der zweiten, der Negation der Negation, welche die konkrete, *absolute* Negativität, wie jene erste dagegen nur die *abstrakte* Negativität ist.

Etwas ist *seiend* als die Negation der Negation; denn diese ist das Wiederherstellen der einfachen Beziehung auf sich; – aber ebenso ist damit Etwas die *Vermittlung seiner mit sich selbst*. Schon in dem Einfachen des Etwas, dann noch bestimmter im Fürsichsein, Subjekt usf. ist die Vermittlung seiner mit sich selbst vorhanden, bereits auch im Werden nur die ganz abstrakte Vermittlung; die Vermittlung mit *sich* ist im Etwas *gesetzt*, insofern es als einfaches *Identisches* bestimmt ist. – Auf das Vorhandensein der Vermittlung überhaupt kann gegen das Prinzip der behaupteten bloßen Unmittelbarkeit des Wissens, von welcher die Vermittlung ausgeschlossen sein solle, aufmerksam gemacht werden; aber es bedarf weiterhin nicht, besonders auf das Moment der Vermittlung aufmerksam zu machen; denn es befindet sich überall und allenthalben, in jedem Begriffe.

Diese Vermittlung mit sich, die Etwas *an sich* ist, hat, nur als Negation der Negation genommen, keine konkreten Bestimmungen zu ihren Seiten; so fällt sie in die einfache Einheit zusammen, welche *Sein* ist. Etwas *ist* und *ist* denn auch Daseiendes; es ist *an sich* ferner auch *Werden*, das aber nicht mehr nur Sein und Nichts zu seinen Momenten hat. Das eine derselben, das Sein, ist nun Dasein und weiter Daseiendes. Das zweite ist ebenso ein *Daseiendes*, aber als Negatives des Etwas bestimmt, – ein *Anderes*. Das Etwas als Werden ist ein Übergehen, dessen Momente selbst Etwas sind und das darum *Veränderung* ist; – ein bereits *konkret* gewordenes Werden. – Das Etwas aber verändert sich zunächst nur in seinem Begriffe; es ist noch nicht so als vermittelnd und vermittelt *gesetzt*; zunächst nur als sich in seiner Beziehung auf sich einfach erhaltend, und das Negative seiner als ein ebenso Qualitatives, nur ein *Anderes* überhaupt.

B. Die Endlichkeit

a) Etwas *und* Anderes; sie sind zunächst gleichgültig gegeneinander; ein Anderes ist auch ein unmittelbar Daseiendes, ein Etwas; die Negation fällt so außer beiden. Etwas ist *an sich* gegen sein *Sein-für-Anderes*. Aber die Bestimmtheit gehört auch seinem *Ansich* an und ist
b) dessen *Bestimmung*, welche ebensosehr in *Beschaffenheit* übergeht, die, mit jener identisch, das immanente und zugleich negierte Sein-für-Anderes, die *Grenze* des Etwas ausmacht, welche
c) die immanente Bestimmung des Etwas selbst und dieses somit das *Endliche* ist.
In der ersten Abteilung, worin das *Dasein* überhaupt betrachtet wurde, hatte dieses, als zunächst aufgenommen, die Bestimmung des *Seienden*. Die Momente seiner Entwicklung, Qualität und Etwas, sind darum ebenso affirmativer Bestimmung. In dieser Abteilung hingegen entwickelt sich die negative Bestimmung, die im Dasein liegt, welche dort nur erst Negation überhaupt, *erste* Negation war, nun aber zu dem Punkte des *Insichseins* des Etwas, zur Negation der Negation bestimmt ist.

a. Etwas und ein Anderes

1. Etwas und Anderes sind beide *erstens* Daseiende oder *Etwas*.
Zweitens ist ebenso jedes ein *Anderes*. Es ist gleichgültig, welches zuerst und bloß darum *Etwas* genannt wird (im Lateinischen, wenn sie in einem Satze vorkommen, heißen beide *aliud*, oder »Einer den Anderen« *alius alium*; bei einer Gegenseitigkeit ist der Ausdruck *alter alterum* analog). Wenn wir ein Dasein *A* nennen, das andere aber *B*, so ist zunächst *B* als das Andere bestimmt. Aber *A* ist ebensosehr das Andere des *B*. Beide sind auf gleiche Weise *Andere*. Um den Unterschied und das als affirmativ zu nehmende Etwas zu

fixieren, dient das *Dieses*. Aber *Dieses* spricht eben es aus, daß dies Unterscheiden und Herausheben des einen Etwas ein subjektives, außerhalb des Etwas selbst fallendes Bezeichnen ist. In dieses äußerliche Monstrieren fällt die ganze Bestimmtheit; selbst der Ausdruck *Dieses* enthält keinen Unterschied; alle und jede Etwas sind geradesogut *Diese*, als sie auch Andere sind. Man *meint*, durch »*Dieses*« etwas vollkommen Bestimmtes auszudrücken; es wird übersehen, daß die Sprache, als Werk des Verstandes, nur Allgemeines ausspricht, außer in dem *Namen* eines einzelnen Gegenstandes; der individuelle Name ist aber ein Sinnloses in dem Sinne, daß er nicht ein Allgemeines ausdrückt, und erscheint als ein bloß Gesetztes, Willkürliches aus demselben Grunde, wie denn auch Einzelnamen willkürlich angenommen, gegeben oder ebenso verändert werden können.

Es erscheint somit das Anderssein als eine dem so bestimmten Dasein fremde Bestimmung oder das Andere *außer* dem einen Dasein; teils, daß ein Dasein erst durch das *Vergleichen* eines Dritten, teils, daß es nur um des Anderen willen, das außer ihm ist, als Anderes bestimmt werde, aber nicht für sich so sei. Zugleich, wie bemerkt worden, bestimmt sich jedes Dasein, auch für die Vorstellung, ebensosehr als ein anderes Dasein, so daß nicht ein Dasein bleibt, das nur als ein Dasein bestimmt, das nicht außerhalb eines Daseins, also nicht selbst ein Anderes wäre.

Beide sind sowohl als *Etwas* als auch als *Anderes* bestimmt, hiermit *dasselbe*, und es ist noch kein Unterschied derselben vorhanden. Diese *Dieselbigkeit* der Bestimmungen fällt aber ebenso nur in die äußere Reflexion, in die *Vergleichung* beider; aber wie das *Andere* zunächst gesetzt ist, so ist dasselbe für sich zwar in Beziehung auf das Etwas, aber auch *für sich außerhalb desselben*.

Drittens ist daher das *Andere* zu nehmen als isoliert, in Beziehung auf sich selbst; *abstrakt* als das Andere; τὸ ἕτερον des Platon, der es als eines der Momente der Totalität *dem Einen* entgegensetzt und *dem Anderen* auf diese Weise eine eigene *Natur* zuschreibt. So ist das *Andere*, allein als solches gefaßt, nicht das Andere von Etwas, sondern das Andere an ihm selbst, d. i. das Andere seiner selbst. – Solches seiner Bestimmung nach Andere ist die *physische Natur*; sie ist das *Andere des Geistes*; diese ihre Bestimmung ist so zunächst eine bloße Relativität, wodurch nicht eine Qualität der Natur selbst, sondern nur eine ihr äußerliche Beziehung ausgedrückt wird, Aber indem der Geist das wahrhafte Etwas und die Natur daher an ihr selbst nur das ist, was sie gegen den Geist ist, so ist, insofern sie für sich genommen wird, ihre Qualität eben dies, das Andere an ihr selbst, das *Außer-sich-Seiende* (in den Bestimmungen des Raums, der Zeit, der Materie) zu sein.

Das Andere für sich ist das Andere an ihm selbst, hiermit das Andere seiner selbst, so das Andere des Anderen, – also das in sich schlechthin Ungleiche, sich Negierende, das sich *Verändernde*. Aber ebenso bleibt es identisch mit sich, denn dasjenige, in welches es sich veränderte, ist das *Andere*, das sonst weiter keine Bestimmung hat; aber das sich Verändernde ist auf keine verschiedene Weise, sondern auf dieselbe, ein Anderes zu sein, bestimmt; es *geht* daher in demselben *nur mit sich zusammen*. So ist es gesetzt als in sich Reflektiertes mit Aufheben des Andersseins, mit sich *identisches* Etwas, von dem hiermit das Anderssein, das zugleich Moment desselben ist, ein Unterschiedenes, ihm nicht als Etwas selbst zukommendes ist.

2. Etwas *erhält* sich in seinem Nichtdasein; es ist wesentlich *eins* mit ihm und wesentlich *nicht eins* mit ihm. Es steht also *in Beziehung* auf sein Anderssein; es ist nicht rein sein Anderssein. Das Anderssein ist zugleich in ihm enthalten und zugleich noch davon *getrennt*; es ist *Sein-für-Anderes*.

Dasein als solches ist Unmittelbares, Beziehungsloses; oder es ist in der Bestimmung des *Seins*. Aber Dasein als das Nichtsein in sich schließend ist *bestimmtes*, in sich verneintes Sein und dann zunächst Anderes, – aber weil es sich in seiner Verneinung zugleich auch erhält, nur *Sein-für-Anderes*.

Es erhält sich in seinem Nichtdasein und ist Sein, aber nicht Sein überhaupt, sondern als Beziehung auf sich *gegen* seine Beziehung auf Anderes, als Gleichheit mit sich gegen seine Ungleichheit. Ein solches Sein ist *Ansichsein.*

Sein-für-Anderes und Ansichsein machen die *zwei Momente* des Etwas aus. Es sind *zwei Paare* von Bestimmungen, die hier vorkommen: 1. *Etwas* und *Anderes*; 2. *Sein-für-Anderes* und *Ansichsein.* Die ersteren enthalten die Beziehungslosigkeit ihrer Bestimmtheit; Etwas und Anderes fallen auseinander. Aber ihre Wahrheit ist ihre Beziehung; das Sein-für-Anderes und das Ansichsein sind daher jene Bestimmungen als *Momente* eines und desselben gesetzt, als Bestimmungen, welche Beziehungen sind und in ihrer Einheit, in der Einheit des Daseins bleiben. Jedes selbst enthält damit an ihm zugleich auch sein von ihm verschiedenes Moment.

Sein und Nichts in ihrer Einheit, welche Dasein ist, sind nicht mehr als Sein und Nichts, – dies sind sie nur außer ihrer Einheit; so in ihrer unruhigen Einheit, im Werden, sind sie Entstehen und Vergehen. – Sein im Etwas ist *Ansichsein.* Sein, die Beziehung auf sich, die Gleichheit mit sich, ist jetzt nicht mehr unmittelbar, sondern Beziehung auf sich nur als Nichtsein des Andersseins (als in sich reflektiertes Dasein). – Ebenso ist Nichtsein als Moment des Etwas in dieser Einheit des Seins und Nichtseins nicht Nichtdasein überhaupt, sondern Anderes und bestimmter nach der *Unterscheidung* des Seins von ihm zugleich *Beziehung* auf sein Nichtdasein, Sein-für-Anderes.

Somit ist *Ansichsein* erstlich negative Beziehung auf das Nichtdasein, es hat das Anderssein außer ihm und ist demselben entgegen; insofern Etwas *an sich* ist, ist es dem Anderssein und dem Sein-für-Anderes entnommen. Aber zweitens hat es das Nichtsein auch selbst an ihm; denn es selbst *ist das Nichtsein* des Seins-für-Anderes.

Das *Sein-für-Anderes* aber ist erstlich Negation der einfachen Beziehung des Seins auf sich, die zunächst Dasein und Etwas sein soll; insofern Etwas in einem Anderen oder für ein Anderes ist, entbehrt es des eigenen Seins. Aber zweitens ist es nicht das Nichtdasein als reines Nichts; es ist Nichtdasein, das auf das Ansichsein als auf sein in sich reflektiertes Sein hinweist, so wie umgekehrt das Ansichsein auf das Sein-für-Anderes hinweist.

3. Beide Momente sind Bestimmungen eines und desselben, nämlich des Etwas. *Ansich* ist Etwas, insofern es aus dem Sein-für-Anderes heraus, in sich zurückgekehrt ist. Etwas hat aber auch eine Bestimmung oder Umstand *an sich* (hier fällt der Akzent auf *an*) oder *an ihm*, insofern dieser Umstand äußerlich *an ihm*, ein Sein-für-Anderes ist.

Dies führt zu einer weiteren Bestimmung. *Ansichsein* und Sein-für-Anderes sind zunächst verschieden; aber daß Etwas *dasselbe, was es an* sich ist, auch *an ihm* hat, und umgekehrt, was es als Sein-für-Anderes ist, auch an sich ist, – dies ist die Identität des Ansichseins und Seins-für-Anderes, nach der Bestimmung, daß das Etwas selbst ein und dasselbe beider Momente ist, sie also ungetrennt in ihm sind. – Es ergibt sich formell diese Identität schon in der Sphäre des Daseins, aber ausdrücklicher in der Betrachtung des Wesens und dann des Verhältnisses der *Innerlichkeit* und *Äußerlichkeit*, und am bestimmtesten in der Betrachtung der Idee als der Einheit des Begriffs und der Wirklichkeit. – Man meint, mit dem *Ansich* etwas Hohes zu sagen, wie mit dem *Inneren*; was aber Etwas *nur an sich* ist, ist auch *nur* an *ihm*; »an sich« ist eine nur abstrakte, damit selbst äußerliche Bestimmung. Die Ausdrücke »es ist nichts *an ihm*« oder »es ist etwas *daran*« enthalten, obgleich etwa[s] dunkel, daß das, was *an einem* ist, auch zu seinem *Ansichsein*, seinem inneren wahrhaften Werte gehöre.

Es kann bemerkt werden, daß sich hier der Sinn des *Dings-an-sich* ergibt, das eine sehr einfache Abstraktion ist, aber eine Zeitlang eine sehr wichtige Bestimmung, gleichsam etwas Vornehmes, so wie der Satz, daß wir nicht wissen, was die Dinge an sich sind, eine vielgeltende Weisheit war. – Die

Dinge heißen an-sich, insofern von allem Sein-für-Anderes abstrahiert wird, das heißt überhaupt, insofern sie ohne alle Bestimmung, als Nichtse gedacht werden. In diesem Sinn kann man freilich nicht wissen, *was* das Ding an-sich ist. Denn die Frage *Was?* verlangt, daß *Bestimmungen* angegeben werden; indem aber die Dinge, von denen sie anzugeben verlangt würde, zugleich *Dinge-an-sich* sein sollen, das heißt eben ohne Bestimmung, so ist in die Frage gedankenloserweise die Unmöglichkeit der Beantwortung gelegt, oder man macht nur eine widersinnige Antwort. – Das Ding-an-sich ist dasselbe, was jenes Absolute, von dem man nichts weiß, als daß Alles eins in ihm ist. Man weiß daher sehr wohl, was *an* diesen Dingen-an-sich ist; sie sind als solche nichts als wahrheitslose, leere Abstraktionen. Was aber das Ding-an-sich in Wahrheit ist, was wahrhaft an sich ist, davon ist die Logik die Darstellung, wobei aber unter *Ansich* etwas Besseres als die Abstraktion verstanden wird, nämlich was etwas in seinem Begriffe ist; dieser aber ist konkret in sich, als Begriff überhaupt begreiflich und als bestimmt und Zusammenhang seiner Bestimmungen in sich erkennbar.
Das Ansichsein hat zunächst das Sein-für-Anderes zu seinem gegenüberstehenden Momente; aber es wird demselben auch das *Gesetztsein* gegenübergestellt; in diesem Ausdruck liegt zwar auch das Sein-für-Anderes, aber er enthält bestimmt die bereits geschehene Zurückbeugung dessen, was nicht an sich ist, in das, was sein Ansichsein, worin es *positiv* ist. Das *Ansichsein* ist gewöhnlich als eine abstrakte Weise, den Begriff auszudrücken, zu nehmen; *Setzen* fällt eigentlich erst in die Sphäre des Wesens, der objektiven Reflexion; der Grund *setzt* das, was durch ihn begründet wird; die Ursache noch mehr *bringt* eine Wirkung *hervor*, ein Dasein, dessen Selbständigkeit *unmittelbar* negiert ist und das den Sinn an ihm hat, in einem Anderen seine *Sache*, sein Sein zu haben. In der Sphäre des Seins *geht* das Dasein aus dem Werden nur *hervor*, oder mit dem Etwas ist ein Anderes, mit dem Endlichen das Unendliche gesetzt, aber das Endliche bringt

das Unendliche nicht hervor, *setzt* dasselbe nicht. In der Sphäre des Seins ist das *Sichbestimmen* des Begriffs selbst nur erst *an sich,* – so heißt es ein Übergehen; auch die reflektierenden Bestimmungen des Seins, wie Etwas und Anderes oder das Endliche und Unendliche, ob sie gleich wesentlich aufeinander hinweisen oder als Sein-für-Anderes sind, gelten als *qualitative* für sich bestehend; das *Andere ist,* das Endliche gilt ebenso als *unmittelbar seiend* und für sich feststehend wie das Unendliche; ihr Sinn erscheint als vollendet auch ohne ihr Anderes. Das Positive und Negative hingegen, Ursache und Wirkung, sosehr sie auch als isoliert seiend genommen werden, haben zugleich keinen Sinn ohne einander; es ist *an ihnen selbst* ihr Scheinen ineinander, das Scheinen seines Anderen in jedem, vorhanden. – In den verschiedenen Kreisen der Bestimmung und besonders im Fortgange der Exposition oder näher im Fortgange des Begriffs zu seiner Exposition ist es eine Hauptsache, dies immer wohl zu unterscheiden, was noch *an sich* und was *gesetzt* ist, wie die Bestimmungen als im Begriffe und wie sie als gesetzt oder als seiend-für-Anderes sind. Es ist dies ein Unterschied, der nur der dialektischen Entwicklung angehört, den das metaphysische Philosophieren, worunter auch das kritische gehört, nicht kennt; die Definitionen der Metaphysik wie ihre Voraussetzungen, Unterscheidungen und Folgerungen wollen nur *Seiendes* und zwar *Ansichseiendes* behaupten und hervorbringen.

Das *Sein-für-Anderes* ist in der Einheit des Etwas mit sich, identisch mit seinem *Ansich*; das Sein-für-Anderes ist so *am* Etwas. Die so in sich reflektierte Bestimmtheit ist damit wieder *einfache seiende,* somit wieder eine Qualität, – die *Bestimmung.*

b. Bestimmung, Beschaffenheit und Grenze

Das *Ansich,* in welches das Etwas aus seinem Sein-für-Anderes in sich reflektiert ist, ist nicht mehr abstraktes Ansich, sondern als Negation seines Seins-für-Anderes durch dieses vermittelt, welches so sein Moment ist. Es ist nicht nur die unmittelbare Identität des Etwas mit sich, sondern die, durch welche das Etwas das, was es *an sich* ist, auch *an ihm* ist; das Sein-für-Anderes ist *an ihm,* weil das *Ansich* das Aufheben desselben ist, *aus demselben* in sich ist; aber ebensosehr auch schon, weil es abstrakt, also wesentlich mit Negation, mit Sein-für-Anderes behaftet ist. Es ist hier nicht nur Qualität und Realität, seiende Bestimmtheit, sondern *an-sich-seiende* Bestimmtheit vorhanden, und die Entwicklung ist, sie als diese in sich reflektierte Bestimmtheit *zu setzen.*

1. Die Qualität, die das Ansich im einfachen Etwas wesentlich in Einheit mit dessen anderem Momente, dem *An-ihm-Sein* ist, kann seine *Bestimmung* genannt werden, insofern dieses Wort in genauer Bedeutung von *Bestimmtheit* überhaupt unterschieden wird. Die Bestimmung ist die affirmative Bestimmtheit als das Ansichsein, dem das Etwas in seinem Dasein gegen seine Verwicklung mit Anderem, wovon es bestimmt würde, gemäß bleibt, sich in seiner Gleichheit mit sich erhält, sie in seinem Sein-für-Anderes geltend macht. Es *erfüllt* seine Bestimmung, insofern die weitere Bestimmtheit, welche zunächst durch sein Verhalten zu Anderem mannigfaltig erwächst, seinem Ansichsein gemäß, seine Fülle wird. Die Bestimmung enthält dies, daß, was etwas *an sich* ist, auch *an ihm* sei.

Die *Bestimmung* des *Menschen* ist die denkende Vernunft: Denken überhaupt ist seine einfache *Bestimmtheit*, er ist durch dieselbe von dem Tiere unterschieden; er ist Denken *an sich,* insofern dasselbe auch von seinem Sein-für-Anderes, seiner eigenen Natürlichkeit und Sinnlichkeit, wodurch er unmittelbar mit Anderem zusammenhängt, unterschieden ist. Aber das Denken ist auch *an ihm*; der Mensch selbst ist Denken, er *ist da* als denkend, es ist seine Existenz und Wirklichkeit; und ferner, indem es in seinem Dasein und sein Dasein im Denken ist, ist es *konkret*, ist mit Inhalt und Erfüllung zu nehmen, es ist denkende Vernunft, und so ist es

Bestimmung des Menschen. Aber selbst diese Bestimmung ist wieder nur *an sich* als ein *Sollen*, d. i. sie mit der Erfüllung, die ihrem Ansich einverleibt ist, in der Form des Ansich überhaupt *gegen* das ihr nicht einverleibte Dasein, das[5] zugleich noch als äußerlich gegenüberstehende, unmittelbare Sinnlichkeit und Natur ist.

2. Die Erfüllung des Ansichseins mit Bestimmtheit ist auch unterschieden von der Bestimmtheit, die nur Sein-für-Anderes ist und außer der Bestimmung bleibt. Denn im Felde des Qualitativen bleibt den Unterschieden in ihrem Aufgehobensein auch das unmittelbare, qualitative Sein gegeneinander. Das, was das Etwas *an ihm* hat, teilt sich so und ist nach dieser Seite äußerliches Dasein des Etwas, das auch *sein* Dasein ist, aber nicht seinem Ansichsein angehört. – Die Bestimmtheit ist so *Beschaffenheit.*

So oder anders beschaffen ist Etwas als in äußerem Einfluß und Verhältnissen begriffen. Diese äußerliche Beziehung, von der die Beschaffenheit abhängt, und das Bestimmtwerden durch ein Anderes erscheint als etwas Zufälliges. Aber es ist Qualität des Etwas, dieser Äußerlichkeit preisgegeben zu sein und eine *Beschaffenheit* zu haben.

Insofern Etwas sich verändert, so fällt die Veränderung in die Beschaffenheit; sie ist *am* Etwas das, was ein Anderes wird. Es selbst erhält sich in der Veränderung, welche nur diese unstete Oberfläche seines Andersseins, nicht seine Bestimmung trifft.

Bestimmung und Beschaffenheit sind so voneinander unterschieden; Etwas ist seiner Bestimmung nach gleichgültig gegen seine Beschaffenheit. Das aber, was Etwas *an ihm* hat, ist die sie beide verbindende Mitte dieses Schlusses. Das *Am-Etwas*-Sein zeigte sich aber vielmehr, in jene beiden Extreme zu zerfallen. Die einfache Mitte ist die *Bestimmtheit* als solche; ihrer Identität gehört sowohl Bestimmung als Beschaffenheit an. Aber die Bestimmung geht für sich selbst in

---

5 B: »die«

Beschaffenheit und diese in jene über. Dies liegt im Bisherigen; der Zusammenhang ist näher dieser: Insofern das, was Etwas *an sich* ist, auch *an ihm* ist, ist es mit Sein-für-Anderes behaftet; die Bestimmung ist damit als solche offen dem Verhältnis zu Anderem. Die Bestimmtheit ist zugleich Moment, enthält aber zugleich den qualitativen Unterschied, vom Ansichsein verschieden, das Negative des Etwas, ein anderes Dasein zu sein. Die so das Andere in sich fassende Bestimmtheit, mit dem Ansichsein vereinigt, bringt das Anderssein in das Ansichsein oder in die Bestimmung hinein, welche dadurch zur Beschaffenheit herabgesetzt ist. – Umgekehrt das Sein-für-Anderes als Beschaffenheit isoliert und für sich gesetzt, ist es an ihm dasselbe, was das Andere als solches, das Andere an ihm selbst, d. i. seiner selbst ist; so ist es aber sich *auf sich beziehendes* Dasein, so Ansichsein mit einer Bestimmtheit, also *Bestimmung*. – Es *hängt* hiermit, insofern beide auch außereinanderzuhalten sind, die Beschaffenheit, die in einem Äußerlichen, einem Anderen überhaupt gegründet erscheint, auch von der Bestimmung *ab*, und das fremde Bestimmen ist durch die eigene, immanente des Etwas zugleich bestimmt. Aber ferner gehört die Beschaffenheit zu dem, was das Etwas an sich ist: mit seiner Beschaffenheit ändert sich Etwas.

Diese Änderung des Etwas ist nicht mehr die erste Veränderung des Etwas bloß nach seinem Sein-für-Anderes; jene erste war nur die an sich seiende, dem inneren Begriffe angehörige Veränderung; die Veränderung ist nunmehr auch die am Etwas gesetzte. – Das Etwas selbst ist weiter bestimmt und die Negation als ihm immanent gesetzt, als sein entwickeltes Insichsein.

Zunächst ist das Übergehen der Bestimmung und Beschaffenheit ineinander das Aufheben ihres Unterschiedes; damit ist das Dasein oder Etwas überhaupt gesetzt, und indem es aus jenem Unterschiede resultiert, der das qualitative Anderssein ebenso in sich befaßt, sind Zwei Etwas, aber nicht nur Andere gegeneinander überhaupt, so daß diese Negation noch abstrakt wäre und nur in die Vergleichung fiele, sondern sie ist nunmehr als den Etwas *immanent*. Sie sind als *daseiend* gleichgültig gegeneinander, aber diese ihre Affirmation ist nicht mehr unmittelbare, jedes bezieht sich auf sich selbst *vermittels* des Aufhebens des Andersseins, welches in der Bestimmung in das Ansichsein reflektiert ist.

Etwas verhält sich so *aus sich selbst* zum Anderen, weil das Anderssein als sein eigenes Moment in ihm gesetzt ist; sein Insichsein befaßt die Negation in sich, vermittels derer überhaupt es nun sein affirmatives Dasein hat. Aber von diesem ist das Andere auch qualitativ unterschieden, es ist hiermit außer dem Etwas gesetzt. Die Negation seines Anderen ist nur die Qualität des Etwas, denn als dieses Aufheben seines Anderen ist es Etwas. Damit tritt erst eigentlich das Andere einem Dasein selbst gegenüber; dem ersten Etwas ist das Andere nur äußerlich gegenüber, oder aber, indem sie in der Tat schlechthin, d. i. ihrem Begriffe nach zusammenhängen, ist ihr Zusammenhang dieser, daß das Dasein in Anderssein, Etwas in Anderes *übergegangen*, Etwas sosehr als das Andere ein Anderes ist. Insofern nun das Insichsein das Nichtsein des Andersseins [ist], welches in ihm enthalten, aber zugleich als seiend unterschieden [ist], ist das Etwas selbst die Negation, *das Aufhören eines Anderen an ihm*; es ist als sich negativ dagegen verhaltend und sich damit erhaltend gesetzt; – dies Andere, das Insichsein des Etwas als Negation der Negation ist sein *Ansichsein*, und zugleich ist dies Aufheben als einfache Negation *an ihm*, nämlich als seine Negation des ihm äußerlichen anderen Etwas. Es ist *eine* Bestimmtheit derselben, welche sowohl mit dem Insichsein der Etwas identisch [ist], als Negation der Negation, als auch, indem diese Negationen als andere Etwas gegeneinander sind, sie aus ihnen selbst zusammenschließt und ebenso voneinander, jedes das Andere negierend, abscheidet, – die *Grenze*.

3. *Sein-für-Anderes* ist unbestimmte, affirmative Gemeinschaft von Etwas mit seinem Anderen; in der Grenze hebt

sich das *Nichtsein*-für-Anderes hervor, die qualitative Negation des Anderen, welches dadurch von dem in sich reflektierten Etwas abgehalten wird. Die Entwicklung dieses Begriffs ist zu sehen, welche sich aber vielmehr als Verwicklung und Widerspruch zeigt. Dieser ist sogleich darin vorhanden, daß die Grenze als in sich reflektierte Negation des Etwas die Momente des Etwas und des Anderen in ihr *ideell* enthält, und diese als unterschiedene Momente zugleich in der Sphäre des Daseins als *reell, qualitativ unterschieden* gesetzt sind.

α) Etwas also ist unmittelbares sich auf sich beziehendes Dasein und hat eine Grenze zunächst als gegen Anderes: sie ist das Nichtsein des Anderen, nicht des Etwas selbst; es begrenzt in ihr sein Anderes. – Aber das Andere ist selbst ein Etwas überhaupt; die Grenze also, welche das Etwas gegen das Andere hat, ist auch Grenze des Anderen als Etwas, Grenze desselben, wodurch es das erste Etwas als *sein* Anderes von sich abhält, oder ist ein *Nichtsein jenes Etwas*; so ist sie nicht nur Nichtsein des Anderen, sondern des einen wie des anderen Etwas, somit des *Etwas* überhaupt.

Aber sie ist wesentlich ebenso das Nichtsein des Anderen, so *ist* Etwas zugleich durch seine Grenze. Indem Etwas begrenzend ist, wird es zwar dazu herabgesetzt, selbst begrenzt zu sein; aber seine Grenze ist, als Aufhören des Anderen an ihm, zugleich selbst nur das Sein des Etwas; *dieses ist durch sie das, was es ist,* hat *in ihr seine Qualität.* – Dies Verhältnis ist die äußere Erscheinung dessen, daß die Grenze einfache Negation oder die *erste* Negation, das Andere aber zugleich die Negation der Negation, das Insichsein des Etwas ist.

Etwas ist also als unmittelbares Dasein die Grenze gegen anderes Etwas, aber es hat sie *an ihm selbst* und ist Etwas durch die Vermittlung derselben, die ebensosehr sein Nichtsein ist. Sie ist die Vermittlung, wodurch Etwas und Anderes *sowohl ist* als *nicht ist.*

β) Insofern nun Etwas in seiner Grenze *ist* und *nicht ist* und diese Momente ein unmittelbarer, qualitativer Unterschied sind, so fällt das Nichtdasein und das Dasein des Etwas außereinander. Etwas hat sein Dasein *außer* (oder, wie man es sich auch vorstellt, *innerhalb*) seiner Grenze; ebenso ist auch das Andere, weil es Etwas ist, außerhalb derselben. Sie ist die *Mitte zwischen* beiden, in der sie aufhören. Sie haben das *Dasein jenseits* voneinander und *von*[6] *ihrer Grenze*; die Grenze als das Nichtsein eines jeden ist das Andere von beiden.

Nach dieser Verschiedenheit des Etwas von seiner Grenze erscheint die *Linie* als Linie nur außerhalb ihrer Grenze, des Punktes; die *Fläche* als Fläche außerhalb der Linie; der *Körper* als Körper nur außerhalb seiner begrenzenden Fläche. – Dies ist die Seite, von welcher die Grenze zunächst in die Vorstellung – das Außersichsein des Begriffes – fällt, als vornehmlich auch in den räumlichen Gegenständen genommen wird.

γ) Ferner aber ist das Etwas, wie es außer der Grenze ist, das unbegrenzte Etwas, nur das Dasein überhaupt. So ist es nicht von seinem Anderen unterschieden; es ist nur Dasein, hat also mit seinem Anderen dieselbe Bestimmung, jedes ist nur Etwas überhaupt, oder jedes ist Anderes; beide sind so *dasselbe*. Aber dies ihr zunächst unmittelbares Dasein ist nun gesetzt mit der Bestimmtheit als Grenze, in welcher beide sind, was sie sind, unterschieden voneinander. Sie ist aber ebenso ihre *gemeinschaftliche* Unterschiedenheit, die Einheit und Unterschiedenheit derselben, wie das Dasein. Diese doppelte Identität beider, das Dasein und die Grenze, enthält dies, daß das Etwas sein Dasein nur in der Grenze hat und daß, indem die Grenze und das unmittelbare Dasein beide zugleich das Negative voneinander sind, das Etwas, welches nur in seiner Grenze ist, ebensosehr sich von sich selbst trennt und über sich hinaus auf sein Nichtsein weist und dies

---

6 A: »voneinander und von« – B: »voneinander von«

als sein Sein ausspricht und so in dasselbe übergeht. Um dies auf das vorige Beispiel anzuwenden, so ist die eine Bestimmung, daß Etwas das, was es ist, nur in seiner Grenze ist. – So ist also der *Punkt* nicht nur so Grenze der *Linie*, daß diese in ihm nur aufhört und sie als Dasein außer ihm ist, – die *Linie* nicht nur so Grenze der *Fläche*, daß diese in der Linie nur aufhört, ebenso die *Fläche* als Grenze des *Körpers*. Sondern im Punkte *fängt* die Linie auch *an*; er ist ihr absoluter Anfang; auch insofern sie als nach ihren beiden Seiten unbegrenzt oder, wie man es ausdrückt, als ins Unendliche verlängert vorgestellt wird, macht der Punkt ihr *Element* aus, wie die Linie das Element der Fläche, die Fläche das des Körpers. Diese *Grenzen* sind *Prinzip* dessen, das sie begrenzen; wie das Eins, z. B. als Hundertstes, Grenze ist, aber auch Element des ganzen Hundert.

Die andere Bestimmung ist die Unruhe des Etwas in seiner Grenze, in der es immanent ist, der *Widerspruch* zu sein, der es über sich selbst hinausschickt. So ist der Punkt diese Dialektik seiner selbst, zur Linie zu werden, die Linie die Dialektik, zur Fläche, die Fläche die, zum totalen Raume zu werden. Von Linie, Fläche und ganzem Raum wird eine zweite Definition so gegeben, daß durch die *Bewegung* des Punktes die Linie, durch die Bewegung der Linie die Fläche entsteht usf. Diese *Bewegung* des Punktes, der Linie usf. wird aber als etwas Zufälliges oder nur so Vorgestelltes angesehen. Dies ist jedoch eigentlich darin zurückgenommen, daß die Bestimmungen, aus denen Linie usf. entstehen sollen, ihre *Elemente* und *Prinzipien* seien, und diese sind nichts anderes als zugleich ihre Grenzen; das Entstehen wird so nicht für zufällig oder nur so vorgestellt betrachtet. Daß Punkt, Linie, Fläche, für sich, sich widersprechend, Anfänge sind, welche selbst sich von sich abstoßen, und der Punkt somit aus sich durch seinen Begriff in die Linie übergeht, *sich an sich bewegt* und sie entstehen macht usf., – liegt in dem Begriffe der dem Etwas immanenten Grenze. Die Anwendung jedoch selbst gehört in die Betrachtung des Raums; um sie hier anzudeuten, so ist der Punkt die ganz abstrakte Grenze, aber *in einem Dasein*; dieses ist noch ganz unbestimmt genommen, es ist der sogenannte absolute, d. h. abstrakte *Raum*, das schlechthin kontinuierliche Außereinandersein. Damit, daß die Grenze nicht abstrakte Negation, sondern *in diesem Dasein*, daß sie *räumliche* Bestimmtheit ist, ist der Punkt räumlich, der Widerspruch der abstrakten Negation und der Kontinuität und damit das Übergehen und Übergegangensein in Linie usf., wie es denn keinen Punkt *gibt*, wie auch nicht eine Linie und Fläche.

Etwas mit seiner immanenten Grenze gesetzt als der Widerspruch seiner selbst, durch den es über sich hinausgewiesen und getrieben wird, ist das *Endliche*.

c. Die Endlichkeit

Das Dasein ist bestimmt; Etwas hat eine Qualität und ist in ihr nicht nur bestimmt, sondern begrenzt; seine Qualität ist seine Grenze, mit welcher behaftet es zunächst affirmatives, ruhiges Dasein bleibt. Aber diese Negation entwickelt, so daß der Gegensatz seines Daseins und der Negation als ihm immanenter Grenze selbst das Insichsein des Etwas und dieses somit nur Werden an ihm selbst sei, macht seine Endlichkeit aus.

Wenn wir von den Dingen sagen, *sie sind endlich*, so wird darunter verstanden, daß sie nicht nur eine Bestimmtheit haben, die Qualität nicht nur als Realität und ansichseiende Bestimmung, daß sie nicht bloß begrenzt sind –, sie haben so noch Dasein außer ihrer Grenze –, sondern daß vielmehr das Nichtsein ihre Natur, ihr Sein ausmacht. Die endlichen Dinge *sind*, aber ihre Beziehung auf sich selbst ist, daß sie als *negativ* sich auf sich selbst beziehen, eben in dieser Beziehung auf sich selbst sich über sich, über ihr Sein, hinauszuschicken. Sie *sind*, aber die Wahrheit dieses Seins ist ihr *Ende*. Das Endliche verändert sich nicht nur, wie Etwas überhaupt, sondern es *vergeht*, und es ist nicht bloß möglich, daß es vergeht, so daß es sein könnte, ohne zu vergehen. Sondern das Sein der endlichen Dinge als solches ist, den Keim des Vergehens als ihr Insichsein zu haben; die Stunde ihrer Geburt ist die Stunde ihres Todes.

α. Die Unmittelbarkeit der Endlichkeit

Der Gedanke an die Endlichkeit der Dinge führt diese Trauer mit sich, weil sie die auf die Spitze getriebene qualitative Negation ist, in der Einfachheit solcher Bestimmung ihnen nicht mehr ein affirmatives Sein *unterschieden* von ihrer Bestimmung zum Untergange gelassen ist. Die Endlichkeit ist um dieser qualitativen Einfachheit der Negation, die zum abstrakten Gegensatze des Nichts und Vergehens gegen das Sein zurückgegangen ist, die hartnäckigste Kategorie des Verstandes; die Negation überhaupt, Beschaffenheit, Grenze vertragen sich mit ihrem Anderen, dem Dasein; auch das abstrakte Nichts wird für sich als Abstraktion aufgegeben; aber Endlichkeit ist die als *an sich fixierte* Negation und steht daher seinem Affirmativen schroff gegenüber. Das Endliche läßt sich so in Fluß wohl bringen, es ist selbst dies, zu seinem Ende bestimmt zu sein, aber nur zu seinem Ende; – es ist vielmehr das Verweigern, sich zu seinem Affirmativen, dem Unendlichen hin affirmativ bringen, mit ihm sich verbinden zu lassen; es ist also untrennbar von seinem Nichts gesetzt und alle Versöhnung mit seinem Anderen, dem Affirmativen, dadurch abgeschnitten. Die Bestimmung der endlichen Dinge ist nicht eine weitere als ihr *Ende*. Der Verstand verharrt in dieser Trauer der Endlichkeit, indem er das Nichtsein zur Bestimmung der Dinge, es zugleich *unvergänglich* und *absolut* macht. Ihre Vergänglichkeit könnte nur in ihrem Anderen, dem Affirmativen, vergehen; so trennte sich ihre Endlichkeit von ihnen ab; aber sie ist ihre unveränderliche, d. i. nicht in ihr Anderes, d. i. nicht in ihr Affirmatives übergehende Qualität; *so ist sie ewig.*

Dies ist eine sehr wichtige Betrachtung; daß aber das Endliche absolut sei, solchen Standpunkt wird sich freilich irgendeine Philosophie oder Ansicht oder der Verstand nicht aufbürden lassen wollen; vielmehr ist das Gegenteil ausdrücklich in der Behauptung des Endlichen vorhanden; das Endliche ist das Beschränkte, Vergängliche; das Endliche ist *nur* das Endliche, nicht das Unvergängliche; dies liegt unmittelbar in seiner Bestimmung und Ausdruck. Aber es kommt darauf an, ob in der Ansicht *beim Sein der Endlichkeit* beharrt wird, die *Vergänglichkeit* bestehen bleibt, oder ob die *Vergänglichkeit* und das *Vergehen vergeht.* Daß dies aber nicht geschieht, ist das Faktum eben in derjenigen Ansicht des Endlichen, welche das *Vergehen* zum *Letzten* des Endlichen macht. Es ist die ausdrückliche Behauptung, daß das Endliche mit dem Unendlichen unverträglich und unvereinbar sei, das Endliche dem Unendlichen schlechthin entgegengesetzt sei. Dem Unendlichen ist Sein, absolutes Sein zugeschrieben; ihm gegenüber bleibt so das Endliche festgehalten als das Negative desselben; unvereinbar mit dem Unendlichen bleibt es absolut auf seiner eigenen Seite; Affirmation erhielte es vom Affirmativen, dem Unendlichen, und verginge so; aber eine Vereinigung mit demselben ist das, was für das Unmögliche erklärt wird. Soll es nicht beharren dem Unendlichen gegenüber, sondern vergehen, so ist, wie vorhin gesagt, eben sein Vergehen das Letzte, nicht das Affirmative, welches nur das Vergehen des Vergehens sein würde. Sollte aber das Endliche nicht im Affirmativen vergehen, sondern sein Ende als das *Nichts* gefaßt werden, so wären wir wieder bei jenem ersten, abstrakten Nichts, das selbst längst vergangen ist.

Bei diesem Nichts jedoch, welches *nur* Nichts sein soll und dem zugleich eine Existenz im Denken, Vorstellen oder Sprechen zugegeben wird, kommt derselbe Widerspruch vor, als soeben bei dem Endlichen angegeben worden, nur daß er dort nur *vorkommt,* aber in der Endlichkeit *ausdrücklich* ist. Dort erscheint er als subjektiv, hier wird behauptet, das Endliche *stehe perennierend* dem Unendlichen entgegen, das an sich Nichtige *sei,* und es sei *als* an sich Nichtiges. Dies ist zum Bewußtsein zu bringen; und die Entwicklung des Endlichen zeigt, daß es an ihm als dieser Widerspruch in sich zusammenfällt, aber ihn dahin wirklich auflöst, nicht daß es nur vergänglich ist und vergeht, sondern daß das Vergehen, das Nichts, nicht das Letzte ist, sondern vergeht.

β. Die Schranke und das Sollen

Dieser Widerspruch ist zwar abstrakt sogleich darin vorhanden, daß das *Etwas* endlich ist oder daß das Endliche *ist.* Aber *Etwas* oder das Sein ist nicht mehr abstrakt gesetzt, sondern in sich reflektiert und entwickelt als Insichsein, das eine Bestimmung und Beschaffenheit an ihm hat, und noch bestimmter, daß es eine Grenze an ihm hat, welche, als das dem Etwas Immanente und die Qualität seines Insichseins ausmachend, die Endlichkeit ist. In diesem Begriffe des endlichen Etwas ist zu sehen, was für Momente enthalten sind.

Bestimmung und Beschaffenheit ergaben sich als *Seiten* für die äußerliche Reflexion; jene enthielt aber schon das Anderssein als dem *Ansich* des Etwas angehörig; die Äußerlichkeit des Andersseins ist einerseits in der eigenen Innerlichkeit des Etwas, andererseits bleibt sie als Äußerlichkeit unterschieden davon, sie ist noch Äußerlichkeit als solche, aber *an* dem Etwas. Indem aber ferner das Anderssein als *Grenze*, selbst als Negation der Negation, bestimmt ist, so ist das dem Etwas immanente Anderssein als die Beziehung der beiden Seiten gesetzt, und die Einheit des Etwas mit sich, dem sowohl die Bestimmung als die Beschaffenheit angehört, [ist] seine gegen sich selbst gekehrte Beziehung, die seine immanente Grenze in ihm negierende Beziehung seiner an sich seienden Bestimmung darauf. Das mit sich identische Insichsein bezieht sich so auf sich selbst als sein eigenes Nichtsein, aber als Negation der Negation, als dasselbe negierend, das zugleich Dasein in ihm behält, denn es ist die Qualität seines Insichseins. Die eigene Grenze des Etwas, so von ihm als ein Negatives, das zugleich wesentlich ist, gesetzt, ist nicht nur Grenze als solche, sondern *Schranke*. Aber die Schranke ist nicht allein das als negiert Gesetzte; die Negation ist zweischneidig, indem das von ihr als negiert Gesetzte die *Grenze* ist; diese nämlich ist überhaupt das Gemeinschaftliche des Etwas und des Anderen, auch Bestimmtheit des *Ansichseins* der Bestimmung als solcher. Dieses Ansichsein hiermit ist als die negative Beziehung auf seine von ihm auch unterschiedene Grenze, auf sich als Schranke, *Sollen*.

Daß die Grenze, die am Etwas überhaupt ist, Schranke sei, muß es zugleich in sich selbst *über sie hinausgehen*, sich an ihm selbst *auf sie als auf ein Nichtseiendes* beziehen. Das Dasein des Etwas liegt ruhig gleichgültig gleichsam *neben* seiner Grenze. Etwas geht aber über seine Grenze nur hinaus, insofern es deren Aufgehobensein, das gegen sie negative Ansichsein ist. Und indem sie in der *Bestimmung* selbst als Schranke ist, geht Etwas damit *über sich selbst* hinaus.

Das Sollen enthält also die verdoppelte Bestimmung, *einmal* sie als an sich seiende Bestimmung gegen die Negation, das *andere Mal* aber dieselbe als ein Nichtsein, das als Schranke von ihr unterschieden, aber zugleich selbst ansichseiende Bestimmung ist.

Das Endliche hat sich so als die Beziehung seiner Bestimmung auf seine Grenze bestimmt; jene ist in dieser Beziehung *Sollen*, diese ist *Schranke*. Beide sind so Momente des Endlichen, somit beide selbst endlich, sowohl das Sollen als die Schranke. Aber nur die Schranke ist als das Endliche *gesetzt*; das Sollen ist nur an sich, somit für uns, beschränkt. Durch seine Beziehung auf die ihm selbst schon immanente Grenze ist es beschränkt, aber diese seine Beschränkung ist in das Ansichsein eingehüllt, denn nach seinem Dasein, d. i. nach seiner Bestimmtheit gegen die Schranke ist es als das Ansichsein gesetzt.

Was sein soll, *ist* und *ist* zugleich *nicht*. Wenn es *wäre*, so *sollte* es nicht bloß *sein*. Also das Sollen hat wesentlich eine Schranke. Diese Schranke ist nicht ein Fremdes; *das, was nur sein soll,* ist die *Bestimmung,* die nun gesetzt ist, wie sie in der Tat ist, nämlich zugleich nur eine Bestimmtheit.

Das Ansichsein des Etwas in seiner Bestimmung setzt sich also zum *Sollen* herab dadurch, daß dasselbe, was sein Ansichsein ausmacht, in einer und derselben Rücksicht als *Nichtsein* ist; und zwar so, daß im Insichsein, der Negation der Negation, jenes Ansichsein als die eine Negation (das Negierende) Einheit mit der anderen ist, die zugleich als qualitativ andere Grenze ist, wodurch jene Einheit als *Beziehung* auf sie ist. Die Schranke des Endlichen ist nicht ein Äußeres, sondern seine eigene Bestimmung ist auch seine Schranke; und diese ist sowohl sie selbst als auch Sollen; sie ist das Gemeinschaftliche beider oder vielmehr das, worin beide identisch sind.

Als Sollen geht nun aber ferner das Endliche über seine Schranke *hinaus;* dieselbe Bestimmtheit, welche seine Negation ist, ist auch aufgehoben und ist so sein Ansichsein; seine Grenze ist auch nicht seine Grenze.

Als *Sollen* ist somit Etwas *über seine Schranke erhaben,* umgekehrt aber hat es nur *als Sollen* seine *Schranke.* Beides ist untrennbar. Etwas hat insofern eine Schranke, als es in seiner Bestimmung die Negation hat, und die Bestimmung ist auch das Aufgehobensein der Schranke.

Anmerkung

Das Sollen hat neuerlich eine große Rolle in der Philosophie, vornehmlich in Beziehung auf Moralität, und metaphysisch überhaupt auch als der letzte und absolute Begriff von der Identität des Ansichseins oder der Beziehung auf *sich selbst* und *der Bestimmtheit* oder der Grenze gespielt.

Du kannst, weil du sollst – dieser Ausdruck, der viel sagen sollte, liegt im Begriffe des Sollens. Denn das Sollen ist das Hinaussein über die Schranke; die Grenze ist in demselben aufgehoben, das Ansichsein des Sollens ist so identische Beziehung auf sich, somit die Abstraktion des *Könnens.* – Aber umgekehrt ist es ebenso richtig: *Du kannst nicht, eben weil du sollst.* Denn im Sollen liegt ebensosehr die Schranke als Schranke; jener Formalismus der Möglichkeit hat an ihr eine Realität, ein qualitatives Anderssein sich gegenüber, und die Beziehung beider aufeinander ist der Widerspruch, somit das Nicht-Können oder vielmehr die Unmöglichkeit.

Im Sollen beginnt das Hinausgehen über die Endlichkeit, die Unendlichkeit. Das Sollen ist dasjenige, was sich in weiterer Entwicklung nach jener Unmöglichkeit als der Progreß ins Unendliche darstellt.

In Ansehung der Form der *Schranke* und des *Sollens* können zwei Vorurteile näher gerügt werden. Es pflegt zuerst *viel* auf die Schranken des Denkens, der Vernunft usf. gehalten zu werden, und es wird behauptet, es *könne* über die Schranke *nicht* hinausgegangen werden. In dieser Behauptung liegt die Bewußtlosigkeit, daß darin selbst, daß etwas als Schranke bestimmt ist, darüber bereits hinausgegangen ist. Denn eine Bestimmtheit, Grenze ist als Schranke nur bestimmt im Gegensatz gegen sein Anderes überhaupt als gegen sein *Unbeschränktes*; das Andere einer Schranke ist eben das *Hinaus* über dieselbe. Der Stein, das Metall ist nicht über seine Schranke hinaus, darum weil sie *für ihn* nicht Schranke ist. Wenn jedoch bei solchen allgemeinen Sätzen des verständigen Denkens, daß über die Schranke nicht hinausgegangen werden könne, das Denken sich nicht anwenden will, um zu sehen, was im Begriffe liegt, so kann an die Wirklichkeit verwiesen werden, wo denn solche Sätze sich als das Unwirklichste zeigen. Dadurch eben, daß das Denken etwas Höheres als die Wirklichkeit sein, von ihr sich entfernt in höheren Regionen halten *soll*, dasselbe also selbst als ein *Sollen* bestimmt ist, geht es einerseits nicht zum Begriffe fort und geschieht ihm andererseits, daß es sich ebenso unwahr gegen die Wirklichkeit als gegen den Begriff verhält. – Weil der Stein nicht denkt, nicht einmal empfindet, ist seine Beschränktheit *für ihn* keine Schranke, d. h. in ihm nicht eine Negation für die Empfindung, Vorstellung, Denken usf., die er nicht hat. Aber auch selbst der Stein ist als Etwas in seine Bestimmung oder sein Ansichsein und sein Dasein unterschieden, und insofern geht auch er über seine Schranke hinaus; der Begriff, der er an sich ist, enthält die Identität mit seinem Anderen. Ist er eine säurungsfähige Basis, so ist er oxydierbar, neutralisierbar usf. In der Oxydation, Neutralisation usf. hebt sich seine Schranke, nur als Basis da zu sein, auf; er geht darüber hinaus, so wie die Säure ihre Schranke, als Säure zu sein, aufhebt, und es ist in ihr wie in der kaustischen Basis so sehr das *Sollen*, über ihre Schranke hinauszugehen, vorhanden, daß sie nur mit Gewalt als – wasserlose, d. i. rein nicht neutrale – Säure und kaustische Basis festgehalten werden können.

Enthält aber eine Existenz den Begriff nicht bloß als abstraktes Ansichsein, sondern als für sich seiende Totalität, als Trieb, als Leben, Empfindung, Vorstellen usf., so vollbringt sie selbst aus ihr dies, über die Schranke hinaus zu sein und hinauszugehen. Die Pflanze geht über die Schranke, als Keim zu sein, ebenso über die, als Blüte, als Frucht, als Blatt zu sein, hinaus; der Keim wird entfaltete Pflanze, die Blüte verblüht usf. Das Empfindende in der Schranke des Hungers, Durstes usf. ist der Trieb, über diese Schranke hinauszugehen, und vollführt dies Hinausgehen. Es empfindet *Schmerz*, und das Vorrecht empfindender Natur ist, Schmerz zu empfinden; es ist eine Negation in seinem Selbst, und sie ist *als eine Schranke* in seinem Gefühle bestimmt, eben weil das Empfindende das Gefühl seiner *Selbst* hat, welches die Totalität ist, die[7] über jene Bestimmtheit hinaus ist. Wäre es nicht darüber hinaus, so empfände es dieselbe nicht als seine Negation und hätte keinen Schmerz. – Die Vernunft aber, das Denken, sollte nicht über die Schranke hinausgehen können, – sie, die das *Allgemein*e [ist], das für sich über *die*, d. i. über *alle* Besonderheit hinaus ist, nur das Hinausgehen über die Schranke ist. – Freilich ist nicht jedes Hinausgehen und Hinaussein über die Schranke eine wahrhafte Befreiung von

7 B: »das«

derselben, wahrhafte Affirmation; schon das Sollen selbst ist ein solches unvollkommenes Hinausgehen und die Abstraktion überhaupt. Aber das Hinweisen auf das ganz abstrakte Allgemeine reicht aus gegen die ebenso abstrakte Versicherung, es könne nicht über die Schranke hinausgegangen werden, oder schon das Hinweisen auf das Unendliche überhaupt gegen die Versicherung, daß nicht über das Endliche hinausgegangen werden könne.

Es kann hierbei ein sinnreich scheinender Einfall *Leibnizens* erwähnt werden: wenn ein Magnet Bewußtsein hätte, so würde derselbe seine Richtung nach Norden für eine Bestimmung seines Willens, ein Gesetz seiner Freiheit ansehen. Vielmehr, wenn er Bewußtsein, damit Willen und Freiheit hätte, wäre er denkend; somit würde der Raum für ihn als *allgemeiner, alle* Richtung enthaltender und damit die *eine* Richtung nach Norden vielmehr als eine Schranke für seine Freiheit sein, sosehr als es für den Menschen eine Schranke, auf einer Stelle festgehalten zu werden, für die Pflanze aber nicht ist.

Das *Sollen* andererseits ist das Hinausgehen über die Schranke, aber ein selbst nur *endliches Hinausgehen*. Es hat daher seine Stelle und sein Gelten im Felde der Endlichkeit, wo es das Ansichsein gegen das Beschränkte festhält und es als die Regel und das Wesentliche gegen das Nichtige behauptet. Die Pflicht ist ein *Sollen* gegen den besonderen Willen, gegen die selbstsüchtige Begierde und das willkürliche Interesse gekehrt; dem Willen, insofern er in seiner Beweglichkeit sich vom Wahrhaften isolieren kann, wird dieses als ein Sollen vorgehalten. Diejenigen, welche das Sollen der Moral so hoch halten und darin, daß das Sollen nicht als Letztes und Wahrhaftes anerkannt wird, meinen, daß die Moralität zerstört werden solle, sowie die Räsoneurs, deren Verstand sich die unaufhörliche Befriedigung gibt, gegen alles, was da ist, ein Sollen und somit ein Besserwissen vorbringen zu können, die sich das Sollen darum ebensowenig wollen rauben lassen, sehen nicht, daß für die Endlichkeit ihrer Kreise das Sollen vollkommen anerkannt wird. – Aber in der Wirklichkeit selbst steht es nicht so traurig um Vernünftigkeit und Gesetz, daß sie nur sein *sollten* – dabei bleibt nur das Abstraktum des Ansichseins [stehen] –, sowenig, als daß das Sollen an ihm selbst perennierend und, was dasselbe ist, die Endlichkeit absolut wäre. Die Kantische und Fichtesche Philosophie gibt als den höchsten Punkt der Auflösung der Widersprüche der Vernunft das *Sollen* an, was aber vielmehr nur der Standpunkt des Beharrens in der Endlichkeit und damit im Widerspruche ist.

γ. Übergang des Endlichen in das Unendliche

Das Sollen für sich enthält die Schranke und die Schranke das Sollen. Ihre Beziehung aufeinander ist das Endliche selbst, das sie beide in seinem Insichsein enthält. Diese Momente seiner Bestimmung sind sich qualitativ entgegengesetzt; die Schranke ist bestimmt als das Negative des Sollens und das Sollen ebenso als das Negative der Schranke. Das Endliche ist so der Widerspruch seiner in sich; es hebt sich auf, vergeht. Aber dies sein Resultat, das Negative überhaupt, ist 1. seine *Bestimmung* selbst; denn es ist das Negative des Negativen. So ist das Endliche in dem Vergehen nicht vergangen; es ist zunächst nur ein *anderes* Endliches geworden, welches aber ebenso das Vergehen als Übergehen in ein anderes Endliches ist, und so fort etwa ins *Unendliche*. Aber 2. näher dies Resultat betrachtet, so hat das Endliche in seinem Vergehen, dieser Negation seiner selbst, sein Ansichsein erreicht, es ist darin *mit sich selbst zusammengegangen*. Jedes seiner Momente enthält eben dies Resultat; das Sollen geht über die Schranke, d. i. über sich selbst hinaus; über es hinaus aber oder sein Anderes ist nur die Schranke selbst. Die Schranke aber weist über sich selbst unmittelbar hinaus zu seinem Anderen, welches das Sollen ist; dieses aber ist dieselbe Entzweiung des *Ansichseins* und des *Daseins* wie die Schranke, ist dasselbe; über sich hinaus geht sie daher ebenso nur mit sich zusammen. Diese *Identität mit sich*, die Negation der Negation, ist affirmatives Sein, so das Andere des Endlichen, als welches die erste Negation zu seiner Bestimmtheit haben soll; – jenes Andere ist *das Unendliche.*

C. Die Unendlichkeit

Das Unendliche in seinem einfachen Begriff kann zunächst als eine neue Definition des Absoluten angesehen werden; es ist als die bestimmungslose Beziehung-auf-sich gesetzt als *Sein* und *Werden.* Die Formen des *Daseins* fallen aus in der Reihe der Bestimmungen, die für Definitionen des Absoluten angesehen werden können, da die Formen jener Sphäre für sich unmittelbar nur als Bestimmtheiten, als endliche überhaupt, gesetzt sind. Das Unendliche aber gilt schlechthin für absolut, da es ausdrücklich als Negation des Endlichen bestimmt ist, hiermit auf die Beschränktheit, derer das Sein und Werden, wenn sie auch an ihnen keine Beschränktheit haben oder zeigen, doch etwa fähig sein könnten, im Unendlichen ausdrücklich Beziehung genommen und eine solche an ihm negiert ist.

Damit aber selbst ist das Unendliche nicht schon in der Tat der Beschränktheit und Endlichkeit entnommen; die Hauptsache ist, den wahrhaften Begriff der Unendlichkeit von der schlechten Unendlichkeit, das Unendliche der Vernunft von dem Unendlichen des Verstandes zu unterscheiden; doch letzteres ist das *verendlichte* Unendliche, und es wird sich ergeben, daß, eben indem das Unendliche vom Endlichen rein und entfernt gehalten werden soll, es nur verendlicht wird.

Das Unendliche ist

a) in *einfacher Bestimmung* das Affirmative als Negation des Endlichen;

b) es ist aber damit in *Wechselbestimmung* mit dem *Endlichen* und ist das abstrakte, *einseitige Unendliche*;

c) das Sichaufheben dieses Unendlichen wie des Endlichen als *ein* Prozeß – ist das *wahrhafte Unendliche.*

a. Das Unendliche überhaupt

Das Unendliche ist die Negation der Negation, das Affirmative, das *Sein*, das sich aus der Beschränktheit wieder hergestellt hat. Das Unendliche *ist*, und in intensiverem Sinn als das erste unmittelbare Sein; es ist das wahrhafte Sein, die Erhebung aus der Schranke. Bei dem Namen des Unendlichen *geht* dem Gemüt und dem Geiste sein Licht *auf*, denn er *ist* darin nicht nur abstrakt bei sich, sondern erhebt sich zu sich selbst, zum Lichte seines Denkens, seiner Allgemeinheit, seiner Freiheit.

Zuerst hat sich für den Begriff des Unendlichen ergeben, daß das Dasein in seinem Ansichsein sich als Endliches bestimmt und über die Schranke hinausgeht. Es ist die Natur des Endlichen selbst, über sich hinauszugehen, seine Negation zu negieren und unendlich zu werden. Das Unendliche steht somit nicht als ein für sich Fertiges *über* dem Endlichen, so daß das Endliche *außer* oder *unter* jenem sein Bleiben hätte und behielte. Noch gehen *wir* nur als eine subjektive Vernunft über das Endliche ins Unendliche hinaus. Wie wenn man sagt, daß das Unendliche der Vernunftbegriff sei und wir uns durch die Vernunft über das Zeitliche erheben, so läßt man dies ganz unbeschadet des Endlichen geschehen, welches jene ihm äußerlich bleibende Erhebung nichts angeht. Insofern aber das Endliche selbst in die Unendlichkeit erhoben wird, ist es ebensowenig eine fremde Gewalt, welche ihm dies antut, sondern es ist dies seine Natur, sich auf sich als Schranke, sowohl als Schranke als solche wie als Sollen, zu beziehen und über dieselbe hinauszugehen oder vielmehr als Beziehung-auf-sich sie negiert zu haben und über sie hinaus zu sein. Nicht im Aufheben der Endlichkeit überhaupt wird die Unendlichkeit überhaupt, sondern das Endliche ist nur dies, selbst durch seine Natur dazu zu werden. Die Unendlichkeit ist seine *affirmative Bestimmung*, das, was es wahrhaft an sich ist.

So ist das Endliche im Unendlichen verschwunden, und was *ist*, ist nur das *Unendliche*.

b. Wechselbestimmung des Endlichen und Unendlichen

Das Unendliche *ist*; in dieser Unmittelbarkeit ist es zugleich die *Negation* eines *Anderen*, des Endlichen. So als *seiend* und zugleich als *Nichtsein* eines *Anderen* ist es in die Kategorie des Etwas als eines bestimmten überhaupt, näher – weil es das in sich reflektierte, vermittels des Aufhebens der Bestimmtheit überhaupt resultierende Dasein, hiermit als das von seiner Bestimmtheit unterschiedene Dasein *gesetzt* ist – in die Kategorie des Etwas mit einer Grenze zurückgefallen. Das Endliche steht nach dieser Bestimmtheit dem Unendlichen als *reales Dasein* gegenüber; so stehen sie in qualitativer *Beziehung* als außereinander *bleibende*; das *unmittelbare Sein* des Unendlichen erweckt das *Sein* seiner Negation, des Endlichen wieder, das zunächst im Unendlichen verschwunden schien.

Aber das Unendliche und Endliche sind nicht nur in diesen Kategorien der Beziehung; die beiden Seiten sind weiter bestimmt, als bloß *Andere* gegeneinander zu sein. Die Endlichkeit[8] ist nämlich die als Schranke gesetzte Schranke, es ist das Dasein mit der *Bestimmung* gesetzt, in sein *Ansichsein* überzugehen, unendlich zu *werden*. Die Unendlichkeit ist das Nichts des Endlichen, dessen *Ansichsein* und *Sollen*, aber dieses zugleich als in sich reflektiert, das ausgeführte Sollen, nur sich auf sich beziehendes, ganz affirmatives Sein. In der Unendlichkeit ist die Befriedigung vorhanden, daß alle Bestimmtheit, Veränderung, alle Schranke und mit ihr das Sollen selbst verschwunden, als aufgehoben, das Nichts des Endlichen gesetzt ist. Als diese Negation des Endlichen ist das Ansichsein bestimmt, welches so als Negation der Negation in sich affirmativ ist. Diese Affirmation jedoch ist als qualitativ *unmittelbare* Beziehung auf sich, *Sein*; hierdurch ist das Unendliche auf die Kategorie zurückgeführt, daß es

8 B: »Die Endliche«

das Endliche als ein *Anderes* sich gegenüber hat; seine negative Natur ist als die *seiende*, hiermit erste und unmittelbare Negation gesetzt. Das Unendliche ist auf diese Weise mit dem Gegensatze gegen das Endliche behaftet, welches, als Anderes, das bestimmte, reale Dasein zugleich bleibt, obschon es in seinem Ansichsein, dem Unendlichen, zugleich als aufgehoben gesetzt ist; dieses ist das Nicht-Endliche, – ein Sein in der Bestimmtheit der Negation. Gegen das Endliche, den Kreis der seienden Bestimmtheiten, der Realitäten, ist das Unendliche das unbestimmte Leere, das Jenseits des Endlichen, welches sein Ansichsein nicht an seinem Dasein, das ein bestimmtes ist, hat.

So das Unendliche gegen das Endliche in qualitativer Beziehung von *Anderen* zueinander gesetzt, ist es das *Schlecht-Unendliche*, das Unendliche des *Verstandes* zu nennen, dem es für die höchste, für die absolute Wahrheit gilt; ihn zum Bewußtsein darüber zu bringen, daß, indem er seine Befriedigung in der Versöhnung der Wahrheit erreicht zu haben meint, er in dem unversöhnten, unaufgelösten, absoluten Widerspruche sich befindet, müßten die Widersprüche bewirken, in die er nach allen Seiten verfällt, sowie er sich auf die Anwendung und Explikation dieser seiner Kategorien einläßt.

Dieser Widerspruch ist sogleich darin vorhanden, daß dem Unendlichen das Endliche als Dasein gegenüberbleibt; es sind damit *zwei* Bestimmtheiten; es *gibt* zwei Welten, eine unendliche und eine endliche, und in ihrer Beziehung ist das Unendliche nur *Grenze* des Endlichen und ist damit nur ein bestimmtes, *selbst endliches Unendliches*.

Dieser Widerspruch entwickelt seinen Inhalt zu ausdrücklicheren Formen. – Das Endliche ist das reale Dasein, welches so verbleibt, auch indem zu seinem Nichtsein, dem Unendlichen, übergegangen wird; – dieses hat, wie gezeigt, nur die erste, unmittelbare Negation zu seiner Bestimmtheit gegen das Endliche, so wie dieses gegen jene Negation als Negiertes nur die Bedeutung eines *Anderen* hat und daher

noch Etwas ist. Wenn somit der sich aus dieser endlichen Welt erhebende Verstand zu seinem Höchsten, dem Unendlichen, aufsteigt, so bleibt ihm diese endliche Welt als ein Diesseits stehen, so daß das Unendliche nur *über* dem Endlichen gesetzt, von diesem *abgesondert* und eben damit das Endliche von dem Unendlichen abgesondert wird, – beide an einen *verschiedenen Platz gestellt*: das Endliche als das hiesige Dasein, das Unendliche aber, zwar das *Ansich* des Endlichen, doch als ein Jenseits in die trübe, unerreichbare Ferne, *außerhalb* welcher jenes sich befinde und dableibe.
So abgesondert sind sie ebenso wesentlich eben durch die sie abscheidende Negation aufeinander *bezogen*. Diese sie, die in sich reflektierten Etwas, beziehende Negation ist die gegenseitige Grenze des Einen gegen das Andere, und zwar so, daß jedes derselben sie nicht bloß gegen das Andere *an ihm* hat, sondern die Negation ist ihr *Ansichsein*, jedes hat die Grenze so an ihm selbst für sich, in seiner Absonderung von dem Anderen. Die Grenze ist aber als die erste Negation, so sind beide begrenzte, endliche an sich selbst. Jedoch ist jedes auch als sich auf sich affirmativ beziehend die Negation seiner Grenze; so stößt es sie als sein Nichtsein unmittelbar von sich ab, und qualitativ davon getrennt setzt es sie als ein *anderes Sein* außer ihm, das Endliche sein Nichtsein als dies Unendliche, dieses ebenso das Endliche. Daß von dem Endlichen zum Unendlichen notwendig, d. h. durch die Bestimmung des Endlichen übergegangen und es als zum Ansichsein erhoben werde, wird leicht zugegeben, indem das Endliche zwar als bestehendes Dasein, aber zugleich *auch* als das *an sich* nichtige, also sich nach seiner Bestimmung auflösende bestimmt ist, das Unendliche aber zwar als mit Negation und Grenze behaftet bestimmt ist, aber zugleich auch als das *Ansich*seiende, so daß diese Abstraktion der sich auf sich beziehenden Affirmation seine Bestimmung ausmache, nach dieser hiermit das endliche Dasein nicht in ihr liege. Aber es ist gezeigt worden, daß das Unendliche selbst nur *vermittels* der Negation, als Negation der Negation, zum affirmativen

Sein resultiert und daß diese seine Affirmation, als nur einfaches, qualitatives Sein genommen, die in ihm enthaltene Negation zur einfachen unmittelbaren Negation und damit zur Bestimmtheit und Grenze herabsetzt, welches dann ebenso als widersprechend seinem Ansichsein, aus ihm ausgeschlossen, als nicht das Seinige, vielmehr seinem Ansichsein Entgegengesetzte, das Endliche, gesetzt wird. Indem so jedes an ihm selbst und aus seiner Bestimmung das Setzen seines Anderen ist, sind sie *untrennbar.* Aber diese ihre Einheit ist in dem qualitativen Anderssein derselben *verborgen,* sie ist die *innerliche,* die *nur zugrunde liegt.*

Dadurch ist die Weise der Erscheinung dieser Einheit bestimmt; im *Dasein* gesetzt ist sie als ein Umschlagen oder Übergehen des Endlichen zum Unendlichen und umgekehrt; so daß das Unendliche an dem Endlichen und das Endliche an dem Unendlichen, das Andere an dem Anderen, nur *hervortrete,* d. h. jedes ein eigenes *unmittelbares* Entstehen an dem Anderen und ihre Beziehung nur eine äußerliche sei.

Der Prozeß ihres Übergehens hat folgende ausführliche Gestalt. Es wird über das Endliche hinausgegangen in das Unendliche. Dies Hinausgehen erscheint als ein äußerliches Tun. In diesem dem Endlichen jenseitigen Leeren, was entsteht? Was ist das Positive darin? Um der Untrennbarkeit des Unendlichen und Endlichen willen (oder weil dies auf seiner Seite stehende Unendliche selbst beschränkt ist) entsteht die Grenze; das Unendliche ist verschwunden, sein Anderes, das Endliche, ist eingetreten. Aber dies Eintreten des Endlichen erscheint als ein dem Unendlichen äußerliches Geschehen und die neue Grenze als ein solches, das nicht aus dem Unendlichen selbst entstehe, sondern ebenso vorgefunden werde. Es ist damit der Rückfall in die vorherige, vergebens aufgehobene Bestimmung vorhanden. Diese neue Grenze aber ist selbst nur ein solches, das aufzuheben oder über das hinauszugehen ist. Somit ist wieder das Leere, das Nichts entstanden, in welchem ebenso jene Bestimmtheit, eine neue Grenze, angetroffen wird – *und so fort ins Unendliche.*

Es ist die *Wechselbestimmung des Endlichen und Unendlichen* vorhanden; das Endliche ist endlich nur in der Beziehung auf das Sollen oder auf das Unendliche, und das Unendliche ist nur unendlich in Beziehung auf das Endliche. Sie sind untrennbar und zugleich schlechthin Andere gegeneinander; jedes hat das Andere seiner an ihm selbst; so ist jedes die Einheit seiner und seines Anderen und ist in seiner Bestimmtheit Dasein, das *nicht* zu sein, was es selbst und was sein Anderes ist.

Diese sich selbst und seine Negation negierende Wechselbestimmung ist es, welche als der *Progreß ins Unendliche* auftritt, der in so vielen Gestalten und Anwendungen als ein *Letztes* gilt, über das nicht mehr hinausgegangen wird, sondern angekommen bei jenem »*und so fort* ins Unendliche« pflegt der Gedanke sein Ende erreicht zu haben. – Dieser Progreß tritt allenthalben ein, wo *relative* Bestimmungen bis zu ihrer Entgegensetzung getrieben sind, so daß sie in untrennbarer Einheit sind und doch jeder gegen die andere ein selbständiges Dasein zugeschrieben wird. Dieser Progreß ist daher der *Widerspruch*, der nicht aufgelöst ist, sondern immer nur als *vorhanden* ausgesprochen wird.

Es ist ein abstraktes Hinausgehen vorhanden, das unvollständig bleibt, indem *über dies Hinausgehen* nicht selbst *hinausgegangen* wird. Es ist das Unendliche vorhanden; über dasselbe wird allerdings hinausgegangen, denn es wird eine neue Grenze gesetzt, aber damit eben wird vielmehr nur zum Endlichen zurückgekehrt. Diese schlechte Unendlichkeit ist an sich dasselbe, was das perennierende *Sollen*; sie ist zwar die Negation des Endlichen, aber sie vermag sich nicht in Wahrheit davon zu befreien; dies tritt *an ihr selbst* wieder hervor als ihr Anderes, weil dies Unendliche nur ist als *in Beziehung* auf das ihm andere Endliche. Der Progreß ins Unendliche ist daher nur die sich wiederholende Einerleiheit, eine und dieselbe langweilige *Abwechslung* dieses Endlichen und Unendlichen.

Die Unendlichkeit des unendlichen Progresses bleibt mit

dem Endlichen als solchem behaftet, ist dadurch begrenzt und selbst *endlich*. Somit wäre es aber in der Tat als die Einheit des Endlichen und Unendlichen gesetzt. Aber auf diese Einheit wird nicht reflektiert. Sie ist es jedoch nur, welche im Endlichen das Unendliche und im Unendlichen das Endliche hervorruft, sie ist sozusagen die Triebfeder des unendlichen Progresses. Er ist das *Äußere* jener Einheit, bei welchem die Vorstellung stehenbleibt, bei jener perennierenden Wiederholung eines und desselben Abwechselns, der leeren Unruhe des Weitergehens über die Grenze hinaus zur Unendlichkeit, das in diesem Unendlichen eine neue Grenze *findet*, auf derselben aber sich sowenig halten kann als in dem Unendlichen. Dieses Unendliche hat die feste Determination eines *Jenseits*, das nicht erreicht werden kann, darum weil es nicht erreicht werden *soll*, weil von der Bestimmtheit des Jenseits, der *seienden* Negation nicht abgelassen wird. Es hat nach dieser Bestimmung das Endliche als ein *Diesseits* sich gegenüber, das sich ebensowenig ins Unendliche erheben kann, darum weil es diese Determination eines *Anderen*, hiermit [eines] ein Perennierendes, sich in seinem Jenseits wieder, und zwar als davon verschieden, erzeugenden *Daseins* hat[9].

c. Die affirmative Unendlichkeit

In dem aufgezeigten herüber- und hinübergehenden Wechselbestimmen des Endlichen und Unendlichen ist die Wahrheit derselben an sich schon *vorhanden*, und es bedarf nur des Aufnehmens dessen, was vorhanden ist. Dies Herüber- und Hinübergehen macht die äußere Realisation des Begriffes aus; es ist in ihr das, aber *äußerlich*, außereinanderfallend *gesetzt*, was der Begriff enthält; es bedarf nur der

9 Lasson ändert folgendermaßen: »hiermit [eines] sich in seinem Jenseits wieder ein Perennierendes, und zwar als davon verschieden, erzeugenden Daseins hat«

Vergleichung dieser verschiedenen Momente, in welcher die *Einheit* sich ergibt, die den Begriff selbst gibt; – die *Einheit* des Unendlichen und Endlichen ist, wie schon oft bemerkt, hier aber vornehmlich in Erinnerung zu bringen ist, der schiefe Ausdruck für die Einheit, wie sie selbst wahrhaft ist; aber auch das Entfernen dieser schiefen Bestimmung muß in jener vor uns liegenden Äußerung des Begriffes vorhanden sein.

Nach ihrer nächsten, nur unmittelbaren Bestimmung genommen, so ist das Unendliche nur als das *Hinausgehen* über das *Endliche*; es ist seiner Bestimmung nach die Negation des Endlichen; so ist das Endliche nur als das, worüber hinausgegangen werden muß, die Negation seiner an ihm selbst, welche die Unendlichkeit ist. In *jedem liegt* hiermit die *Bestimmtheit* des *Anderen,* die nach der Meinung des unendlichen Progresses voneinander ausgeschlossen sein sollen und nur abwechselnd aufeinander folgen; es kann keines gesetzt und gefaßt werden ohne das andere, das Unendliche nicht ohne das Endliche, dieses nicht ohne das Unendliche. Wenn *gesagt* wird, was das Unendliche ist, nämlich die Negation des *Endlichen,* so wird das Endliche selbst mit *ausgesprochen*; es kann zur Bestimmung des Unendlichen *nicht entbehrt* werden. Man bedarf nur zu *wissen, was man sagt,* um die Bestimmung des Endlichen im Unendlichen zu finden. Vom Endlichen seinerseits wird sogleich zugegeben, daß es das Nichtige ist, aber eben seine Nichtigkeit ist die Unendlichkeit, von der es ebenso untrennbar ist. – In diesem Auffassen können sie nach ihrer *Beziehung* auf ihr *Anderes* genommen zu sein scheinen. Werden sie hiermit *beziehungslos* genommen, so daß sie nur durch das »*Und*« verbunden seien, so stehen sie als selbständig, jedes nur an ihm selbst seiend, einander gegenüber. Es ist zu sehen, wie sie in solcher Weise beschaffen sind. Das Unendliche, so gestellt, ist *eines der beiden*; aber als *nur* eines der beiden ist es selbst endlich, es ist nicht das Ganze, sondern nur die eine Seite; es hat an dem Gegenüberstehenden seine Grenze; es ist so das *endliche*

Unendliche. Es sind nur *zwei Endliche* vorhanden. Eben darin, daß es so vom Endlichen *abgesondert,* damit als *Einseitiges* gestellt wird, liegt seine Endlichkeit, also seine Einheit mit dem Endlichen. – Das Endliche seinerseits, als für sich vom Unendlichen entfernt gestellt, ist *diese Beziehung auf sich,* in der seine Relativität, Abhängigkeit, seine Vergänglichkeit entfernt ist; es ist dieselbe Selbständigkeit und Affirmation seiner, welche das Unendliche sein soll.

Beide Betrachtungsweisen, die zunächst eine verschiedene Bestimmtheit zu ihrem Ausgangspunkte zu haben scheinen, insofern die erstere nur als *Beziehung* des Unendlichen und Endlichen aufeinander, eines jeden auf sein Anderes, und die zweite sie in ihrer völligen Absonderung voneinander halten soll, geben ein und dasselbe Resultat; das Unendliche und Endliche nach der *Beziehung* beider aufeinander, die ihnen äußerlich wäre, aber die ihnen wesentlich, ohne die keines ist, was es ist, enthält so sein Anderes in seiner eigenen Bestimmung, ebensosehr als jedes *für sich* genommen, *an ihm* selbst betrachtet, sein Anderes in ihm als sein eigenes Moment liegen hat.

Dies gibt denn die – verrufene – Einheit des Endlichen und Unendlichen[9a], die Einheit, die selbst das Unendliche ist, welches sich selbst und die Endlichkeit in sich begreift, – also das Unendliche in einem andern Sinne als in dem, wonach das Endliche von ihm abgetrennt und auf die andere Seite gestellt ist. Indem sie nun auch unterschieden werden müssen, ist jedes, wie vorhin gezeigt, selbst an ihm die Einheit beider; so ergeben sich zwei solche Einheiten. Das Gemeinschaftliche, die Einheit beider Bestimmtheiten, setzt als Einheit sie zunächst als negierte, da jedes das sein soll, was es ist in ihrer Unterschiedenheit; in ihrer Einheit verlieren sie also ihre qualitative Natur; – eine wichtige Reflexion gegen die Vorstellung, die sich nicht davon losmachen will, in der Einheit des Unendlichen und Endlichen sie nach

---

9a A: »Unendlichen« – B: »Unendlichkeit«

der Qualität, welche sie als außereinander genommen haben sollen, festzuhalten, und daher in jener Einheit nichts als den Widerspruch, nicht auch die Auflösung desselben durch die Negation der qualitativen Bestimmtheit beider sieht; so wird die zunächst einfache, allgemeine Einheit des Unendlichen und Endlichen verfälscht.

Ferner aber, indem sie nun auch als unterschieden zu nehmen sind, so ist die Einheit des Unendlichen, die jedes dieser Momente selbst ist, in jedem derselben auf verschiedene Weise bestimmt. Das seiner Bestimmung nach Unendliche hat die von ihm unterschiedene Endlichkeit an ihm, jenes ist das *Ansich* in dieser Einheit, und diese[10] ist nur Bestimmtheit, Grenze an ihm; allein es ist eine Grenze, welche das schlechthin Andere desselben, sein Gegenteil ist; seine Bestimmung, welche das Ansichsein als solches ist, wird durch den Beischlag einer Qualität solcher Art verdorben; es ist so ein *verendlichtes Unendliches.* Auf gleiche Weise, indem das Endliche als solches nur das Nicht-Ansichsein ist, aber nach jener Einheit gleichfalls sein Gegenteil an ihm hat, wird es über seinen Wert, und zwar sozusagen unendlich erhoben; es wird als das *verunendlichte* Endliche gesetzt.

Auf gleiche Weise wie vorhin die einfache, so wird vom Verstande auch die gedoppelte Einheit des Unendlichen und Endlichen verfälscht. Dies geschieht hier ebenso dadurch, daß in der einen der beiden Einheiten das Unendliche als nicht negiertes, vielmehr als das Ansichsein angenommen wird, an welches also nicht die Bestimmtheit und Schranke gesetzt werden soll; es werde dadurch das Ansichsein herabgesetzt und verdorben. Umgekehrt wird das Endliche gleichfalls als das nicht Negierte, obgleich an sich Nichtige, festgehalten, so daß es in seiner Verbindung mit dem Unendlichen zu dem, was es nicht *sei,* erhoben und dadurch gegen seine nicht verschwundene, vielmehr perennierende Bestimmung verunendlicht werde.

---

10 B: »dieses«

Die Verfälschung, die der Verstand mit dem Endlichen und Unendlichen vornimmt, ihre Beziehung aufeinander als qualitative Verschiedenheit festzuhalten, sie in ihrer Bestimmung als getrennt, und zwar absolut getrennt zu behaupten, gründet sich auf das Vergessen dessen, was für ihn selbst der Begriff dieser Momente ist. Nach diesem ist die Einheit des Endlichen und Unendlichen nicht ein äußerliches Zusammenbringen derselben noch eine ungehörige, ihrer Bestimmung zuwiderlaufende Verbindung, in welcher an sich getrennte und entgegengesetzte, gegeneinander Selbständige, Seiende, somit Unverträgliche verknüpft würden, sondern jedes ist an ihm selbst diese Einheit, und dies nur als *Aufheben* seiner selbst, worin keines vor dem anderen einen Vorzug des Ansichseins und affirmativen Daseins hätte. Wie früher gezeigt, ist die Endlichkeit nur als Hinausgehen über sich; es ist also in ihr die Unendlichkeit, das Andere ihrer selbst, enthalten. Ebenso ist die Unendlichkeit nur als Hinausgehen über das Endliche; sie enthält also wesentlich ihr Anderes und ist somit an ihr das Andere ihrer selbst. Das Endliche wird nicht vom Unendlichen als einer außer ihm vorhandenen Macht aufgehoben, sondern es ist seine Unendlichkeit, sich selbst aufzuheben.

Dies Aufheben ist somit nicht die Veränderung oder das Anderssein überhaupt, nicht das Aufheben von *Etwas*. Das, worin sich das Endliche aufhebt, ist das Unendliche als das Negieren der Endlichkeit; aber diese ist längst selbst nur das Dasein als ein *Nichtsein* bestimmt. Es ist also nur die *Negation*, die sich in der *Negation aufhebt*. So ist ihrerseits die Unendlichkeit als das Negative der Endlichkeit und damit der Bestimmtheit überhaupt, als das leere Jenseits bestimmt; sein Sichaufheben im Endlichen ist ein Zurückkehren aus der leeren Flucht, *Negation* des Jenseits, das ein *Negatives* an ihm selbst ist.

Was also vorhanden ist, ist in beiden dieselbe Negation der Negation. Aber diese ist *an sich* Beziehung auf sich selbst, die Affirmation, aber als Rückkehr zu sich selbst, d. i. durch die *Vermittlung,* welche die Negation der Negation ist. Diese Bestimmungen sind es, die wesentlich ins Auge zu fassen sind; das Zweite aber ist, daß sie im unendlichen Progresse auch *gesetzt* sind und wie sie in ihm gesetzt sind, – nämlich noch nicht in ihrer letzten Wahrheit.

Es werden darin *erstens* beide, sowohl das Unendliche als das Endliche, negiert, – es wird über beide auf gleiche Weise hinausgegangen; *zweitens* werden sie auch als unterschiedene, jedes nach dem anderen, als für sich positive gesetzt. Wir fassen so diese zwei Bestimmungen vergleichend heraus, wie wir in der Vergleichung, einem äußeren Vergleichen, die zwei Betrachtungsweisen – des Endlichen und Unendlichen in ihrer Beziehung und ihrer jedes für sich genommen – getrennt haben. Aber der unendliche Progreß spricht mehr aus, es ist in ihm auch der *Zusammenhang* der auch Unterschiedenen gesetzt, jedoch zunächst nur noch als Übergang und Abwechslung; es ist nur in einer einfachen Reflexion von uns zu sehen, was in der Tat darin vorhanden ist.

Zunächst kann die Negation des Endlichen und Unendlichen, die im unendlichen Progresse gesetzt ist, als einfach, somit als auseinander, nur aufeinander folgend genommen werden. Vom Endlichen angefangen, so wird über die Grenze hinausgegangen, das Endliche negiert. Nun ist also das Jenseits desselben, das Unendliche, vorhanden, aber in diesem *entsteht* wieder die Grenze; so ist das Hinausgehen über das Unendliche vorhanden. Dies zweifache Aufheben ist jedoch teils überhaupt nur als ein äußerliches Geschehen und Abwechseln der Momente, teils noch nicht als *eine Einheit* gesetzt; jedes dieser Hinaus ist ein eigener Ansatz, ein neuer Akt, so daß sie so auseinanderfallen. – Es ist aber auch ferner im unendlichen Progresse deren *Beziehung* vorhanden. Es ist *erstlich* das *Endliche*; *dann* wird darüber hinausgegangen, dies Negative oder Jenseits des Endlichen ist das Unendliche; *drittens* wird über diese Negation wieder hinausgegangen, es entsteht eine neue Grenze, wieder ein *Endliches.* – Dies ist die vollständige, sich selbst schließende Bewegung, die bei dem angekommen, das den Anfang machte; es entsteht *dasselbe, von dem ausgegangen worden war,* d. i. das Endliche ist wiederhergestellt; dasselbe ist also *mit sich selbst zusammengegangen,* hat nur *sich in seinem Jenseits wiedergefunden.*

Derselbe Fall ist in Ansehung des Unendlichen vorhanden. Im Unendlichen, dem Jenseits der Grenze, entsteht nur eine neue, welche dasselbe Schicksal hat, als Endliches negiert werden zu müssen. Was so wieder vorhanden ist, ist *dasselbe* Unendliche, das vorhin in der neuen Grenze verschwand; das Unendliche ist daher durch sein Aufheben, durch die neue Grenze hindurch, nicht weiter hinausgeschoben, weder von dem Endlichen entfernt worden – denn dieses ist nur dies, in das Unendliche überzugehen – noch von sich selbst, denn es ist *bei sich angekommen.*

So ist beides, das Endliche und das Unendliche, diese *Bewegung,* zu sich durch seine Negation zurückzukehren; sie sind nur als *Vermittlung* in sich, und das Affirmative beider enthält die Negation beider und ist die Negation der Negation. – Sie sind so *Resultat,* hiermit nicht das, was sie in der Bestimmung ihres *Anfangs* sind; – nicht das Endliche ein *Dasein* seinerseits und das Unendliche ein *Dasein* oder *Ansichsein* jenseits des Daseins, d. i. des als endlich bestimmten. Gegen die Einheit des Endlichen und Unendlichen sträubt sich der Verstand nur darum so sehr, weil er die Schranke und das Endliche wie das Ansichsein als *perennierend* voraussetzt; damit *übersieht* er die Negation beider, die im unendlichen Progresse faktisch vorhanden ist, wie ebenso, daß sie darin nur als Momente eines Ganzen vorkommen und daß sie nur vermittels ihres Gegenteils, aber wesentlich ebenso vermittels des Aufhebens ihres Gegenteils hervortreten.

Wenn zunächst die Rückkehr in sich ebensowohl als Rückkehr des Endlichen zu sich wie als die des Unendlichen zu sich betrachtet wurde, so zeigt sich in diesem Resultate selbst eine Unrichtigkeit, die mit der soeben gerügten Schiefheit zusammenhängt; das Endliche ist das eine Mal, das Unendliche das andere Mal als *Ausgangspunkt* genommen, und nur dadurch entstehen *zwei* Resultate. Es ist aber völlig gleichgültig, welches als Anfang genommen werde; damit fällt der Unterschied für sich hinweg, der die *Zweiheit* der Resultate hervorbrachte. Dies ist in der nach beiden Seiten unbegrenzten Linie des unendlichen Progresses gleichfalls gesetzt, worin jedes der Momente mit gleichem abwechselnden Vorkommen vorhanden und es ganz äußerlich ist, in welche Stelle gegriffen und [welches] als Anfang genommen werde. – Sie sind in demselben unterschieden, aber auf gleiche Weise das eine nur das Moment des anderen. Indem sie beide, das Endliche und das Unendliche, selbst Momente des Progresses[11] sind, sind sie *gemeinschaftlich das Endliche*, und indem sie ebenso gemeinschaftlich in ihm und im Resultate negiert sind, so heißt dieses Resultat als Negation jener Endlichkeit beider mit Wahrheit das Unendliche. Ihr Unterschied ist so der *Doppelsinn*, den beide haben. Das Endliche hat den Doppelsinn, erstens nur das Endliche *gegen* das Unendliche zu sein, das ihm gegenübersteht, und zweitens das Endliche und das ihm gegenüberstehende Unendliche *zugleich* zu sein. Auch das Unendliche hat den Doppelsinn, *eines* jener beiden Momente zu sein – so ist es das Schlecht-Unendliche – und das Unendliche zu sein, in welchem jene beiden, es selbst und sein Anderes, nur Momente sind. Wie also das Unendliche in der Tat vorhanden ist, ist [einerseits,] der Prozeß zu sein, in welchem es sich herabsetzt, nur *eine* seiner Bestimmungen, dem Endlichen gegenüber und damit selbst nur eines der Endlichen zu sein, und [andererseits,] diesen Unterschied seiner von sich selbst zur Affirmation seiner aufzuheben und durch diese Vermittlung als *wahrhaft Unendliches* zu sein.

Diese Bestimmung des wahrhaft Unendlichen kann nicht in die schon gerügte *Formel* einer *Einheit* des Endlichen und Unendlichen gefaßt werden; die *Einheit* ist abstrakte bewe-

11 B: »Prozesses«

gungslose Sichselbstgleichheit, und die Momente sind ebenso als unbewegte Seiende. Das Unendliche aber ist, wie seine beiden Momente, vielmehr wesentlich nur als *Werden*, aber das nun in seinen Momenten *weiter bestimmte* Werden. Dieses hat zunächst das abstrakte Sein und Nichts zu seinen Bestimmungen; als Veränderung Daseiende, Etwas und Anderes; nun als Unendliches, Endliches und Unendliches, selbst als Werdende.

Dieses Unendliche als In-sich-Zurückgekehrtsein, Beziehung seiner auf sich selbst, ist *Sein*, aber nicht bestimmungsloses, abstraktes Sein, denn es ist gesetzt als negierend die Negation; es ist somit auch *Dasein*, denn es enthält die Negation überhaupt, somit die Bestimmtheit. Es *ist* und *ist da*, präsent, gegenwärtig. Nur das Schlecht-Unendliche ist das *Jenseits*, weil es *nur* die Negation des als *real* gesetzten Endlichen ist, – so ist es die abstrakte, erste Negation; *nur* als negativ bestimmt, hat es nicht die Affirmation des *Daseins* in ihm; festgehalten als nur Negatives, *soll* es sogar *nicht da*, soll unerreichbar sein. Diese Unerreichbarkeit ist aber nicht seine Hoheit, sondern sein Mangel, welcher seinen letzten Grund darin hat, daß das Endliche als solches *als seiend* festgehalten wird. Das Unwahre ist das Unerreichbare; und es ist einzusehen, daß solches Unendliche das Unwahre ist. – Das Bild des Progresses ins Unendliche ist die gerade *Linie*, an deren beiden Grenzen nur das Unendliche [ist] und immer nur ist, wo sie – und sie ist Dasein – nicht ist, und die zu diesem ihrem Nichtdasein, d. i. ins Unbestimmte *hinausgeht*; als wahrhafte Unendlichkeit, in sich zurückgebogen, wird deren Bild der *Kreis*, die sich erreicht habende Linie, die geschlossen und ganz gegenwärtig ist, ohne *Anfangspunkt* und *Ende*.

Die wahrhafte Unendlichkeit so überhaupt als *Dasein*, das als *affirmativ* gegen die abstrakte Negation gesetzt ist, ist die *Realität* in höherem Sinn als die früher *einfach* bestimmte; sie hat hier einen konkreten Inhalt erhalten. Das Endliche ist nicht das Reale, sondern das Unendliche. So wird die Realität weiter als das Wesen, der Begriff, die Idee usf. bestimmt. Es ist jedoch überflüssig, solche frühere, abstraktere Kategorie wie die Realität bei dem Konkreteren zu wiederholen und sie für konkretere Bestimmungen, als jene an ihnen selbst sind, zu gebrauchen. Solches Wiederholen, wie zu sagen, daß das Wesen oder daß die Idee das Reale sei, hat seine Veranlassung darin, daß dem ungebildeten Denken die abstraktesten Kategorien, wie Sein, Dasein, Realität, Endlichkeit, die geläufigsten sind.

Hier hat die Zurückrufung der Kategorie der Realität ihre bestimmtere Veranlassung, indem die Negation, gegen welche sie das Affirmative ist, hier die Negation der Negation [ist]; damit ist sie selbst jener Realität, die das endliche Dasein ist, gegenübergesetzt. – Die Negation ist so als Idealität[12] bestimmt; das Ideelle* ist das Endliche, wie es im wahrhaften Unendlichen ist, – als eine Bestimmung, Inhalt, der unterschieden, aber nicht *selbständig seiend*, sondern als *Moment* ist. Die Idealität hat diese konkretere Bedeutung, welche durch Negation des endlichen Daseins nicht vollständig ausgedrückt ist. – In Beziehung auf Realität und Idealität wird aber der Gegensatz des Endlichen und Unendlichen so gefaßt, daß das Endliche für das Reale gilt, das Unendliche aber für das Ideelle gilt, wie auch weiterhin der Begriff als ein Ideelles, und zwar als ein *nur* Ideelles, das Dasein überhaupt dagegen als das Reale betrachtet wird. Auf solche Weise hilft es freilich nichts, für die angegebene konkrete Bestimmung der Negation den eigenen Ausdruck des Ideellen zu haben; es wird in jenem

* Das *Ideale* hat eine weiter bestimmte Bedeutung (des Schönen und was dahin zieht) als das *Ideelle*; hierher gehört jene noch nicht; es wird deswegen der Ausdruck *»ideell«* gebraucht. Bei der Realität findet dieser Unterschied im Sprachgebrauch wohl nicht statt; das Reelle und Reale wird ungefähr gleichbedeutend gesagt; die Schattierung beider Ausdrücke etwa gegeneinander hat kein Interesse.

---

12 B: »Identität«

Gegensatze wieder zu der Einseitigkeit des abstrakten Negativen, die dem Schlecht-Unendlichen zukommt, zurückgegangen und bei dem affirmativen Dasein des Endlichen beharrt.

Der Übergang

Die Idealität kann die *Qualität* der Unendlichkeit genannt werden; aber sie ist wesentlich der Prozeß des *Werdens* und damit ein Übergang, wie des Werdens in Dasein, der nun anzugeben ist. Als Aufheben der Endlichkeit, d. i. der Endlichkeit als solcher und ebensosehr der ihr nur gegenüberstehenden, nur negativen Unendlichkeit ist diese Rückkehr in sich, *Beziehung auf sich selbst, Sein.* Da in diesem Sein Negation ist, ist es *Dasein,* aber da sie ferner wesentlich Negation der Negation, die sich auf sich beziehende Negation ist, ist sie das Dasein, welches *Fürsichsein* genannt wird.

Anmerkung 1

Das Unendliche – nach dem gewöhnlichen Sinne der schlechten Unendlichkeit – und der *Progreß ins Unendliche,* wie das Sollen, sind der Ausdruck eines *Widerspruchs,* der sich selbst für die *Auflösung* und für das Letzte gibt. Dies Unendliche ist eine erste Erhebung des sinnlichen Vorstellens über das Endliche in den Gedanken, der aber nur den Inhalt von Nichts, dem *ausdrücklich* als nichtseiend Gesetzten, hat, – eine Flucht über das Beschränkte, die sich nicht in sich sammelt und das Negative nicht zum Positiven zurückzubringen weiß. Diese *unvollendete Reflexion* hat die beiden Bestimmungen des wahrhaft Unendlichen – den *Gegensatz* des Endlichen und Unendlichen und die *Einheit* des Endlichen und Unendlichen – vollständig vor sich, aber bringt diese *beiden Gedanken nicht zusammen;* der eine führt untrennbar den anderen herbei, aber sie läßt sie nur *abwechseln.* Die Darstellung dieser Abwechslung, der unendliche Progreß, tritt allenthalben ein, wo in dem Widerspruche der

Einheit zweier Bestimmungen und des *Gegensatzes* derselben verharrt wird. Das Endliche ist das Aufheben seiner selbst, es schließt seine Negation, die Unendlichkeit, in sich, – die *Einheit* beider; es wird *hinaus* über das Endliche zum Unendlichen als dem Jenseits desselben gegangen, – *Trennung* beider; aber über das Unendliche hinaus ist ein anderes Endliches: das Hinaus, das Unendliche, enthält die Endlichkeit, – *Einheit* beider; aber dies Endliche ist auch ein Negatives des Unendlichen, – Trennung beider usf. – So ist im Kausalitätsverhältnis Ursache und Wirkung untrennbar; eine Ursache, die keine Wirkung haben sollte, ist nicht Ursache, wie die Wirkung, die keine Ursache hätte, nicht mehr Wirkung. Dies Verhältnis gibt daher den unendlichen Progreß von *Ursachen* und *Wirkungen*; etwas ist als Ursache bestimmt, aber sie hat als ein Endliches (und endlich ist sie eben eigentlich wegen ihrer Trennung von der Wirkung) selbst eine Ursache, d. h. sie ist auch Wirkung; somit ist *dasselbe*, was als Ursache bestimmt wurde, auch als Wirkung bestimmt, – *Einheit* der Ursache und der Wirkung; das nun als Wirkung Bestimmte hat von neuem eine Ursache, d. i. die Ursache ist von ihrer Wirkung zu *trennen* und als ein verschiedenes Etwas zu setzen; diese neue Ursache ist aber selbst nur eine Wirkung, – *Einheit* der Ursache und Wirkung; sie hat ein Anderes zu ihrer Ursache, – Trennung beider Bestimmungen usf. ins *Unendliche*.

Dem Progreß kann so die eigentümlichere Form gegeben werden: Es wird die Behauptung gemacht, das Endliche und Unendliche sind *eine* Einheit; diese falsche Behauptung muß durch die entgegengesetzte berichtigt werden: sie sind schlechthin verschieden und sich entgegengesetzt; diese ist wieder dahin zu berichtigen, daß sie untrennbar sind, in der einen Bestimmung die andere liegt, durch die Behauptung ihrer Einheit, und so fort ins Unendliche. – Es ist eine leichte Forderung, welche, um die Natur des Unendlichen einzusehen, gemacht wird, das Bewußtsein zu haben, daß der unendliche Progreß, das entwickelte Unendliche des Verstandes, die Beschaffenheit hat, die *Abwechslung* der beiden Bestimmungen, der *Einheit* und der *Trennung* beider Momente zu sein, und dann das fernere Bewußtsein zu haben, daß diese Einheit und diese Trennung selbst untrennbar sind.

Die Auflösung dieses Widerspruches ist nicht die Anerkennung der *gleichen Richtigkeit* und der gleichen Unrichtigkeit beider Behauptungen – dies ist nur eine andere Gestalt des bleibenden Widerspruches –, sondern die *Idealität* beider, als in welcher sie in ihrem Unterschiede, als gegenseitige Negationen, nur *Momente* sind; jene eintönige Abwechslung ist faktisch sowohl die Negation der *Einheit* als der *Trennung* derselben. In ihr ist ebenso faktisch das oben Aufgezeigte vorhanden, daß das Endliche über sich hinaus in das Unendliche fällt, aber ebenso über dasselbe hinaus sich selbst wieder erzeugt findet, hiermit darin nur mit sich zusammengeht wie das Unendliche gleichfalls; so daß dieselbe Negation der Negation sich zur *Affirmation* resultiert, welches Resultat sich damit als ihre Wahrheit und Ursprünglichkeit erweist. In diesem Sein hiermit als der *Idealität* der Unterschiedenen ist der Widerspruch nicht abstrakt verschwunden, sondern aufgelöst und versöhnt, und die Gedanken sind nicht nur vollständig, sondern sie sind auch *zusammengebracht*. Die Natur des spekulativen Denkens zeigt sich hieran als einem ausgeführten Beispiele in ihrer bestimmten Weise; sie besteht allein in dem Auffassen der entgegengesetzten Momente in ihrer Einheit. Indem jedes, und zwar faktisch, sich an ihm zeigt, sein Gegenteil an ihm selbst zu haben und in diesem mit sich zusammenzugehen, so ist die affirmative Wahrheit diese sich in sich bewegende Einheit, das Zusammenfassen beider Gedanken, ihre Unendlichkeit, – die Beziehung auf sich selbst, nicht die unmittelbare, sondern die unendliche.

Das Wesen der Philosophie ist häufig von solchen, die mit dem Denken schon vertrauter sind, in die Aufgabe gesetzt worden, zu beantworten, *wie das Unendliche aus sich heraus und zur Endlichkeit komme.* – Dies, meint man, sei nicht *begreiflich* zu machen. Das Unendliche, bei dessen Begriff wir angekommen sind, wird sich im Fortgange dieser Darstellung *weiter bestimmen* und an ihm in aller Mannigfaltigkeit der Formen das Geforderte zeigen, *wie* es, wenn man sich so ausdrücken will, *zur Endlichkeit komme.* Hier betrachten wir diese Frage nur in ihrer Unmittelbarkeit und in Rücksicht des vorhin betrachteten Sinnes, den das Unendliche zu haben pflegt.

Von der Beantwortung dieser Frage soll es überhaupt abhängen, *ob es eine Philosophie gebe,* und indem man es hierauf noch ankommen lassen zu wollen vorgibt, glaubt man zugleich an der Frage selbst eine Art von Vexierfrage, einen unüberwindlichen Talisman zu besitzen, durch den man gegen die Beantwortung und damit gegen die Philosophie und das Ankommen bei derselben fest und gesichert sei. Auch bei anderen Gegenständen setzt es eine Bildung voraus, um zu *fragen*[13] zu verstehen, noch mehr aber bei philosophischen Gegenständen, um eine andere Antwort zu erhalten als die, daß die Frage nichts tauge. – Es pflegt bei solchen Fragen die Billigkeit in Anspruch genommen zu werden, daß es auf die Worte nicht ankomme, sondern in einer oder anderen Weise des Ausdruckes verständlich sei, worauf es ankomme. Ausdrücke sinnlicher Vorstellung, wie *herausgehen* und dergleichen, die bei der Frage gebraucht werden, erwecken den Verdacht, daß sie aus dem Boden des gewöhnlichen Vorstellens stamme und für die Beantwortung auch Vorstellungen, die im gemeinen Leben gangbar sind, und die Gestalt eines sinnlichen Gleichnisses erwartet werden.

Wenn statt des Unendlichen das Sein überhaupt genommen wird, so scheint das *Bestimmen* des *Seins,* eine Negation oder Endlichkeit an ihm, leichter begreiflich. Sein ist zwar selbst das Unbestimmte, aber es ist nicht unmittelbar an ihm aus-

---

13 A: »um zu fragen« – B: »fragen«

gedrückt, daß es das Gegenteil des Bestimmten sei. Das Unendliche hingegen enthält dies ausgedrückt; es ist das *Nicht*-Endliche. Die Einheit des Endlichen und Unendlichen scheint somit unmittelbar ausgeschlossen; die unvollendete Reflexion ist darum am hartnäckigsten gegen diese Einheit.

Es ist aber gezeigt worden, und es erhellt, ohne weiter in die Bestimmung des Endlichen und Unendlichen einzugehen, unmittelbar, daß das Unendliche in dem Sinne, in dem es von jenem Reflektieren genommen wird – nämlich als dem Endlichen gegenüberstehend –, darum, weil es ihm gegenübersteht, an ihm sein Anderes hat, daher schon begrenzt und selbst endlich, das Schlecht-Unendliche ist. Die Antwort auf die Frage, *wie das Unendliche endlich werde,* ist somit diese, daß es nicht ein Unendliches *gibt,* das *vorerst* unendlich ist und das nachher erst endlich zu werden, zur Endlichkeit herauszugehen nötig habe, sondern es ist für sich selbst schon ebensosehr endlich als unendlich. Indem die Frage annimmt, daß das Unendliche einerseits für sich und daß das Endliche, das aus ihm heraus in die Trennung gegangen (oder wo es hergekommen sein möchte), abgesondert von ihm, wahrhaft real sei, so wäre vielmehr zu sagen, diese Trennung sei *unbegreiflich.* Weder solches Endliches noch solches Unendliches hat Wahrheit; das Unwahre aber ist unbegreiflich. Man muß aber ebenso sagen, sie seien begreiflich; die Betrachtung derselben, auch wie sie in der Vorstellung sind, daß in dem einen die Bestimmung des anderen liegt, die einfache Einsicht in diese ihre Untrennbarkeit haben, heißt sie begreifen; *diese Untrennbarkeit ist ihr Begriff.* – In der *Selbständigkeit* jenes Unendlichen und Endlichen dagegen stellt jene Frage einen unwahren Inhalt auf und enthält in sich schon eine unwahre Beziehung desselben. Darum ist nicht auf sie zu antworten, sondern vielmehr sind die falschen Voraussetzungen, die sie enthält, d. i. die Frage selbst zu negieren. Durch die Frage nach der Wahrheit jenes Unendlichen und Endlichen wird der Standpunkt verändert, und diese Veränderung wird die Verlegenheit, welche die erste Frage hervorbringen sollte, auf sie zurückbringen; jene unsere *Frage* ist der Reflexion, aus der die erste Frage stammt, *neu*, da solches Reflektieren nicht das spekulative Interesse enthält, welches, für sich und ehe es Bestimmungen bezieht, darauf geht zu erkennen, ob dieselben, wie sie vorausgesetzt werden, etwas Wahres seien. Insofern aber die Unwahrheit jenes abstrakten Unendlichen und des ebenso auf seiner Seite stehenbleiben sollenden Endlichen erkannt ist, so ist über das Herausgehen des Endlichen aus dem Unendlichen zu sagen, das Unendliche gehe zur Endlichkeit *heraus*, darum weil es keine Wahrheit, kein Bestehen an ihm, wie es als abstrakte Einheit gefaßt ist, hat; so umgekehrt geht das Endliche aus demselben Grunde seiner Nichtigkeit in das Unendliche *hinein*. Oder vielmehr ist zu sagen, daß das Unendliche ewig zur Endlichkeit herausgegangen, daß es schlechthin nicht *ist*, sowenig als das reine *Sein*, allein für sich, ohne sein Anderes *an ihm selbst* zu haben.

Jene Frage, wie das Unendliche zum Endlichen herausgehe, kann noch die weitere Voraussetzung enthalten, daß das Unendliche *an sich* das Endliche in sich schließe, somit an sich die Einheit seiner selbst und seines Anderen sei, so daß die Schwierigkeit sich wesentlich auf das *Trennen* bezieht, als welches der vorausgesetzten Einheit beider entgegensteht. In dieser Voraussetzung hat der Gegensatz, an welchem festgehalten wird, nur eine andere Gestalt; die *Einheit* und das *Unterscheiden* werden voneinander getrennt und isoliert. Wenn aber jene nicht als die abstrakte unbestimmte Einheit, sondern schon wie in jener Voraussetzung als die bestimmte Einheit des *Endlichen* und *Unendlichen* genommen wird, so ist die Unterscheidung beider bereits darin auch vorhanden – eine Unterscheidung, die so zugleich nicht ein Loslassen derselben zu getrennter Selbständigkeit ist, sondern sie als *ideelle* in der Einheit läßt. Diese *Einheit* des Unendlichen und Endlichen und deren *Unterscheidung* sind dasselbe Untrennbare als die Endlichkeit und Unendlichkeit.

Anmerkung 2

Der Satz, daß das *Endliche ideell ist,* macht den *Idealismus* aus. Der Idealismus der Philosophie besteht in nichts anderem als darin, das Endliche nicht als ein wahrhaft Seiendes anzuerkennen. Jede Philosophie ist wesentlich Idealismus oder hat denselben wenigstens zu ihrem Prinzip, und die Frage ist dann nur, inwiefern dasselbe wirklich durchgeführt ist. Die Philosophie ist es sosehr als die Religion; denn die Religion anerkennt die Endlichkeit ebensowenig als ein wahrhaftes Sein, als ein Letztes, Absolutes, oder als ein Nicht-Gesetztes, Unerschaffenes, Ewiges. Der Gegensatz von idealistischer und realistischer Philosophie ist daher ohne Bedeutung. Eine Philosophie, welche dem endlichen Dasein als solchem wahrhaftes, letztes, absolutes Sein zuschriebe, verdiente den Namen Philosophie nicht; Prinzipien älterer oder neuerer Philosophien, das Wasser oder die Materie oder die Atome, sind *Gedanken,* Allgemeine, Ideelle, nicht Dinge, wie sie sich unmittelbar vorfinden, d. i. in sinnlicher Einzelheit, selbst jenes Thaletische Wasser nicht; denn obgleich auch das empirische Wasser, ist es außerdem zugleich das *Ansich* oder *Wesen* aller anderen Dinge, und diese sind nicht selbständige, in sich gegründete, sondern aus einem Anderen, dem Wasser, *gesetzte,* d. i. ideelle. Indem vorhin das Prinzip das Allgemeine, das *Ideelle* genannt worden, wie noch mehr der Begriff, die Idee, der Geist *Ideelles* zu nennen ist und dann wiederum die einzelnen sinnlichen Dinge als *ideell* im Prinzip, im Begriffe, noch mehr im Geiste als aufgehoben sind, so ist dabei auf dieselbe Doppelseite vorläufig aufmerksam zu machen, die bei dem Unendlichen sich gezeigt hat, nämlich daß das eine Mal das Ideelle das Konkrete, Wahrhaftseiende ist, das andere Mal aber ebensosehr seine Momente das Ideelle, in ihm Aufgehobene sind, in der Tat aber nur das eine konkrete Ganze ist, von dem die Momente untrennbar sind.

Bei dem Ideellen wird vornehmlich die Form *der Vorstel-*

lung gemeint und das, was *in* meiner Vorstellung überhaupt oder *im* Begriffe, *in* der Idee, *in* der Einbildung usf. ist, *ideell* genannt, so daß Ideelles überhaupt auch für Einbildungen gilt, – Vorstellungen, die nicht nur vom Reellen unterschieden, sondern wesentlich *nicht* reell sein sollen. In der Tat ist der Geist der eigentliche *Idealist* überhaupt; in ihm, schon wie er empfindend, vorstellend, noch mehr insofern er denkend und begreifend ist, ist der Inhalt nicht als sogenanntes *reales Dasein*; in der Einfachheit des Ich ist solches äußerliches Sein nur aufgehoben, es ist *für mich*, es ist *ideell* in mir. Dieser subjektive Idealismus, er sei als der bewußtlose Idealismus des Bewußtseins überhaupt oder bewußt als Prinzip ausgesprochen und aufgestellt, geht nur auf die *Form* der Vorstellung, nach der ein Inhalt der meinige ist; diese Form wird im systematischen Idealismus der Subjektivität als die einzig wahrhafte, die ausschließende gegen die Form der Objektivität oder Realität, des *äußerlichen Daseins* jenes Inhalts behauptet. Solcher Idealismus ist formell, indem er den *Inhalt* des Vorstellens oder Denkens nicht beachtet, welcher im Vorstellen oder Denken dabei ganz in seiner Endlichkeit bleiben kann. Es ist mit solchem Idealismus nichts verloren, ebensowohl weil die Realität solchen endlichen Inhalts, das mit Endlichkeit erfüllte Dasein erhalten ist, als, insofern davon abstrahiert wird, *an sich* an solchem Inhalt nichts gelegen sein soll; und es ist nichts mit ihm gewonnen, eben weil nichts verloren ist, weil Ich, die Vorstellung, der Geist mit demselben Inhalt der Endlichkeit erfüllt bleibt. Der Gegensatz der Form von Subjektivität und Objektivität ist allerdings eine der Endlichkeiten; aber der *Inhalt*, wie er in die Empfindung, Anschauung oder auch in das abstraktere Element der Vorstellung, des Denkens aufgenommen wird, enthält die Endlichkeiten in Fülle, welche mit dem Ausschließen jener nur einen Weise der Endlichkeit, der Form von Subjektivem und Objektivem, noch gar nicht weggebracht, noch weniger von selbst weggefallen sind.

Drittes Kapitel
Das Fürsichsein

Im *Fürsichsein* ist das *qualitative Sein vollendet*; es ist das unendliche Sein. Das Sein des Anfangs ist bestimmungslos. Das Dasein ist das aufgehobene, aber nur unmittelbar aufgehobene Sein; es enthält so zunächst nur die erste, selbst unmittelbare Negation; das Sein ist zwar gleichfalls erhalten, und beide im Dasein in einfacher Einheit vereint, aber eben darum an sich einander noch *ungleich*, und ihre Einheit noch *nicht gesetzt*. Das Dasein ist darum die Sphäre der Differenz, des Dualismus, das Feld der Endlichkeit. Die Bestimmtheit ist Bestimmtheit als solche, ein relatives, nicht absolutes Bestimmtsein. Im Fürsichsein ist der Unterschied zwischen dem Sein und der Bestimmtheit oder Negation gesetzt und ausgeglichen; Qualität, Anderssein, Grenze, wie Realität, Ansichsein, Sollen usf. sind die unvollkommenen Einbildungen der Negation in das Sein, als in welchen die Differenz beider noch zugrunde liegt. Indem aber in der Endlichkeit die Negation in die Unendlichkeit, in die *gesetzte* Negation der Negation, übergegangen, ist sie einfache Beziehung auf sich, also an ihr selbst die Ausgleichung mit dem Sein, – *absolutes Bestimmtsein.*

Das Fürsichsein ist *erstens* unmittelbar Fürsichseiendes, *Eins.*

Zweitens geht das Eins in die *Vielheit der Eins* über, – *Repulsion;* welches Anderssein des Eins sich in der Idealität desselben aufhebt, – *Attraktion.*

Drittens die Wechselbestimmung der Repulsion und Attraktion, in welcher sie in das Gleichgewicht zusammensinken, und die Qualität, die sich im Fürsichsein auf ihre Spitze trieb, in *Quantität* übergeht.

A. Das Fürsichsein als solches

Der allgemeine Begriff des Fürsichseins hat sich ergeben. Es käme nur darauf an, nachzuweisen, daß jenem Begriffe die Vorstellung entspricht, die wir mit dem Ausdrucke *Fürsichsein* verbinden, um berechtigt zu sein, denselben für jenen Begriff zu gebrauchen. Und so scheint es wohl; wir sagen, daß etwas für sich ist, insofern als es das Anderssein, seine Beziehung und Gemeinschaft mit Anderem aufhebt, sie zurückgestoßen, davon abstrahiert hat. Das Andere ist in ihm nur *als* ein Aufgehobenes, als *sein Moment*; das Fürsichsein besteht darin, über die Schranke, über sein Anderssein so hinausgegangen zu sein, daß es als diese Negation die unendliche *Rückkehr* in sich ist. – Das Bewußtsein enthält schon als solches an sich die Bestimmung des Fürsichseins, indem es einen Gegenstand, den es empfindet, anschaut usf., sich *vorstellt*, d. i. dessen Inhalt *in ihm* hat, der auf die Weise als *Ideelles* ist; es ist in seinem Anschauen selbst, überhaupt in seiner Verwicklung mit dem Negativen seiner, mit dem Anderen, *bei sich selbst*. Das Fürsichsein ist das polemische, negative Verhalten gegen das begrenzende Andere und durch diese Negation desselben In-sich-Reflektiertsein, ob schon *neben* dieser Rückkehr des Bewußtseins in sich und der Idealität des Gegenstandes *auch* noch die *Realität* desselben erhalten ist, indem er *zugleich* als ein äußeres Dasein gewußt wird. Das Bewußtsein ist *so erscheinend* oder der Dualismus, einerseits von einem ihm anderen, äußerlichen Gegenstande zu wissen und andererseits für sich zu sein, denselben in ihm ideell zu haben, nicht nur bei solchem Anderen, sondern darin auch bei sich selbst zu sein. Das *Selbstbewußtsein* dagegen ist das *Fürsich*sein als *vollbracht* und *gesetzt*; jene Seite der Beziehung auf ein *Anderes*, einen äußeren Gegenstand ist entfernt. Das Selbstbewußtsein ist so das nächste Beispiel der Präsenz der Unendlichkeit, – einer freilich immer abstrakten Unendlichkeit, die jedoch zugleich von ganz anders konkreter Bestimmung ist als das Fürsichsein überhaupt, dessen Unendlichkeit noch ganz nur qualitative Bestimmtheit hat.

a. Dasein und Fürsichsein

Das Fürsichsein ist, wie schon erinnert ist, die in das einfache Sein zusammengesunkene Unendlichkeit; es ist *Dasein,* insofern die negative Natur der Unendlichkeit, welche Negation der Negation ist, in der nunmehr gesetzten Form der *Unmittelbarkeit* des Seins, nur als Negation überhaupt, als einfache qualitative Bestimmtheit ist. Das Sein in solcher Bestimmtheit, in der es Dasein ist, ist aber sogleich vom Fürsichsein selbst auch unterschieden, welches nur Fürsichsein, insofern seine Bestimmtheit jene unendliche ist; jedoch ist das Dasein zugleich Moment des Fürsichseins selbst; denn dieses enthält allerdings auch das mit der Negation behaftete Sein. So ist die Bestimmtheit, welche am Dasein als solchem ein *Anderes* und *Sein-für-Anderes* ist, in die unendliche Einheit des Fürsichseins zurückgebogen, und das Moment des Daseins ist im Fürsichsein als *Sein-für-Eines* vorhanden.

b. Sein-für-Eines

Dies Moment drückt aus, wie das Endliche in seiner Einheit mit dem Unendlichen oder als Ideelles ist. Das Fürsichsein hat die Negation nicht *an ihm* als eine Bestimmtheit oder Grenze und damit auch nicht als Beziehung auf ein von ihm anderes Dasein. Indem nun dies Moment als *Sein-für-Eines* bezeichnet worden, ist noch nichts vorhanden, für welches es wäre, – das Eine nicht, dessen Moment es wäre. Es ist in der Tat dergleichen noch nicht im Fürsichsein fixiert; das, für welches Etwas (und [es] ist hier kein Etwas) wäre, was die andere Seite überhaupt sein sollte, ist gleicherweise Moment, selbst nur Sein-für-Eines, noch nicht Eines. – Somit ist noch eine Ununterschiedenheit zweier Seiten, die im Sein-für-Eines vorschweben können, vorhanden; nur *ein* Sein-für-Anderes, und weil es nur *ein* Sein-für-Anderes ist, ist dieses auch nur Sein-für-Eines; es ist nur die eine Idealität dessen, für welches oder in welchem eine Bestimmung als Moment, und dessen, was Moment in ihm sein sollte. So machen *Für-Eines-Sein* und das *Fürsichsein* keine wahrhaften Bestimmtheiten gegeneinander aus. Insofern der Unterschied auf einen Augenblick angenommen und hier von einem *Fürsichseienden* gesprochen wird, so ist es das Fürsichseiende, als Aufgehobensein des Andersseins, selbst, welches sich auf sich als auf das aufgehobene Andere bezieht, also *für Eines* ist; es bezieht sich in seinem Anderen nur auf sich. Das Ideelle ist notwendig *für Eines*, aber es ist nicht für ein *Anderes*; das Eine, für welches es ist, ist nur es selbst. – Ich also, der Geist überhaupt oder Gott sind Ideelle, weil sie unendlich sind; aber sie sind ideell nicht – als für-sich-seiende – verschieden von dem, das für Eines ist. Denn so wären sie nur unmittelbare oder näher Dasein und ein Sein-für-Anderes, weil das, welches für sie wäre, nicht sie selbst, sondern ein Anderes wäre, wenn das Moment, für Eines zu sein, nicht ihnen zukommen sollte. Gott ist daher *für sich*, insofern er selbst das ist, das *für ihn* ist.

Fürsichsein und Für-Eines-Sein sind also nicht verschiedene Bedeutungen der Idealität, sondern sind wesentliche, untrennbare Momente derselben.

Anmerkung

Der zunächst als sonderbar erscheinende Ausdruck unserer Sprache für die Frage nach der Qualität, *was für ein* Ding etwas sei, hebt das hier betrachtete Moment in seiner Reflexion-in-sich heraus. Dieser Ausdruck ist in seinem Ursprung idealistisch, indem er nicht fragt, was dies Ding *A für ein anderes* Ding *B* sei, nicht, was dieser Mensch für einen anderen Menschen sei, – sondern was *dies für ein Ding, für ein Mensch* ist, so daß dies Sein-für-Eines zugleich zurückgenommen[14] ist in dies Ding, in diesen Menschen selbst, daß dasjenige, *welches ist,* und das, *für welches* es ist, ein und

---

14 A: »zurückgenommen« – B: »zurückgekommen«

dasselbe ist, – eine Identität, als welche auch die Idealität betrachtet werden muß.

Die Idealität kommt zunächst den aufgehobenen Bestimmungen zu, als unterschieden von dem, *worin* sie aufgehoben sind, das dagegen als das Reelle genommen werden kann. So aber ist das Ideelle wieder eines der Momente und das Reale das andere; die Idealität aber ist dies, daß beide Bestimmungen gleicherweise nur *für Eines* sind und nur für *Eines* gelten, welche *eine* Idealität somit ununterschieden Realität ist. In diesem Sinn ist das Selbstbewußtsein, der Geist, Gott das Ideelle, als unendliche Beziehung rein auf sich, – Ich ist für Ich, beide sind dasselbe, Ich ist zweimal genannt, aber so von den Zweien ist jedes nur für Eines, ideell; der Geist ist nur für den Geist, Gott nur für Gott, und nur diese Einheit ist Gott, Gott als Geist. – Das Selbstbewußtsein aber tritt als Bewußtsein in den Unterschied *seiner* und eines *Anderen* – oder seiner Idealität, in der es vorstellend ist, und seiner Realität, indem seine Vorstellung einen bestimmten Inhalt hat, der noch die Seite hat, als das unaufgehobene Negative, als Dasein gewußt zu werden. Jedoch den Gedanken, Geist, Gott *nur* ein Ideelles zu nennen, setzt den Standpunkt voraus, auf welchem das endliche Dasein als das Reale gilt und das Ideelle oder das Sein-für-Eines nur einen einseitigen Sinn hat.

In einer vorhergehenden Anmerkung [S. 172] ist das Prinzip des Idealismus angegeben und gesagt worden, daß es bei einer Philosophie alsdann näher darauf ankomme, inwiefern das Prinzip durchgeführt ist. Über die Art dieser Durchführung kann in Beziehung auf die Kategorie, bei der wir stehen, noch eine weitere Bemerkung gemacht werden. Diese Durchführung hängt zunächst davon ab, ob neben dem Fürsichsein nicht noch das endliche Dasein selbständig bestehen bleibt, außerdem aber, ob in dem Unendlichen schon selbst das Moment *für Eines*, ein Verhalten des Ideellen zu sich als Ideellem, gesetzt sei. So ist das eleatische Sein oder die spinozische Substanz nur die abstrakte Negation aller

Bestimmtheit, ohne daß in ihr selbst die Idealität gesetzt wäre; – bei *Spinoza* ist, wie weiter unten erwähnt werden wird, die Unendlichkeit nur die absolute *Affirmation* eines Dinges, somit nur die unbewegte Einheit; die Substanz kommt daher nicht einmal zur Bestimmung des Fürsichseins, viel weniger des Subjekts und des Geistes. Der Idealismus des edlen *Malebranche* ist in sich explizierter; er enthält folgende Grundgedanken: da Gott alle ewigen Wahrheiten, die Ideen und Vollkommenheiten aller Dinge in sich schließt, so daß sie nur die *seinigen* sind, so sehen wir sie nur in ihm; Gott erweckt in uns unsere Empfindungen von den Gegenständen durch eine Aktion, die nichts Sinnliches hat, wobei wir uns einbilden, daß wir vom Gegenstande nicht nur dessen Idee, die dessen Wesen vorstellt, sondern auch die Empfindung von dem Dasein desselben erlangen (*De la recherche de la Verité, Eclaircissements sur la nature des idées* etc. [Paris 1674]). Wie also die ewigen Wahrheiten und Ideen (Wesenheiten) der Dinge, so ist ihr Dasein – in Gott – ideell, nicht ein wirkliches Dasein; obgleich als unsere Gegenstände, sind sie nur *für Eines*. Dies Moment des explizierten und konkreten Idealismus, das im Spinozismus mangelt, ist hier vorhanden, indem die absolute Idealität als Wissen bestimmt ist. So rein und tief dieser Idealismus ist, so enthalten jene Verhältnisse teils noch viel für den Gedanken Unbestimmtes, teils aber ist deren Inhalt sogleich ganz konkret (die Sünde und die Erlösung usf. treten sogleich in sie ein); die logische Bestimmung der Unendlichkeit, die dessen Grundlage sein müßte, ist nicht für sich ausgeführt und so jener erhabene und erfüllte Idealismus wohl das Produkt eines reinen spekulativen Geistes, aber noch nicht eines reinen spekulativen, allein wahrhaft begründenden Denkens.

Der *Leibnizische* Idealismus liegt mehr innerhalb der Grenze des abstrakten Begriffes. – Das *Leibnizische vorstellende* Wesen, die *Monade*, ist wesentlich Ideelles. Das Vorstellen ist ein Fürsichsein, in welchem die Bestimmtheiten nicht Grenzen und damit nicht ein Dasein, sondern nur Momente sind.

Vorstellen ist zwar gleichfalls eine konkretere Bestimmung, aber hat hier keine weitere Bedeutung als die der Idealität; denn auch das Bewußtseinslose überhaupt ist bei Leibniz Vorstellendes, Perzipierendes. Es ist in diesem Systeme also das Anderssein aufgehoben; Geist und Körper oder die Monaden überhaupt sind nicht Andere füreinander, sie begrenzen sich nicht, haben keine Einwirkung aufeinander; es fallen überhaupt alle Verhältnisse weg, welchen ein Dasein zum Grunde liegt. Die Mannigfaltigkeit ist nur eine ideelle und innere, die Monade bleibt darin nur auf sich selbst bezogen, die Veränderungen entwickeln sich innerhalb ihrer und sind keine Beziehungen derselben auf andere. Was nach der realen Bestimmung als daseiende Beziehung der Monaden aufeinander genommen wird, ist ein unabhängiges, nur *simultanes* Werden, in das Fürsichsein einer jeden eingeschlossen. – Daß es *mehrere Monaden* gibt, daß sie damit auch als Andere bestimmt werden, geht die Monaden selbst nichts an; es ist dies die außer ihnen fallende Reflexion eines Dritten; sie sind nicht *an ihnen selbst Andere gegeneinander*; das Fürsichsein ist rein ohne das *Daneben* eines Daseins gehalten. – Allein hierin liegt zugleich das Unvollendete dieses Systems. Die Monaden sind nur *an sich* oder *in Gott*, als der Monade der Monaden, oder *auch im Systeme*, so Vorstellende [sind]. Das Anderssein ist gleichfalls vorhanden; es falle wohin es wolle, in die Vorstellung selbst, oder wie das Dritte bestimmt werde, welches sie als Andere, als Viele betrachtet. Die Vielheit ihres Daseins ist nur ausgeschlossen, und zwar nur momentan, die Monaden nur durch die Abstraktion als solche gesetzt, welche Nicht-Andere seien. Wenn es ein Drittes ist, welches ihr Anderssein setzt, so ist es auch ein Drittes, welches ihr Anderssein aufhebt; aber diese ganze *Bewegung, welche sie zu ideellen macht*, fällt außer ihnen. Indem aber daran erinnert werden kann, daß diese Bewegung des Gedankens selbst doch nur innerhalb einer vorstellenden Monade falle, so ist zugleich zu erinnern, daß eben *der Inhalt* solchen Denkens *in sich selbst sich äußerlich* ist. Es wird von der Einheit der absoluten Idealität (der Monade der Monade) unmittelbar, unbegriffen (durch die Vorstellung des Erschaffens) zur Kategorie der abstrakten (beziehungslosen) *Vielheit* des Daseins übergegangen und von dieser ebenso abstrakt zurück zu jener Einheit. Die Idealität, das Vorstellen überhaupt, bleibt etwas Formelles, wie gleichfalls das zum Bewußtsein gesteigerte Vorstellen. Wie in dem oben angeführten Einfalle Leibnizens von der Magnetnadel, die, wenn sie ein Bewußtsein hätte, ihre Richtung nach Norden für eine Bestimmung ihrer Freiheit ansehen würde, das Bewußtsein nur als einseitige Form, welche gegen ihre Bestimmung und Inhalt gleichgültig sei, gedacht wird, so ist die Idealität in den Monaden eine der Vielheit äußerlich bleibende Form. Die Idealität soll ihnen immanent, ihre Natur Vorstellen sein; aber ihr Verhalten ist einerseits ihre Harmonie, die nicht in ihr Dasein fällt, sie ist daher prästabiliert; andererseits ist dieses ihr *Dasein* nicht als Sein-für-Anderes, noch weiter als Idealität gefaßt, sondern nur als abstrakte Vielheit bestimmt; die Idealität der Vielheit und die weitere Bestimmung derselben zur Harmonie wird nicht dieser Vielheit selbst immanent und angehörig.

Anderer Idealismus, wie zum Beispiel der Kantische und Fichtesche, kommt nicht über das *Sollen* oder den *unendlichen Progreß* hinaus und bleibt im Dualismus des Daseins und des Fürsichseins. In diesen Systemen tritt das Ding-an-sich oder der unendliche Anstoß zwar unmittelbar in das Ich und wird nur ein *Für-dasselbe*; aber er geht von einem freien Anderssein aus, das als negatives Ansichsein perenniert. Das Ich wird daher wohl als das Ideelle, als für sich seiend, als unendliche Beziehung-auf-sich bestimmt; aber das *Für-Eines-Sein* ist nicht vollendet zum Verschwinden jenes Jenseitigen oder der Richtung nach dem Jenseits.

c. Eins

Das Fürsichsein ist die einfache Einheit seiner selbst und seines Moments, des Seins-für-Eines. Es ist nur *eine* Bestimmung vorhanden, die Beziehung-auf-sich-selbst des Aufhebens. Die *Momente* des Fürsichseins sind in *Unterschiedslosigkeit* zusammengesunken, welche Unmittelbarkeit oder Sein ist, aber eine *Unmittelbarkeit,* die sich auf das Negieren gründet, das als ihre Bestimmung gesetzt ist. Das Fürsichsein ist so *Fürsichseiendes* und, indem in dieser Unmittelbarkeit seine innere Bedeutung verschwindet, die ganz abstrakte Grenze seiner selbst, – *das Eins.*

Es kann zum voraus auf die Schwierigkeit, welche in der nachfolgenden Darstellung der *Entwicklung* des Eins liegt, und auf den Grund dieser Schwierigkeit aufmerksam gemacht werden. Die *Momente,* welche den *Begriff* des Eins als Fürsichsein ausmachen, treten darin *auseinander*; sie sind 1. Negation überhaupt, 2. *zwei* Negationen 3. somit Zweier, die *dasselbe* sind, 4. die schlechthin entgegengesetzt sind; 5. Beziehung auf sich, Identität als solche, 6. *negative* Beziehung und doch *auf sich selbst.* Diese Momente treten hier dadurch auseinander, daß die Form der *Unmittelbarkeit,* des *Seins,* am Fürsichsein als Fürsichseiendem hereinkommt; durch diese Unmittelbarkeit *wird jedes* Moment als *eine eigene, seiende Bestimmung gesetzt*; und doch sind sie ebenso *untrennbar.* Somit muß von jeder Bestimmung ebenso ihr Gegenteil gesagt werden; dieser Widerspruch ist es, der, bei der abstrakten *Beschaffenheit der Momente,* die Schwierigkeit ausmacht.

B. Eins und Vieles

Das Eins ist die einfache Beziehung des Fürsichseins auf sich selbst, in der seine Momente in sich zusammengefallen sind, in der es daher die Form der *Unmittelbarkeit* hat und seine Momente daher nun *daseiende* werden.

Als Beziehung des *Negativen* auf sich ist das Eins Bestimmen, – und als Beziehung *auf sich* ist es unendliches *Selbstbestimmen*. Aber um der nunmehrigen Unmittelbarkeit willen sind diese *Unterschiede* nicht mehr nur als Momente einer und derselben Selbstbestimmung, sondern zugleich als *Seiende* gesetzt. Die *Idealität* des Fürsichseins als Totalität schlägt so fürs erste in die *Realität* um, und zwar in die festeste, abstrakteste, als *Eins*. Das Fürsichsein ist *im Eins die gesetzte* Einheit des Seins und Daseins, als die absolute Vereinigung der Beziehung auf Anderes und der Beziehung auf sich; aber dann tritt auch die Bestimmtheit des Seins *gegen* die Bestimmung der *unendlichen Negation*, gegen die Selbstbestimmung ein, so daß, was Eins *an sich* ist, es nun nur *an ihm ist* und damit das Negative ein als von ihm unterschiedenes Anderes. Was sich als von ihm unterschieden *vorhanden* zeigt, ist sein eigenes Selbstbestimmen; dessen Einheit mit sich, so als unterschieden von sich, ist zur *Beziehung* herabgesetzt und als *negative* Einheit Negation seiner selbst als eines *Anderen*, *Ausschließen* des Eins als eines *Anderen* aus sich, dem Eins.

a. Das Eins an ihm selbst

An ihm selbst *ist* das Eins überhaupt; dies sein Sein ist kein Dasein, keine Bestimmtheit als Beziehung auf Anderes, keine Beschaffenheit; es ist dies, diesen Kreis von Kategorien negiert zu haben. Das Eins ist somit keines Anderswerdens fähig; es ist *unveränderlich*.

Es ist unbestimmt, jedoch nicht mehr wie das Sein; seine Unbestimmtheit ist die Bestimmtheit, welche Beziehung auf sich selbst ist, absolutes Bestimmtsein; *gesetztes* Insichsein. Als nach seinem Begriffe sich auf sich beziehende Negation hat es den Unterschied in ihm, – eine Richtung von sich ab hinaus auf Anderes, die aber unmittelbar umgewendet, weil nach diesem Momente des Selbstbestimmens kein Anderes ist, auf das sie gehe, und die in sich zurückgekehrt ist.

In dieser einfachen Unmittelbarkeit ist die Vermittlung des Daseins und der Idealität selbst und damit alle Verschiedenheit und Mannigfaltigkeit verschwunden. Es ist *nichts* in ihm; dies *Nichts*, die Abstraktion der Beziehung auf sich selbst, ist hier unterschieden von dem Insichsein selbst, es ist ein *Gesetztes*, weil dies Insichsein nicht mehr das Einfache des Etwas ist, sondern die Bestimmung hat, als Vermittlung konkret zu sein; als abstrakt aber ist es zwar identisch mit Eins, aber verschieden von dessen Bestimmung. So dies Nichts gesetzt als *in Einem*, ist das Nichts als *Leeres*. – Das Leere ist so die *Qualität* des Eins in seiner Unmittelbarkeit.

b. Das Eins und das Leere

Das Eins ist das Leere als die abstrakte Beziehung der Negation auf sich selbst. Aber von der einfachen Unmittelbarkeit, dem auch affirmativen Sein des Eins, ist das Leere als das Nichts schlechthin verschieden, und indem sie in *einer* Beziehung, des Eins selbst nämlich, stehen, ist ihre Verschiedenheit *gesetzt*; verschieden aber vom Seienden ist das Nichts als Leeres *außer* dem seienden Eins.

Das Fürsichsein, indem es sich auf diese Weise als das Eins *und* das Leere bestimmt, hat wieder ein *Dasein* erlangt. – Das Eins und das Leere haben die negative Beziehung auf sich zu ihrem gemeinschaftlichen, einfachen Boden. Die Momente des Fürsichseins treten aus dieser Einheit, werden sich Äußerliche; indem durch die *einfache* Einheit der Momente die Bestimmung des *Seins* hereinkommt, so setzt sie sich selbst zu *einer* Seite, damit zum Dasein herab, und darin stellt sich ihre andere Bestimmung, die Negation überhaupt, gleichfalls als Dasein des Nichts, als das Leere gegenüber.

Anmerkung

Das Eins in dieser Form von Dasein ist die Stufe der Kategorie, die bei den Alten als das *atomistische Prinzip* vorgekommen ist, nach welchem das Wesen der Dinge ist – das *Atome* und das *Leere* (τὸ ἄτομον oder τὰ ἄτομα καὶ τὸ κενὸν). Die Abstraktion, zu dieser Form gediehen, hat eine größere Bestimmtheit gewonnen als das *Sein* des Parmenides und das *Werden* des Heraklit. So *hoch* sie sich stellt, indem sie diese einfache Bestimmtheit des Eins und des Leeren zum Prinzip aller Dinge macht, die unendliche Mannigfaltigkeit der Welt auf diesen einfachen Gegensatz zurückführt und sie aus ihm zu erkennen sich erkühnt, ebenso *leicht* ist es für das vorstellende Reflektieren, sich *hier* Atome und *daneben* das Leere vorzustellen. Es ist daher kein Wunder, daß das atomistische Prinzip sich jederzeit erhalten hat; das gleich triviale und äußerliche Verhältnis der *Zusammensetzung*, das noch hinzukommen muß, um zum Scheine eines Konkreten und einer Mannigfaltigkeit zu gelangen, ist ebenso populär als die Atome selbst und das Leere. Das Eins und das Leere ist das Fürsichsein, das höchste qualitative Insichsein zur völligen *Äußerlichkeit* herabgesunken; die Unmittelbarkeit oder das Sein des Eins, weil es die Negation alles Andersseins ist, ist gesetzt, nicht mehr bestimmbar und veränderlich zu sein; für dessen absolute Sprödigkeit bleibt also alle Bestimmung, Mannigfaltigkeit, Verknüpfung schlechthin äußerliche Beziehung.

In dieser Äußerlichkeit ist jedoch das atomistische Prinzip nicht bei den ersten Denkern desselben geblieben, sondern es hatte außer seiner Abstraktion auch eine spekulative Bestimmung darin, daß das *Leere* als der *Quell* der *Bewegung* erkannt worden ist; was eine ganz andere Beziehung des Atomen und des Leeren ist als das bloße Nebeneinander und die Gleichgültigkeit dieser beiden Bestimmungen gegeneinander. Daß das Leere der Quell der Bewegung ist, hat nicht den geringfügigen Sinn, daß sich Etwas nur in ein Leeres hineinbewegen könne und nicht in einen schon erfüllten Raum, denn in einem solchen fände es keinen Platz mehr offen; in welchem Verstande das Leere nur die Voraussetzung oder Bedingung, nicht der *Grund* der Bewegung wäre, so wie auch die Bewegung selbst als vorhanden vorausgesetzt und das Wesentliche, ein Grund derselben, vergessen ist. Die Ansicht, daß das Leere den Grund der Bewegung ausmache, enthält den tieferen Gedanken, daß im Negativen überhaupt der Grund des Werdens, der Unruhe der Selbstbewegung liegt; in welchem Sinne aber das Negative als die wahrhafte Negativität des Unendlichen zu nehmen ist. – Das Leere ist *Grund der Bewegung* nur als die *negative* Beziehung des Eins auf sein *Negatives,* auf das Eins, d. i. auf sich selbst, das jedoch als Daseiendes gesetzt ist.

Sonst aber sind weitere Bestimmungen der Alten über eine Gestalt, Stellung der Atome, die Richtung ihrer Bewegung willkürlich und äußerlich genug und stehen dabei in direktem Widerspruch mit der Grundbestimmung des Atomen. An den Atomen, dem Prinzip der höchsten Äußerlichkeit und damit der höchsten Begrifflosigkeit, leidet die Physik in den Molekülen, Partikeln ebensosehr als die Staatswissenschaft, die von dem einzelnen Willen der Individuen ausgeht.

c. Viele Eins
Repulsion

Das Eins und das Leere macht das Fürsichsein in seinem nächsten Dasein aus. Jedes dieser Momente hat zu seiner Bestimmung die Negation und ist zugleich als ein Dasein gesetzt. Nach jener ist das Eins und das Leere die *Beziehung* der Negation auf die Negation als eines Anderen auf sein Anderes; das Eins ist die Negation in der Bestimmung des Seins, das Leere die Negation in der Bestimmung des Nichtseins. Aber das Eins ist wesentlich nur Beziehung auf sich als beziehende *Negation,* d. h. ist selbst dasjenige, was das Leere außer ihm sein soll. Beide sind aber auch *gesetzt* als ein affirmatives *Dasein,* das eine als das Fürsichsein als solches, das andere als unbestimmtes Dasein überhaupt, und [beide] sich aufeinander als auf ein *anderes Dasein* beziehend. Das Fürsichsein des Eins ist jedoch wesentlich die Idealität des

Daseins und des Anderen; es bezieht sich nicht als auf ein Anderes, sondern nur *auf sich*. Indem aber das Fürsichsein als Eins, als für sich *Seiendes*, als *unmittelbar* Vorhandenes fixiert ist, ist seine *negative* Beziehung *auf sich* zugleich Beziehung auf ein *Seiendes*; und da sie ebensosehr negativ ist, bleibt das, worauf es sich bezieht, als ein *Dasein* und ein *Anderes* bestimmt; als wesentlich Beziehung *auf sich selbst* ist das Andere nicht die unbestimmte Negation, als Leeres, sondern ist gleichfalls *Eins*. Das Eins ist somit *Werden zu vielen Eins*.

Eigentlich ist dies aber nicht sowohl ein *Werden*; denn Werden ist ein Übergehen von *Sein* in *Nichts*; *Eins* hingegen wird nur zu *Eins*. Eins, das Bezogene, enthält das Negative als Beziehung, hat dasselbe also *an* ihm selbst. Statt des Werdens ist also erstens die eigene immanente Beziehung des Eins vorhanden; und zweitens, insofern sie negativ und das Eins seiendes zugleich ist, so stößt das Eins sich selbst *von sich* ab. Die negative Beziehung des Eins auf sich ist *Repulsion*.

Diese Repulsion, so als das Setzen der *vielen Eins*, aber durch Eins selbst, ist das eigene Außersichkommen des Eins, aber zu solchen außer ihm, die selbst nur Eins sind. Es ist dies die Repulsion dem *Begriffe* nach, die *an sich* seiende. Die zweite Repulsion ist davon unterschieden und ist die der Vorstellung der äußeren Reflexion zunächst vorschwebende, als nicht das Erzeugen der Eins, sondern nur als gegenseitiges Abhalten vorausgesetzter, schon *vorhandener* Eins. Es ist dann zu sehen, wie jene *an sich* seiende Repulsion zur zweiten, der äußerlichen, sich bestimmt.

Zunächst ist festzusetzen, welche Bestimmungen die vielen Eins als solche haben. Das Werden zu Vielen oder Produziertwerden der Vielen verschwindet unmittelbar als Gesetztwerden; die Produzierten sind Eins, nicht für Anderes, sondern beziehen sich unendlich auf sich selbst. Das Eins stößt nur *sich* von sich selbst ab, wird also nicht, sondern *es ist schon*; das als das Repellierte vorgestellt wird, ist gleichfalls ein *Eins*, ein *Seiendes*; Repellieren und Repelliertwerden kommt beiden auf gleiche Weise zu und macht keinen Unterschied.

Die Eins sind so *vorausgesetzte* gegeneinander; – *gesetzte*: durch die Repulsion des Eins von sich selbst; *voraus*: gesetzt als *nicht* gesetzt; ihr Gesetztsein ist aufgehoben, sie sind *Seiende* gegeneinander, als sich nur auf sich beziehende.

Die Vielheit erscheint somit nicht als ein *Anderssein,* sondern als eine dem Eins vollkommen äußere Bestimmung. Eins, indem es sich selbst repelliert, bleibt Beziehung auf sich wie das, das zunächst als repelliert genommen wird. Daß die Eins *andere* gegeneinander, in die Bestimmtheit der Vielheit zusammengefaßt sind, geht also die Eins nichts an. Wäre die Vielheit eine Beziehung der Eins selbst aufeinander, so begrenzten sie einander und hätten ein Sein-für-Anderes affirmativ an ihnen. Ihre Beziehung – und diese haben sie durch ihre *an sich* seiende Einheit –, wie sie hier *gesetzt* ist, ist als keine bestimmt; sie ist wieder das vorhingesetzte *Leere*. Es ist ihre aber ihnen äußerliche Grenze, in der sie nicht *füreinander* sein sollen. Die Grenze ist das, worin die Begrenzten ebensosehr *sind* als *nicht sind*; aber das Leere ist als das reine Nichtsein bestimmt, und nur dies macht ihre Grenze aus.

Die Repulsion des Eins von sich selbst ist die Explikation dessen, was das Eins an sich ist; die Unendlichkeit aber als *auseinander* gelegt ist hier die *außer sich gekommene Unendlichkeit*; außer sich gekommen ist sie durch die Unmittelbarkeit des Unendlichen, des Eins. Sie ist ein ebenso einfaches Beziehen des Eins auf Eins als vielmehr die absolute Beziehungslosigkeit des Eins; jenes nach der einfachen affirmativen Beziehung des Eins auf sich, dieses nach eben derselben als negativen. Oder die Vielheit des Eins ist das eigene Setzen des Eins; das Eins ist nichts als die *negative* Beziehung des Eins auf sich, und diese Beziehung, also das Eins selbst, ist das viele Eins. Aber ebenso ist die Vielheit dem Eins schlechthin äußerlich; denn das Eins ist eben das Aufheben des Andersseins, die Repulsion ist seine Beziehung auf sich und einfache Gleichheit mit sich selbst. Die Vielheit der Eins ist die Unendlichkeit, als unbefangen sich hervorbringender Widerspruch.

Anmerkung

Es ist vorhin des *Leibnizischen Idealismus* erwähnt worden. Es kann hier hinzugesetzt werden, daß derselbe von der *vorstellenden Monade* aus, die als fürsichseiende bestimmt ist, nur bis zu der soeben betrachteten Repulsion fortging, und zwar nur zu der *Vielheit* als solcher, in der die Eins jedes nur für sich, gleichgültig gegen das Dasein und Für-sich-Sein Anderer ist oder überhaupt Andere gar nicht für das Eins sind. Die Monade ist für sich die ganze abgeschlossene Welt; es bedarf keine der anderen; aber diese innere Mannigfaltigkeit, die sie in ihrem Vorstellen hat, ändert in ihrer Bestimmung, für sich zu sein, nichts. Der Leibnizische Idealismus nimmt die *Vielheit* unmittelbar als eine *gegebene* auf und begreift sie nicht als eine *Repulsion* der Monade; er hat daher die Vielheit nur nach der Seite ihrer abstrakten Äußerlichkeit. Die *Atomistik* hat den Begriff der Idealität nicht; sie faßt das Eins nicht als ein solches, das *in ihm selbst* die beiden Momente des Fürsichseins und des Für-es-Seins enthält, also als Ideelles, sondern nur als einfach, trocken Fürsichseiendes. Aber sie geht über die bloß gleichgültige Vielheit hinaus; die Atome kommen in eine weitere Bestimmung gegeneinander, wenn auch eigentlich auf inkonsequente Weise; dahingegen in jener gleichgültigen Unabhängigkeit der Monaden die Vielheit als starre *Grundbestimmung* bleibt, so daß ihre Beziehung nur in die Monade der Monaden oder in den betrachtenden Philosophen fällt.

C. Repulsion und Attraktion

a. Ausschließen des Eins

Die vielen Eins sind Seiende; ihr Dasein oder Beziehung aufeinander ist Nicht-Beziehung, sie ist ihnen äußerlich, – das abstrakte Leere. Aber sie selbst sind diese negative Beziehung auf sich nun als auf *seiende* Andere, – der aufgezeigte Widerspruch, die Unendlichkeit, gesetzt in Unmittelbarkeit des Seins. Hiermit *findet* nun die Repulsion das *unmittelbar vor*, was von ihr repelliert ist. Sie ist in dieser Bestimmung *Ausschließen*; das Eins repelliert nur die vielen von ihm unerzeugten, nichtgesetzten Eins von sich. Dies Repellieren ist, gegenseitig oder allseitig, – relativ, durch das Sein der Eins beschränkt.

Die Vielheit ist zunächst nicht gesetztes Anderssein, die Grenze nur das Leere, nur das, worin die Eins *nicht sind*. Aber sie *sind* auch in der Grenze; sie sind im Leeren, oder ihre Repulsion ist ihre *gemeinsame Beziehung*.

Diese gegenseitige Repulsion ist das gesetzte *Dasein* der vielen Eins; sie ist nicht ihr Fürsichsein, nach dem sie nur in einem Dritten als Vieles unterschieden wären, sondern ihr eigenes sie erhaltendes Unterscheiden. – Sie negieren sich gegenseitig, setzen einander als solche, die nur *für Eines* sind. Aber sie *negieren* ebensosehr zugleich dies, *nur für Eines zu sein*; *sie repellieren* diese ihre *Idealität* und *sind*. – So sind die Momente getrennt, die in der Idealität schlechthin vereinigt sind. Das Eins ist in seinem Fürsichsein auch *für Eines*, aber dies Eine, für welches es ist, ist es selbst; sein Unterscheiden von sich ist unmittelbar aufgehoben. Aber in der Vielheit hat das unterschiedene Eins ein Sein; das Sein-für-Eines, wie es in dem Ausschließen bestimmt ist, ist daher ein Sein-für-Anderes. Jedes wird so von einem Anderen repelliert, aufgehoben und zu einem gemacht, das nicht für sich, sondern für Eines, und zwar ein anderes Eins ist.

Das Fürsichsein der vielen Eins zeigt sich hiernach als ihre

Selbsterhaltung durch die Vermittlung ihrer Repulsion gegeneinander, in der sie sich gegenseitig aufheben und die anderen als ein bloßes Sein-für-Anderes setzen; aber zugleich besteht sie darin, diese Idealität zu repellieren und die Eins zu setzen, nicht für ein Anderes zu sein. Diese Selbsterhaltung der Eins durch ihre negative Beziehung aufeinander ist aber vielmehr ihre Auflösung.

Die Eins *sind* nicht nur, sondern sie erhalten sich durch ihr gegenseitiges Ausschließen. Erstens ist nun das, wodurch sie festen Halt ihrer Verschiedenheit gegen ihr Negiertwerden haben sollten, ihr *Sein*, und zwar ihr *Ansich*sein gegen ihre Beziehung auf Anderes; dies Ansichsein ist, daß sie *Eins* sind. Aber *dies sind Alle*; sie sind in ihrem Ansichsein *dasselbe*, statt darin den festen Punkt ihrer Verschiedenheit zu haben. Zweitens ihr Dasein und ihr Verhalten zueinander, d. i. ihr *Sich-selbst-als-Eins-Setzen*, ist das gegenseitige Negieren; dies ist aber gleichfalls *eine und dieselbe* Bestimmung aller, durch welche sie sich also vielmehr als identisch setzen, – wie dadurch, daß sie an sich dasselbe sind, ihre als durch Andere zu setzende Idealität *ihre eigene* ist, welche sie also ebensowenig repellieren. – Sie sind hiermit ihrem Sein und Setzen nach nur *eine* affirmative Einheit.

Diese Betrachtung der Eins, daß sie nach ihren beiden Bestimmungen, sowohl insofern sie sind als insofern sie sich aufeinander beziehen, sich nur als ein und dasselbe und ihre Ununterscheidbarkeit zeigen, ist unsere Vergleichung. – Es ist aber auch zu sehen, was in ihrer *Beziehung* aufeinander selbst *gesetzt* an ihnen ist. – Sie *sind*, dies ist in dieser Beziehung vorausgesetzt, – und sind nur, insofern sie sich gegenseitig negieren und diese ihre Idealität, ihr Negiertsein zugleich von sich selbst abhalten, d. i. das gegenseitige Negieren negieren. Aber sie sind nur, insofern sie negieren; so wird, indem dies ihr Negieren negiert wird, ihr Sein negiert. Zwar, indem sie *sind*, würden sie durch dies Negieren nicht negiert, es ist nur ein Äußerliches für sie; dies Negieren des Anderen prallt an ihnen ab und trifft nur berührend ihre

Oberfläche. Allein nur durch das Negieren der Anderen kehren sie in sich selbst zurück; sie sind nur als diese Vermittlung, diese ihre Rückkehr ist ihre Selbsterhaltung und ihr Fürsichsein. Indem ihr Negieren nichts effektuiert, durch den Widerstand, den die Seienden als solche oder als negierend leisten, so kehren sie nicht in sich zurück, erhalten sich nicht und sind nicht.

Vorhin wurde die Betrachtung gemacht, daß die Eins dasselbe, jedes derselben *Eins* ist wie das Andere. Dies ist nicht nur unser Beziehen, ein äußerliches Zusammenbringen, sondern die Repulsion ist selbst Beziehen; das die Eins ausschließende Eins bezieht sich selbst auf sie, die Eins, d. h. auf sich selbst. Das negative Verhalten der Eins zueinander ist somit nur ein *Mit-sich-Zusammengehen.* Diese Identität, in welche ihr Reppellieren übergeht, ist das Aufheben ihrer Verschiedenheit und Äußerlichkeit, die sie vielmehr gegeneinander als Ausschließende behaupten sollten.

Dies Sich-in-ein-Eines-Setzen der vielen Eins ist die *Attraktion.*

Anmerkung

Die Selbständigkeit, auf die Spitze des fürsichseienden Eins getrieben, ist die abstrakte, formelle Selbständigkeit, die sich selbst zerstört, der höchste, hartnäckigste Irrtum, der sich für die höchste Wahrheit nimmt, – in konkreteren Formen als abstrakte Freiheit, als reines Ich, und dann weiter als das Böse erscheinend. Es ist die Freiheit, die sich so vergreift, ihr Wesen in diese Abstraktion zu setzen, und in diesem Beisichsein sich schmeichelt, sich rein zu gewinnen. Diese Selbständigkeit ist bestimmter der Irrtum, das als negativ anzusehen und sich gegen das als negativ zu verhalten, was ihr eigenes Wesen ist. Sie ist so das negative Verhalten gegen sich selbst, welches, indem es sein eigenes Sein gewinnen will, dasselbe zerstört, und dies sein Tun ist nur die Manifestation der Nichtigkeit dieses Tuns. Die Versöhnung ist die Anerkennung dessen, gegen welches das negative Verhalten geht, vielmehr als seines Wesens, und ist nur als *Ablassen* von der Negativität *seines* Fürsichseins, statt an ihm festzuhalten.

Es ist ein alter Satz, daß das *Eine Vieles* und insbesondere daß das *Viele Eines* ist. Es ist hierüber die Bemerkung zu wiederholen, daß die Wahrheit des Eins und des Vielen in Sätzen ausgedrückt in einer unangemessenen Form erscheint, daß diese Wahrheit nur als ein Werden, als ein Prozeß, Repulsion und Attraktion, nicht als das Sein, wie es in einem Satze als ruhige Einheit gesetzt ist, zu fassen und auszudrücken ist. Es ist oben der Dialektik Platons im *Parmenides* über die Ableitung des Vielen aus dem Eins, nämlich aus dem Satze »Eines ist«, erwähnt und erinnert worden. Die innere Dialektik des Begriffes ist angegeben worden; am leichtesten ist die Dialektik des Satzes, *daß Vieles Eines ist*, als äußerliche Reflexion zu fassen; und äußerlich darf sie hier sein, insofern auch der Gegenstand, *die Vielen*, das einander Äußerliche ist. Diese Vergleichung der Vielen miteinander ergibt sogleich, daß Eines schlechthin nur bestimmt ist wie das Andere; jedes ist Eins, jedes ist Eins der Vielen, ist ausschließend die anderen, – so daß sie schlechthin nur dasselbe sind, schlechthin nur *eine* Bestimmung vorhanden ist. Es ist dies das *Faktum*, und es ist nur darum zu tun, dies einfache Faktum aufzufassen. Die Hartnäckigkeit des Verstandes weigert sich nur darum gegen dieses Auffassen, weil ihm *auch* der Unterschied, und zwar mit Recht, vorschwebt; aber dieser bleibt um jenes Faktums willen so wenig aus, als gewiß jenes Faktum ungeachtet des Unterschiedes existiert. Man könnte den Verstand damit für das schlichte Auffassen des Faktums des Unterschiedes gleichsam trösten, daß der Unterschied auch wieder eintreten werde.

b. Das eine Eins der Attraktion

Die Repulsion ist die Selbstzersplitterung des Eins zunächst in Viele, deren negatives Verhalten ohnmächtig ist, weil sie einander als Seiende voraussetzen; sie ist nur das *Sollen* der Idealität; diese aber wird realisiert in der Attraktion. Die Repulsion geht in Attraktion über, die vielen Eins in ein Eins. Beide, Repulsion und Attraktion, sind zunächst unterschieden, jene als die Realität der Eins, diese als deren gesetzte Idealität. Die Attraktion bezieht sich auf diese Weise auf die Repulsion, daß sie diese zur *Voraussetzung* hat. Die Repulsion liefert die Materie für die Attraktion. Wenn keine Eins wären, so wäre nichts zu attrahieren; die Vorstellung fortdauernder Attraktion, der Konsumtion der Eins, setzt ein ebenso fortdauerndes Erzeugen der Eins voraus; die sinnliche Vorstellung der räumlichen Attraktion läßt den Strom der attrahiertwerdenden Eins fortdauern; an die Stelle der Atome, die in dem attrahierenden Punkte verschwinden, tritt eine andere Menge und, wenn man will, ins Unendliche aus dem Leeren hervor. Wenn die Attraktion vollführt, d. i. die Vielen auf den Punkt eines Eins gebracht vorgestellt würden, so wäre nur ein träges Eins, kein Attrahieren mehr vorhanden. Die in der Attraktion daseiende Idealität hat auch noch die Bestimmung der Negation ihrer selbst, die vielen Eins, auf die sie die Beziehung ist, an ihr, und die Attraktion ist untrennbar von der Repulsion.

Das Attrahieren kommt zunächst jedem der vielen als *unmittelbar* vorhandenen Eins auf gleiche Weise zu; keines hat einen Vorzug vor dem anderen; so wäre ein Gleichgewicht im Attrahieren, eigentlich ein Gleichgewicht der Attraktion und der Repulsion selbst vorhanden und eine träge Ruhe ohne daseiende Idealität. Aber es kann hier nicht von einem Vorzuge eines solchen Eins vor dem anderen, was einen bestimmten Unterschied zwischen ihnen voraussetzte, die Rede sein, vielmehr ist die Attraktion das Setzen der vorhandenen Ununterschiedenheit der Eins. Erst die Attraktion selbst ist das *Setzen* eines von den anderen unterschiedenen Eins; sie sind nur die unmittelbaren durch die Repulsion sich erhalten sollenden Eins; durch ihre gesetzte Negation aber geht das Eins der Attraktion hervor, das daher als das Vermittelte, das *als Eins gesetzte Eins*, bestimmt ist. Die ersten als unmittelbare kehren in ihrer Idealität nicht in sich zurück, sondern haben dieselbe an einem anderen.

Das eine Eins aber ist die realisierte, an dem Eins gesetzte Idealität; es ist attrahierend durch die Vermittlung der Repulsion; es enthält diese Vermittlung in sich selbst als *seine Bestimmung*. Es verschlingt so die attrahierten Eins nicht in sich als in einen Punkt, d. h. es hebt sie nicht abstrakt auf. Indem es die Repulsion in seiner Bestimmung enthält, erhält diese die Eins als Viele zugleich in ihm; es bringt sozusagen durch sein Attrahieren etwas vor sich, gewinnt einen Umfang oder Erfüllung. Es ist so in ihm Einheit der Repulsion und Attraktion überhaupt.

c. Die Beziehung der Repulsion und Attraktion

Der Unterschied von *Einem* und *Vielen* hat sich zum Unterschiede ihrer *Beziehung* aufeinander bestimmt, welche in zwei Beziehungen, die Repulsion und die Attraktion, zerlegt ist, deren jede zunächst selbständig außer der anderen steht, so daß sie jedoch wesentlich zusammenhängen. Die noch unbestimmte Einheit derselben hat sich näher zu ergeben.

Die Repulsion als die Grundbestimmung des Eins erscheint zuerst und als *unmittelbar*, wie ihre zwar von ihr erzeugten, jedoch zugleich als unmittelbar gesetzten Eins, und hiermit gleichgültig gegen die Attraktion, welche an sie als so vorausgesetzte äußerlich hinzukommt. Dagegen wird die Attraktion nicht von der Repulsion vorausgesetzt, so daß an deren Setzen und Sein jene keinen Anteil haben soll, d. i. daß die Repulsion nicht an ihr schon die Negation ihrer selbst, die Eins nicht schon an ihnen Negierte wären. Auf solche Weise haben wir die Repulsion abstrakt für sich, wie gleichfalls die Attraktion gegen die Eins als *Seiende* die Seite eines unmittelbaren Daseins hat und von sich aus als ein Anderes an sie kommt.

Nehmen wir demnach die bloße Repulsion so für sich, so

ist sie die Zerstreuung der vielen Eins in Unbestimmte, außerhalb der Sphäre der Repulsion selbst; denn sie ist dies, die Beziehung der Vielen aufeinander zu negieren; die Beziehungslosigkeit ist ihre, sie abstrakt genommen, Bestimmung. Die Repulsion ist aber nicht bloß das Leere; die Eins als beziehungslos sind nicht repellierend, nicht ausschließend, was ihre Bestimmung ausmacht. Repulsion ist, obgleich negative, doch wesentlich *Beziehung*; das gegenseitige Abhalten und Fliehen ist nicht die Befreiung von dem, was abgehalten und geflohen, das Ausschließende steht *mit dem* noch *in Verbindung*, was von ihm ausgeschlossen wird. Dies Moment der Beziehung aber ist die Attraktion, somit in der Repulsion selbst; sie ist das Negieren jener abstrakten Repulsion, nach welcher die Eins nur sich auf sich beziehende Seiende, nicht ausschließende wären.

Indem aber von der Repulsion der daseienden Eins ausgegangen worden, hiermit auch die Attraktion als äußerlich an sie tretend gesetzt ist, so sind bei ihrer Untrennbarkeit beide noch als verschiedene Bestimmungen auseinandergehalten; es hat sich jedoch ergeben, daß nicht bloß die Repulsion von der Attraktion vorausgesetzt wird, sondern auch ebensosehr die Rückbeziehung der Repulsion auf die Attraktion stattfindet und jene an dieser ebensosehr ihre Voraussetzung hat.

Nach dieser Bestimmung sind sie untrennbar und zugleich als Sollen und Schranke jede gegen die andere bestimmt. Ihr Sollen ist ihre abstrakte Bestimmtheit als *an sich seiender*, die aber damit schlechthin über sich hinausgewiesen ist und auf die *andere* sich bezieht und so jede vermittels der *anderen* als *anderen* ist; ihre Selbständigkeit besteht darin, daß sie in dieser Vermittlung als ein *anderes* Bestimmen füreinander gesetzt sind. – Die Repulsion als das Setzen der Vielen, die Attraktion als das Setzen des Eins, diese zugleich als Negation der Vielen und jene als Negation der Idealität derselben im Eins, – daß auch die Attraktion nur *vermittels* der Repulsion Attraktion, wie die Repulsion vermittels der Attraktion Repulsion ist. Daß aber darin die Vermittlung durch *Anderes* mit sich in der Tat vielmehr negiert und jede dieser Bestimmungen Vermittlung ihrer mit sich selbst ist, dies ergibt sich aus deren näherer Betrachtung und führt sie zu der Einheit ihres Begriffes zurück.

Zuerst daß jede *sich selbst* voraussetzt, in ihrer Voraussetzung nur sich auf sich bezieht, dies ist in dem Verhalten der erst noch relativen Repulsion und Attraktion schon vorhanden.

Die relative Repulsion ist das gegenseitige Abhalten der *vorhandenen* vielen Eins, die sich als unmittelbare vorfinden sollen. Aber daß viele Eins seien, ist die Repulsion selbst; die Voraussetzung, die sie hätte, ist nur ihr eigenes Setzen. Ferner die Bestimmung des *Seins*, die den Eins außerdem, daß sie gesetzte sind, zukäme – wodurch sie *voraus* wären –, gehört gleichfalls der Repulsion an. Das Repellieren ist das, wodurch die Eins sich als Eins manifestieren und erhalten, wodurch sie als solche *sind*. Ihr Sein ist die Repulsion selbst; sie ist so nicht ein relatives gegen ein anderes Dasein, sondern verhält sich durchaus nur zu sich selbst.

Die Attraktion ist das Setzen des Eins als solchen, des reellen Eins, gegen welches die Vielen in ihrem Dasein als nur ideell und verschwindend bestimmt werden. So setzt sogleich die Attraktion sich voraus, in der Bestimmung nämlich der anderen Eins, ideell zu sein, welche sonst für sich seiende und *für Andere*, also auch für irgendein Attrahierendes, repellierende sein sollen. Gegen diese Repulsionsbestimmung erhalten sie die Idealität nicht erst durch Relation auf die Attraktion; sondern sie ist vorausgesetzt, ist die *an sich* seiende Idealität der Eins, indem sie als Eins – das als attrahierend vorgestellte mit eingeschlossen – ununterschieden voneinander, ein und dasselbe sind.

Dieses Sich-selbst-Voraussetzen der beiden Bestimmungen, jeder für sich, ist ferner dies, daß jede die andere als Moment in sich enthält. Das *Sichvoraussetzen* überhaupt ist in einem sich als das *Negative* seiner Setzen, – Repulsion; und was darin vorausgesetzt wird, ist *dasselbe* als das Voraussetzende, – Attraktion. Daß jede *an sich* nur Moment ist, ist das Übergehen jeder aus sich selbst in die andere, sich an ihr selbst zu negieren und sich als das Andere ihrer selbst zu setzen. Indem das Eins als solches das Außersichkommen, es selbst nur dies ist, sich als sein Anderes, als das Viele zu setzen, und das Viele nur ebenso dies, in sich zusammenzufallen und sich als sein Anderes, als das Eins zu setzen und eben darin nur sich auf sich zu beziehen, jedes in seinem Anderen sich zu kontinuieren, – so ist hiermit schon an sich das Außersichkommen (die Repulsion) und das Sich-als-Eines-Setzen (die Attraktion) ungetrennt vorhanden. *Gesetzt* aber ist es an der relativen Repulsion und Attraktion, d. i. welche unmittelbare, *daseiende* Eins voraussetzt, daß jede diese Negation ihrer an ihr selbst und damit auch die Kontinuität ihrer in ihre andere ist. Die *Repulsion* daseiender Eins ist die Selbsterhaltung des Eins durch die gegenseitige Abhaltung der anderen, so daß 1. die anderen Eins *an ihm* negiert werden – dies ist die Seite seines Daseins oder seines Seins-für-Anderes; diese ist aber somit Attraktion, als die Idealität der Eins –, und daß 2. das Eins *an sich* sei, ohne die Beziehung auf die andere; aber nicht nur ist das Ansich überhaupt längst in das Fürsichsein übergegangen, sondern *an sich*, seiner Bestimmung nach, ist das Eins jenes Werden zu Vielen. – Die *Attraktion* daseiender Eins ist die Idealität derselben und das Setzen des Eins, worin sie somit als Negieren und Hervorbringen des Eins sich selbst aufhebt, als Setzen des Eins das Negative ihrer selbst an ihr, Repulsion ist.

Damit ist die Entwicklung des Fürsichseins vollendet und zu ihrem Resultate gekommen. Das Eins als sich *unendlich*, d. i. als gesetzte Negation der Negation *auf sich selbst* beziehend ist die Vermittlung, daß es sich als sein absolutes (d. i. abstraktes) *Anderssein* (die *Vielen*) von sich abstößt und, indem es sich auf dies sein Nichtsein negativ, es aufhebend, bezieht, eben darin nur die Beziehung auf sich selbst ist; und

Eins ist nur dieses Werden, in welchem die Bestimmung, daß es *anfängt*, d. i. als Unmittelbares, Seiendes gesetzt [wird], und gleichfalls als Resultat sich zum Eins, d. i. zum ebenso *unmittelbaren*, ausschließenden Eins wiederhergestellt hätte, verschwunden [ist]; der Prozeß, der es ist, setzt und enthält es allenthalben nur als ein Aufgehobenes. Das Aufheben, zunächst nur zu relativem Aufheben, der *Beziehung* auf anderes Daseiendes, die damit selbst eine differente Repulsion und Attraktion ist, bestimmt, erweist sich ebenso, in die unendliche Beziehung der Vermittlung durch die Negation der äußerlichen Beziehungen von Unmittelbaren und Daseienden überzugehen und zum Resultate eben jenes Werden zu haben, das in der Haltungslosigkeit seiner Momente das Zusammensinken oder vielmehr das Mit-sich-Zusammengehen in die einfache Unmittelbarkeit ist. Dieses Sein nach der Bestimmung, die es nunmehr *erhalten, ist die Quantität.*

Übersehen wir kurz die Momente dieses *Überganges der Qualität in die Quantität*, so hat das Qualitative zu seiner Grundbestimmung das Sein und die Unmittelbarkeit, in welcher die Grenze und die Bestimmtheit mit dem Sein des Etwas so identisch ist, daß das Etwas mit ihrer Veränderung selbst verschwindet; so *gesetzt*, ist es als Endliches bestimmt. Um der Unmittelbarkeit dieser Einheit willen, worin der *Unterschied* verschwunden ist, der aber *an sich* darin, in der Einheit des *Seins* und *Nichts*, vorhanden ist, fällt er als *Anderssein* überhaupt *außer* jener Einheit. Diese Beziehung auf Anderes widerspricht der Unmittelbarkeit, in der die qualitative Bestimmtheit Beziehung auf sich ist. Dies Anderssein hebt sich in der Unendlichkeit des Fürsichseins auf, welches den Unterschied, den es in der Negation der Negation an und in ihm selbst hat, zum Eins und Vielen und zu deren Beziehungen realisiert und das Qualitative zur wahrhaften, d. i. nicht mehr unmittelbaren, sondern als übereinstimmend mit sich gesetzten Einheit erhoben hat.

Diese Einheit ist somit α) *Sein,* nur als *affirmatives,* d. i. durch die Negation der Negation mit sich vermittelte *Unmittelbarkeit*; das Sein ist gesetzt als die durch seine Bestimmtheiten, Grenze usf. *hindurchgehende* Einheit, die in ihm als aufgehobene gesetzt sind; – β) *Dasein*; es ist nach solcher Bestimmung die Negation oder Bestimmtheit als Moment des affirmativen Seins; doch ist sie nicht mehr die unmittelbare, sondern die in sich reflektierte, sich nicht auf Anderes, sondern auf sich beziehende; das Schlechthin-, das *An-sich*-Bestimmtsein, – das Eins; das Anderssein als solches ist selbst Fürsichsein; – γ) *Fürsichsein,* als jenes durch die Bestimmtheit hindurch sich kontinuierende Sein, in welchem das Eins und An-sich-Bestimmtsein selbst als Aufgehobenes gesetzt ist. Das Eins ist zugleich als über sich hinausgegangen und als *Einheit* bestimmt, das Eins damit, die schlechthin bestimmte Grenze, als die Grenze, die keine ist, die am Sein aber ihm gleichgültig ist, gesetzt.

Anmerkung

Attraktion und Repulsion pflegen bekanntlich als *Kräfte* angesehen zu werden. Diese ihre Bestimmung und die damit zusammenhängenden Verhältnisse sind mit den Begriffen, die sich für sie ergeben haben, zu vergleichen. – In jener Vorstellung werden sie als selbständig betrachtet, so daß sie sich nicht durch ihre Natur aufeinander beziehen, d. h. daß nicht jede nur ein in ihre entgegengesetzte übergehendes Moment sein, sondern fest der anderen gegenüber beharren soll. Sie werden ferner vorgestellt als in einem *Dritten*, der *Materie,* zusammenkommend, so jedoch, daß dies In-Eins-Werden nicht als ihre Wahrheit gilt, sondern jede vielmehr ein Erstes und An-und-für-sich-Seiendes, die Materie aber oder Bestimmungen derselben durch sie gesetzt und hervorgebracht seien. Wenn gesagt wird, daß die Materie die Kräfte *in sich habe,* so ist unter dieser ihrer Einheit eine Verknüpfung verstanden, wobei sie zugleich als in sich seiende frei voneinander vorausgesetzt werden.

Kant hat bekanntlich die *Materie aus der Repulsiv-* und *Attraktivkraft konstruiert* oder wenigstens, wie er sich ausdrückt, die metaphysischen Elemente dieser Konstruktion aufgestellt. – Es wird nicht ohne Interesse sein, diese Konstruktion näher zu beleuchten. Diese *metaphysische* Darstellung eines Gegenstandes, der nicht nur selbst, sondern in seinen Bestimmungen nur der *Erfahrung* anzugehören schien, ist einesteils dadurch merkwürdig, daß sie als ein Versuch des Begriffs wenigstens den Anstoß zur neueren Naturphilosophie gegeben hat – der Philosophie, welche die Natur nicht als ein der Wahrnehmung sinnlich Gegebenes zum Grunde der Wissenschaft macht, sondern ihre Bestimmungen aus dem absoluten Begriffe erkennt; anderenteils auch, weil bei jener Kantischen Konstruktion noch häufig stehengeblieben und sie für einen philosophischen Anfang und Grundlage der Physik gehalten wird.
Eine solche Existenz wie die sinnliche Materie ist zwar nicht ein Gegenstand der Logik, ebensowenig als der Raum und Raumbestimmungen. Aber auch der Attraktiv- und Repulsivkraft, sofern sie als Kräfte der sinnlichen Materie angesehen werden, liegen die hier betrachteten reinen Bestimmungen vom Eins und Vielen und deren Beziehungen aufeinander, die ich Repulsion und Attraktion, weil diese Namen am nächsten liegen, genannt habe, zugrunde.
Kants Verfahren in der Deduktion der Materie aus diesen Kräften, das er eine *Konstruktion* nennt, verdient, näher betrachtet, diesen Namen nicht, wenn nicht anders jede Art von Reflexion, selbst die analysierende, eine Konstruktion genannt wird, wie denn freilich spätere Naturphilosophen auch das flachste Räsonnement und das grundloseste Gebräue einer willkürlichen Einbildungskraft und gedankenlosen Reflexion – das besonders die sogenannten Faktoren der Attraktivkraft und Repulsivkraft gebrauchte und allenthalben vorbrachte – ein *Konstruieren* genannt haben.
Kants Verfahren ist nämlich im Grunde *analytisch*, nicht konstruierend. Er *setzt die Vorstellung der Materie voraus*

und fragt nun, welche Kräfte dazu gehören, um ihre vorausgesetzten Bestimmungen zu erhalten. So fordert er also einesteils die Attraktivkraft darum, *weil durch die Repulsion allein, ohne Attraktion, eigentlich keine Materie dasein könnte.* (Anfangsgründe der Naturwissenschaft [A] S. 53 ff.) Die Repulsion anderntteils leitet er gleichfalls aus der Materie ab und gibt als Grund derselben an, *weil wir uns die Materie undurchdringlich vorstellen*, indem diese nämlich dem *Sinne des Gefühls*, durch den sie sich uns offenbare, sich unter dieser Bestimmung präsentiert. Die Repulsion werde daher ferner sogleich im *Begriffe* der Materie gedacht, weil sie damit unmittelbar *gegeben* sei; die Attraktion dagegen werde derselben durch *Schlüsse* beigefügt. Auch diesen Schlüssen aber liegt das soeben Gesagte zugrunde, daß eine Materie, die bloß Repulsivkraft hätte, das, was wir uns unter Materie vorstellen, nicht erschöpfte. – Dies ist, wie erhellt, das Verfahren des über die Erfahrung reflektierenden Erkennens, das zuerst in der Erscheinung Bestimmungen *wahrnimmt*, diese nun zugrunde legt und für das sogenannte *Erklären* derselben entsprechende *Grundstoffe* oder *Kräfte* annimmt, welche jene Bestimmungen der Erscheinung hervorbringen sollen.

In Ansehung des angeführten Unterschieds, wie die Repulsivkraft und wie die Attraktivkraft von dem Erkennen in der Materie gefunden werde, bemerkt Kant weiter, daß die Attraktivkraft zwar ebensowohl zum *Begriffe* der Materie *gehöre, ob sie gleich nicht darin enthalten sei.* Kant zeichnet diesen letzteren Ausdruck aus. Es ist aber nicht abzusehen, welcher Unterschied darin liegen soll; denn eine Bestimmung, die zum *Begriffe* einer Sache gehört, *muß* wahrhaftig *darin enthalten sein.*

Was die Schwierigkeit macht und diese leere Ausflucht herbeiführt, besteht darin, daß Kant zum Begriffe der Materie von vornherein einseitig nur die Bestimmung der *Undurchdringlichkeit* rechnet, die wir durch das *Gefühl wahrnehmen* sollen, weswegen die Repulsivkraft, als das Abhalten eines

Anderen von sich, unmittelbar gegeben sei. Wenn aber ferner die Materie ohne Attraktion nicht soll *dasein* können, so liegt für diese Behauptung eine aus der Wahrnehmung genommene Vorstellung der Materie zugrunde; die Bestimmung der Attraktion muß also gleichfalls in der Wahrnehmung anzutreffen sein. Es ist auch wohl wahrzunehmen, daß die Materie außer ihrem Fürsichsein, welches das Sein-für-Anderes aufhebt (den Widerstand leistet), auch eine *Beziehung des Fürsichseienden aufeinander,* räumliche *Ausdehnung* und *Zusammenhalt,* und in Starrheit, Festigkeit einen sehr festen Zusammenhalt hat. Die erklärende Physik erfordert zum Zerreißen usf. eines Körpers eine Kraft, welche stärker sei als die *Attraktion* der Teile desselben gegeneinander. Aus dieser Wahrnehmung[15] kann die Reflexion ebenso unmittelbar die Attraktivkraft ableiten oder sie als *gegeben* annehmen, als sie es mit der Repulsivkraft tat. In der Tat, wenn die Kantischen Schlüsse, aus denen die Attraktivkraft abgeleitet werden soll, betrachtet werden (der Beweis des Lehrsatzes, daß die Möglichkeit der Materie eine Anziehungskraft als zweite Grundkraft erfordere, a. a. O.), so enthalten sie nichts, als daß durch die bloße Repulsion die Materie nicht *räumlich* sein würde. Indem die Materie als Raum erfüllend vorausgesetzt ist, ist ihr die Kontinuität zugeschrieben, als deren Grund die Anziehungskraft angenommen wird.

Wenn nun solche sogenannte Konstruktion der Materie höchstens ein analytisches Verdienst hätte, das noch durch die unreine Darstellung geschmälert würde, so ist der Grundgedanke immer sehr zu schätzen, die Materie aus diesen zwei entgegengesetzten Bestimmungen als ihren Grundkräften zu erkennen. Es ist Kant vornehmlich um die Verbannung der gemein-mechanischen Vorstellungsweise zu tun, die bei der einen Bestimmung, der Undurchdringlichkeit,

---

15 A: »Wahrnehmung« – B: »Wahrheit«

der für-sich-seienden Punktualität, stehenbleibt und die entgegengesetzte Bestimmung, die *Beziehung* der Materie in sich oder mehrerer Materien, die wieder als besondere Eins angesehen werden, aufeinander zu etwas *Äußerlichem* macht, – die Vorstellungsweise, welche, wie Kant sagt, sonst keine bewegenden Kräfte als nur durch Druck und Stoß, also nur durch Einwirkung von außen einräumen will. Diese *Äußerlichkeit* des Erkennens setzt die Bewegung immer schon als [an] der Materie äußerlich *vorhanden* voraus und denkt nicht daran, sie als etwas Innerliches zu fassen und sie selbst in der Materie zu begreifen, welche eben damit für sich als bewegungslos und als träge angenommen wird. Dieser Standpunkt hat nur die gemeine Mechanik, nicht die immanente und freie Bewegung vor sich. – Indem Kant jene Äußerlichkeit zwar insofern aufhebt, als er die Attraktion, die *Beziehung* der Materien aufeinander, insofern diese als voneinander getrennt angenommen werden, oder der Materie überhaupt in ihrem Außersichsein zu einer *Kraft der Materie selbst* macht, so bleiben jedoch auf der andern Seite seine beiden Grundkräfte, innerhalb der Materie, äußerliche und für sich selbständige *gegeneinander*.

So nichtig der selbständige Unterschied dieser beiden Kräfte, der ihnen vom Standpunkte jenes Erkennens beigelegt wird, war, ebenso nichtig muß sich jeder andere Unterschied, der in Ansehung ihrer Inhaltsbestimmung als etwas *Festsein-Sollendes* gemacht wird, zeigen, weil sie, wie sie oben in ihrer Wahrheit betrachtet wurden, nur Momente sind, die ineinander übergehen. – Ich betrachte diese ferneren Unterschiedsbestimmungen, wie sie Kant angibt.

Er bestimmt nämlich die Attraktivkraft als eine *durchdringende* Kraft, wodurch eine Materie auf die Teile der anderen auch über die Fläche der Berührung hinaus *unmittelbar* wirken könne, die Repulsivkraft dagegen als eine *Flächenkraft*, dadurch Materien nur in der gemeinschaftlichen Fläche der Berührung aufeinander wirken können. Der Grund, der angeführt wird, daß die letztere nur eine

Flächenkraft sein soll, ist folgender: »Die einander *berührenden* Teile begrenzen einer den Wirkungsraum des anderen, und die repulsive Kraft kann keinen entfernteren Teil bewegen ohne vermittels der dazwischenliegenden, und eine quer durch diese gehende unmittelbare Wirkung einer Materie auf eine andere durch Ausdehnungskräfte (das heißt hier Repulsivkräfte) ist unmöglich« (s. ebenda, Erklärung u. Zusatz S. 67).

Es ist sogleich zu erinnern, daß, indem *nähere* oder *entferntere* Teile der Materie angenommen werden, *in Rücksicht auf die Attraktion* gleichfalls *der Unterschied* entstünde, daß ein Atom zwar auf ein *anderes* einwirkte, aber ein *drittes,* entfernteres, zwischen welchem und dem ersten Attrahierenden das *andere* sich befände, zunächst in die Anziehungssphäre des dazwischenliegenden ihm näheren träte, das erste also nicht eine *unmittelbare* einfache Wirkung auf das Dritte ausüben würde; woraus sich ebenso ein vermitteltes Wirken für die Attraktivkraft als für die Repulsivkraft ergäbe; ferner müßte das *wahre Durchdringen* der Attraktivkraft allein darin bestehen, daß alle Teile der Materie *an und für sich* attrahierend wären, nicht aber eine gewisse Menge passiv und nur ein Atom aktiv sich verhielte. – Unmittelbar oder in Rücksicht auf die Repulsivkraft selbst aber ist zu bemerken, daß in der angeführten Stelle sich *berührende* Teile, also eine *Gediegenheit* und *Kontinuität* einer *fertigen* Materie vorkommt, welche durch sich hindurch ein Repellieren nicht gestatte. Diese Gediegenheit der Materie aber, in welcher Teile sich *berühren,* nicht mehr durch das Leere getrennt sind, setzt das *Aufgehobensein der Repulsivkraft* bereits voraus; sich berührende Teile sind nach der hier herrschenden sinnlichen Vorstellung der Repulsion als solche zu nehmen, die sich nicht repellieren. Es folgt also ganz tautologisch, daß da, wo das Nichtsein der Repulsion angenommen ist, keine Repulsion stattfinden kann. Daraus aber folgt nichts weiter für eine Bestimmung der Repulsivkraft. – Wird aber darauf reflektiert, daß berührende Teile sich nur insofern berühren, als sie sich noch *außereinander* halten, so ist eben damit die Repulsivkraft nicht bloß auf der Oberfläche der Materie, sondern innerhalb der Sphäre, welche nur Sphäre der Attraktion sein sollte.

Weiter nimmt Kant die Bestimmung an, daß durch die Anziehungskraft die Materie einen *Raum nur einnehme, ohne ihn zu erfüllen* (ebenda); weil die Materie durch die Anziehungskraft den Raum nicht erfülle, so könne diese durch den *leeren Raum* wirken, indem ihr keine Materie, die dazwischenläge, Grenzen setze. – Jener Unterschied ist ungefähr wie der obige beschaffen, wo eine Bestimmung zum Begriffe einer Sache gehören, aber nicht darin enthalten sein sollte; so soll hier die Materie einen Raum nur *einnehmen*, ihn aber nicht *erfüllen*. Alsdann ist es die *Repulsion*, wenn wir bei ihrer ersten Bestimmung stehenbleiben, durch welche sich die Eins abstoßen und nur negativ, das heißt hier *durch den leeren Raum, sich aufeinander beziehen*. Hier aber ist es die *Attraktivkraft*, welche den Raum leer erhält; sie *erfüllt* den Raum durch ihre Beziehung der Atome *nicht*, d. h. sie *erhält die Atome* in einer *negativen Beziehung* aufeinander. – Wir sehen, daß hier Kant bewußtlos das begegnet, was in der Natur der Sache liegt, daß er der Attraktivkraft gerade das zuschreibt, was er, der ersten Bestimmung nach, der entgegengesetzten Kraft zuschrieb. Unter dem Geschäfte der Festsetzung des Unterschiedes beider Kräfte war es geschehen, daß eine in die andere übergegangen war. – So soll dagegen durch die Repulsion die Materie einen Raum *erfüllen*, somit durch sie der leere Raum, den die Attraktivkraft läßt, verschwinden. In der Tat hebt sie somit, indem sie den leeren Raum aufhebt, die negative Beziehung der Atome oder Eins, d. h. die Repulsion derselben auf; d. i. die Repulsion ist als das Gegenteil ihrer selbst bestimmt.

Zu dieser Verwischung der Unterschiede kommt noch die Verwirrung hinzu, daß, wie anfangs bemerkt worden, die

Kantische Darstellung der entgegengesetzten Kräfte analytisch ist und in dem ganzen Vortrage die Materie, die erst aus ihren Elementen hergeleitet werden soll, bereits als fertig und konstituiert vorkommt. In der Definition der Flächen- und der durchdringenden Kraft werden beide als bewegende Kräfte angenommen, dadurch *Materien* auf die eine oder die andere Weise sollen wirken können. – Sie sind also hier als Kräfte dargestellt, nicht durch welche die Materie erst zustande käme, sondern wodurch sie, schon fertig, nur bewegt würde. Insofern aber von Kräften die Rede ist, wodurch verschiedene Materien aufeinander einwirken und sich bewegen, so ist dies etwas ganz anderes als die Bestimmung und Beziehung, die sie als die Momente der Materie haben sollten.

Denselben Gegensatz, als Attraktiv- und Repulsivkraft, machen in weiterer Bestimmung *Zentripetal*- und *Zentrifugalkraft*. Diese scheinen einen wesentlichen Unterschied zu gewähren, indem in ihrer Sphäre ein Eins, ein Zentrum, feststeht, gegen das sich die anderen Eins als nicht fürsichseiende verhalten, der Unterschied der Kräfte daher an diesen vorausgesetzten Unterschied *eines* zentralen Eins und der anderen als gegen dasselbe nicht feststehend angeknüpft werden kann. Insofern sie aber zur Erklärung gebraucht werden – zu welchem Behuf man sie, wie auch sonst die Repulsiv- und Attraktivkraft, in entgegengesetztem quantitativen Verhältnis annimmt, so daß die eine zunehme wie die andere abnehme –, so soll die Erscheinung der Bewegung, für deren Erklärung *sie* angenommen sind, und deren Ungleichheit erst aus ihnen resultieren. Man braucht aber nur die nächste beste Darstellung einer Erscheinung, z. B. die ungleiche Geschwindigkeit, die ein Planet in seiner Bahn um seinen Zentralkörper hat, aus dem Gegensatze jener Kräfte vor sich [zu] nehmen, so erkennt man bald die Verwirrung, die darin herrscht, und die Unmöglichkeit, die Größen derselben auseinanderzubringen, so daß immer ebenso diejenige als zunehmend anzunehmen ist, welche in der Erklärung als abnehmend angenommen wird, und umgekehrt; was, um anschaulich gemacht zu werden, einer weitläufigeren Exposition bedürfte, als hier gegeben werden könnte; aber das Nötige kommt späterhin beim *umgekehrten Verhältnis* vor.

Zweiter Abschnitt
Die Größe (Quantität)

Der Unterschied der Quantität von der Qualität ist angegeben worden. Die Qualität ist die erste, unmittelbare Bestimmtheit, die Quantität die Bestimmtheit, die dem Sein gleichgültig geworden, eine Grenze, die ebensosehr keine ist; das Fürsichsein, das schlechthin identisch mit dem Sein-für-Anderes, – die Repulsion der vielen Eins, die unmittelbar Nicht-Repulsion, Kontinuität derselben ist.

Weil das Fürsichseiende nun so gesetzt ist, sein Anderes nicht auszuschließen, sondern sich in dasselbe vielmehr affirmativ fortzusetzen, so ist [es] das Anderssein, insofern das *Dasein* an dieser Kontinuität wieder hervortritt, und die Bestimmtheit desselben [ist] *zugleich* nicht mehr als in einfacher Beziehung auf sich, nicht mehr unmittelbare Bestimmtheit des daseienden Etwas, sondern ist gesetzt, sich als repellierend von sich, die Beziehung auf sich als Bestimmtheit vielmehr in einem anderen Dasein (einem fürsichseienden) zu haben; und indem sie *zugleich* als gleichgültige, in sich reflektierte, beziehungslose Grenzen sind, so ist die Bestimmtheit überhaupt *außer sich*, ein sich schlechthin *Äußerliches* und [ein] Etwas [als] ebenso Äußerliches; solche Grenze, die Gleichgültigkeit derselben an ihr selbst und des Etwas gegen sie, macht die *quantitative* Bestimmtheit desselben aus.[1]

Zunächst ist die *reine Quantität* von ihr als *bestimmter* Quantität, vom *Quantum* zu unterscheiden. Als jene ist sie *erstens* das in sich zurückgekehrte, reale Fürsichsein, das noch keine Bestimmtheit an ihm hat, – als gediegene sich in sich kontinuierende unendliche Einheit.

Diese geht *zweitens* zu der Bestimmtheit fort, die an ihr gesetzt wird, als solche, die zugleich keine, nur äußerliche ist.

---

1 Ergänzungen in diesem Absatz nach Lasson

Sie wird *Quantum*. Das Quantum ist die gleichgültige Bestimmtheit, d. h. die über sich hinausgehende, sich selbst negierende; es verfällt als dies Anderssein des Andersseins in den *unendlichen* Progreß. Das unendliche Quantum aber ist die aufgehobene gleichgültige Bestimmtheit, es ist die Wiederherstellung der Qualität.

Drittens: das Quantum in qualitativer Form ist das quantitative *Verhältnis*. Das Quantum geht nur überhaupt über sich hinaus; im Verhältnisse aber geht es so über sich in sein Anderssein hinaus, daß dieses, in welchem es seine Bestimmung hat, zugleich gesetzt, ein anderes Quantum ist, – somit sein In-sich-Zurückgekehrtsein und die Beziehung auf sich als in seinem Anderssein vorhanden ist.

Diesem Verhältnisse liegt noch die Äußerlichkeit des Quantums zugrunde, es sind *gleichgültige* Quanta, die sich zueinander verhalten, d. i. ihre Beziehung auf sich selbst in solchem Außersichsein haben; – das Verhältnis ist damit nur formelle Einheit der Qualität und Quantität. Die Dialektik desselben ist sein Übergang in ihre absolute Einheit, in das *Maß*.

Anmerkung

Am Etwas ist seine Grenze als Qualität wesentlich seine Bestimmtheit. Wenn wir aber unter Grenze die quantitative Grenze verstehen und z. B. ein Acker diese seine Grenze verändert, so bleibt er Acker vor wie nach. Wenn hingegen seine qualitative Grenze verändert wird, so ist dies seine Bestimmtheit, wodurch er Acker ist, und er wird Wiese, Wald usf. – Ein Rot, das intensiver oder schwächer ist, ist immer Rot; wenn es aber seine Qualität änderte, so hörte es auf, Rot zu sein, es würde Blau usf. – Die Bestimmung der *Größe* als Quantum, wie sie sich oben ergeben hat, daß ein Sein als Bleibendes zugrunde liegt, *das gegen die Bestimmtheit, die es hat, gleichgültig ist*, ergibt sich an jedem anderen Beispiel.

Unter dem Ausdruck *Größe* wird das *Quantum*, wie an den

gegebenen Beispielen, verstanden, nicht die Quantität, weswegen wesentlich dieser Name aus der fremden Sprache gebraucht werden muß.
Die Definition, welche in der Mathematik von der *Größe* gegeben wird, betrifft gleichfalls das Quantum. Gewöhnlich wird eine Größe definiert als etwas, das sich *vermehren* oder *vermindern* läßt. Vermehren aber heißt, etwas mehr *groß*, vermindern weniger *groß* machen. Es liegt darin ein *Unterschied* der Größe überhaupt von ihr selbst, und die Größe wäre also das, dessen Größe sich verändern läßt. Die Definition zeigt sich insofern als ungeschickt, als in ihr diejenige Bestimmung selbst gebraucht wird, welche definiert werden sollte. Insofern in ihr nicht dieselbe Bestimmung zu gebrauchen ist, ist das *Mehr* und *Weniger* in einen Zusatz als Affirmation, und zwar nach der Natur des Quantums als eine gleichfalls äußerliche, und in ein Wegnehmen, als eine ebenso äußerliche Negation, aufzulösen. Zu dieser *äußerlichen* Weise sowohl der Realität als der Negation bestimmt sich überhaupt die Natur der *Veränderung* am Quantum. Daher ist in jenem unvollkommenen Ausdruck das Hauptmoment nicht zu verkennen, worauf es ankommt; nämlich die Gleichgültigkeit der Veränderung, so daß in ihrem Begriff selbst ihr eigenes Mehr [oder] Minder liegt, ihre Gleichgültigkeit gegen sich selbst.

Erstes Kapitel
Die Quantität

A. Die reine Quantität

Die Quantität ist das aufgehobene Fürsichsein; das repellierende Eins, das sich gegen das ausgeschlossene Eins nur negativ verhielt, in die *Beziehung* mit demselben übergegangen, verhält sich identisch zu dem Anderen und hat damit seine Bestimmung verloren; das Fürsichsein ist in Attraktion übergegangen. Die absolute Sprödigkeit des repellierenden *Eins* ist in diese *Einheit* zerflossen, welche aber, als dies Eins enthaltend, durch die inwohnende Repulsion zugleich bestimmt, als *Einheit des Außersichseins Einheit mit sich selbst ist.* Die Attraktion ist auf diese Weise als das Moment der *Kontinuität* in der Quantität.

Die *Kontinuität* ist also einfache, sich selbst gleiche Beziehung auf sich, die durch keine Grenze und Ausschließung unterbrochen ist, aber *nicht unmittelbare* Einheit, sondern Einheit der fürsichseienden Eins. Es ist darin das *Außereinander der Vielheit* noch enthalten, aber zugleich als ein nicht Unterschiedenes, *Ununterbrochenes.* Die Vielheit ist in der Kontinuität so gesetzt, wie sie an sich ist; die Vielen sind eins was andere, jedes dem anderen gleich, und die Vielheit daher einfache, unterschiedslose Gleichheit. Die Kontinuität ist dieses Moment der *Sichselbstgleichheit* des Außereinanderseins, das Sichfortsetzen der unterschiedenen Eins in ihre von ihnen Unterschiedenen.

Unmittelbar hat daher die Größe in der Kontinuität das Moment der *Diskretion,* – die Repulsion, wie sie nun[2] Moment in der Quantität ist. – Die Stetigkeit ist Sichselbstgleichheit, aber des Vielen, das jedoch nicht zum Ausschließenden wird; die Repulsion dehnt erst die Sichselbstgleichheit zur Kontinuität aus. Die Diskretion ist daher ihrerseits zusammenfließende Diskretion, deren Eins nicht das Leere, das Negative, zu ihrer Beziehung haben, sondern ihre eigene Stetigkeit, und diese Gleichheit mit sich selbst im Vielen nicht unterbrechen.

Die Quantität ist die Einheit dieser Momente, der Kontinuität und Diskretion, aber sie ist dies zunächst in der *Form* des einen derselben, der *Kontinuität,* als Resultat der Dialektik des Fürsichseins, das in die Form sichselbstgleicher Unmittelbarkeit zusammengefallen ist. Die Quantität ist als solche dies einfache Resultat, insofern es seine Momente

---

2 B: »nur«

noch nicht entwickelt und an ihm gesetzt hat. – Sie *enthält* sie zunächst, als das Fürsichsein gesetzt, wie es in Wahrheit ist. Es war seiner Bestimmung nach das sich aufhebende Beziehen auf sich selbst, perennierendes Außersichkommen. Aber das Abgestoßene ist es selbst; die Repulsion ist daher das erzeugende Fortfließen seiner selbst. Um der Dieselbigkeit willen des Abgestoßenen ist dies Diszernieren ununterbrochene Kontinuität; und um des Außersichkommens willen ist diese Kontinuität, ohne unterbrochen zu sein, zugleich Vielheit, die ebenso unmittelbar in ihrer Gleichheit mit sich selbst bleibt.

Anmerkung 1

Die reine Quantität hat noch keine Grenze oder ist noch nicht Quantum; auch insofern sie Quantum wird, wird sie durch die Grenze nicht beschränkt; sie besteht vielmehr eben darin, durch die Grenze nicht beschränkt zu sein, das Fürsichsein als ein Aufgehobenes in sich zu haben. Daß die Diskretion Moment in ihr ist, kann so ausgedrückt werden, daß die Quantität schlechthin in ihr allenthalben die *reale Möglichkeit* des Eins ist, aber umgekehrt, daß das Eins ebenso schlechthin als Kontinuierliches ist.

Der begrifflosen *Vorstellung* wird die Kontinuität leicht zur *Zusammensetzung*, nämlich einer *äußerlichen* Beziehung der Eins aufeinander, worin das Eins in seiner absoluten Sprödigkeit und Ausschließung erhalten bleibt. Es hat sich aber am Eins gezeigt, daß es an und für sich selbst in die Attraktion, in seine Idealität übergeht und daß daher die Kontinuität ihm nicht äußerlich ist, sondern ihm selbst angehört und in seinem Wesen gegründet ist. Diese *Äußerlichkeit* der Kontinuität für die Eins ist es überhaupt, an der die Atomistik hängenbleibt und die zu verlassen die Schwierigkeit für das Vorstellen macht. – Die Mathematik dagegen verwirft eine Metaphysik, welche die Zeit aus Zeitpunkten, den Raum überhaupt oder zunächst die Linie aus Raumpunkten, die Fläche aus Linien, den ganzen Raum aus Flächen *bestehen* lassen wollte; sie läßt solche unkontinuierliche Eins nicht gelten. Wenn sie auch z. B. die Größe einer Fläche so bestimmt, daß sie als die *Summe* von unendlich vielen Linien vorgestellt wird, gilt diese Diskretion nur als momentane Vorstellung, und in der *unendlichen* Vielheit der Linien, da der Raum, den sie ausmachen sollen, doch ein beschränkter ist, liegt schon das Aufgehobensein ihrer Diskretion.

Den Begriff der reinen Quantität gegen die bloße Vorstellung hat *Spinoza*, dem es vorzüglich auf denselben ankam, im Sinne, indem er (*Ethik* I, Prop. XV, Schol.) auf folgende Weise von der Quantität spricht:

»Quantitas duobus modis a nobis concipitur, abstracte scilicet sive superficialiter, prout nempe ipsam imaginamur; vel ut substantia, quod a solo intellectu fit. Si itaque ad quantitatem attendimus, prout in imaginatione est, quod saepe et facilius a nobis fit, reperietur finita, *divisibilis et ex partibus conflata*, si autem ad ipsam, prout in intellectu est, attendimus, et eam, quatenus substantia est, concipimus, quod difficillime fit, ... *infinita, unica et indivisibilis* reperietur. Quod omnibus, qui inter imaginationem et intellectum distinguere sciverint, satis manifestum erit.«[3]

Bestimmtere Beispiele der reinen Quantität, wenn man deren verlangt, hat man an Raum und Zeit, auch der Materie überhaupt, Licht usf., selbst Ich; nur ist unter Quantität, wie schon bemerkt, nicht das Quantum zu verstehen. Raum, Zeit usf. sind Ausdehnungen, Vielheiten, die ein Außersich-

3 »Die Größe wird von uns auf zweierlei Weise begriffen, nämlich einerseits abstrakt und oberflächlich, wenn wir sie vorstellen, andererseits als Substanz, was allein durch den Verstand geschieht. Wenn wir daher die Größe ins Auge fassen, wie sie im Vorstellungsvermögen ist, was häufig geschieht und uns leichter fällt, so wird sie als endlich, teilbar und aus Teilen zusammengesetzt erscheinen; fassen wir sie aber ins Auge, wie sie im Verstande ist, und begreifen wir sie, sofern sie Substanz ist, was sehr schwierig ist, dann erscheint sie ... als unendlich, einzig und unteilbar. Das wird für jeden, der gelernt hat, zwischen Vorstellungsvermögen und Verstand zu unterscheiden, am Tage liegen.« (Übers. Carl Gebhardt)

gehen, ein Strömen sind, das aber nicht ins Entgegengesetzte, in die Qualität oder das Eins übergeht, sondern als Außersichkommen ein perennierendes *Selbstproduzieren* ihrer Einheit sind. Der Raum ist dies absolute *Außersichsein*, das ebensosehr schlechthin ununterbrochen, ein Anders- und Wieder-Anderssein, das identisch mit sich ist, – die Zeit ein absolutes *Außersichkommen*, ein Erzeugen des Eins, Zeitpunktes, des *Jetzt*, das unmittelbar das Zunichtewerden desselben und stetig wieder das Zunichtewerden dieses Vergehens ist; so daß dies Sicherzeugen des Nichtseins ebensosehr einfache Gleichheit und Identität mit sich ist.
Was die *Materie* als Quantität betrifft, so befindet sich unter den *sieben Propositionen*, die von der ersten Dissertation *Leibnizens* aufbewahrt sind (letzte Seite des I. Teils seiner Werke), eine hierüber, die zweite, die so lautet: »Non omnino improbabile est, materiam et quantitatem esse realiter idem.«[4] – In der Tat sind diese Begriffe auch nicht weiter verschieden als darin, daß die Quantität die reine Denkbestimmung, die Materie aber dieselbe in äußerlicher Existenz ist. – Auch dem *Ich* kommt die Bestimmung der reinen Quantität zu, als es ein absolutes Anderswerden, eine unendliche Entfernung oder allseitige Repulsion zur negativen Freiheit des Fürsichseins ist, aber welche schlechthin einfache Kontinuität bleibt, – die Kontinuität der Allgemeinheit oder des Beisichseins, die durch die unendlich mannigfaltigen Grenzen, den Inhalt der Empfindungen, Anschauungen usf. nicht unterbrochen wird. – Welche sich dagegen sträuben, die *Vielheit als einfache Einheit* zu fassen, und außer dem *Begriffe*, daß von den Vielen jedes dasselbe ist, was das andere, nämlich eins der Vielen – indem nämlich hier nicht von weiter bestimmtem Vielem, von Grünem, Rotem usf.,

4 »Es ist gar nicht unwahrscheinlich, daß Materie und Quantität in Wirklichkeit dasselbe sind.« – Diese Dissertation – *De Principio Individui*, 1663 – wurde erst 1837 vollständig publiziert. Vgl. Leibniz, *Die philosophischen Schriften*, hrsg. von C. J. Gerhardt, Berlin 1875 ff., Bd. 4, S. 15 ff.; 2. Corollarium S. 26.

sondern von dem Vielen an und für sich betrachtet die Rede ist –, auch eine *Vorstellung* von dieser Einheit verlangen, die finden dergleichen hinlänglich an jenen Stetigkeiten, die den deduzierten Begriff der Quantität in einfacher Anschauung als vorhanden geben.

Anmerkung 2

In die Natur der Quantität, diese einfache Einheit der Diskretion und der Kontinuität zu sein, fällt der Streit oder die *Antinomie der unendlichen Teilbarkeit* des Raumes, der Zeit, der Materie usf.

Diese Antinomie besteht allein darin, daß die Diskretion ebensosehr als die Kontinuität behauptet werden muß. Die einseitige Behauptung der Diskretion gibt das unendliche oder absolute *Geteiltsein*, somit ein Unteilbares zum Prinzip; die einseitige Behauptung der Kontinuität dagegen die unendliche *Teilbarkeit*.

Die Kantische *Kritik der reinen Vernunft* stellt bekanntlich *vier* (kosmologische) *Antinomien* auf, worunter die *zweite* den *Gegensatz* betrifft, den die *Momente der Quantität* ausmachen.

Diese Kantischen Antinomien bleiben immer ein wichtiger Teil der kritischen Philosophie; sie sind es vornehmlich, die den Sturz der vorhergehenden Metaphysik bewirkten und als ein Hauptübergang in die neuere Philosophie angesehen werden können, indem sie insbesondere die Überzeugung von der Nichtigkeit der Kategorien der Endlichkeit von seiten des *Inhalts* herbeiführen halfen, – was ein richtigerer Weg ist als der formelle eines subjektiven Idealismus, nach welchem nur dies ihr Mangel sein soll, subjektiv zu sein, nicht das, was sie an ihnen selbst sind. Bei ihrem großen Verdienst aber ist diese Darstellung sehr unvollkommen; teils in sich selbst gehindert und verschroben, teils schief in Ansehung ihres Resultats, welches voraussetzt, daß das Erkennen keine anderen Formen des Denkens habe als endliche Kategorien. – In beider Rücksicht verdienen diese Antinomien eine genauere Kritik, die sowohl ihren Standpunkt und Methode näher beleuchten, als auch den Hauptpunkt, worauf es ankommt, von der unnützen Form, in die er hineingezwängt ist, befreien wird.

Zunächst bemerke ich, daß Kant seinen vier kosmologischen Antinomien durch das Einteilungsprinzip, das er von seinem Schema der Kategorien hernahm, einen Schein von Vollständigkeit geben wollte. Allein die tiefere Einsicht in die antinomische oder wahrhafter in die dialektische Natur der Vernunft zeigt überhaupt *jeden* Begriff als Einheit entgegengesetzter Momente auf, denen man also die Form antinomischer Behauptungen geben könnte. Werden, Dasein usf. und jeder andere Begriff könnte so seine besondere Antinomie liefern und also so viele Antinomien aufgestellt werden, als sich Begriffe ergeben. – Der alte Skeptizismus hat sich die Mühe nicht verdrießen lassen, in allen Begriffen, die er in den Wissenschaften vorfand, diesen Widerspruch oder die Antinomie aufzuzeigen.

Ferner hat Kant die Antinomie nicht in den Begriffen selbst, sondern in der schon *konkreten* Form kosmologischer Bestimmungen aufgefaßt. Um die Antinomie rein zu haben und sie in ihrem einfachen Begriffe zu behandeln, mußten die Denkbestimmungen nicht in ihrer Anwendung und Vermischung mit der Vorstellung der Welt, des Raums, der Zeit, der Materie usf. genommen, sondern ohne diesen konkreten Stoff, der keine Kraft noch Gewalt dabei hat, rein für sich betrachtet werden, indem sie allein das Wesen und den Grund der Antinomien ausmachen.

Kant gibt diesen Begriff von den Antinomien, daß sie nicht sophistische Künsteleien seien, sondern Widersprüche, auf welche die Vernunft notwendig *stoßen* (nach Kantischem Ausdrucke) müsse, – was eine wichtige Ansicht ist. – ›Von dem natürlichen Scheine der Antinomien werde die Vernunft, wenn sie seinen Grund einsieht, zwar nicht mehr hintergangen, aber immer noch getäuscht.‹ [B 449] – die kritische Auflösung nämlich durch die sogenannte transzendentale

Idealität der Welt der Wahrnehmung hat kein anderes Resultat, als daß sie den sogenannten Widerstreit zu etwas *Subjektivem* macht, worin er freilich noch immer derselbe Schein, d. h. so unaufgelöst bleibt, als vorher. Ihre wahrhafte Auflösung kann nur darin bestehen, daß zwei Bestimmungen, indem sie entgegengesetzt und einem und demselben Begriffe notwendig sind, nicht in ihrer Einseitigkeit, jede für sich, gelten können, sondern daß sie ihre Wahrheit nur in ihrem Aufgehobensein, in der Einheit ihres Begriffes haben.

Die Kantischen Antinomien, näher betrachtet, enthalten nichts anderes als die ganz einfache kategorische Behauptung *eines jeden* der zwei entgegengesetzten Momente einer Bestimmung, für sich *isoliert* von der anderen. Aber dabei ist diese einfache kategorische oder eigentlich assertorische Behauptung in ein schiefes, verdrehtes Gerüst von Räsonnement eingehüllt, wodurch ein Schein von Beweisen hervorgebracht und das bloß Assertorische der Behauptung versteckt und unkenntlich gemacht werden soll, wie sich dies bei der näheren Betrachtung derselben zeigen wird.

Die Antinomie, die hierher gehört, betrifft die sogenannte *unendliche Teilbarkeit der Materie* und beruht auf dem Gegensatz der Momente der Kontinuität und Diskretion, welche der Begriff der Quantität in sich enthält.

Die *Thesis* derselben nach Kantischer Darstellung lautet so: »*Eine jede zusammengesetzte Substanz in der Welt besteht aus einfachen Teilen, und es existiert überall nichts als das Einfache oder das, was aus diesem zusammengesetzt ist.*« [B 462]

Es wird hier dem Einfachen, dem Atomen, das *Zusammengesetzte* gegenübergestellt, was gegen das Stetige oder Kontinuierliche eine sehr zurückstehende Bestimmung ist. – Das Substrat, das diesen Abstraktionen gegeben ist, nämlich Substanzen in der Welt, heißt hier weiter nichts als die Dinge, wie sie sinnlich wahrnehmbar sind, und hat auf das Antinomische selbst keinen Einfluß; es konnte ebensogut auch Raum oder Zeit genommen werden. – Indem nun die Thesis nur von *Zusammensetzung* statt von *Kontinuität* lautet, so ist sie eigentlich sogleich ein analytischer oder *tautologischer* Satz. Daß das Zusammengesetzte nicht an und für sich *Eines*, sondern nur ein äußerlich Verknüpftes ist und *aus Anderem besteht*, ist seine unmittelbare Bestimmung. Das Andere aber des Zusammengesetzten ist das Einfache. Es ist daher tautologisch, zu sagen, daß das Zusammengesetzte aus Einfachem besteht. – Wenn einmal gefragt wird, *aus was* etwas *bestehe*, so wird die Angabe *eines Anderen* verlangt, dessen *Verbindung* jenes Etwas ausmache. Läßt man die Tinte wieder aus Tinte bestehen, so ist der Sinn der Frage nach dem Bestehen aus Anderem verfehlt, sie ist nicht beantwortet und wiederholt sich nur. Eine weitere Frage ist dann, ob das, wovon die Rede ist, *aus etwas bestehen* soll oder nicht. Aber das Zusammengesetzte ist schlechthin ein solches, das ein Verbundenes sein und aus Anderem bestehen soll. – Wird das Einfache, welches das Andere des Zusammengesetzten sei, nur für ein *relativ Einfaches* genommen, das für sich wieder zusammengesetzt sei, so bleibt die Frage vor wie nach. Der Vorstellung schwebt etwa nur dies oder jenes Zusammengesetzte vor, von dem auch dies oder jenes Etwas als *sein* Einfaches angegeben würde, was für sich ein Zusammengesetztes wäre. Aber hier ist von dem *Zusammengesetzten als solchem* die Rede.

Was nun den Kantischen *Beweis* der Thesis betrifft, so macht er wie alle Kantischen Beweise der übrigen antinomischen Sätze den *Umweg*, der sich als sehr überflüssig zeigen wird, *apogogisch* zu sein.

»Nehmet an,« beginnt er, »die zusammengesetzten Substanzen beständen nicht aus einfachen Teilen; so würde, wenn *alle* Zusammensetzung in Gedanken *aufgehoben* würde, kein zusammengesetzter Teil und, da es (nach der soeben gemachten Annahme) keine einfachen Teile gibt, auch kein einfacher, mithin gar nichts übrigbleiben, folglich keine Substanz sein gegeben worden.« [ibid.]

Diese Folgerung ist ganz richtig: wenn es nichts als Zusammengesetztes gibt, und man denkt sich alles Zusammengesetzte weg, so hat man gar nichts übrig; – man wird dies zugeben, aber dieser tautologische Überfluß konnte wegbleiben und der Beweis sogleich mit dem anfangen, was darauf folgt, nämlich:

»Entweder also läßt sich unmöglich alle Zusammensetzung in Gedanken aufheben, oder es muß nach deren Aufhebung etwas ohne alle Zusammensetzung Bestehendes, d. i. das Einfache, übrigbleiben. Im ersteren Falle aber würde das Zusammengesetzte wiederum nicht aus Substanzen bestehen (*weil bei diesen die Zusammensetzung nur eine zufällige Relation der Substanzen* ist, ohne welche diese, als für sich beharrliche Wesen, bestehen müssen*). Da nun dieser Fall der Voraussetzung widerspricht, so bleibt nur der zweite übrig: daß nämlich das substantielle Zusammengesetzte in der Welt aus einfachen Teilen bestehe.« [B 462, 464]

Derjenige Grund ist nebenher in eine Parenthese gelegt, der die Hauptsache ausmacht, gegen welche alles Bisherige völlig überflüssig ist. Das Dilemma ist dieses: Entweder ist das Zusammengesetzte das Bleibende oder nicht, sondern das Einfache. Wäre das erstere, nämlich das Zusammengesetzte das Bleibende, so wäre das Bleibende nicht die Substanzen, denn *diesen ist die Zusammensetzung nur zufällige Relation*; aber Substanzen sind das Bleibende; also ist das, was bleibt, das Einfache.

Es erhellt, daß ohne den apogogischen Umweg an die Thesis »Die zusammengesetzte Substanz besteht aus einfachen Teilen« unmittelbar jener Grund als Beweis angeschlossen werden konnte, *weil* die Zusammensetzung bloß eine *zufällige* Relation der Substanzen ist, welche ihnen also äußerlich ist und die Substanzen selbst nichts angeht. – Hat es mit der Zufälligkeit der Zusammensetzung seine Richtig-

* Zum Überfluß des Beweisens selbst kommt hier noch der Überfluß der Sprache, – weil *bei diesen* (den Substanzen nämlich) die Zusammensetzung nur eine zufällige Relation *der Substanzen* ist.

keit; so ist das Wesen freilich das Einfache. Diese Zufälligkeit aber, auf welche es allein ankommt, wird nicht bewiesen, sondern geradezu, und zwar im Vorbeigehen in Parenthese, angenommen als etwas, das sich von selbst versteht oder eine Nebensache ist. Es versteht sich zwar allerdings von selbst, daß die Zusammensetzung die Bestimmung der Zufälligkeit und Äußerlichkeit ist; aber wenn es sich nur um ein zufälliges Zusammen handeln sollte statt der Kontinuität, so war es nicht der Mühe wert, darüber eine Antinomie aufzustellen, oder vielmehr es ließ sich gar keine aufstellen; die Behauptung der Einfachheit der Teile ist alsdann, wie erinnert, nur tautologisch.

In dem apogogischen Umwege sehen wir somit die Behauptung selbst vorkommen, die aus ihm resultieren soll. Kürzer läßt sich daher der Beweis so fassen:

Man nehme an, die Substanzen beständen nicht aus einfachen Teilen, sondern seien nur zusammengesetzt. Nun aber kann man alle Zusammensetzung in Gedanken aufheben (denn sie ist nur eine zufällige Relation); also blieben nach deren Aufhebung keine Substanzen übrig, wenn sie nicht aus einfachen Teilen beständen. Substanzen aber müssen wir haben, denn wir haben sie angenommen; es soll uns nicht alles verschwinden, sondern etwas übrigbleiben; denn wir haben ein solches Beharrliches, das wir Substanz nannten, vorausgesetzt; dies Etwas muß also einfach sein.

Es gehört noch zum Ganzen, den Schlußsatz zu betrachten; er lautet folgendermaßen:

»Hieraus *folgt* unmittelbar, daß die Dinge der Welt insgesamt einfache Wesen seien, *daß die Zusammensetzung nur ein äußerer Zustand derselben sei* und daß ... die Vernunft die Elementarsubstanzen ... als einfache Wesen denken müsse.« [B 464]

Hier sehen wir die Äußerlichkeit, d. i. Zufälligkeit der Zusammensetzung als *Folge* aufgeführt, nachdem sie vorher im Beweise parenthetisch eingeführt und in ihm gebraucht worden war.

Kant protestiert sehr, daß er bei den widerstreitenden Sätzen der Antinomie nicht Blendwerke suche, um etwa (wie man zu sagen pflege) einen Advokatenbeweis zu führen. Der betrachtete Beweis ist nicht so sehr eines Blendwerks zu beschuldigen als einer unnützen gequälten Geschrobenheit, die nur dazu dient, die außere Gestalt eines Beweises hervorzubringen und es nicht in seiner ganzen Durchsichtigkeit zu lassen, daß das, was als Folgerung hervortreten sollte, in Parenthese der Angel[punkt] des Beweises ist, daß überhaupt kein Beweis, sondern nur eine Voraussetzung vorhanden ist.

Die *Antithesis* lautet:

»*Kein zusammengesetztes Ding in der Welt besteht aus einfachen Teilen, und es existiert überall nichts Einfaches in derselben.*« [B 463]

Der *Beweis* ist gleichfalls apogogisch gewendet und auf eine andere Weise ebenso tadelhaft als der vorige.

»Setzet,« heißt es, »ein zusammengesetztes Ding (als Substanz) bestehe aus einfachen Teilen. Weil alles *äußere Verhältnis,* mithin auch alle Zusammensetzung aus Substanzen nur im *Raume* möglich ist, so muß, aus so viel Teilen das Zusammengesetzte besteht, aus ebenso viel Teilen auch der Raum bestehen, den es einnimmt. Nun besteht der Raum nicht aus einfachen Teilen, sondern aus Räumen. Also muß jeder Teil des Zusammengesetzten einen Raum einnehmen. Die schlechthin ersten Teile aber alles Zusammengesetzten sind einfach. Also nimmt das Einfache einen Raum ein. Da nun alles Reale, was einen Raum einnimmt, ein außerhalb einander befindliches Mannigfaltiges in sich faßt, mithin zusammengesetzt ist, und zwar ... aus Substanzen, so würde das Einfache ein substantielles Zusammengesetztes sein; welches sich widerspricht.« [ibid.]

Dieser Beweis kann ein ganzes *Nest* (um einen sonst vorkommenden Kantischen Ausdruck zu gebrauchen) von fehlerhaftem Verfahren genannt werden.

Zunächst ist die apogogische Wendung ein grundloser Schein.

Denn die Annahme, daß *alles Substantielle räumlich* sei, der *Raum* aber *nicht* aus *einfachen Teilen bestehe*, ist eine direkte Behauptung, die zum unmittelbaren Grund des zu Beweisenden gemacht und mit der das ganze Beweisen fertig ist.
Alsdann fängt dieser apogogische Beweis mit dem Satze an, daß alle Zusammensetzung aus Substanzen ein *äußeres* Verhältnis sei, vergißt ihn aber sonderbar genug sogleich wieder. Es wird nämlich fortgeschlossen, daß die Zusammensetzung nur im *Raume* möglich sei, der Raum bestehe aber nicht aus einfachen Teilen, das Reale, das einen Raum einnehme, sei mithin zusammengesetzt. Wenn einmal die Zusammensetzung als ein äußerliches Verhältnis angenommen ist, so ist die Räumlichkeit selbst, als in der allein die Zusammensetzung möglich sein soll, eben darum ein äußerliches Verhältnis für die Substanzen, das sie nichts angeht und ihre Natur nicht berührt, sowenig als das übrige, was man aus der Bestimmung der Räumlichkeit noch folgern kann. Aus jenem Grunde eben sollten die Substanzen nicht in den Raum gesetzt worden sein.
Ferner ist vorausgesetzt, daß der Raum, in den die Substanzen hier versetzt werden, nicht aus einfachen Teilen bestehe; weil er eine Anschauung, nämlich, nach Kantischer Bestimmung, eine Vorstellung, die nur durch einen einzigen Gegenstand gegeben werden könne, und kein sogenannter diskursiver Begriff sei. – Bekanntlich hat sich aus dieser Kantischen Unterscheidung von Anschauung und Begriff viel Unfug mit dem Anschauen entwickelt, und um das Begreifen zu ersparen, ist der Wert und das Gebiet derselben auf alles Erkennen ausgedehnt worden. Hierher gehört nur, daß der Raum, wie auch die Anschauung selbst, zugleich *begriffen* werden muß, wenn man nämlich überhaupt begreifen will. Damit entstünde die Frage, ob der Raum nicht, wenn er auch als Anschauung einfache Kontinuität wäre, nach seinem Begriffe als aus einfachen Teilen bestehend gefaßt werden müsse, oder der Raum träte in dieselbe Antinomie ein, in welche nur die Substanz versetzt wurde. In

der Tat, wenn die Antinomie abstrakt gefaßt wird, betrifft sie, wie erinnert, die Quantität überhaupt und somit Raum und Zeit ebensosehr.

Weil aber im Beweise angenommen ist, daß der Raum nicht aus einfachen Teilen bestehe, so hätte dies Grund sein sollen, das Einfache nicht in dies Element zu versetzen, welches der Bestimmung des Einfachen nicht angemessen ist. – Hierbei kommt aber auch die Kontinuität des Raumes mit der Zusammensetzung in Kollision; es werden beide miteinander verwechselt, die erstere an die Stelle der letzteren untergeschoben (was im Schlusse eine *Quaternio terminorum* gibt). Es ist bei Kant die ausdrückliche Bestimmung des Raums, daß er ein *einiger* ist und die Teile desselben nur auf Einschränkungen beruhen, so daß sie »nicht *vor* dem einigen allbefassenden Raume gleichsam als dessen *Bestandteile* (daraus seine *Zusammensetzung* möglich sei) vorhergehen« (*Kritik der reinen Vernunft*, 2. Ausg. [B], S. 39). Hier ist die Kontinuität sehr richtig und bestimmt vom Raume *gegen* die Zusammensetzung aus Bestandteilen angegeben. In der Argumentation dagegen soll das Versetzen der Substanzen in den Raum ein »außerhalb einander *befindliches* Mannigfaltiges«, und zwar »mithin ein Zusammengesetztes« mit sich führen. Wogegen, wie angeführt, die Art, wie im Raume eine Mannigfaltigkeit sich findet, ausdrücklich die Zusammensetzung und der Einigkeit desselben vorhergehende Bestandteile ausschließen soll.

In der Anmerkung zu dem Beweis der Antithesis wird noch ausdrücklich die sonstige Grundvorstellung der kritischen Philosophie herbeigebracht, daß wir von Körpern nur als *Erscheinungen* einen *Begriff* haben; als solche aber setzen sie den Raum, als die Bedingung der Möglichkeit aller äußeren Erscheinung, notwendig voraus. Wenn hiermit unter den Substanzen nur Körper gemeint sind, wie wir sie sehen, fühlen, schmecken usf., so ist von dem, was sie in ihrem Begriffe sind, eigentlich nicht die Rede; es handelt sich nur vom sinnlich Wahrgenommenen. Der Beweis der Antithesis war also kurz zu fassen: Die ganze Erfahrung unseres Sehens, Fühlens usf. zeigt uns nur Zusammengesetztes; auch die besten Mikroskope und die feinsten Messer haben uns noch auf nichts Einfaches *stoßen* lassen. Also soll auch die Vernunft nicht auf etwas Einfaches stoßen wollen.

Wenn wir hiermit den Gegensatz dieser Thesis und Antithesis genauer ansehen und ihre Beweise von allem unnützen Überfluß und Verschrobenheit befreien, so enthält der Beweis der Antithesis – durch die Versetzung der Substanzen in den Raum – die assertorische Annahme der *Kontinuität*, so wie der Beweis der Thesis – durch die Annahme der Zusammensetzung als der Art der Beziehung des Substantiellen – die assertorische Annahme der *Zufälligkeit dieser Beziehung* und damit die Annahme der Substanzen als *absoluter Eins*. Die ganze Antinomie reduziert sich also auf die Trennung und direkte Behauptung der beiden Momente der Quantität, und zwar derselben als schlechthin getrennter. Nach der bloßen *Diskretion* genommen sind die Substanz, Materie, Raum, Zeit usf. schlechthin geteilt; das Eins ist ihr Prinzip. Nach der *Kontinuität* ist dieses Eins nur ein aufgehobenes; das Teilen bleibt Teilbarkeit, es bleibt die *Möglichkeit* zu teilen, als Möglichkeit, ohne wirklich auf das Atome zu kommen. Bleiben wir nun auch bei der Bestimmung stehen, die in dem Gesagten von diesen Gegensätzen gegeben ist, so liegt in der Kontinuität selbst das Moment des Atomen, da sie schlechthin als die Möglichkeit des Teilens ist, so wie jenes Geteiltsein, die Diskretion, auch allen Unterschied der Eins aufhebt – denn die einfachen Eins ist eines was das andere ist –, somit ebenso ihre Gleichheit und damit ihre Kontinuität enthält. Indem jede der beiden entgegengesetzten Seiten an ihr selbst ihre andere enthält und keine ohne die andere gedacht werden kann, so folgt daraus, daß keine dieser Bestimmungen, allein genommen, Wahrheit hat, sondern nur ihre Einheit. Dies ist die wahrhafte dialektische Betrachtung derselben sowie das wahrhafte Resultat.

Unendlich sinnreicher und tiefer als die betrachtete Kantische Antinomie sind die dialektischen Beispiele der alten *eleatischen Schule,* besonders die *Bewegung* betreffend, die sich gleichfalls auf den Begriff der Quantität gründen und in ihm ihre Auflösung haben. Es würde zu weitläufig sein, sie hier noch zu betrachten; sie betreffen die Begriffe von Raum und Zeit und können bei diesen und in der Geschichte der Philosophie abgehandelt werden. – Sie machen der Vernunft ihrer Erfinder die höchste Ehre; sie haben das reine Sein des Parmenides zum *Resultate,* indem sie die Auflösung alles bestimmten Seins in sich selbst aufzeigen, und sind somit an ihnen selbst das *Fließen* des Heraklit. Sie sind darum auch einer gründlicheren Betrachtung würdig als der gewöhnlichen Erklärung, daß es eben Sophismen seien; welche Assertion sich an das empirische Wahrnehmen nach dem – dem gemeinen Menschenverstande so einleuchtenden – Vorgange des Diogenes hält, der, als ein Dialektiker den Widerspruch, den die Bewegung enthält, aufzeigte, seine Vernunft weiter nicht angestrengt haben, sondern durch ein stummes Hin- und Hergehen auf den Augenschein verwiesen haben soll, – eine Assertion und Widerlegung, die freilich leichter zu machen ist, als sich in die Gedanken einzulassen und die Verwicklungen, in welche der Gedanke, und zwar der nicht weithergeholte, sondern im gewöhnlichen Bewußtsein selbst sich formierende, hineinführt, festzuhalten und durch den Gedanken selbst aufzulösen.

Die Auflösung, die *Aristoteles* von diesen dialektischen Gestaltungen macht, sind hoch zu rühmen und in seinen wahrhaft spekulativen Begriffen von Raum, Zeit und Bewegung enthalten. Er setzt der unendlichen Teilbarkeit (was, da sie vorgestellt wird, als ob sie bewerkstelligt werde, mit dem unendlichen Geteiltsein, den Atomen, dasselbe ist), als worauf die berühmtesten jener Beweise beruhen, die Kontinuität, welche ebensowohl auf die Zeit als den Raum geht, entgegen, so daß die unendliche, d. h. abstrakte Vielheit nur *an sich,* der *Möglichkeit* nach, in der Kontinuität enthalten sei. Das Wirkliche gegen die abstrakte Vielheit wie gegen die abstrakte Kontinuität ist das Konkrete derselben, die Zeit und der Raum selbst, wie gegen diese wieder die Bewegung und die Materie. Nur an sich oder nur der Möglichkeit nach ist das *Abstrakte*; es ist nur als Moment eines Reellen. *Bayle*, der in seinem *Dictionnaire*, Art. Zenon, die von Aristoteles gemachte Auflösung der zenonischen Dialektik »pitoyable« findet, versteht nicht, was es heißt, daß die Materie nur der *Möglichkeit nach* ins Unendliche teilbar sei; er erwidert, wenn die Materie ins Unendliche teilbar sei, so enthalte sie *wirklich* eine unendliche Menge von Teilen; dies sei also nicht ein Unendliches *en puissance*, sondern ein Unendliches, das reell und aktuell existiere. – Vielmehr ist schon die *Teilbarkeit* selbst nur eine Möglichkeit, nicht ein *Existieren der Teile*, und die Vielheit überhaupt in der Kontinuität nur als Moment, als Aufgehobenes gesetzt. – Scharfsinniger Verstand, an dem Aristoteles wohl auch unübertroffen ist, reicht nicht hin, dessen spekulative Begriffe zu fassen und zu beurteilen, sowenig als die angeführte Plumpheit sinnlicher Vorstellung, Argumentationen des Zeno zu widerlegen; jener Verstand ist in dem Irrtume, solche Gedankendinge, Abstraktionen wie unendliche Menge von Teilen, für Etwas, für ein Wahres und Wirkliches zu halten; dieses sinnliche Bewußtsein aber läßt sich nicht über das Empirische hinaus zu Gedanken bringen.

Die Kantische Auflösung der Antinomie besteht gleichfalls allein darin, daß die Vernunft die *sinnliche Wahrnehmung* nicht *überfliegen* und die Erscheinung, wie sie ist, nehmen solle. Diese Auflösung läßt den Inhalt der Antinomie selbst auf der Seite liegen; sie erreicht die Natur des *Begriffes* ihrer Bestimmungen nicht, deren jede, für sich isoliert, nichtig und an ihr selbst nur das Übergehen in ihre andere ist und die Quantität als ihre Einheit und darin ihre Wahrheit hat.

B. Kontinuierliche und diskrete Grösse

1. Die Quantität enthält die beiden Momente der Kontinuität und der Diskretion. Sie ist in beiden als ihren Bestimmungen zu setzen. – Sie ist schon sogleich *unmittelbare* Einheit derselben, d. h. sie ist zunächst selbst nur in der einen ihrer Bestimmungen, der Kontinuität, gesetzt und ist so *kontinuierliche Größe.*

Oder die Kontinuität ist zwar eines der Momente der Quantität, die erst mit dem anderen, der Diskretion, vollendet ist. Aber die Quantität ist konkrete Einheit nur, insofern sie die Einheit *unterschiedener* Momente ist. Diese sind daher auch als unterschieden zu nehmen, jedoch nicht in Attraktion und Repulsion wieder aufzulösen, sondern nach ihrer Wahrheit jede in ihrer Einheit mit der anderen, d. h. *das Ganze* bleibend. Die Kontinuität ist nur die zusammenhängende, gediegene Einheit, als Einheit des Diskreten; so *gesetzt* ist sie nicht mehr nur Moment, sondern ganze Quantität, – *kontinuierliche Größe.*

2. Die *unmittelbare* Quantität ist kontinuierliche Größe. Aber die Quantität ist überhaupt nicht ein Unmittelbares; die Unmittelbarkeit ist eine Bestimmtheit, deren Aufgehobensein sie selbst ist. Sie ist also in der ihr immanenten Bestimmtheit zu setzen, diese ist das Eins. Die Quantität ist *diskrete Größe.*

Die Diskretion ist, wie die Kontinuität, Moment der Quantität, aber ist selbst auch die ganze Quantität, eben weil sie Moment in ihr, dem Ganzen ist, also als unterschieden nicht aus demselben, nicht aus ihrer Einheit mit dem anderen Momente heraustritt. – Die Quantität ist Außereinandersein an sich, und die kontinuierliche Größe ist dies Außereinandersein als sich ohne Negation fortsetzend, als ein in sich selbst gleicher Zusammenhang. Die diskrete Größe aber ist dies Außereinander als nicht kontinuierlich, als unterbrochen. Mit dieser Menge von Eins ist jedoch nicht die Menge des Atomen und das Leere, die Repulsion überhaupt, wieder vorhanden. Weil die diskrete Größe Quantität ist, ist ihre Diskretion selbst kontinuierlich. Diese Kontinuität am Diskreten besteht darin, daß die Eins das einander Gleiche sind oder daß sie dieselbe *Einheit* haben. Die diskrete Größe ist also das Außereinander des vielen Eins, *als des Gleichen,* nicht das viele Eins überhaupt, sondern als das *Viele einer Einheit* gesetzt.

Anmerkung

In gewöhnlichen Vorstellungen von kontinuierlicher und diskreter Größe wird es übersehen, daß *jede* dieser Größen beide Momente, sowohl die Kontinuität als die Diskretion, an ihr hat und ihr Unterschied nur dadurch konstituiert wird, welches von beiden Momenten die *gesetzte* Bestimmtheit und welches nur die an sich seiende ist. Raum, Zeit, Materie usf. sind stetige Größen, indem sie Repulsionen von sich selbst, ein strömendes Außersichkommen sind, das zugleich nicht ein Übergehen oder Verhalten zu einem qualitativ Anderen ist. Sie haben die absolute Möglichkeit, daß das Eins allenthalben an ihnen gesetzt werde; nicht als die leere Möglichkeit eines bloßen Andersseins (wie man sagt, es wäre möglich, daß an der Stelle dieses Steines ein Baum stünde), sondern sie enthalten das Prinzip des Eins an ihnen selbst, es ist die eine der Bestimmungen, von denen sie konstituiert sind.

Umgekehrt ist an der diskreten Größe die Kontinuität nicht zu übersehen; dies Moment ist, wie gezeigt, das Eins als Einheit.

Die kontinuierliche und diskrete Größe können als *Arten* der Quantität betrachtet werden, aber insofern die Größe nicht unter irgendeiner äußerlichen Bestimmtheit gesetzt ist, sondern unter den *Bestimmtheiten ihrer eigenen* Momente; der gewöhnliche Übergang von Gattung zu Art läßt an jene nach irgendeinem ihr *äußerlichen* Einteilungsgrunde *äußerliche* Bestimmungen kommen. Dabei sind die kontinuierliche und diskrete Größe noch keine Quanta; sie sind nur die

Quantität selbst in einer jeden ihrer beiden Formen. Sie werden etwa Größen genannt, insofern sie mit dem Quantum dies überhaupt gemein haben, eine Bestimmtheit an der Quantität zu sein.

C. Begrenzung der Quantität

Die diskrete Größe hat erstlich das Eins zum Prinzip und ist zweitens Vielheit der Eins, drittens ist sie wesentlich stetig, sie ist das Eins zugleich als Aufgehobenes, als *Einheit*, das Sich-Kontinuieren als solches in der Diskretion der Eins. Sie ist daher als *eine* Größe gesetzt, und die Bestimmtheit derselben ist das Eins, das an diesem Gesetztsein und Dasein *ausschließendes* Eins, Grenze an der Einheit ist. Die diskrete Größe als solche soll unmittelbar nicht begrenzt sein; aber als unterschieden von der kontinuierlichen ist sie als ein Dasein und ein Etwas, dessen Bestimmtheit das Eins und als in einem Dasein auch erste Negation und Grenze ist.

Diese Grenze, außerdem, daß sie auf die Einheit bezogen und die Negation *an derselben* ist, ist als Eins auch *auf sich bezogen*; so *ist* sie umschließende, befassende Grenze. Die Grenze unterscheidet sich hier nicht zuerst von dem Etwas ihres Daseins, sondern ist als Eins unmittelbar dieser negative Punkt selbst. Aber das Sein, das hier begrenzt ist, ist wesentlich als Kontinuität, vermöge derer es über die Grenze und dies Eins hinausgeht und gleichgültig dagegen ist. Die reale diskrete Quantität ist so *eine* Quantität oder Quantum, – die Quantität als ein Dasein und Etwas.

Indem das Eins, welches Grenze ist, die vielen Eins der diskreten Quantität in sich befaßt, setzt sie dieselben ebensowohl als in ihm aufgehobene; sie ist Grenze an der Kontinuität überhaupt als solcher, und damit ist hier der Unterschied von kontinuierlicher und diskreter Größe gleichgültig; oder richtiger, sie ist Grenze an der Kontinuität *der einen* sosehr als *der anderen; beide* gehen darein über, Quanta zu sein.

Zweites Kapitel
Quantum

Das Quantum – *zunächst* Quantität mit einer Bestimmtheit oder Grenze überhaupt – ist in seiner vollkommenen Bestimmtheit die *Zahl.* Das Quantum unterscheidet sich *zweitens* zunächst in *extensives,* an dem die Grenze als Beschränkung der daseienden *Vielheit* ist, alsdann, indem dieses Dasein ins Fürsichsein übergeht, in *intensives* Quantum, *Grad,* welches als *für sich* und darin als *gleichgültige Grenze* ebenso unmittelbar *außer sich* seine Bestimmtheit an einem Anderen hat. Als dieser gesetzte Widerspruch, so einfach in sich bestimmt zu sein und seine Bestimmtheit außer sich zu haben und für sie außer sich zu weisen, geht das Quantum *drittens* als das an sich selbst äußerliche Gesetzte in die *quantitative Unendlichkeit* über.

A. Die Zahl

Die Quantität ist Quantum oder hat eine Grenze, sowohl als kontinuierliche wie als diskrete Größe. Der Unterschied dieser Arten hat hier zunächst keine Bedeutung.

Die Quantität ist als das aufgehobene Fürsichsein schon an und für sich selbst gegen ihre Grenze gleichgültig. Aber damit ist ihr ebenso die Grenze oder ein Quantum zu sein nicht gleichgültig; denn sie enthält das Eins, das absolute Bestimmtsein, in sich als ihr eigenes Moment, das also als gesetzt an ihrer Kontinuität oder Einheit ihre Grenze ist, die aber als Eins, zu dem sie überhaupt geworden, bleibt.

Dies Eins ist also das Prinzip des Quantums, aber das Eins *als der Quantität.* Dadurch ist es *erstlich* kontinuierlich, es ist *Einheit*; *zweitens* ist es diskret, an sich seiende (wie in der kontinuierlichen) oder gesetzte (wie in der diskreten Größe) Vielheit der Eins, welche die Gleichheit miteinander, jene Kontinuität, dieselbe Einheit haben. *Drittens* ist dies

Eins auch Negation der vielen Eins als einfache Grenze, ein Ausschließen seines Andersseins aus sich, eine Bestimmung seiner gegen *andere* Quanta. Das Eins ist insofern α) sich *auf sich beziehende,* β) *umschließende* und γ) *anderes ausschließende* Grenze.

Das Quantum, in diesen Bestimmungen vollständig gesetzt, ist die *Zahl.* Das vollständige Gesetztsein liegt in dem Dasein der Grenze als *Vielheit* und damit ihrem Unterschiedensein von der Einheit. Die Zahl erscheint deswegen als diskrete Größe, aber sie hat an der Einheit ebenso die Kontinuität. Sie ist darum auch das Quantum in vollkommener *Bestimmtheit,* indem in ihr die Grenze als bestimmte *Vielheit* [ist], die das Eins, das schlechthin Bestimmte, zu seinem Prinzipe hat. Die Kontinuität, als in der das Eins nur *an sich,* als Aufgehobenes ist – gesetzt als Einheit –, ist die Form der Unbestimmtheit.

Das Quantum nur als solches ist begrenzt überhaupt; seine Grenze ist abstrakte, einfache Bestimmtheit desselben. Indem es aber Zahl ist, ist diese Grenze als *in sich selbst mannigfaltig* gesetzt. Sie enthält die vielen Eins, die ihr Dasein ausmachen, enthält sie aber nicht auf unbestimmte Weise, sondern die Bestimmtheit der Grenze fällt in sie; die Grenze schließt anderes Dasein, d. i. andere Viele aus, und die von ihr umschlossenen Eins sind eine bestimmte Menge, die *Anzahl,* zu welcher als der Diskretion, wie sie in der Zahl ist, das andere die *Einheit,* die Kontinuität derselben, ist. *Anzahl* und *Einheit* machen die *Momente* der Zahl aus.

Von der Anzahl ist noch näher zu sehen, wie die vielen Eins, aus denen sie *besteht,* in der Grenze sind; von der Anzahl ist der Ausdruck richtig, daß sie aus den Vielen *besteht,* denn die Eins sind in ihr nicht als aufgehoben, sondern *sind* in ihr, nur mit der ausschließenden Grenze gesetzt, gegen welche sie gleichgültig sind. Aber diese ist es nicht gegen sie. Beim Dasein hatte sich zunächst das Verhältnis der Grenze zu demselben so gestellt, daß das Dasein als das Affirmative diesseits seiner Grenze bestehen blieb und diese, die Negation, außerhalb an seinem[5] Rande sich befand; ebenso erscheint an den vielen Eins das Abbrechen derselben und das Ausschließen anderer Eins als eine Bestimmung, die außerhalb der umschlossenen Eins fällt. Aber es hat sich dort ergeben, daß die Grenze das Dasein durchdringt, so weit geht als dieses und daß Etwas dadurch seiner Bestimmung nach begrenzt, d. i. endlich ist. – So stellt man im Quantitativen der Zahl etwa Hundert so vor, daß das hundertste Eins allein die Vielen so begrenze, daß sie hundert seien. Einerseits ist dies richtig; andererseits aber hat unter den hundert Eins keines einen Vorzug, da sie nur gleich sind; jedes ist ebenso das Hundertste; sie gehören also alle der Grenze an, wodurch die Zahl Hundert ist; diese kann für ihre Bestimmtheit keines entbehren; die anderen machen somit gegen das hundertste Eins kein Dasein aus, das außerhalb der Grenze oder nur innerhalb ihrer, überhaupt verschieden von ihr wäre. Die Anzahl ist daher nicht eine Vielheit *gegen* das umschließende, begrenzende Eins, sondern macht selbst diese Begrenzung aus, welche ein bestimmtes Quantum ist; die Vielen machen eine Zahl, *ein* Zwei, *ein* Zehn, *ein* Hundert usf. aus.

Das begrenzende Eins ist nun das Bestimmtsein gegen Anderes, Unterscheidung der Zahl von anderen. Aber diese Unterscheidung wird nicht qualitative Bestimmtheit, sondern bleibt quantitativ, fällt nur in die vergleichende *äußerliche* Reflexion; die Zahl bleibt als Eins in sich zurückgekehrt und gleichgültig gegen andere. Diese *Gleichgültigkeit* der Zahl gegen andere ist wesentliche Bestimmung derselben; sie macht *ihr An-sich-Bestimmtsein,* aber zugleich *ihre eigene Äußerlichkeit* aus. – Sie ist so ein *numerisches* Eins, als das absolut bestimmte, das zugleich die Form der einfachen Unmittelbarkeit hat und dem daher die Beziehung auf Anderes völlig äußerlich ist. Als Eins, das *Zahl* ist, hat es ferner die *Bestimmtheit,* insofern sie *Beziehung auf Anderes*

5 B: »ihrem«

ist, als seine Momente in ihm selbst, in seinem *Unterschiede der Einheit und der Anzahl,* und die Anzahl ist selbst Vielheit *der Eins,* d. i. es ist in ihm selbst diese absolute Äußerlichkeit. – Dieser Widerspruch der Zahl oder des Quantums überhaupt in sich ist die Qualität des Quantums, in deren weiteren Bestimmungen sich dieser Widerspruch entwickelt.

Anmerkung 1

Die Raumgröße und Zahlgröße pflegen so als zwei Arten betrachtet zu werden, daß die Raumgröße für sich so sehr bestimmte Größe als die Zahlgröße wäre; ihr Unterschied bestünde nur in den verschiedenen Bestimmungen der Kontinuität und Diskretion, als Quantum aber stünden sie auf derselben Stufe. Die Geometrie hat im allgemeinen in der Raumgröße die kontinuierliche und die Arithmetik in der Zahlgröße die diskrete Größe zum Gegenstande. Aber mit dieser Ungleichheit des Gegenstandes haben sie auch nicht eine gleiche Weise und Vollkommenheit der Begrenzung oder des Bestimmtseins. Die Raumgröße hat nur die Begrenzung überhaupt; insofern sie als ein schlechthin bestimmtes Quantum betrachtet werden soll, hat sie die Zahl nötig. Die Geometrie als solche *mißt* die Raumfiguren nicht, ist nicht Meßkunst, sondern *vergleicht* sie nur. Auch bei ihren Definitionen sind die Bestimmungen zum Teil von der *Gleichheit* der Seiten, Winkel, *der gleichen* Entfernung hergenommen. So bedarf der Kreis, weil er allein auf der *Gleichheit* der Entfernung aller in ihm möglichen Punkte von einem Mittelpunkte beruht, zu seiner Bestimmung keiner Zahl. Diese auf Gleichheit oder Ungleichheit beruhenden Bestimmungen sind echt geometrisch. Aber sie reichen nicht aus, und zu anderen, z. B. Dreieck, Viereck, ist die Zahl erforderlich, die in ihrem Prinzip, dem Eins, das Für-sich-Bestimmtsein, nicht das Bestimmtsein durch Hilfe eines Anderen, also nicht durch Vergleichung enthält. Die Raumgröße hat zwar an dem Punkte die dem Eins entsprechende Bestimmtheit; der Punkt aber wird, insofern er außer sich kommt, ein Anderes, er wird zur Linie; weil er wesentlich nur als Eins *des Raumes* ist, wird er in der *Beziehung* zu einer Kontinuität, in der die Punktualität, das Für-sich-Bestimmtsein, das Eins, aufgehoben ist. Insofern das Für-sich-Bestimmtsein im Außersichsein sich erhalten soll, muß die Linie als eine Menge von Eins vorgestellt werden und die *Grenze* die Bestimmung der *vielen* Eins in sich bekommen, d. h. die Größe der Linie – ebenso der anderen Raumbestimmungen – muß als Zahl genommen werden.

Die *Arithmetik* betrachtet die Zahl und deren Figuren, oder vielmehr betrachtet sie nicht, sondern operiert mit denselben. Denn die Zahl ist die gleichgültige Bestimmtheit, träge; sie muß von *außen* betätigt und in Beziehung gebracht werden. Die Beziehungsweisen sind die *Rechnungsarten*. Sie werden in der Arithmetik nacheinander aufgeführt, und es erhellt, daß eine von der anderen abhängt. Der Faden, der ihren Fortgang leitet, wird jedoch in der Arithmetik nicht herausgehoben. Aus der Begriffsbestimmung der Zahl selbst aber ergibt sich leicht die systematische Zusammenstellung, auf welche der Vortrag dieser Elemente in den Lehrbüchern einen gerechten Anspruch hat. Diese leitenden Bestimmungen sollen hier kurz bemerklich gemacht werden.

Die Zahl ist um ihres Prinzips, des Eins, willen ein äußerlich Zusammengefaßtes überhaupt, eine schlechthin analytische Figur, die keinen inneren Zusammenhang enthält. Weil sie so nur ein äußerlich Erzeugtes ist, ist alles Rechnen das Hervorbringen von Zahlen, ein *Zählen* oder *bestimmter: Zusammenzählen.* Eine Verschiedenheit dieses äußerlichen Hervorbringens, das nur immer dasselbe tut, kann allein in einem Unterschiede der Zahlen gegeneinander, die zusammengezählt werden sollen, liegen; solcher Unterschied muß selbst anderswoher und aus äußerlicher Bestimmung genommen werden.

Der qualitative Unterschied, der die Bestimmtheit der Zahl ausmacht, ist der, den wir gesehen, der *Einheit* und der *Anzahl*; auf diesen reduziert sich daher alle Begriffsbestimmtheit, die in den Rechnungsarten vorkommen kann. Der Unterschied aber, der den Zahlen als Quantis zukommt, ist die äußerliche Identität und der äußerliche Unterschied, die *Gleichheit* und *Ungleichheit*, welches Reflexionsmomente und unter den Bestimmungen des Wesens beim Unterschiede abzuhandeln sind.

Ferner ist noch vorauszuschicken, daß Zahlen im allgemeinen auf zwei Weisen hervorgebracht werden können: entweder durch Zusammenfassen oder durch Trennen bereits zusammengefaßter; – indem beides bei einer auf dieselbe Weise bestimmten Art von Zählen stattfindet, so entspricht einem Zusammenfassen von Zahlen, was man *positive* Rechnungsart, ein Trennen, was man *negative* Rechnungsart nennen kann; die Bestimmung der Rechnungsart selbst ist von diesem Gegensatze unabhängig.

1. Nach diesen Bemerkungen folgt hiermit die Angabe der Rechnungsweisen. Das *erste* Erzeugen der Zahl ist das Zusammenfassen von Vielen als solchen, d. i. deren jedes nur als *Eins* gesetzt ist, – das *Numerieren.* Da die Eins äußerliche gegeneinander sind, stellen sie sich unter einem sinnlichen Bilde dar, und die Operation, durch welche die Zahl erzeugt wird, ist ein Abzählen an den Fingern, an Punkten usf. Was Vier, Fünf usf. ist, kann nur *gewiesen* werden. Das Abbrechen, wieviel zu[sammen]gefaßt werden soll, ist, indem die Grenze äußerlich ist, etwas Zufälliges, Beliebiges. – Der Unterschied von Anzahl und Einheit, der im Fortgange der Rechnungsarten eintritt, begründet ein *System* – dyadisches, dekadisches usf. – von Zahlen; ein solches beruht im ganzen auf der Beliebigkeit, welche Anzahl konstant wieder als Einheit genommen werden soll.

Die durch das Numerieren entstandenen *Zahlen* werden wieder numeriert; und indem sie so unmittelbar gesetzt sind, sind sie noch ohne alle Beziehung aufeinander bestimmt, gleichgültig gegen Gleichheit und Ungleichheit, von zufälliger Größe gegeneinander, daher *ungleiche* überhaupt, – *Addieren.* – Daß 7 und 5 Zwölfe ausmacht, erfährt man dadurch, daß zu den 7 noch 5 Eins an den Fingern oder sonst hinzunumeriert werden, – wovon das Resultat nachher im Gedächtnisse, *auswendig*, behalten wird; denn Innerliches ist nichts dabei. Ebenso daß $7 \times 5 = 35$ ist, weiß man durch das Abzählen an den Fingern usf., daß zu einem Sieben noch eins hinzunumeriert, dies fünfmal bewerkstelligt und das Resultat gleichfalls auswendig behalten wird. Die Mühe dieses Numerierens, der Erfindung der Summen, Produkte ist durch die fertigen Eins und Eins oder Eins mal Eins, die man nur auswendig zu lernen hat, abgetan.

Kant hat (in der Einleitung zur *Kritik der reinen Vernunft*, V) den Satz »$7 + 5 = 12$« als einen synthetischen Satz betrachtet. »Man sollte«, sagt er, »anfänglich zwar denken (gewiß!), er sei ein bloß analytischer Satz, der aus dem *Begriffe* einer *Summe* von Sieben und Fünf nach dem Satze des Widerspruchs erfolge.« Der Begriff der Summe heißt weiter nichts als die abstrakte Bestimmung, daß diese zwei Zahlen zusammengefaßt werden *sollen*, und zwar als Zahlen auf eine äußerliche, d. i. begrifflose Weise, – daß von Sieben weiter numeriert werden soll, bis die hinzuzufügenden Eins, deren Anzahl auf Fünf bestimmt ist, erschöpft worden; das Resultat führt den sonst bekannten Namen Zwölf. »Allein«, fährt Kant fort, »wenn man es näher betrachtet, so findet man, daß der Begriff der Summe von 7 und 5 nichts weiter enthalte als die *Vereinigung* beider Zahlen in eine einzige, wodurch ganz und gar nicht *gedacht* wird, *welches* diese einzige Zahl sei, die beide zusammenfaßt ... Ich mag meinen Begriff von einer solchen möglichen Summe noch so lange zergliedern, so werde ich doch darin die Zwölf nicht antreffen.« Mit dem *Denken* der Summe, Zergliederung des Begriffs, hat der Übergang von jener Aufgabe zu dem Resultat allerdings nichts zu tun; ›man muß über diese *Begriffe* hinausgehen und die Anschauung, fünf Finger usf. zu Hilfe nehmen und so die Einheiten der in der *Anschauung gegebenen* Fünf zu dem *Begriffe* von Sieben hinzutun‹, fügt er hinzu. Fünf ist allerdings in der Anschauung gegeben, d. h.

ein ganz *äußerliches* Zusammengefügtsein des beliebig wiederholten Gedankens, Eins; aber Sieben ist ebensowenig ein Begriff; es sind keine Begriffe vorhanden, über die man hinausgeht. Die Summe von 5 und 7 heißt die begrifflose Verbindung beider Zahlen, das so begrifflos fortgesetzte Numerieren von Sieben an, bis die Fünfe erschöpft sind, kann man ein Zusammenfügen, ein Synthesieren, gerade wie das Numerieren von Eins an, nennen – ein Synthesieren, das aber gänzlich analytischer Natur ist, indem der Zusammenhang ein ganz gemachter, nichts darin ist noch hineinkommt, was nicht ganz äußerlich vorliegt. Das Postulat, 5 zu 7 zu addieren, verhält sich zu dem Postulate, überhaupt zu numerieren, wie das Postulat, eine gerade Linie zu verlängern, zu dem, eine gerade Linie zu ziehen.

So leer als der Ausdruck Synthesieren ist, ist die Bestimmung, daß es *a priori* geschehe. Zählen ist allerdings keine Empfindungsbestimmung, die für das *a posteriori* nach der Kantischen Bestimmung von Anschauung allein übrigbleibt, und Zählen ist wohl eine Beschäftigung auf dem Boden des abstrakten Anschauens, d. i. welches durch die Kategorie das Eins bestimmt und wobei von allen anderen Empfindungsbestimmungen ebensosehr als auch von Begriffen abstrahiert ist. Das *a priori* ist überhaupt etwas nur Vages; die Gefühlsbestimmung hat als Trieb, Sinn usf. ebensosehr das Moment der Apriorität in ihr, als Raum und Zeit als existierend, Zeitliches und Räumliches, a posteriori bestimmt ist.

Im Zusammenhange hiermit kann hinzugefügt werden, daß Kants Behauptung von der synthetischen Beschaffenheit der Grundsätze der reinen Geometrie ebensowenig etwas Gründliches enthält. Indem er angibt, daß mehrere wirklich analytisch seien, so ist allein der Grundsatz, daß die gerade Linie zwischen zwei Punkten die kürzeste ist, für jene Vorstellung angeführt. »Mein *Begriff* vom Geraden enthält nichts von Größe, sondern nur eine Qualität. Der *Begriff* des Kürzesten kommt also gänzlich hinzu und kann durch keine Zergliederung aus dem *Begriffe der geraden Linie* gezogen werden.

Anschauung muß also hier zu Hilfe genommen werden, vermittels derer allein die Synthesis möglich ist.« – Es handelt sich aber auch hier nicht von einem Begriffe des Geraden überhaupt, sondern von gerader Linie, und dieselbe ist bereits ein Räumliches, Angeschautes. Die Bestimmung (oder, wenn man will, der Begriff) der geraden Linie ist doch wohl keine andere, als daß sie die *schlechthin* einfache Linie ist, d. i. in dem Außersichkommen (der sogenannten Bewegung des Punktes) schlechthin sich auf sich bezieht, in deren Ausdehnung keine Art von Verschiedenheit der Bestimmung, keine Beziehung auf einen anderen Punkt oder Linie außerhalb ihrer gesetzt ist[6], – die *schlechthin in sich einfache Richtung.* Diese Einfachheit ist allerdings ihre Qualität, und wenn die gerade Linie schwer analytisch zu definieren scheinen sollte, so wäre es nur um der Bestimmung der Einfachheit oder Beziehung auf sich selbst willen und bloß, weil die Reflexion beim Bestimmen zunächst vornehmlich eine Mehrheit, ein Bestimmen durch andere, vor sich hat; es ist aber für sich schlechthin nichts Schweres, diese Bestimmung der Einfachheit der Ausdehnung in sich, ihrer Bestimmungslosigkeit durch Anderes, zu fassen; – Euklids Definition enthält nichts anderes als diese Einfachheit. – Der Übergang nun aber dieser Qualität zur quantitativen Bestimmung (des Kürzesten), welcher das Synthetische ausmachen sollte, ist ganz nur analytisch. Die Linie ist als räumlich Quantität überhaupt; das Einfachste, vom Quantum gesagt, ist *das Wenigste,* und dies von einer Linie gesagt, ist *das Kürzeste.* Die Geometrie kann diese Bestimmungen als Korollarium zur Definition aufnehmen; aber *Archimedes* in seinen Büchern über Kugel und Zylinder (s. [K. Fr.] *Haubers* Übers. [Tübingen 1798] S. 4) hat am zweckmäßigsten getan, jene Bestimmung der geraden Linie als Grundsatz hinzustellen, in ebenso richtigem Sinne, als *Euklid* die Bestimmung, die Parallellinien betreffend,

6 B: »gesetzt ist, hält«

unter die Grundsätze gestellt hat, da die Entwicklung dieser Bestimmung, um zu einer Definition zu werden, gleichfalls nicht der Räumlichkeit unmittelbar angehörige, sondern abstraktere qualitative Bestimmungen, wie vorhin Einfachheit, Gleichheit der Richtung und dergleichen, erfordert hätte. Diese Alten haben auch ihren Wissenschaften plastischen Charakter gegeben, ihre Darstellung streng in der Eigentümlichkeit ihres Stoffes gehalten, daher das ausgeschlossen, was für denselben heterogener Art gewesen wäre.

Der Begriff, den Kant in den *synthetischen Urteilen a priori* aufgestellt hat – der Begriff von *Unterschiedenem,* das ebenso *untrennbar* ist, einem *Identischen,* das an ihm selbst *ungetrennt Unterschied* ist –, gehört zu dem Großen und Unsterblichen seiner Philosophie. Im Anschauen ist dieser Begriff, da er der Begriff selbst und alles an sich der Begriff ist, freilich gleichfalls vorhanden; aber die Bestimmungen, die in jenen Beispielen herausgenommen sind, stellen ihn nicht dar; vielmehr ist die Zahl und das Zählen eine Identität und Hervorbringen einer Identität, die schlechthin nur äußerlich, nur oberflächliche Synthese ist, eine Einheit von Eins, solchen, die vielmehr als an ihnen nicht identisch miteinander, sondern äußerliche, für sich getrennte, gesetzt sind; in der geraden Linie hat die Bestimmung, die kleinste zwischen zwei Punkten zu sein, vielmehr nur das Moment des abstrakt Identischen, ohne Unterschied an ihm selbst, zugrunde zu liegen.

Ich kehre von dieser Unterbrechung zum Addieren selbst zurück. Die ihm entsprechende negative Rechnungsart, das *Subtrahieren,* ist das ebenso ganz analytische Trennen in Zahlen, die wie im Addieren nur als *Ungleiche* überhaupt gegeneinander bestimmt sind.

2. Die nächste Bestimmung ist die *Gleichheit* der Zahlen, die numeriert werden sollen. Durch diese Gleichheit sind sie eine *Einheit,* und es tritt hiermit an der Zahl der Unterschied von Einheit und *Anzahl* ein. Die *Multiplikation* ist die Aufgabe, eine Anzahl von Einheiten, die selbst eine

Anzahl sind, zusammenzuzählen. Es ist dabei gleichgültig, welche von den beiden Zahlen als Einheit und welche als Anzahl angegeben, ob viermal drei, wo vier die Anzahl und drei die Einheit ist, oder umgekehrt dreimal vier gesagt wird. – Es ist oben schon angegeben, daß das ursprüngliche Finden des Produkts durch das einfache Numerieren, d. i. das Abzählen an den Fingern usf. bewerkstelligt wird; das spätere *unmittelbare* Angebenkönnen des Produkts beruht auf der Sammlung jener Produkte, dem Einmaleins, und dem Auswendigwissen desselben.

Die *Division* ist die negative Rechnungsart nach derselben Bestimmung des Unterschieds. Es ist ebenso gleichgültig, welcher von beiden Faktoren, der Divisor oder Quotient, als Einheit oder als Anzahl bestimmt wird. Der Divisor wird als Einheit und der Quotient als Anzahl bestimmt, wenn die Aufgabe der Division ausgesprochen wird, daß man sehen wolle, *wie oft* (Anzahl) *eine* Zahl (Einheit) in einer gegebenen enthalten sei; umgekehrt wird der Divisor als Anzahl und der Quotient als Einheit genommen, wenn gesagt wird, man soll eine Zahl in eine gegebene Anzahl gleicher Teile teilen und die Größe solchen Teils (der Einheit) finden.

3. Die beiden Zahlen, welche als Einheit und Anzahl gegeneinander bestimmt sind, sind als Zahl noch unmittelbar gegeneinander und daher überhaupt *ungleich*. Die weitere Gleichheit ist die der Einheit und der Anzahl selbst; so ist der Fortgang zur Gleichheit der Bestimmungen, die in der Bestimmung der Zahl liegen, vollendet. Das Zählen nach dieser vollständigen Gleichheit ist das *Potenzieren* (die negative Rechnungsart das Wurzelausziehen) – und zwar zunächst das Erheben einer Zahl ins *Quadrat* –, das vollkommene Bestimmtsein des Numerierens in sich selbst, wo 1. die vielen Zahlen, die addiert werden, dieselben sind, und 2. deren Vielheit oder Anzahl selbst dieselbe ist mit der Zahl, die vielmal gesetzt wird, die Einheit ist. Es sind sonst keine Bestimmungen in dem Begriffe der Zahl, die einen Unterschied darbieten könnten; noch kann ein weiteres Ausglei-

chen des Unterschieds, der in der Zahl liegt, stattfinden. Erhebung in höhere Potenzen als in das Quadrat ist eine *formelle* Fortsetzung, teils – bei den geraden Exponenten – nur *eine Wiederholung* des Quadrierens, teils – bei den ungeraden Potenzen – tritt wieder die Ungleichheit ein; bei der nämlich formellen Gleichheit (z. B. zunächst beim Kubus) des neuen Faktors mit der Anzahl sowohl als mit der Einheit ist er als Einheit gegen die Anzahl (das Quadrat, 3 gegen 3 · 3) ein Ungleiches; noch mehr beim Kubus von Vier, wo die Anzahl, 3, nach der die Zahl, die die Einheit ist, mit sich multipliziert werden soll, von dieser selbst verschieden ist. – Es sind an sich diese Bestimmungen als der wesentliche Unterschied des Begriffs, die Anzahl und die Einheit, vorhanden, welche für das vollständige Insichzurückgehen des Außersichgehens auszugleichen sind. In dem soeben Dargestellten liegt weiter der Grund, warum teils die Auflösung der höheren Gleichungen in der Zurückführung auf die quadratische bestehen muß, teils warum die Gleichungen von ungeraden Exponenten sich nur formell bestimmen und, gerade wenn die Wurzeln rational sind, diese sich nicht anders als durch einen imaginären Ausdruck, d. h. der das Gegenteil dessen ist, was die Wurzeln sind und ausdrücken, finden lassen. – Das Quadrat der Arithmetik enthält nach dem Angegebenen allein das Schlechthin-Bestimmtsein in sich, weswegen die Gleichungen mit weiteren formellen Potenzen darauf zurückgeführt werden müssen, gerade wie das rechtwinklige Dreieck in der Geometrie das Schlechthin-in-sich-Bestimmtsein enthält, das im pythagoreischen Lehrsatz exponiert ist, weswegen auch darauf für die totale Bestimmung alle anderen geometrischen Figurationen reduziert werden müssen.

Ein nach einem logisch gebildeten Urteile fortschreitender Unterricht handelt die Lehre von den Potenzen vor der Lehre über die Proportionen ab; diese schließen sich zwar an den Unterschied von Einheit und Anzahl an, der die Bestimmung der zweiten Rechnungsart ausmacht, aber sie treten aus dem Eins des *unmittelbaren* Quantums, in welchem Einheit und Anzahl nur Momente sind, heraus; die Fortbestimmung nach demselben bleibt ihm selbst auch noch äußerlich. Die Zahl im Verhältnisse ist nicht mehr als *unmittelbares* Quantum; es hat seine Bestimmtheit dann als Vermittlung; das qualitative Verhältnis wird im Nachfolgenden betrachtet.

Von der angegebenen Fortbestimmung der Rechnungsarten kann gesagt werden, daß sie keine Philosophie über dieselben, keine Darlegung etwa ihrer inneren Bedeutung sei, weil sie in der Tat nicht eine immanente Entwicklung des Begriffs ist. Aber die Philosophie muß dies zu unterscheiden wissen, was seiner Natur nach ein sich selbst äußerlicher Stoff ist, daß dann an einem solchen der Fortgang des Begriffs nur auf äußerliche Weise geschehen und dessen Momente auch nur in der eigentümlichen Form ihrer Äußerlichkeit, wie hier Gleichheit und Ungleichheit, sein können. Die Unterscheidung der Sphären, in welche eine bestimmte Form des Begriffs gehört, d. h. als Existenz vorhanden ist, ist ein wesentliches Erfordernis zum Philosophieren über reale Gegenstände, um nicht das Äußerliche und Zufällige durch Ideen in seiner Eigentümlichkeit zu stören, wie diese Ideen durch die Unangemessenheit des Stoffes zu entstellen und formell zu machen. Jene Äußerlichkeit aber, in welcher die Begriffsmomente an jenem äußerlichen Stoffe, der Zahl, erscheinen, ist hier die angemessene Form; indem sie den Gegenstand in seinem Verstande darstellen, auch da sie keine spekulative Anforderung enthalten und daher leicht erscheinen, verdienen sie in den Lehrbüchern der Elemente angewendet zu werden.

Anmerkung 2

Bekanntlich hat Pythagoras *Vernunftverhältnisse* oder *Philosopheme* in *Zahlen* dargestellt; auch in neueren Zeiten ist von ihnen und Formen ihrer Beziehungen wie Potenzen usf. in der Philosophie Gebrauch gemacht worden, um die Gedanken danach zu regulieren oder damit auszudrücken. – In pädagogischer Rücksicht ist die Zahl für den geeignetsten Gegenstand des inneren Anschauens und die rechnende Beschäftigung mit Verhältnissen derselben für die Tätigkeit des Geistes gehalten worden, worin er seine eigensten Verhältnisse und überhaupt die Grundverhältnisse des Wesens zur Anschauung bringe. – Wiefern der Zahl dieser hohe Wert beikommen könne, geht aus ihrem Begriffe hervor, wie er sich ergeben hat.

Die Zahl sahen wir als die absolute Bestimmtheit der Quantität und ihr Element als den gleichgültig gewordenen Unterschied, – die Bestimmtheit an sich, die zugleich völlig nur äußerlich gesetzt ist. Die Arithmetik ist analytische Wissenschaft, weil alle Verknüpfungen und Unterschiede, die an ihrem Gegenstande vorkommen, nicht in ihm selbst liegen, sondern ihm völlig äußerlich angetan sind. Sie hat keinen konkreten Gegenstand, welcher innere Verhältnisse an sich hätte, die zunächst für das Wissen verborgen, nicht in der unmittelbaren Vorstellung von ihm gegeben, sondern erst durch die Bemühung des Erkennens herauszubringen wären. Sie enthält nicht nur den Begriff und damit die Aufgabe für das begreifende Denken nicht, sondern ist das Gegenteil desselben. Um der Gleichgültigkeit des Verknüpften gegen die Verknüpfung, der die Notwendigkeit fehlt, willen befindet sich das Denken hier in einer Tätigkeit, die zugleich die äußerste Entäußerung seiner selbst ist, in der gewaltsamen Tätigkeit, sich in der *Gedankenlosigkeit* zu *bewegen* und das keiner Notwendigkeit Fähige zu verknüpfen. Der Gegenstand ist der abstrakte Gedanke der *Äußerlichkeit* selbst.

Als dieser *Gedanke* der Äußerlichkeit ist die Zahl zugleich die Abstraktion von der sinnlichen Mannigfaltigkeit; sie hat von dem Sinnlichen nichts als die abstrakte Bestimmung der Äußerlichkeit selbst behalten; hierdurch ist dieses in ihr dem Gedanken am nächsten gebracht; sie ist der *reine Gedanke* der eigenen Entäußerung des Gedankens.

Der Geist, der sich über die sinnliche Welt erhebt und sein Wesen erkennt, indem er ein Element für seine reine *Vorstellung*, für den *Ausdruck seines Wesens* sucht, kann daher, ehe er den Gedanken selbst als dies Element faßt und für dessen Darstellung den rein geistigen Ausdruck gewinnt, darauf verfallen, die *Zahl*, diese innerliche, abstrakte Äußerlichkeit zu wählen. Darum sehen wir in der Geschichte der Wissenschaft früh die Zahl zum Ausdruck von Philosophemen gebraucht werden. Sie macht die letzte Stufe der Unvollkommenheit aus, das Allgemeine mit Sinnlichem behaftet zu fassen. Die Alten haben das bestimmte Bewußtsein darüber gehabt, daß die Zahl zwischen dem Sinnlichen und dem Gedanken in der Mitte stehe. Aristoteles führt es von Platon an (*Metaphysik* I, 5), daß derselbe sage, daß außer dem Sinnlichen und den Ideen die mathematischen Bestimmungen der Dinge dazwischenstehen, von dem Sinnlichen dadurch unterschieden[7], daß sie unsichtbar (ewig) und unbewegt seien, von den Ideen aber, daß sie ein Vieles und ein Ähnliches seien, die Idee aber schlechthin nur identisch mit sich und in sich Eines sei. – Eine ausführlichere, gründlich gedachte Reflexion hierüber von *Moderatus* aus Cadix wird in Malchos' *Vita Pythagorae*, ed. Ritterhus, p. 30f., angeführt; daß die Pythagoreer auf die Zahlen gefallen seien, schreibt er dem zu, daß sie noch nicht vermocht haben, die Grundideen und ersten Prinzipien *deutlich in der Vernunft* zu fassen, weil diese Prinzipien schwer zu denken und schwer auszusprechen seien; die Zahlen dienen zur Bezeichnung gut beim Unterricht; sie haben darin unter anderem die Geometer nachgeahmt, welche das Körperliche nicht in Gedanken ausdrücken können, die Figuren gebrauchen und sagen, dies sei ein Dreieck, wobei sie aber wollen, daß nicht die in die Augen fallende Zeichnung für das Dreieck genommen, sondern damit nur der Gedanke desselben[8] vorgestellt

7 B: »unterschieden sei«
8 B: »derselben«

sei. So haben die Pythagoreer den Gedanken der Einheit, der Dieselbigkeit und Gleichheit und den Grund der Übereinstimmung, des Zusammenhangs und der Erhaltung von allem, des mit sich selbst Identischen, als *Eins* ausgesprochen usf. – Es ist überflüssig zu bemerken, daß die Pythagoreer von dem Zahlen- auch zum Gedankenausdruck, zu den ausdrücklichen Kategorien des Gleichen und Ungleichen, der Grenze und der Unendlichkeit übergegangen sind; es wird schon in Ansehung jener Zahlausdrücke (ebenda in den Anm. zu p. 31 l. s. aus einem Leben des Pythagoras bei *Photios*, p. 722) angeführt, daß die Pythagoreer zwischen der Monas und dem Eins unterschieden haben; die Monas haben sie als den Gedanken genommen, das Eins aber als die Zahl; ebenso die Zwei für das Arithmetische, die Dyas (denn so soll es daselbst wohl heißen) für den Gedanken des Unbestimmten. – Diese Alten sahen fürs erste das Ungenügende der Zahlformen für Gedankenbestimmungen sehr richtig ein, und ebenso richtig forderten sie ferner statt jenes ersten Notbehelfs für Gedanken den eigentümlichen Ausdruck; um wieviel weiter waren sie in ihrem Nachdenken gekommen als die, welche heutigentags wieder Zahlen selbst und Zahlbestimmungen wie Potenzen, dann das Unendlichgroße, Unendlichkleine, Eins dividiert durch das Unendliche und sonstige solche Bestimmungen, die selbst auch oft ein verkehrter mathematischer Formalismus sind, an die Stelle von Gedankenbestimmungen zu setzen und zu jener unvermögenden Kindheit zurückzukehren für etwas Löbliches, ja Gründliches und Tiefes halten.

Wenn vorhin der Ausdruck angeführt worden, daß die Zahl zwischen dem *Sinnlichen* und dem Gedanken stehe, indem sie zugleich von jenem dies habe, das *Viele*, das Außereinander an ihr zu sein, so ist zu bemerken, daß dieses Viele selbst, das in den Gedanken aufgenommene Sinnliche, die ihm angehörige Kategorie des an ihm selbst Äußerlichen ist. Die weiteren, konkreten, wahren *Gedanken*, das Lebendigste, Beweglichste, nur im *Beziehen Begriffene*, in dieses

Element des Außersichseins selbst versetzt, werden zu toten, bewegungslosen Bestimmungen. Je reicher an Bestimmtheit und damit an Beziehung die Gedanken werden, desto verworrener einerseits und desto willkürlicher und sinnleerer andererseits wird ihre Darstellung in solchen Formen, als die Zahlen sind. Das Eins, das Zwei, das Drei, das Vier, Henas oder Monas, Dyas, Trias, Tetraktys, liegen noch den ganz *einfachen abstrakten* Begriffen nahe; aber wenn Zahlen zu konkreten Verhältnissen übergehen sollen, so ist es vergeblich, sie noch dem Begriffe nahe erhalten zu wollen.

Wenn nun aber die Denkbestimmungen durch Eins, Zwei, Drei, Vier für die Bewegung des Begriffs, als durch welche er allein Begriff ist, bezeichnet werden, so ist dies das Härteste, was dem Denken zugemutet wird. Es bewegt sich im Elemente seines Gegenteils, der Beziehungslosigkeit; sein Geschäft ist die Arbeit der Verrücktheit. Daß z. B. Eins Drei und Drei Eins ist, zu begreifen, ist darum diese harte Zumutung, weil das Eins das Beziehungslose ist, also nicht an ihm selbst die Bestimmung zeigt, wodurch es in sein Entgegengesetztes übergeht, sondern vielmehr dies ist, eine solche Beziehung schlechthin auszuschließen und zu verweigern. Umgekehrt benutzt dies der Verstand gegen die spekulative Wahrheit (wie z. B. gegen die in der Lehre, welche die Dreieinigkeit genannt wird, niedergelegte) und *zählt* die Bestimmungen derselben, welche *eine* Einheit ausmachen, um sie als klaren Widersinn aufzuzeigen, – d. h. er selbst begeht den Widersinn, das, was schlechthin Beziehung ist, zum Beziehungslosen zu machen. Bei dem Namen Dreieinigkeit ist freilich nicht darauf gerechnet worden, daß vom Verstand das Eins und die Zahl als die *wesentliche* Bestimmtheit des Inhalts betrachtet werden würde. Jener Name drückt die Verachtung gegen den Verstand aus, der aber seine Eitelkeit, am Eins und der Zahl als solcher zu halten, festgestellt und sie gegen die Vernunft gestellt hat.

Zahlen, geometrische Figuren, wie dies viel vom Kreis, Dreieck usf. geschehen ist, als bloße *Symbole* (des Kreises

z. B. von der Ewigkeit, des Dreiecks von der Dreieinigkeit) zu nehmen, ist einerseits etwas Unverfängliches; aber töricht ist es andererseits zu meinen, daß dadurch mehr ausgedrückt sei, als der *Gedanke zu fassen* und *auszudrücken* vermöge. Wenn in solchen Symbolen, wie in anderen, die von der *Phantasie* in den Mythologien der Völker und in der Dichtkunst überhaupt erzeugt werden, gegen welche die phantasielosen geometrischen Figuren ohnehin dürftig sind, wie auch in diesen eine tiefe Weisheit, tiefe *Bedeutung liegen* soll, so ist es eben dem Denken allein darum zu tun, die Weisheit, die nur *darin* liegt und nicht nur *in* Symbolen, sondern *in* der Natur und *im* Geiste, heraus zutage zu fördern; in Symbolen ist die Wahrheit durch das sinnliche Element noch *getrübt* und *verhüllt*; ganz offenbar wird sie allein dem Bewußtsein in der Form des Gedankens; die *Bedeutung* ist nur der Gedanke selbst.

Aber mathematische Kategorien herbeizunehmen, um daraus für die Methode oder den Inhalt philosophischer Wissenschaft etwas bestimmen zu wollen, zeigt sich wesentlich dadurch als etwas Verkehrtes, daß, insofern mathematische Formeln Gedanken und Begriffsunterschiede bedeuten, diese ihre Bedeutung sich vielmehr zuerst in der Philosophie anzugeben, zu bestimmen und zu rechtfertigen hat. In ihren konkreten Wissenschaften hat diese das Logische aus der Logik, nicht aus der Mathematik zu nehmen; es kann nur ein Notbehelf der philosophischen Unvermögenheit sein, zu den Gestaltungen, die das Logische in anderen Wissenschaften annimmt und deren viele nur Ahnungen, andere auch Verkümmerungen desselben sind, für das Logische der Philosophie seine Zuflucht zu nehmen. Die bloße Anwendung solcher entlehnten Formeln ist ohnehin ein äußerliches Verhalten; der Anwendung selbst müßte ein Bewußtsein über ihren Wert wie über ihre Bedeutung vorangehen; ein solches Bewußtsein aber gibt nur die denkende Betrachtung, nicht die Autorität derselben aus der Mathematik. Solches Bewußtsein über sie ist die Logik selbst, und dies Bewußtsein streift ihre partikulare Form ab, macht diese überflüssig und unnütz, berichtigt sie und verschafft ihnen allein ihre Berechtigung, Sinn und Wert.

Was es mit dem Gebrauche der Zahl und des Rechnens auf sich hat, insofern er eine *pädagogische* Hauptgrundlage ausmachen soll, geht aus dem Bisherigen von selbst hervor. Die Zahl ist ein unsinnlicher Gegenstand, und die Beschäftigung mit ihr und ihren Verbindungen ein unsinnliches Geschäft; der Geist wird somit dadurch zur Reflexion in sich und einer innerlichen abstrakten Arbeit angehalten, was eine große, jedoch einseitige Wichtigkeit hat. Denn auf der andern Seite, da der Zahl nur der äußerliche, gedankenlose Unterschied zugrunde liegt, wird jenes Geschäft ein gedankenloses, mechanisches. Die Kraftanstrengung besteht vornehmlich darin, Begriffloses festzuhalten und begrifflos es zu verbinden. Der Inhalt ist das leere Eins; der gediegene Gehalt des sittlichen und geistigen Lebens und der individuellen Gestaltungen desselben, mit welchem als der edelsten Nahrung die Erziehung den jugendlichen Geist großziehen soll, sollte von dem inhaltslosen Eins verdrängt werden; die Wirkung, wenn jene Übungen zur Hauptsache und Hauptbeschäftigung gemacht werden, kann keine andere sein, als den Geist nach Form und Inhalt auszuhöhlen und abzustumpfen. Weil das Rechnen ein so sehr äußerliches, somit mechanisches Geschäft ist, haben sich *Maschinen* verfertigen lassen, welche die arithmetischen Operationen aufs vollkommenste vollführen. Wenn man über die Natur des Rechnens nur diesen Umstand allein kennte, so läge darin die Entscheidung, was es mit dem Einfalle für eine Bewandtnis hatte, das Rechnen zum Hauptbildungsmittel des Geistes zu machen und ihn auf die Folter, sich zur Maschine zu vervollkommnen, zu legen.

B. Extensives und intensives Quantum

a. Unterschied derselben

1. Das Quantum hat, wie sich vorhin ergeben, seine Bestimmtheit als Grenze in der *Anzahl.* Es ist ein in sich Diskretes, ein Vieles, das nicht ein Sein hat, welches verschieden wäre von seiner Grenze und sie außer ihm hätte. Das Quantum so mit seiner Grenze, die ein Vielfaches an ihr selbst ist, ist *extensive Größe.*

Die *extensive* Größe ist von der *kontinuierlichen* zu unterscheiden; jener steht direkt nicht die diskrete, sondern die *intensive* gegenüber. Extensive und intensive Größe sind Bestimmtheiten der quantitativen *Grenze* selbst, das Quantum aber ist identisch mit seiner Grenze; kontinuierliche und diskrete Größe sind dagegen Bestimmungen der *Größe an sich,* d. i. der Quantität als solcher, insofern beim Quantum von der Grenze abstrahiert wird. – Die extensive Größe hat das Moment der Kontinuität an ihr selbst und in ihrer Grenze, indem ihr Vieles überhaupt Kontinuierliches ist; die Grenze als Negation erscheint insofern an *dieser Gleichheit* der Vielen, als Begrenzung der Einheit. Die kontinuierliche Größe ist die sich fortsetzende Quantität ohne Rücksicht auf eine Grenze, und insofern sie mit einer solchen vorgestellt wird, ist diese eine Begrenzung überhaupt, *ohne daß die Diskretion an ihr gesetzt sei.* Das Quantum nur als kontinuierliche Größe ist noch nicht wahrhaft für sich bestimmt, weil sie des Eins, worin das Für-sich-Bestimmtsein liegt, und der Zahl entbehrt. Ebenso ist die diskrete Größe unmittelbar nur unterschiedenes Vieles überhaupt, das, insofern es als solches eine Grenze haben sollte, nur eine Menge, d. h. ein unbestimmt Begrenztes wäre; daß es als bestimmtes Quantum sei, dazu gehört das Zusammenfassen der[9] Vielen in Eins, wodurch sie mit der Grenze identisch gesetzt werden. Jede,

9 B: »des«

die kontinuierliche und diskrete Größe, als *Quantum* überhaupt hat nur eine der beiden Seiten an ihr gesetzt, wodurch es vollkommen bestimmt und als *Zahl* ist. Diese ist unmittelbar *extensives* Quantum, – die *einfache* Bestimmtheit, die wesentlich als *Anzahl,* jedoch als Anzahl einer und derselben *Einheit* ist; es ist von der Zahl nur dadurch unterschieden, daß ausdrücklich die Bestimmtheit als Vielheit in dieser gesetzt ist.

2. Die Bestimmtheit jedoch, wie groß etwas ist, durch die Zahl bedarf nicht des Unterschieds von etwas anderem Großem, so daß zur Bestimmtheit dieses Großen es selbst und ein anderes Großes gehörte, indem die Bestimmtheit der Größe überhaupt für sich bestimmte, gleichgültige, einfach auf sich bezogene Grenze ist; und in der Zahl ist sie gesetzt als eingeschlossen in das für sich seiende Eins und hat die Äußerlichkeit, die Beziehung-auf-Anderes *innerhalb ihrer selbst.* Dieses Viele der Grenze selbst ferner ist, wie das Viele überhaupt, nicht ein in sich Ungleiches, sondern ein Kontinuierliches; jedes der Vielen ist, was das andere ist; es als vieles Außereinanderseiendes oder Diskretes macht daher die Bestimmtheit als solche nicht aus. Dies Viele fällt also für sich selbst in seine Kontinuität zusammen und wird einfache Einheit. – Die Anzahl ist nur Moment der Zahl, aber *macht nicht als eine Menge von numerischen Eins* die Bestimmtheit der Zahl aus, sondern diese Eins als gleichgültige, sich äußerliche, sind im Zurückgekehrtsein der Zahl in sich aufgehoben; die Äußerlichkeit, welche die Eins der Vielheit ausmachte, verschwindet in dem Eins als Beziehung der Zahl auf sich selbst.

Die Grenze des Quantums, das als Extensives seine daseiende Bestimmtheit als die sich selbst äußerliche Anzahl hatte, geht also in *einfache Bestimmtheit* über. In dieser einfachen Bestimmung der Grenze ist es *intensive Größe*; und die Grenze oder Bestimmtheit, die mit dem Quantum identisch ist, ist nun auch so als Einfaches gesetzt, – *der Grad.*

Der Grad ist also bestimmte Größe, Quantum, aber nicht zugleich Menge oder Mehreres *innerhalb seiner selbst*; er ist nur eine *Mehrheit*; die *Mehrheit* ist das Mehrere in die *einfache* Bestimmung zusammengenommen, das Dasein in das Fürsichsein zurückgegangen. Seine Bestimmtheit muß zwar durch eine *Zahl* ausgedrückt werden als das vollkommene Bestimmtsein des Quantums, aber ist nicht als *Anzahl*, sondern einfach, nur *ein* Grad. Wenn von 10, 20 Graden gesprochen wird, ist das Quantum, das so viele Grade hat, der zehnte, zwanzigste Grad, nicht die Anzahl und Summe derselben, – so wäre es ein Extensives; sondern es ist nur *einer*, der zehnte, zwanzigste Grad. Er enthält die Bestimmtheit, welche in der Anzahl zehn, zwanzig liegt, aber enthält sie nicht als Mehrere, sondern ist die Zahl als *aufgehobene* Anzahl, als *einfache* Bestimmtheit.

3. In der Zahl ist das Quantum in seiner vollständigen Bestimmtheit gesetzt; als intensives Quantum aber als in ihrem Fürsichsein ist es gesetzt, wie es seinem Begriffe nach oder an sich ist. Die Form nämlich der Beziehung auf sich, welche es im Grade hat, ist zugleich das *Sich-Äußerlichsein desselben*. Die Zahl ist als extensives Quantum numerische Vielheit und hat so die Äußerlichkeit innerhalb ihrer. Diese, als Vieles überhaupt, fällt in die Ununterschiedenheit zusammen und hebt sich auf in dem Eins der Zahl, ihrer Beziehung auf sich selbst. Das Quantum hat aber seine Bestimmtheit als Anzahl; es enthält, wie vorhin gezeigt worden, sie, ob sie gleich nicht mehr an ihm gesetzt ist. Der *Grad* also, der als in sich selbst einfach dies *äußerliche Anderssein* nicht mehr *in ihm hat*, hat es *außer ihm* und bezieht sich darauf als auf seine Bestimmtheit. Eine ihm äußerliche Vielheit macht die Bestimmtheit der einfachen Grenze, welche er für sich ist, aus. Daß die Anzahl, insofern sie sich innerhalb der Zahl im extensiven Quantum befinden sollte, sich darin aufhob, bestimmt sich somit dahin, daß sie außerhalb derselben gesetzt ist. Indem die Zahl als Eins, in sich reflektierte Beziehung auf sich selbst gesetzt ist, schließt sie die Gleichgültigkeit und

Äußerlichkeit der Anzahl aus sich aus und ist *Beziehung auf sich als Beziehung durch sich selbst auf ein Äußerliches.* Hierin hat das Quantum die seinem Begriffe gemäße Realität. Die *Gleichgültigkeit* der Bestimmtheit macht seine Qualität aus, d. i. die Bestimmtheit, die an ihr selbst als die sich äußerliche Bestimmtheit ist. – Sonach ist der Grad einfache Größenbestimmtheit *unter* einer *Mehrheit* solcher Intensitäten, die verschieden, jede nur einfache Beziehung auf sich selbst, zugleich aber in wesentlicher Beziehung aufeinander sind, so daß jede in dieser Kontinuität mit den anderen ihre Bestimmtheit hat. Diese Beziehung des Grades durch sich selbst auf sein Anderes macht das Auf- und Absteigen an der Skala der Grade zu einem stetigen Fortgang, einem Fließen, das eine ununterbrochene, unteilbare Veränderung ist; jedes der Mehreren, die darin unterschieden werden, ist nicht getrennt von den anderen, sondern hat sein Bestimmtsein nur in diesen. Als sich auf sich beziehende Größenbestimmung ist jeder der Grade gleichgültig gegen die anderen; aber er ist ebensosehr an sich auf diese Äußerlichkeit bezogen, er ist nur vermittels derselben, was er ist; seine Beziehung auf sich ist in einem die nicht gleichgültige Beziehung auf das Äußerliche, hat in dieser seine Qualität.

b. Identität der extensiven und intensiven Größe

Der Grad ist nicht innerhalb seiner ein sich Äußerliches. Allein er ist nicht das *unbestimmte* Eins, das Prinzip der Zahl überhaupt, das nicht Anzahl ist als nur die negative, keine Anzahl zu sein. Die intensive Größe ist zunächst ein einfaches *Eins der Mehreren*; es sind mehrere Grade; *bestimmt* sind sie aber nicht, weder als einfaches Eins noch als Mehrere, sondern nur in der *Beziehung dieses Außersichseins* oder in der Identität des Eins und der Mehrheit. Wenn also die Mehreren als solche zwar außer dem einfachen Grade sind, so besteht in seiner Beziehung auf sie seine Bestimmtheit; er enthält also die Anzahl. Wie Zwanzig als extensive Größe die zwanzig Eins als diskrete in sich enthält, so enthält der bestimmte Grad sie als Kontinuität, welche diese bestimmte Mehrheit einfach ist; er ist *der zwanzigste* Grad und ist der zwanzigste Grad nur vermittels dieser Anzahl, die als solche außer ihm ist.

Die Bestimmtheit der intensiven Größe ist daher von doppelter Seite zu betrachten. Sie ist bestimmt durch *andere* intensive Quanta und ist in Kontinuität mit ihrem Anderssein, so daß in dieser Beziehung auf dasselbe ihre Bestimmtheit besteht. Insofern sie nun *erstens* die *einfache* Bestimmtheit ist, ist sie bestimmt *gegen* andere Grade; sie schließt dieselben aus sich aus und hat ihre Bestimmtheit in diesem Ausschließen. Aber *zweitens* ist sie an ihr selbst bestimmt; sie ist dies in der Anzahl als in *ihrer* Anzahl, nicht in ihr als ausgeschlossener oder nicht in der Anzahl anderer Grade. Der zwanzigste Grad enthält die Zwanzig an ihm selbst; er ist nicht nur bestimmt als unterschieden vom neunzehnten, einundzwanzigsten usf., sondern seine Bestimmtheit ist *seine* Anzahl. Aber insofern die Anzahl die seinige ist, und die Bestimmtheit ist zugleich wesentlich als Anzahl, so ist er extensives Quantum.

Extensive und intensive Größe sind also eine und dieselbe Bestimmtheit des Quantums; sie sind nur dadurch unterschieden, daß die eine die Anzahl als innerhalb ihrer, die andere dasselbe, die Anzahl als außer ihr hat. Die extensive Größe geht in intensive Größe über, weil ihr Vieles an und für sich in die Einheit zusammenfällt, außer welcher das Viele tritt. Aber umgekehrt hat dieses Einfache seine Bestimmtheit nur an der Anzahl und zwar als *seiner*; als gleichgültig gegen die anders bestimmten Intensitäten hat es die Äußerlichkeit der Anzahl an ihm selbst; so ist die intensive[10] Größe ebenso wesentlich extensive[10] Größe.

Mit dieser Identität tritt das *qualitative Etwas* ein; denn sie ist sich durch die *Negation ihrer Unterschiede* auf sich

10 A: »intensive« und »extensive« – B: »intensitive« und »extensitive«

beziehende Einheit; diese Unterschiede aber machen die daseiende Größenbestimmtheit aus; diese negative Identität ist also *Etwas*, und zwar das gegen seine quantitative Bestimmtheit gleichgültig ist. *Etwas* ist ein Quantum; aber nun ist das qualitative Dasein, wie es an sich ist, als gleichgültig dagegen *gesetzt*. Es konnte vom Quantum, der Zahl als solcher usf. ohne ein Etwas, das deren Substrat wäre, gesprochen werden. Aber nun tritt Etwas diesen seinen Bestimmungen, durch deren Negation mit sich *vermittelt*, als *für sich daseiend* gegenüber und, indem es ein Quantum hat, als dasselbe, welches ein extensives und intensives Quantum habe. Seine *eine* Bestimmtheit, die es als Quantum hat, ist in den unterschiedenen Momenten der *Einheit* und *Anzahl* gesetzt; sie ist nicht nur *an sich* eine und dieselbe, sondern ihr Setzen in diesen Unterschieden, als extensives und intensives Quantum, ist das Zurückgehen in diese Einheit, die als negative das gegen sie gleichgültig gesetzte Etwas ist.

Anmerkung 1

In der gewöhnlichen Vorstellung pflegen *extensives* und *intensives Quantum* so als *Arten von Größen* unterschieden zu werden, als ob es Gegenstände gäbe, die nur intensive, andere, die nur extensive Größe hätten. Ferner ist die Vorstellung einer philosophischen Naturwissenschaft hinzugekommen, welche das Mehrere, das *Extensive*, z. B. in der Grundbestimmung der Materie, einen Raum zu erfüllen, sowie in anderen Begriffen in *ein Intensives* verwandelte, in dem Sinne, daß das Intensive als das *Dynamische* die wahrhafte Bestimmung sei und z. B. die Dichtigkeit oder spezifische Raumerfüllung wesentlich nicht als eine gewisse *Menge* und *Anzahl* materieller Teile in einem Quantum Raum, sondern als ein gewisser *Grad* der raumerfüllenden *Kraft* der Materie gefaßt werden müsse.

Es sind hierbei zweierlei Bestimmungen zu unterscheiden. Bei dem, was man die Umwandlung der mechanischen Betrachtungsweise in die dynamische genannt hat, kommt der

Begriff von *außereinander bestehenden selbständigen Teilen,* die nur äußerlich in ein Ganzes verbunden sind, und der davon verschiedene Begriff von *Kraft* vor. Was in der Raumerfüllung einerseits nur als eine Menge einander äußerlicher Atome angesehen wird, wird andererseits als die Äußerung einer zugrunde liegenden einfachen Kraft betrachtet. – Diese Verhältnisse von Ganzem und Teilen, der Kraft und ihrer Äußerung, die hier einander gegenübertreten, gehören aber noch nicht hierher, sondern werden weiterhin betrachtet werden. Soviel läßt sich sogleich erinnern, daß das Verhältnis von *Kraft* und ihrer Äußerung, das dem Intensiven entspricht, zwar zunächst das wahrhaftere ist gegen das Verhältnis von Ganzem und Teilen; aber daß darum die Kraft nicht weniger einseitig als das Intensive und die *Äußerung,* die Äußerlichkeit des Extensiven ebenso *untrennbar* von der Kraft ist, so daß *ein und derselbe Inhalt* ebensosehr in beiden Formen, des Intensiven und Extensiven, vorhanden ist.

Die andere Bestimmtheit, die dabei vorkommt, ist die *quantitative* als solche, die als extensives Quantum aufgehoben und in den Grad, als die wahrhaft sein sollende Bestimmung, verwandelt wird; es ist aber gezeigt worden, daß dieser ebenso die erstere enthält, so daß die eine Form für die andere wesentlich ist, somit jedes Dasein seine Größenbestimmung ebensosehr als extensives wie als intensives Quantum darstellt.

Als Beispiel hiervon dient daher alles, insofern es in einer Größenbestimmung erscheint. Selbst die *Zahl* hat diese gedoppelte Form notwendig unmittelbar an ihr. Sie ist eine Anzahl, insofern ist sie extensive Größe; aber sie ist auch Eins, ein Zehn, ein Hundert; insofern steht sie auf dem Übergange zur intensiven Größe, indem in dieser Einheit das Vielfache in Einfaches zusammengeht. Eins ist extensive Größe *an sich,* es kann als eine beliebige Anzahl von Teilen vorgestellt werden. So das Zehnte, das Hundertste ist dies Einfache, Intensive, das seine Bestimmtheit an dem außer ihm fallenden Mehreren, d. i. am Extensiven hat. Die Zahl ist Zehn, Hundert und zugleich die Zehnte, Hundertste im Zahlensystem; beides ist dieselbe Bestimmtheit.

Das Eins im Kreise heißt *Grad,* weil der Teil des *Kreises* wesentlich seine Bestimmtheit in dem Mehreren außer ihm hat, als eines nur einer geschlossenen Anzahl solcher Eins bestimmt ist. Der Grad des Kreises ist als bloße Raumgröße nur eine gewöhnliche Zahl; als Grad angesehen ist er die intensive Größe, die einen Sinn nur hat als bestimmt durch die Anzahl von Graden, in die der Kreis geteilt ist, wie die Zahl überhaupt ihren Sinn nur hat in der Zahlenreihe.

Die Größe eines konkreteren Gegenstandes stellt ihre gedoppelte Seite, extensiv und intensiv zu sein, an den gedoppelten Bestimmungen seines Daseins dar, in deren einer er als ein *Äußerliches,* in der anderen aber als ein *Innerliches* erscheint. So ist z. B. eine *Masse* als Gewicht ein *extensiv Großes,* insofern sie eine Anzahl von Pfunden, Zentnern usf. ausmacht, ein *intensiv Großes,* insofern sie einen gewissen Druck ausübt; die Größe des Drucks ist ein Einfaches, ein Grad, der seine Bestimmtheit an einer Skala von Graden des Druckes hat. Als drückend erscheint die Masse als ein Insichsein, als Subjekt, dem der intensive Größenunterschied zukommt. – Umgekehrt, was diesen *Grad* des Drucks ausübt, ist vermögend, eine gewisse *Anzahl* von Pfunden usf. von der Stelle zu bewegen, und mißt seine Größe hieran.

Oder die *Wärme* hat einen *Grad*; der Wärmegrad, er sei der 10., 20. usf. ist eine einfache Empfindung, ein Subjektives. Aber dieser Grad ist ebensosehr vorhanden als *extensive* Größe, als die Ausdehnung einer Flüssigkeit, des Quecksilbers im Thermometer, der Luft oder des Tons usf. Ein höherer Grad der Temperatur drückt sich aus als eine längere Quecksilbersäule oder als ein schmälerer Tonzylinder; er erwärmt einen größeren Raum auf dieselbe Weise als ein geringerer Grad nur den kleineren Raum.

Der höhere *Ton* ist als der *intensivere* zugleich eine *größere Menge* von Schwingungen; oder ein lauterer Ton, dem ein

höherer *Grad* zugeschrieben wird, macht sich in einem größeren Raume hörbar. – Mit der intensiveren *Farbe* läßt sich eine größere Fläche als mit einer schwächeren auf gleiche Weise färben; oder das *Hellere,* eine andere Art von Intensität, ist weiter sichtbar als das weniger Helle usf.
Ebenso im *Geistigen* ist die *hohe Intensität* des Charakters, Talents, Genies von ebenso *weitgreifendem* Dasein, *ausgedehnter* Wirkung und *vielseitiger* Berührung. Der *tiefste Begriff* hat die *allgemeinste* Bedeutung und Anwendung.

Anmerkung 2

Kant hat einen eigentümlichen Gebrauch von der Anwendung der Bestimmtheit des intensiven Quantums auf eine metaphysische Bestimmung der *Seele* gemacht. In der Kritik der metaphysischen Sätze von der Seele, die er Paralogismen der reinen Vernunft nennt, kommt er auf die Betrachtung des Schlusses von der Einfachheit der Seele auf die Beharrlichkeit derselben. Er setzt diesem Schlusse entgegen (*Kritik der reinen Vernunft,* [B] S. 414), »daß, wenn wir gleich der Seele diese einfache Natur einräumen, da sie nämlich kein Mannigfaltiges außereinander, mithin keine *extensive* Größe enthält, man ihr doch sowenig *wie irgend einem Existierenden intensive* Größe, d. i. einen *Grad der* Realität in Ansehung aller ihrer Vermögen, ja überhaupt alles dessen, was das Dasein ausmacht, ableugnen könne, welcher durch alle *unendlich vielen kleineren* Grade *abnehmen* und so die vorgebliche Substanz ..., obgleich nicht durch Zerteilung, doch durch allmähliche Nachlassung (remissio) ihrer Kräfte ..., in nichts verwandelt werden könne. Denn selbst das *Bewußtsein* hat jederzeit einen *Grad,* der immer noch vermindert werden kann, folglich auch das Vermögen, sich seiner bewußt zu sein, und so alle übrigen Vermögen.« – Die Seele wird in der rationellen Psychologie, wie diese abstrakte Metaphysik war, nicht als Geist, sondern als ein nur unmittelbar *Seiendes,* als *Seelending* betrachtet. So hat Kant das Recht, die Kategorie des Quantums »wie auf irgendein Existierendes« und, insofern dies Seiende als einfach bestimmt ist, die des intensiven Quantums auf dasselbe anzuwenden. Dem Geiste kommt allerdings *Sein* zu, aber von ganz anderer Intensität, als die des intensiven Quantums ist, vielmehr einer solchen Intensität, in welcher die Form des nur unmittelbaren Seins und alle Kategorien desselben als aufgehoben sind. Es war nicht nur die Entfernung der Kategorie des extensiven Quantums zuzugeben, sondern die des Quantums überhaupt zu entfernen. Ein Weiteres aber ist noch, zu erkennen, wie in der ewigen Natur des Geistes Dasein, Bewußtsein, Endlichkeit ist und daraus hervorgeht, ohne daß er dadurch ein Ding würde.

c. Die Veränderung des Quantums

Der Unterschied des extensiven und intensiven Quantums ist der Bestimmtheit des Quantums als solcher gleichgültig. Aber überhaupt ist das Quantum die als aufgehoben gesetzte Bestimmtheit, die gleichgültige Grenze, die Bestimmtheit, welche ebensosehr die Negation ihrer selbst ist. In der extensiven Größe ist dieser Unterschied entwickelt, aber die intensive Größe ist das *Dasein* dieser Äußerlichkeit, die das Quantum in sich ist. Er ist als sein Widerspruch in sich selbst gesetzt, die einfache *sich auf sich beziehende* Bestimmtheit zu sein, welche die Negation ihrer selbst ist, ihre Bestimmtheit nicht an ihr, sondern in einem anderen Quantum zu haben.

Ein Quantum ist also seiner Qualität nach in absoluter Kontinuität mit seiner Äußerlichkeit, mit seinem Anderssein gesetzt. Es *kann* daher nicht nur über jede Größenbestimmtheit hinausgegangen, sie *kann* nicht nur verändert werden, sondern es ist dies *gesetzt,* daß sie sich verändern *muß.* Die Größenbestimmung kontinuiert sich so in ihr Anderssein, daß sie ihr Sein nur in dieser Kontinuität mit einem Anderen hat; sie ist nicht eine *seiende,* sondern eine *werdende* Grenze.

Das Eins ist unendlich oder die sich auf sich beziehende

Negation, daher die Repulsion seiner von sich selbst. Das Quantum ist gleichfalls unendlich, gesetzt *als* die sich auf sich beziehende Negativität; es repelliert sich von sich selbst. Aber es ist ein *bestimmtes* Eins, das Eins, welches in Dasein und in die Grenze übergegangen ist, also die Repulsion der Bestimmtheit von sich selbst, nicht das Erzeugen des sich selbst Gleichen wie die Repulsion des Eins, sondern seines Andersseins; es ist nun an ihm selbst gesetzt, [sich] über *sich hinauszuschicken* und ein Anderes zu werden. Es besteht darin, sich zu vermehren oder zu vermindern; es ist die Äußerlichkeit der Bestimmtheit an ihm selbst.

Das Quantum schickt sich also selbst über sich hinaus; dies Andere, zu dem es wird, ist zunächst selbst ein Quantum; aber ebenso als eine nicht seiende, sondern sich über sich selbst hinaustreibende Grenze. Die in diesem Hinausgehen wieder entstandene Grenze ist also schlechthin nur eine solche, die sich wieder aufhebt und zu einer ferneren schickt, *und so fort ins Unendliche*.

C. Die quantitative Unendlichkeit

a. Begriff derselben

Das Quantum verändert sich und wird ein anderes Quantum; die weitere Bestimmung dieser Veränderung, daß sie *ins Unendliche* fortgeht, liegt darin, daß das Quantum als an ihm selbst sich widersprechend gestellt ist. – Das Quantum wird ein *Anderes*; es *kontinuiert* sich aber in sein Anderssein; das Andere ist also auch ein Quantum. Aber dieses ist das Andere nicht nur *eines* Quantums, sondern *des* Quantums selbst, das Negative seiner als eines Begrenzten, somit seine Unbegrenztheit, *Unendlichkeit*. Das Quantum ist ein *Sollen;* es enthält, *für sich bestimmt zu sein,* und dieses Fürsichbestimmtsein ist vielmehr das *Bestimmtsein in einem Anderen*; und umgekehrt ist es das aufgehobene Bestimmtsein in einem Anderen, ist *gleichgültiges* Bestehen-für-sich.

Die Endlichkeit und Unendlichkeit erhalten dadurch sogleich jede an ihr selbst eine gedoppelte, und zwar entgegengesetzte Bedeutung. *Endlich* ist das Quantum erstens als Begrenztes überhaupt, zweitens, als das Hinausschicken über sich selbst, als das Bestimmtsein in einem Anderen. Die *Unendlichkeit* desselben aber ist erstens sein Nichtbegrenztsein; zweitens sein Zurückgekehrtsein-in-sich, das gleichgültige Fürsichsein. Vergleichen wir sogleich diese Momente miteinander, so ergibt sich, daß die Bestimmung der Endlichkeit des Quantums, das Hinausschicken über sich zu einem Anderen, in dem seine Bestimmung liege, ebenso Bestimmung des Unendlichen ist; die Negation der Grenze ist dasselbe Hinaus über die Bestimmtheit, so daß das Quantum in dieser Negation, dem Unendlichen, seine letzte Bestimmtheit habe. Das andere Moment der Unendlichkeit ist das gegen die Grenze gleichgültige Fürsichsein; das Quantum selbst aber ist so das Begrenzte, daß es das für sich Gleichgültige gegen seine Grenze, damit gegen andere Quanta und sein Hinaus, ist. Die Endlichkeit und die (von ihr getrennt sein sollende, schlechte) Unendlichkeit haben beim Quantum jede das Moment der anderen bereits an ihr.

Das qualitative und quantitative Unendliche unterscheiden sich dadurch, daß im ersten der Gegensatz des Endlichen und Unendlichen qualitativ ist und der Übergang des Endlichen in das Unendliche oder die Beziehung beider aufeinander nur im *Ansich*, in ihrem Begriffe liegt. Die qualitative Bestimmtheit ist als unmittelbar und bezieht sich auf das Anderssein wesentlich als auf ein ihr anderes Sein; sie ist nicht *gesetzt*, ihre Negation, ihr Anderes *an ihr selbst* zu haben. Die Größe hingegen ist, als solche, *aufgehobene* Bestimmtheit; sie ist *gesetzt*, ungleich mit sich und gleichgültig gegen sich selbst, daher das Veränderliche zu sein. Das qualitative Endliche und Unendliche stehen sich daher absolut, d. h. abstrakt gegenüber; ihre Einheit ist die zugrunde liegende *innerliche* Beziehung; das Endliche kontinuiert sich daher nur *an sich*, aber nicht *an ihm*, in sein Anderes. Hingegen das quantitative Endliche *bezieht sich an ihm selbst* in sein Unendliches, an dem es seine absolute Bestimmtheit habe. Diese ihre Beziehung stellt zunächst der *quantitativ-unendliche Progreß* dar.

b. Der quantitative unendliche Progreß

Der Progreß ins Unendliche ist überhaupt der Ausdruck des Widerspruchs, hier desjenigen, den das quantitativ Endliche oder das Quantum überhaupt enthält. Er ist die Wechselbestimmung des Endlichen und Unendlichen, die in der qualitativen Sphäre betrachtet worden ist, mit dem Unterschiede, daß, wie soeben erinnert, im Quantitativen sich die Grenze an ihr selbst in ihr Jenseits fortschickt und fortsetzt, somit umgekehrt auch das quantitativ Unendliche gesetzt ist, das Quantum an ihm selbst zu haben, denn das Quantum ist in seinem Außersichsein zugleich es selbst; seine Äußerlichkeit gehört seiner Bestimmung an.

Der *unendliche Progreß* ist nun nur der *Ausdruck* dieses Widerspruchs, *nicht die Auflösung* desselben, aber um der Kontinuität willen der einen Bestimmtheit in ihre andere führt er eine scheinbare Auflösung in einer Vereinigung beider herbei. Wie er zunächst gesetzt ist, ist er die *Aufgabe* des Unendlichen, nicht die Erreichung desselben: das perennierende *Erzeugen* desselben, ohne über das Quantum selbst hinauszukommen und ohne daß das Unendliche ein Positives und Gegenwärtiges würde. Das Quantum hat es in seinem Begriffe, ein *Jenseits* seiner zu haben. Dies Jenseits ist *erstlich* das abstrakte Moment des *Nichtseins* des Quantums; dieses löst sich an sich selbst auf; so bezieht es sich auf sein *Jenseits* als auf seine Unendlichkeit nach dem *qualitativen* Momente des Gegensatzes. Aber *zweitens* steht das Quantum in Kontinuität mit diesem Jenseits; das Quantum besteht eben darin, das Andere seiner selbst, sich selbst äußerlich zu sein; also ist dies Äußerliche ebensosehr nicht ein Anderes als das Quantum; das *Jenseits* oder das Unendliche ist also selbst *ein Quantum.* Das Jenseits ist auf diese Weise aus seiner Flucht zurückgerufen und das Unendliche erreicht. Aber weil dies zum Diesseits Gewordene wieder ein Quantum ist, ist nur wieder eine neue Grenze gesetzt worden; diese, als Quantum, ist auch wieder von sich selbst geflohen, ist als solches über sich hinaus, und hat sich in sein Nichtsein, in sein Jenseits von sich selbst repelliert, das ebenso perennierend zum Quantum wird, als dieses sich von sich selbst zum Jenseits abstößt.

Die Kontinuität des Quantums in sein Anderes bringt die Verbindung beider in dem Ausdruck eines *Unendlichgroßen* oder *Unendlichkleinen* hervor. Da beide die Bestimmung des Quantums noch an ihnen haben, bleiben sie veränderliche, und die absolute Bestimmtheit, die ein Fürsichsein wäre, ist also nicht erreicht. Dies *Außersichsein* der Bestimmung ist in dem gedoppelten Unendlichen, das sich nach dem *Mehr* und *Weniger* entgegengesetzt ist, dem Unendlichgroßen und -kleinen gesetzt. An jedem selbst ist das Quantum im perennierenden Gegensatze gegen sein Jenseits *erhalten.* Das Große, noch so sehr erweitert, schwindet zur Unbeträchtlichkeit zusammen; indem es sich auf das Unendliche als auf sein Nichtsein bezieht, ist der Gegensatz *qualitativ*; das erweiterte Quantum hat daher dem Unendlichen nichts abgewonnen; dieses ist vor wie nach das Nichtsein desselben. Oder die Vergrößerung des Quantums ist keine *Näherung* zum Unendlichen, denn der Unterschied des Quantums und seiner Unendlichkeit hat wesentlich auch das *Moment*, ein nicht quantitativer Unterschied zu sein. Es ist nur der ins Engere gebrachte Ausdruck des Widerspruchs; es soll ein *Großes*, d. i. ein Quantum, und *unendlich*, d. i. kein Quantum sein. – Ebenso das Unendlichkleine ist als Kleines ein Quantum und bleibt daher absolut, d. h. qualitativ zu groß für das Unendliche und ist diesem entgegengesetzt. Es bleibt in beiden der Widerspruch des unendlichen Progresses erhalten, der in ihnen sein Ziel gefunden haben sollte.

Diese Unendlichkeit, welche als das Jenseits des Endlichen

beharrlich bestimmt ist, ist als die *schlechte quantitative Unendlichkeit* zu bezeichnen. Sie ist wie die qualitative schlechte Unendlichkeit, das perennierende Herüber- und Hinübergehen von dem einen Gliede des bleibenden Widerspruchs zum anderen, von der Grenze zu ihrem Nichtsein, von diesem aufs neue zurück zu ebenderselben, zur Grenze. Im Progresse des Quantitativen ist das, zu dem fortgegangen wird, zwar nicht ein abstrakt Anderes überhaupt, sondern ein als verschieden gesetztes Quantum; aber es bleibt auf gleiche Weise im Gegensatze gegen seine Negation. Der Progreß ist daher gleichfalls nicht ein Fortgehen und Weiterkommen, sondern ein Wiederholen von einem und eben demselben, Setzen, Aufheben und Wiedersetzen und Wiederaufheben, – eine Ohnmacht des Negativen, dem das, was es aufhebt, durch sein Aufheben selbst als ein Kontinuierliches wiederkehrt. Es sind zwei so zusammengeknüpft, daß sie sich schlechthin fliehen; und indem sie sich fliehen, können sie sich nicht trennen, sondern sind in ihrer gegenseitigen Flucht verknüpft.

Anmerkung 1

Die schlechte Unendlichkeit pflegt vornehmlich in der Form des *Progresses des Quantitativen ins Unendliche* – dies fortgehende Überfliegen der Grenze, das die Ohnmacht ist, sie aufzuheben, und der perennierende Rückfall in dieselbe – für etwas Erhabenes und für eine Art von Gottesdienst gehalten zu werden, so wie derselbe in der Philosophie als ein Letztes angesehen worden ist. Dieser Progreß hat vielfach zu Tiraden gedient, die als erhabene Produktionen bewundert worden sind. In der Tat aber macht diese *moderne* Erhabenheit nicht den *Gegenstand* groß, welcher vielmehr entflieht, sondern nur das *Subjekt,* das so große Quantitäten in sich verschlingt. Die Dürftigkeit dieser subjektiv bleibenden Erhebung, die an der Leiter des Quantitativen hinaufsteigt, tut sich selbst damit kund, daß sie in vergeblicher Arbeit dem unendlichen Ziele nicht näherzukommen eingesteht, welches zu erreichen freilich ganz anders anzugreifen ist.

Bei folgenden Tiraden dieser Art ist zugleich ausgedrückt, in was solche Erhebung übergeht und aufhört. *Kant* z. B. führt es als erhaben auf (*Kritik der praktischen Vernunft*, Beschluß), ›wenn das Subjekt mit dem Gedanken sich über den Platz erhebt, den es in der Sinnenwelt einnimmt, und die Verknüpfung ins unendlich Große erweitert, eine Verknüpfung mit Sternen über Sternen, mit Welten über Welten, Systemen über Systemen, überdem noch in grenzenlose Zeiten ihrer periodischen Bewegung, deren Anfang und Fortdauer. – Das Vorstellen erliegt diesem Fortgehen ins Unermeßlich-Ferne, wo die *fernste* Welt *immer* noch eine *fernere* hat, die *so weit* zurückgeführte Vergangenheit noch eine *weitere* hinter sich, die *noch so weit* hinausgeführte Zukunft *immer noch* eine andere vor sich; *der Gedanke erliegt* dieser Vorstellung des Unermeßlichen; wie ein Traum, daß einer einen langen Gang immer weiter und unabsehbar weiter fortgehe, ohne ein Ende abzusehen, mit *Fallen* oder mit *Schwindel* endet.‹

Diese Darstellung, außerdem daß sie den Inhalt des quantitativen Erhebens in einen Reichtum der Schilderung zusammendrängt, verdient wegen der Wahrhaftigkeit vornehmlich Lob, mit der sie es angibt, wie es dieser Erhebung am Ende ergeht: der Gedanke erliegt, das Ende ist Fallen und Schwindel. Was den Gedanken erliegen macht und das Fallen desselben und den Schwindel hervorbringt, ist nichts anderes als die *Langeweile* der Wiederholung, welche eine Grenze verschwinden und wieder auftreten und wieder verschwinden, so immer das eine *um* das andere und eins *im* anderen, in dem Jenseits das Diesseits, in dem Diesseits das Jenseits perennierend entstehen und vergehen läßt und nur das Gefühl der *Ohnmacht* dieses Unendlichen oder dieses Sollens gibt, das über das Endliche Meister werden will und nicht kann.

Auch die Hallersche, von Kant so genannte *schauderhafte Beschreibung der Ewigkeit* pflegt besonders bewundert zu werden, aber oft gerade nicht wegen derjenigen Seite, die das wahrhafte Verdienst derselben ausmacht:

> Ich häufe ungeheure Zahlen,
> Gebirge Millionen auf,
> Ich setze Zeit auf Zeit und Welt auf Welt zu Hauf,
> Und wenn ich von der grausen Höh
> Mit Schwindel wieder nach dir seh,
> Ist alle Macht der Zahl, vermehrt zu tausendmalen,
> Noch nicht ein Teil von dir.
> *Ich zieh sie ab, und du liegst ganz vor mir.*[11]

Wenn auf jenes Aufbürgen und Auftürmen von Zahlen und Welten als auf eine *Beschreibung der Ewigkeit* der Wert gelegt wird, so wird übersehen, daß der Dichter selbst dieses sogenannte schauderhafte Hinausgehen für etwas Vergebliches und Hohles erklärt und daß er damit schließt, daß nur *durch das Aufgeben* dieses leeren unendlichen Progresses das wahrhafte Unendliche selbst *zur Gegenwart vor ihn* komme.

Es hat *Astronomen* gegeben, die sich auf das Erhabene ihrer Wissenschaft gern darum viel zugute taten, weil sie mit einer *unermeßlichen* Menge von Sternen, mit so *unermeßlichen* Räumen und Zeiten zu tun habe, in denen Entfernungen und Perioden, die für sich schon so groß sind, zu Einheiten dienen, welche, noch so vielmal genommen, sich wieder zur Unbedeutendheit verkürzen. Das schale Erstaunen, dem sie sich dabei überlassen, die abgeschmackten Hoffnungen, erst noch in jenem Leben von einem Sterne zum andern zu reisen und ins Unermeßliche fort *dergleichen* neue Kenntnisse zu erwerben, gaben sie für ein Hauptmoment der Vortrefflichkeit ihrer Wissenschaft aus, – welche bewundernswürdig ist, nicht um solcher quantitativen Unendlichkeit willen, sondern

11 Albrecht von Haller, »Unvollkommenes Gedicht über die Ewigkeit«, aus: *Versuch schweizerischer Gedichte*, Bern 1732

im Gegenteil um der *Maßverhältnisse* und der *Gesetze* willen, welche die Vernunft in diesen Gegenständen erkennt und die das vernünftige Unendliche gegen jene unvernünftige Unendlichkeit sind.

Der Unendlichkeit, die sich auf die äußere sinnliche Anschauung bezieht, setzt *Kant* die andere Unendlichkeit gegenüber, wenn ›das Individuum auf sein unsichtbares Ich zurückgeht und die absolute Freiheit seines Willens als ein reines Ich allen Schrecken des Schicksals und der Tyrannei entgegenstellt, von seinen nächsten Umgebungen anfangend, sie für sich verschwinden, ebenso das, was als dauernd erscheint, Welten über Welten in Trümmer zusammenstürzen läßt und einsam *sich als sich selbst gleich* erkennt‹.

Ich in dieser Einsamkeit mit sich ist zwar das erreichte Jenseits, es ist zu sich selbst gekommen, ist *bei sich, diesseits*; im reinen Selbstbewußtsein ist die absolute Negativität zur Affirmation und Gegenwart gebracht, welche in jenem Fortgehen über das sinnliche Quantum nur flieht. Aber indem dies reine Ich in seiner Abstraktion und Inhaltslosigkeit sich fixiert, hat es das Dasein überhaupt, die Fülle des natürlichen und geistigen Universums, als ein Jenseits sich gegenüber. Es stellt sich derselbe Widerspruch dar, der dem unendlichen Progresse zugrunde liegt; nämlich ein Zurückgekehrtsein in sich, das unmittelbar zugleich Außersichsein, Beziehung auf sein Anderes als auf sein Nichtsein, ist; welche Beziehung eine *Sehnsucht* bleibt, weil Ich sich seine gehaltlose und unhaltbare Leere einerseits und die in der Negation doch präsent bleibende Fülle als sein Jenseits fixiert hat.

Kant fügt diesen beiden Erhabenheiten die Bemerkung bei, ›daß Bewunderung (für die erstere, äußerliche) und Achtung (für die zweite, innerliche) Erhabenheit zwar zur *Nachforschung reizen*, aber den *Mangel* derselben nicht ersetzen können‹. – Er erklärt damit jene Erhebungen als unbefriedigend für die Vernunft, welche bei ihnen und den damit verbundenen Empfindungen nicht stehenbleiben und das Jenseits und Leere nicht für das Letzte gelten lassen kann.

Als ein Letztes aber ist der unendliche Progreß vornehmlich in seiner Anwendung auf die *Moralität* genommen worden. Der soeben angeführte zweite Gegensatz des Endlichen und Unendlichen als der mannigfaltigen Welt und des in seine Freiheit erhobenen Ichs ist zunächst qualitativ. Das Selbstbestimmen des Ich geht zugleich darauf, die Natur zu bestimmen und sich von ihr zu befreien; so bezieht es sich durch sich selbst auf sein Anderes, welches als äußerliches Dasein ein Vielfältiges und auch Quantitatives ist. Die Beziehung auf ein Quantitatives wird selbst quantitativ; die negative Beziehung des Ich darauf, die Macht des Ich über das Nicht-Ich, über die Sinnlichkeit und äußere Natur, wird daher so vorgestellt, daß die Moralität immer *größer,* die Macht der Sinnlichkeit aber immer *kleiner* werden könne und solle. Die völlige Angemessenheit aber des Willens zum moralischen Gesetze wird in den ins Unendliche gehenden Progreß verlegt, d. h. als ein *absolutes unerreichbares* Jenseits vorgestellt, und eben dies solle der wahre Anker und der rechte Trost sein, daß es ein Unerreichbares ist; denn die Moralität soll als Kampf sein; dieser aber ist nur unter der Unangemessenheit des Willens zum Gesetze, dieses damit schlechthin ein Jenseits für ihn.

In diesem Gegensatze werden Ich und Nicht-Ich oder der reine Wille und das moralische Gesetz und die Natur und Sinnlichkeit des Willens als vollkommen selbständig und gleichgültig gegeneinander vorausgesetzt. Der reine Wille hat sein eigentümliches Gesetz, das in wesentlicher Beziehung auf die Sinnlichkeit steht; und die Natur und Sinnlichkeit hat ihrerseits Gesetze, die weder aus dem Willen genommen und ihm entsprechend sind, noch auch nur, wenngleich verschieden davon, an sich eine wesentliche Beziehung auf ihn hätten, sondern sie sind überhaupt für sich bestimmt, in sich fertig und geschlossen. Zugleich sind beide aber Momente *eines und desselben einfachen Wesens,* des Ich; der Wille ist als das Negative gegen die Natur bestimmt, so daß er nur ist, insofern ein solches von ihm Verschiedenes ist, das von ihm aufgehoben werde, von dem er aber hierin berührt und selbst affiziert ist. Der Natur und ihr als Sinnlichkeit des Menschen ist als einem selbständigen System von Gesetzen das Beschränken durch ein Anderes gleichgültig; sie erhält sich in diesem Begrenztwerden, tritt selbständig in die Beziehung ein und begrenzt den Willen des Gesetzes ebensosehr, als er sie begrenzt. – Es ist *ein* Akt, daß der Wille sich bestimmt und das Anderssein einer Natur aufhebt und daß dies Anderssein als daseiend gesetzt ist, sich in sein Aufgehobenwerden kontinuiert und nicht aufgehoben ist. Der Widerspruch, der hierin liegt, wird im unendlichen Progresse nicht aufgelöst, sondern im Gegenteil als unaufgelöst und unauflösbar dargestellt und behauptet; der Kampf der Moralität und der Sinnlichkeit wird vorgestellt als das an und für sich seiende, absolute Verhältnis.

Die Ohnmacht, über den qualitativen Gegensatz des Endlichen und Unendlichen Meister zu werden und die Idee des wahrhaften Willens, die substantielle Freiheit, zu fassen, nimmt zur *Größe* ihre Zuflucht, um sie als die Mittlerin zu gebrauchen, weil sie das aufgehobene Qualitative, der gleichgültig gewordene Unterschied ist. Allein indem beide Glieder des Gegensatzes als qualitativ verschieden zugrunde liegen bleiben, so wird vielmehr dadurch, daß sie sich in ihrer gegenseitigen Beziehung als Quanta verhalten, jedes sogleich als gegen diese Veränderung gleichgültig gesetzt. Die Natur wird durch Ich, die Sinnlichkeit durch den Willen des Guten bestimmt; die durch denselben an ihr hervorgebrachte Veränderung ist nur ein quantitativer Unterschied, ein solcher, der sie als das bestehen läßt, was sie ist.

In der abstrakteren Darstellung der Kantischen Philosophie oder wenigstens ihrer Prinzipien, nämlich in der Fichteschen Wissenschaftslehre, macht der unendliche Progreß auf dieselbe Weise die Grundlage und das Letzte aus. Auf den ersten Grundsatz dieser Darstellung, Ich = Ich, folgt ein zweiter, davon unabhängiger, die *Entgegensetzung* des Nicht-Ich; die *Beziehung* beider wird sogleich auch als *quan-*

titativer Unterschied angenommen, daß Nicht-Ich *zum Teil* durch Ich bestimmt werde, *zum Teil* auch nicht. Das Nicht-Ich kontinuiert sich auf diese Weise in sein Nichtsein so, daß es in seinem Nichtsein entgegengesetzt bleibt als ein nicht Aufgehobenes. Nachdem daher die Widersprüche, die darin liegen, im System entwickelt worden sind, so ist das schließliche Resultat dasjenige Verhältnis, welches der Anfang war; das Nicht-Ich bleibt ein unendlicher Anstoß, ein absolut Anderes; die letzte Beziehung seiner und des Ich aufeinander ist der unendliche Progreß, *Sehnsucht* und *Streben,* – derselbe Widerspruch, mit welchem angefangen wurde.

Weil das Quantitative die als aufgehoben gesetzte Bestimmtheit ist, so glaubte man für die Einheit des Absoluten, für die *eine* Substantialität viel oder vielmehr alles gewonnen zu haben, indem man den Gegensatz überhaupt zu einem nur quantitativen Unterschiede herabsetzte. »*Aller Gegensatz ist nur quantitativ*« war einige Zeit ein Hauptsatz neuerer Philosophie; die entgegengesetzten Bestimmungen haben dasselbe Wesen, denselben Inhalt, sie sind reale Seiten des Gegensatzes, insofern jede derselben seine beiden Bestimmungen, beiden Faktoren in ihr hat, nur daß auf der einen Seite der eine Faktor, auf der anderen der andere *überwiegend,* in der einen Seite der eine Faktor, eine Materie oder Tätigkeit, in *größerer Menge* oder in *stärkerem Grade* vorhanden sei als in der anderen. Insofern verschiedene Stoffe oder Tätigkeiten vorausgesetzt werden, bestätigt und vollendet der quantitative Unterschied vielmehr deren Äußerlichkeit und Gleichgültigkeit gegeneinander und gegen ihre Einheit. Der Unterschied der *absoluten* Einheit soll nur quantitativ sein; das Quantitative ist zwar die aufgehobene unmittelbare Bestimmtheit, aber die nur unvollkommene, erst die *erste* Negation, nicht die unendliche, nicht die Negation der Negation. – Indem Sein und Denken als quantitative Bestimmungen der absoluten Substanz vorgestellt werden, werden auch sie als Quanta, wie in untergeordneter Sphäre der Kohlenstoff, Stickstoff usf., sich vollkommen äußerlich und beziehungslos. Es ist ein Drittes, eine äußerliche Reflexion, welche von ihrem Unterschiede abstrahiert und ihre *innere*, nur *ansichseiende*, nicht ebenso *fürsichseiende* Einheit erkennt. Diese Einheit wird damit in der Tat nur als erste *unmittelbare* vorgestellt oder nur als *Sein*, welches in seinem quantitativen Unterschiede sich gleich *bleibt*, aber nicht sich durch sich selbst gleich *setzt*; es ist somit nicht begriffen als Negation der Negation, als unendliche Einheit. Nur im qualitativen Gegensatze geht die gesetzte Unendlichkeit, das Fürsichsein, hervor, und die quantitative Bestimmung selbst geht, wie sich sogleich näher ergeben wird, in das Qualitative über.

Anmerkung 2

Es ist oben erinnert worden, daß die *Kantischen Antinomien* Darstellungen des Gegensatzes des Endlichen und Unendlichen in einer *konkreteren* Gestalt, auf speziellere Substrakte der Vorstellung angewendet, sind. Die daselbst betrachtete Antinomie enthielt den Gegensatz der qualitativen Endlichkeit und Unendlichkeit. In einer anderen, der *ersten* der vier kosmologischen Antinomien, ist es mehr die quantitative Grenze, die in ihrem Widerstreite betrachtet wird [*Kritik der reinen Vernunft*, B 454 ff.]. Ich will die Untersuchung dieser Antinomie daher hier anstellen.

Sie betrifft die *Begrenztheit oder Unbegrenztheit der Welt in Zeit und Raum*. – Es konnte ebensogut dieser Gegensatz auch in Rücksicht auf Zeit und Raum selbst betrachtet werden, denn ob Zeit und Raum Verhältnisse der Dinge selbst oder aber nur Formen der Anschauung sind, ändert nichts für das Antinomische der Begrenztheit oder Unbegrenztheit in ihnen.

Die nähere Auseinanderlegung dieser Antinomie wird gleichfalls zeigen, daß die beiden Sätze und ebenso ihre Beweise, die wie bei der oben betrachteten apogogisch geführt sind, auf nichts als auf die zwei einfachen, entgegengesetzten Behauptungen hinauslaufen: *es ist eine Grenze*, und: *es muß über die Grenze hinausgegangen werden*.

Die *Thesis* ist:
»Die Welt hat einen Anfang in der Zeit und ist dem Raum nach auch in Grenzen eingeschlossen.«
Der *eine Teil* des Beweises, die *Zeit* betreffend, nimmt das Gegenteil an,
»... die Welt habe der Zeit nach keinen Anfang: so ist bis *zu jedem gegebenen Zeitpunkt* eine Ewigkeit abgelaufen und mithin eine unendliche Reihe aufeinander folgender Zustände der Dinge in der Welt *verflossen.* Nun besteht aber eben darin die Unendlichkeit einer Reihe, daß sie durch sukzessive Synthesis niemals *vollendet* sein kann. Also ist eine unendliche verflossene Weltreihe unmöglich, mithin ein Anfang der Welt eine notwendige Bedingung ihres Daseins; welches zuerst zu erweisen war.«
Der *andere Teil* des Beweises, der den *Raum* betrifft, wird auf die Zeit zurückgeführt. Das Zusammenfassen der Teile einer im Raume unendlichen Welt erforderte eine unendliche Zeit, welche als abgelaufen angesehen werden müßte, insofern die Welt im Raume nicht als ein Werdendes, sondern als ein vollendetes Gegebenes anzusehen ist. Von der Zeit aber wurde im ersten Teile des Beweises gezeigt, daß eine unendliche Zeit als abgelaufen anzunehmen unmöglich sei.
Man sieht aber sogleich, daß es unnötig war, den Beweis apogogisch zu machen oder überhaupt einen Beweis zu führen, indem in ihm selbst unmittelbar die Behauptung dessen zugrunde liegt, was bewiesen werden sollte. Es wird nämlich irgendein oder jeder *gegebene Zeitpunkt* angenommen, bis zu welchem eine Ewigkeit (Ewigkeit hat hier nur den geringen Sinn einer schlecht-unendlichen Zeit) abgelaufen sei. *Ein gegebener Zeitpunkt* heißt nun nichts anderes als eine bestimmte *Grenze* in der Zeit. Im Beweise wird also eine Grenze der Zeit als wirklich *vorausgesetzt*; sie ist aber eben *das*, was *bewiesen werden* sollte. Denn die Thesis besteht darin, daß die Welt einen Anfang in der Zeit habe.
Nur der Unterschied findet statt, daß die *angenommene* Zeitgrenze ein *Jetzt* als Ende der vorher verflossenen, die zu

beweisende aber *Jetzt* als Anfang einer Zukunft ist. Allein dieser Unterschied ist unwesentlich. *Jetzt* wird als der Punkt angenommen, in welchem eine unendliche Reihe aufeinander folgender Zustände der Dinge in der Welt *verflossen* sein soll, also als Ende, als *qualitative* Grenze. Würde dies *Jetzt* nur als quantitative Grenze betrachtet, welche fließend und über die nicht nur hinauszugehen, sondern die vielmehr nur dies sei, über sich hinauszugehen, so wäre die unendliche Zeitreihe in ihr nicht *verflossen,* sondern führe fort zu fließen, und das Räsonnement des Beweises fiele weg. Dagegen ist der Zeitpunkt als qualitative Grenze für die Vergangenheit angenommen, aber ist so zugleich *Anfang* für die Zukunft – denn *an sich* ist jeder Zeitpunkt die Beziehung der Vergangenheit und der Zukunft –, auch ist er *absoluter,* d. h. abstrakter *Anfang* für dieselbe, d. i. das, was bewiesen werden sollte. Es tut nichts zur Sache, daß vor seiner Zukunft und diesem ihrem Anfange derselben schon eine Vergangenheit ist; indem dieser Zeitpunkt qualitative Grenze ist – und als qualitative ihn anzunehmen, liegt in der Bestimmung des *Vollendeten,* Abgelaufenen, *also sich nicht Kontinuierenden* –, so ist die Zeit in ihm *abgebrochen* und jene Vergangenheit ohne Beziehung auf diejenige Zeit, welche nur Zukunft in Rücksicht auf diese Vergangenheit genannt werden konnte und daher ohne solche Beziehung nur Zeit überhaupt ist, die einen absoluten Anfang hat. Stünde sie aber (wie sie es denn tut) durch das Jetzt, den gegebenen Zeitpunkt, in einer Beziehung auf die Vergangenheit, wäre sie somit als Zukunft bestimmt, so wäre auch dieser Zeitpunkt von der andern Seite keine Grenze, die unendliche Zeitreihe kontinuierte sich in dem, was Zukunft hieß, und wäre nicht, wie angenommen worden, *vollendet.*

In Wahrheit ist die Zeit reine Quantität; der im Beweise gebrauchte *Zeitpunkt,* in welchem sie unterbrochen sein sollte, ist vielmehr nur *das sich selbst aufhebende* Fürsichsein des Jetzt. Der Beweis leistet nichts, als daß er die in der

Thesis behauptete absolute Grenze der Zeit als einen *gegebenen Zeitpunkt* vorstellig macht und ihn als vollendeten, d. i. abstrakten Punkt geradezu annimmt, – eine populäre Bestimmung, welche das sinnliche Vorstellen leicht als eine *Grenze* passieren, somit im Beweise dies als Annahme gelten läßt, was vorher als das zu Beweisende aufgestellt wurde.

Die *Antithesis* heißt:

»Die Welt hat keinen Anfang und keine Grenzen im Raume, sondern ist sowohl in Ansehung der Zeit als des Raumes unendlich.«

Der *Beweis* setzt gleichfalls das Gegenteil:

»Die Welt habe einen Anfang. Da der Anfang ein Dasein ist, wovor eine Zeit vorhergeht, darin das Ding nicht ist, so muß eine Zeit vorhergegangen sein, darin die Welt nicht war, d. i. eine leere Zeit. Nun ist aber in einer leeren Zeit *kein Entstehen* irgendeines Dinges möglich; weil kein Teil einer solchen Zeit vor einem andern irgendeine *unterscheidende Bedingung* des Daseins vor der des Nichtdaseins an sich hat ... Also kann zwar in der Welt manche Reihe der Dinge anfangen, die Welt selbst aber keinen Anfang nehmen und ist also in Ansehung der vergangenen Zeit unendlich.«

Dieser apogogische Beweis enthält, wie die anderen, die direkte und unbewiesene Behauptung dessen, was er beweisen sollte. Er nimmt nämlich zuerst ein Jenseits des weltlichen Daseins, eine leere Zeit an, aber *kontinuiert* alsdann auch *das weltliche Dasein* ebensosehr *über sich hinaus in diese leere Zeit* hinein, hebt diese dadurch auf und *setzt* somit *das Dasein ins Unendliche fort*. Die Welt ist ein Dasein; der Beweis *setzt voraus*, daß dies Dasein *entstehe* und das Entstehen eine in der Zeit *vorhergehende Bedingung* habe. *Darin* aber eben *besteht die Antithesis* selbst, daß es kein unbedingtes Dasein, keine absolute Grenze gebe, sondern das weltliche Dasein immer eine *vorhergehende Bedingung* fordere. Das zu Erweisende findet sich somit als Annahme in dem Beweise. – Die *Bedingung* wird dann ferner in der leeren Zeit gesucht, was soviel heißt, als daß sie als zeitlich und somit als Dasein und Beschränktes angenommen wird. Überhaupt also ist die Annahme gemacht, daß die Welt als Dasein ein anderes bedingtes Dasein in der Zeit voraussetze und hiermit so fort ins Unendliche.

Der Beweis in Ansehung der Unendlichkeit der Welt im *Raume* ist dasselbe. Apogogischerweise wird die räumliche Endlichkeit der Welt gesetzt; ›diese befände sich somit in einem leeren unbegrenzten Raume und hätte ein *Verhältnis* zu ihm; ein solches Verhältnis der Welt zu *keinem* Gegenstande aber ist nichts‹.

Was bewiesen werden sollte, ist hier ebenso im Beweise direkt vorausgesetzt. Es wird direkt angenommen, daß die begrenzte räumliche Welt sich in einem leeren Raume befinden und ein *Verhältnis* zu ihm haben sollte, d. h. daß über sie *hinausgegangen* werden müsse, – einerseits in das Leere, in das Jenseits und *Nichtsein* derselben, andererseits aber daß sie damit im *Verhältnis* stehe, d. i. sich darein hinein *kontinuiere*, das Jenseits hiermit mit weltlichem Dasein erfüllt vorzustellen sei. Die Unendlichkeit der Welt im Raume, die in der Antithesis behauptet wird, ist nichts anderes als einerseits der leere Raum, andererseits das *Verhältnis* der Welt zu ihm, d. h. Kontinuität derselben in ihm oder die Erfüllung desselben; welcher Widerspruch – der Raum zugleich als leer und zugleich als erfüllt – der unendliche Progreß des Daseins im Raume ist. Dieser Widerspruch selbst, das Verhältnis der Welt zum leeren Raume, ist im Beweise direkt zur Grundlage gemacht.

Die Thesis und Antithesis und die Beweise derselben stellen daher nichts dar als die entgegengesetzten Behauptungen, daß eine *Grenze ist* und daß die Grenze ebensosehr nur eine *aufgehobene* ist; daß die Grenze ein Jenseits hat, mit dem sie aber in *Beziehung* steht, wohin über sie hinauszugehen ist, worin aber wieder eine solche Grenze entsteht, die keine ist.

Die *Auflösung* dieser Antinomien ist, wie die der obigen, transzendental, d. h. sie besteht in der Behauptung der Idealität des Raumes und der Zeit als Formen der Anschauung, in dem Sinne, daß die Welt *an ihr selbst* nicht im Widerspruch mit sich, nicht ein sich Aufhebendes, sondern nur das *Bewußtsein* in seinem Anschauen und in der Beziehung der Anschauung auf Verstand und Vernunft ein sich selbst widersprechendes Wesen sei. Es ist dies eine zu große Zärtlichkeit für die Welt, von ihr den Widerspruch zu entfernen, ihn dagegen in den Geist, in die Vernunft zu verlegen und darin unaufgelöst bestehen zu lassen. In der Tat ist es der Geist, der so stark ist, den Widerspruch ertragen zu können, aber er ist es auch, der ihn aufzulösen weiß. Die sogenannte Welt aber (sie heiße objektive, reale Welt oder, nach dem transzendentalen Idealismus, subjektives Anschauen und durch die Verstandeskategorie bestimmte Sinnlichkeit) entbehrt darum des Widerspruchs nicht und nirgends, vermag ihn aber nicht zu ertragen und ist darum dem Entstehen und Vergehen preisgegeben.

c. *Die Unendlichkeit des Quantums*

1. Das *unendliche Quantum* als *Unendlichgroßes* oder *Unendlichkleines* ist selbst an sich der unendliche Progreß; es ist Quantum als ein Großes oder Kleines und ist zugleich Nichtsein des Quantums. Das Unendlichgroße und Unendlichkleine sind daher Bilder der Vorstellung, die bei näherer Betrachtung sich als nichtiger Nebel und Schatten zeigen. Im unendlichen Progreß aber ist dieser Widerspruch expliziert vorhanden und damit das, was die Natur des Quantums ist, das als intensive Größe seine Realität erreicht hat und in seinem *Dasein* nun *gesetzt* [ist], wie es in seinem *Begriffe* ist. Diese Identität ist es, die zu betrachten ist.

Das Quantum als Grad ist einfach, auf sich bezogen und als an ihm selbst bestimmt. Indem durch diese Einfachheit das Anderssein und die Bestimmtheit an ihm aufgehoben ist, ist diese ihm äußerlich; es hat seine Bestimmtheit außer ihm. Dies sein Außersichsein ist zunächst das *abstrakte Nichtsein* des Quantums überhaupt, die schlechte Unendlichkeit. Aber ferner ist dies Nichtsein auch ein Großes; das Quantum kontinuiert sich in sein Nichtsein, denn es hat eben seine Bestimmtheit in seiner Äußerlichkeit; diese seine Äußerlichkeit ist daher ebensosehr selbst Quantum; jenes sein Nichtsein, die Unendlichkeit, wird so begrenzt, d. h. dies Jenseits wird aufgehoben, dieses ist selbst als Quantum bestimmt, das hiermit in seiner Negation bei sich selbst ist.

Dies ist aber das, was das Quantum als solches *an sich* ist. Denn es ist eben *es selbst* durch sein Äußerlichsein; die Äußerlichkeit macht das aus, wodurch es Quantum, bei sich selbst ist. Es ist also im unendlichen Progresse der *Begriff* des Quantums *gesetzt.*

Nehmen wir ihn zunächst in seinen abstrakten Bestimmungen, wie sie vorliegen, *so ist in ihm das Aufheben des Quantums, aber ebensosehr seines Jenseits, also die Negation des Quantums sowohl als die Negation dieser Negation vorhanden.* Seine Wahrheit ist ihre Einheit, worin sie, aber als Momente, sind. – Sie ist die Auflösung des Widerspruchs, dessen Ausdruck er ist, und ihr nächster Sinn somit die *Wiederherstellung des Begriffs der Größe,* daß sie gleichgültige oder äußerliche Grenze ist. Im unendlichen Progresse als solchem pflegt nur darauf reflektiert zu werden, daß jedes Quantum, es sei noch so groß oder klein, verschwinden, daß über dasselbe muß hinausgegangen werden können, aber nicht darauf, daß dies sein Aufheben, das Jenseits, das schlecht Unendliche selbst auch verschwindet.

Schon das *erste* Aufheben, die Negation der Qualität überhaupt, wodurch das Quantum gesetzt wird, ist *an sich* das Aufheben der Negation – das Quantum ist aufgehobene qualitative Grenze, somit aufgehobene Negation –, aber es ist zugleich nur *an sich* dies; gesetzt ist es als ein Dasein, und dann ist seine Negation als das Unendliche fixiert, als das Jenseits des Quantums, welches als ein Diesseits steht, als ein *Unmittelbares;* so ist das Unendliche nur als *erste* Negation bestimmt, und so erscheint es im unendlichen Progresse. Es ist gezeigt worden, daß aber in diesem mehr vorhanden ist, die Negation der Negation oder das, was das Unendliche in Wahrheit ist. Es ist dies vorhin so angesehen worden, daß der *Begriff* des Quantums damit wiederhergestellt ist; diese Wiederherstellung heißt zunächst, daß sein Dasein seine nähere Bestimmung erhalten hat; es ist nämlich das nach *seinem Begriff bestimmte Quantum* entstanden, was verschieden ist von dem *unmittelbaren Quantum*; die *Äußerlichkeit* ist nun das Gegenteil ihrer selbst, als Moment der *Größe* selbst gesetzt, – das Quantum so, daß es vermittels seines Nichtseins, der Unendlichkeit, in einem anderen Quantum seine *Bestimmtheit* habe, d. i. *qualitativ* das ist, was es ist. Jedoch gehört diese Vergleichung des *Begriffs* des Quantums mit seinem Dasein mehr unserer Reflexion, einem Verhältnis, das hier noch nicht vorhanden ist, an. Die zunächstliegende Bestimmung ist, daß das Quantum zur *Qualität* zurückgekehrt, nunmehr qualitativ bestimmt ist. Denn seine Eigentümlichkeit, Qualität, ist die Äußerlichkeit, Gleichgültigkeit der Bestimmtheit; und es ist nun gesetzt, als in seiner Äußerlichkeit vielmehr es selbst zu sein, darin sich auf sich selbst zu beziehen, in einfacher Einheit mit sich, d. i. *qualitativ* bestimmt zu sein. – Dies Qualitative ist noch näher bestimmt, nämlich als Fürsichsein; denn die Beziehung auf sich selbst, zu der es gekommen, ist aus der Vermittlung, der Negation der Negation, hervorgegangen. Das Quantum hat die Unendlichkeit, das Fürsichbestimmtsein nicht mehr außer ihm, sondern an ihm selbst.

Das Unendliche, welches im unendlichen Progresse nur die leere Bedeutung eines Nichtseins, eines unerreichten, aber gesuchten Jenseits hat, ist in der Tat nichts anderes als die *Qualität*. Das Quantum geht als gleichgültige Grenze über sich hinaus ins Unendliche; es sucht damit nichts anderes als das Fürsichbestimmtsein, das qualitative Moment, das aber so nur ein Sollen ist. Seine Gleichgültigkeit gegen die Grenze, damit sein Mangel an fürsichseiender Bestimmtheit und sein Hinausgehen über sich ist, was das Quantum zum Quantum macht; jenes sein Hinausgehen soll negiert werden und im Unendlichen sich seine absolute Bestimmtheit finden.

Ganz überhaupt: das Quantum ist die aufgehobene Qualität; aber das Quantum ist unendlich, geht über sich hinaus, es ist die Negation seiner; dies sein Hinausgehen ist also *an sich* die Negation der negierten Qualität, die Wiederherstellung derselben; und gesetzt ist dies, daß die Äußerlichkeit, welche als Jenseits erschien, als das *eigene Moment* des Quantums bestimmt ist.

Das Quantum ist hiermit gesetzt als von sich repelliert, womit also zwei Quanta sind, die jedoch aufgehoben, nur als Momente *einer Einheit* sind, und diese Einheit ist die Bestimmtheit des Quantums. – Dieses so in seiner Äußerlichkeit als gleichgültige Grenze *auf sich bezogen,* hiermit qualitativ gesetzt, ist das *quantitative Verhältnis.* – Im Verhältnisse ist das Quantum sich äußerlich, von sich selbst verschieden; diese seine Äußerlichkeit ist die Beziehung eines Quantums auf ein anderes Quantum, deren jedes nur gilt in dieser seiner Beziehung auf sein Anderes; und diese Beziehung macht die Bestimmtheit des Quantums aus, das als solche Einheit ist. Es hat darin nicht eine gleichgültige, sondern qualitative Bestimmung, ist in dieser seiner Äußerlichkeit in sich zurückgekehrt, ist in derselben das, was es ist.

Anmerkung 1
Die Begriffsbestimmtheit des mathematischen Unendlichen

Das *mathematische Unendliche* ist einesteils interessant durch die Erweiterung der Mathematik und die großen Resultate, welche seine Einführung in dieselbe hervorgebracht hat; andernteils aber ist es dadurch merkwürdig, daß es dieser Wissenschaft noch nicht gelungen ist, sich über den Gebrauch desselben durch den Begriff (Begriff im eigentlichen Sinne genommen) zu rechtfertigen. Die Rechtfertigungen beruhen am Ende auf der *Richtigkeit* der mit Hilfe jener Bestimmung sich ergebenden *Resultate, welche aus sonstigen Gründen erwiesen ist,* nicht aber auf der Klarheit des Gegenstandes und der Operation, durch welche die Resultate herausgebracht werden, sogar daß die Operation vielmehr selbst als unrichtig zugegeben wird.

Dies ist schon ein Mißstand an und für sich; ein solches Verfahren ist unwissenschaftlich. Es führt aber auch den Nachteil mit sich, daß die Mathematik, indem sie die Natur dieses ihres Instruments nicht kennt, weil sie mit der Metaphysik und Kritik desselben nicht fertig ist, den Umfang seiner Anwendung nicht bestimmen und vor Mißbräuchen desselben sich nicht sichern konnte.

In philosophischer Rücksicht aber ist das mathematische Unendliche darum wichtig, weil ihm in der Tat der Begriff des wahrhaften Unendlichen zugrunde liegt und es viel höher steht als das gewöhnlich so genannte *metaphysische Unendliche,* von dem aus die Einwürfe gegen ersteres gemacht werden. Gegen diese Einwürfe weiß sich die Wissenschaft der Mathematik häufig nur dadurch zu retten, daß sie die Kompetenz der Metaphysik verwirft, indem sie behauptet, mit dieser Wissenschaft nichts zu schaffen und sich um deren Begriffe nicht zu bekümmern zu haben, wenn sie nur auf ihrem eigenen Boden konsequent verfahre. Sie habe nicht zu betrachten, was an sich, sondern was auf ihrem Felde das Wahre sei. Die Metaphysik weiß die glänzenden Resultate des Gebrauchs des mathematischen Unendlichen bei ihrem Widerspruche gegen dasselbe nicht zu leugnen oder umzustoßen, und die Mathematik weiß mit der Metaphysik ihres eigenen Begriffs und daher auch mit der Ableitung der Verfahrungsweisen, die der Gebrauch des Unendlichen nötig macht, nicht ins Reine zu kommen.

Wenn es die einzige Schwierigkeit des *Begriffs* überhaupt wäre, von der die Mathematik gedrückt würde, so könnte sie diesen ohne Umstände auf der Seite liegenlassen, insofern nämlich der Begriff mehr ist als nur die Angabe der wesentlichen Bestimmtheiten, d. i. der Verstandesbestimmungen einer Sache, und an der *Schärfe* dieser Bestimmtheiten hat sie es nicht fehlen lassen; denn sie ist nicht eine Wissenschaft, die es mit den Begriffen ihrer Gegenstände zu tun und durch die Entwicklung des Begriffs, wenn auch nur durch Räsonnement, ihren Inhalt zu erzeugen hätte. Allein bei der Methode ihres Unendlichen findet sie den *Hauptwiderspruch* an der *eigentümlichen Methode* selbst, auf welcher sie überhaupt als Wissenschaft beruht. Denn die Rechnung des Unendlichen erlaubt und erfordert Verfahrungsweisen, welche die Mathematik bei Operationen mit endlichen Größen durchaus verwerfen muß, und zugleich behandelt sie ihre unendlichen Größen wie endliche Quanta und will auf jene dieselben Verfahrungsweisen anwenden, welche bei diesen gelten; es ist eine Hauptseite der Ausbildung dieser Wissenschaft, für die *transzendenten* Bestimmungen und deren Behandlung die Form des gewöhnlichen Kalküls gewonnen zu haben.

Die Mathematik zeigt bei diesem Widerstreite ihrer Operationen, daß Resultate, die sie dadurch findet, ganz mit denen übereinstimmen, welche durch die eigentlich mathematische, die geometrische und analytische Methode gefunden werden. Aber *teils* betrifft dies nicht alle Resultate, und der Zweck der Einführung des Unendlichen ist nicht allein, den gewöhnlichen Weg abzukürzen, sondern zu Resultaten zu gelangen, die durch diesen nicht geleistet werden können. *Teils* rechtfertigt der *Erfolg* die *Manier des Wegs* nicht für sich. Diese Manier aber der Rechnung des Unendlichen zeigt sich durch den Schein der *Ungenauigkeit* gedrückt, den sie sich gibt, indem sie endliche Größen um eine unendlich kleine Größe das eine Mal vermehrt, diese in der ferneren Operation zum Teil beibehält, aber einen Teil derselben auch vernachlässigt. Dies Verfahren enthält die Sonderbarkeit, daß, der eingestandenen Ungenauigkeit unerachtet, ein Resultat herauskommt, das nicht nur *ziemlich* und *so nahe*, daß der Unterschied *außer acht gelassen werden* könnte, sondern *vollkommen genau* ist. In der *Operation* selbst aber, die dem Resultate vorhergeht, *kann die Vorstellung* nicht *entbehrt werden*, daß einiges nicht gleich Null, aber so *unbeträchtlich* sei, um außer acht gelassen werden zu können. Allein bei dem, was unter mathematischer Bestimmtheit zu verstehen ist, fällt aller Unterschied einer größeren oder geringeren Genauigkeit gänzlich hinweg, wie in der Philosophie nicht von größerer oder geringerer Wahrscheinlichkeit, sondern von der Wahrheit allein die Rede sein kann. Wenn die Methode und der Gebrauch des Unendlichen durch den Erfolg gerechtfertigt wird, so ist es nicht so überflüssig, dessenungeachtet die Rechtfertigung derselben zu fordern, als es bei der Nase überflüssig scheint, nach dem Erweise des Rechts, sich ihrer zu bedienen, zu fragen. Denn es ist bei der mathematischen als einer wissenschaftlichen Erkenntnis wesentlich um den Beweis zu tun, und auch in Ansehung der Resultate ist es der Fall, daß die streng mathematische Methode nicht zu allen den Beleg des Erfolgs liefert, der aber ohnehin nur ein äußerlicher Beleg ist.

Es ist der Mühe wert, den mathematischen Begriff des Unendlichen und die merkwürdigsten Versuche näher zu betrachten, welche die Absicht haben, den Gebrauch desselben zu rechtfertigen und die Schwierigkeit, von der sich die Methode gedrückt fühlt, zu beseitigen. Die Betrachtung dieser Rechtfertigungen und Bestimmungen des mathematischen Unendlichen, welche ich in dieser Anmerkung weitläufiger anstellen will, wird zugleich das beste Licht auf die Natur des wahren Begriffes selbst werfen und zeigen, wie er ihnen vorgeschwebt und zugrunde gelegen hat.

Die gewöhnliche Bestimmung des mathematischen Unendlichen ist, daß es eine *Größe* sei, *über welche es* – wenn sie als das Unendlichgroße – *keine größere* oder – wenn sie als das Unendlichkleine bestimmt ist – *kleinere mehr gebe* oder die in jenem Falle größer oder in diesem Falle kleiner sei als jede beliebige Größe. – In dieser Definition ist freilich der wahre Begriff nicht ausgedrückt, vielmehr nur, wie schon bemerkt, derselbe Widerspruch, der im unendlichen Progresse ist; aber sehen wir, was *an sich* darin enthalten ist. Eine Größe wird in der Mathematik definiert, daß sie etwas sei, das vermehrt und vermindert werden könne, – überhaupt also eine gleichgültige Grenze. Indem nun das Unendlichgroße oder -kleine ein solches ist, das nicht mehr vermehrt oder vermindert werden könne, so ist es in der Tat *kein Quantum* als solches mehr.

Diese Konsequenz ist notwendig und unmittelbar. Aber die Reflexion, daß das Quantum – und ich nenne in dieser Anmerkung Quantum überhaupt, wie es ist, das endliche Quantum – aufgehoben ist, ist es, welche nicht gemacht zu werden pflegt und die für das gewöhnliche Begreifen die Schwierigkeit ausmacht, indem das Quantum, indem es unendlich ist, als ein aufgehobenes, als ein solches zu denken gefordert wird, das nicht ein Quantum ist und *dessen quantitative Bestimmtheit doch bleibt*.

Um das anzuführen, wie *Kant* jene Bestimmung beurteilt*, so findet er sie nicht übereinstimmend mit dem, was man unter einem *unendlichen Ganzen* verstehe. ›Nach dem gewöhnlichen Begriffe sei eine Größe unendlich, über die keine größere (d. i. über die darin enthaltene *Menge* einer gegebenen Einheit) möglich ist; es sei aber keine Menge die größte, weil noch immer eine oder mehrere Einheiten hinzugefügt werden können. – Durch ein unendliches Ganzes dagegen werde nicht vorgestellt, *wie groß* es sei, mithin sei sein Begriff nicht der Begriff eines *Maximums* (oder Minimums), sondern es werde dadurch nur sein *Verhältnis* zu einer beliebig anzunehmenden *Einheit* gedacht, in Ansehung derer dasselbe größer ist als alle Zahl. Je nachdem diese Einheit größer oder kleiner angenommen würde, würde das Unendliche größer oder kleiner sein; allein die Unendlichkeit, da sie bloß in dem *Verhältnisse* zu dieser gegebenen Einheit bestehe, würde immer dieselbe bleiben, obgleich freilich die absolute Größe des Ganzen dadurch gar nicht erkannt würde.‹

Kant tadelt es, wenn unendliche Ganze als ein Maximum, als eine *vollendete* Menge einer gegebenen Einheit angesehen

* In der Anmerkung zur Thesis der ersten kosmologischen Antinomie, in der *Kritik der reinen Vernunft* [B 458, 460].

werden. Das Maximum oder Minimum als solches erscheint noch immer als ein Quantum, eine Menge. Solche Vorstellung kann die von Kant angeführte Konsequenz nicht ablehnen, die auf ein größeres oder kleineres Unendliches führt. Überhaupt indem das Unendliche als Quantum vorgestellt wird, gilt noch für dasselbe der Unterschied eines Größeren oder Kleineren. Allein diese Kritik trifft nicht den Begriff des wahrhaften mathematischen Unendlichen, der unendlichen Differenz, denn diese ist kein endliches Quantum mehr.

Kants Begriff der Unendlichkeit dagegen, den er den wahren transzendentalen nennt, ist, »daß die sukzessive *Synthesis* der Einheit in Durchmessung eines Quantums *niemals vollendet* sein kann«. Es ist ein Quantum überhaupt als gegeben vorausgesetzt; dies solle durch das Synthesieren der *Einheit* zu einer Anzahl, einem bestimmt anzugebenden Quantum gemacht werden, aber dies Synthesieren niemals vollendet werden können. Hiermit ist, wie erhellt, nichts als der Progreß ins Unendliche ausgesprochen, nur *transzendental*, d. i. eigentlich subjektiv und psychologisch vorgestellt. An sich soll zwar das Quantum vollendet sein, aber transzendentalerweise, nämlich im *Subjekte*, welches ihm ein *Verhältnis* zu einer Einheit gibt, entstehe nur eine solche Bestimmung des Quantums, die unvollendet und schlechthin mit einem Jenseits behaftet sei. Es wird also hier überhaupt beim Widerspruche, den die Größe enthält, stehengeblieben, aber verteilt an das Objekt und das Subjekt, so daß jenem die Begrenztheit, diesem aber das Hinausgehen über jede von ihm aufgefaßte Bestimmtheit in das schlechte Unendliche zukommt.

Es ist dagegen vorhin gesagt worden, daß die Bestimmung des mathematischen Unendlichen, und zwar wie es in der höheren Analysis gebraucht wird, dem Begriffe des wahrhaften Unendlichen entspricht; die Zusammenstellung beider Bestimmungen soll nun in ausführlicher Entwicklung vorgenommen werden. – Was zuerst das wahrhafte unendliche

Quantum betrifft, so bestimmte es sich als *an ihm selbst* unendlich; es ist dies, indem, wie sich ergeben hat, das endliche Quantum oder das Quantum überhaupt und sein Jenseits, das schlechte Unendliche, *auf gleiche Weise* aufgehoben sind. Das aufgehobene Quantum ist damit in die Einfachheit und in die Beziehung auf sich selbst zurückgegangen, aber nicht nur wie das extensive, indem es in intensives Quantum überging, das seine Bestimmtheit nur *an sich* an einer äußeren Vielfachheit hat, gegen die es jedoch gleichgültig und wovon es verschieden sein soll. Das unendliche Quantum enthält vielmehr erstens die Äußerlichkeit und zweitens die Negation derselben an ihm selbst; so ist es nicht mehr irgendein endliches Quantum, nicht eine Größenbestimmtheit, die ein *Dasein* als *Quantum* hätte, sondern es ist einfach und daher nur als *Moment*; es ist eine Größenbestimmtheit in *qualitativer* Form; seine Unendlichkeit ist, als eine *qualitative Bestimmtheit* zu sein. – So als Moment ist es in wesentlicher Einheit mit seinem Anderen, nur als bestimmt durch dieses sein Anderes, d. i. es hat nur Bedeutung in Beziehung auf ein im *Verhältnis* mit ihm Stehendes. *Außer diesem Verhältnisse* ist es *Null*, – da gerade das Quantum als solches *gegen das Verhältnis* gleichgültig, in ihm doch eine *unmittelbare* ruhende Bestimmung sein soll. *In dem Verhältnisse* als nur Moment ist es nicht ein für sich Gleichgültiges; es ist, in der Unendlichkeit als *Fürsichsein*, indem es zugleich eine quantitative Bestimmtheit ist, nur als ein *Für-Eines*.

Der Begriff des Unendlichen, wie er sich hier abstrakt exponiert hat, wird sich zeigen, dem mathematischen Unendlichen zugrunde [zu] liegen, und er selbst wird deutlicher werden, indem wir die verschiedenen Stufen des Ausdrucks des Quantums *als eines Verhältnismoments* betrachten, von der untersten an, wo es noch zugleich Quantum als solches ist, bis zu der höheren, wo es die Bedeutung und den Ausdruck eigentlicher unendlicher Größe erhält.

Nehmen wir also zuerst das Quantum in dem *Verhältnisse*, wie es eine *gebrochene Zahl* ist. Solcher Bruch, $\frac{2}{7}$ z. B., ist nicht ein Quantum wie 1, 2, 3 usf., zwar eine gewöhnliche endliche Zahl, jedoch nicht eine unmittelbare, wie die ganzen Zahlen, sondern als Bruch mittelbar bestimmt durch *zwei andere Zahlen,* die Anzahl und Einheit gegeneinander sind, wobei auch die Einheit eine bestimmte Anzahl ist. Aber von dieser näheren Bestimmung derselben gegeneinander abstrahiert und sie bloß nach dem, was ihnen in der qualitativen Beziehung, in der sie hier sind, als Quantis widerfährt, betrachtet, so sind 2 und 7 sonst gleichgültige Quanta; indem sie aber hier nur als *Momente,* eines des anderen, und damit eines Dritten (des Quantums, das der Exponent heißt) auftreten, so gelten sie sogleich nicht als 2 und 7, sondern nur nach ihrer Bestimmtheit *gegeneinander.* Statt ihrer kann darum ebensogut 4 und 14 oder 6 und 21 usf. ins Unendliche gesetzt werden. Hiermit fangen sie also an, einen qualitativen Charakter zu haben. Gälten sie als bloße Quanta, so ist [bei] 2 und 7 schlechthin das eine nur 2, das andere nur 7; 4 und 14, 6 und 21 usf. sind schlechthin etwas anderes als jene Zahlen und können, insofern sie nur unmittelbare Quanta wären, die einen nicht an die Stelle der anderen gesetzt werden. Insofern aber 2 und 7 nicht nach der Bestimmtheit, solche Quanta zu sein, gelten, so ist ihre gleichgültige Grenze aufgehoben; sie haben somit, nach dieser Seite, das Moment der Unendlichkeit an ihnen, indem sie nicht bloß eben nicht mehr sie sind, sondern ihre quantitative Bestimmtheit, aber als eine an sich seiende qualitative – nämlich nach dem, was sie im Verhältnisse gelten –, bleibt. Es können unendlich viele andere an ihre Stelle gesetzt werden, so daß der Wert des Bruches durch die Bestimmtheit, welche das Verhältnis hat, sich nicht ändert.

Die Darstellung, welche die Unendlichkeit an einem Zahlenbruche hat, ist aber darum noch unvollkommen, weil die beiden Seiten des Bruchs, 2 und 7, aus dem Verhältnisse genommen werden können und gewöhnliche gleichgültige Quanta sind; die Beziehung derselben, im Verhältnisse und Momente zu sein, ist ihnen etwas Äußerliches und Gleichgültiges. Ebenso ist ihre *Beziehung* selbst ein gewöhnliches Quantum, der Exponent des Verhältnisses.

Die *Buchstaben*, mit denen in der allgemeinen Arithmetik operiert wird, die nächste Allgemeinheit, in welche die Zahlen erhoben werden, haben die Eigenschaft nicht, daß sie von einem bestimmten Zahlenwert sind; sie sind nur allgemeine Zeichen und unbestimmte Möglichkeiten jedes bestimmten Wertes. Der Bruch $\frac{a}{b}$ scheint daher ein passenderer Ausdruck des Unendlichen zu sein, weil *a* und *b*, aus ihrer Beziehung aufeinander genommen, unbestimmt bleiben und auch getrennt keinen besonderen eigentümlichen Wert haben. – Allein diese Buchstaben sind zwar als unbestimmte Größen gesetzt; ihr Sinn aber ist, daß sie irgendein endliches Quantum seien. Da sie also zwar die allgemeine Vorstellung, aber nur von der *bestimmten Zahl* sind, so ist es ihnen ebenfalls gleichgültig, im Verhältnisse zu sein, und außer demselben behalten sie diesen Wert.

Betrachten wir noch näher, was im Verhältnisse vorhanden ist, so hat es die beiden Bestimmungen an ihm, *erstlich* ein Quantum zu sein; dieses aber ist *zweitens* nicht als ein unmittelbares, sondern das den qualitativen Gegensatz an ihm hat; es bleibt in demselben zugleich jenes bestimmte, gleichgültige Quantum dadurch, daß es aus seinem Anderssein, dem Gegensatze, in sich zurückgekehrt, somit auch ein Unendliches ist. Diese beiden Bestimmungen stellen sich in der folgenden bekannten Form in ihrem Unterschiede voneinander entwickelt dar.

Der Bruch $\frac{2}{7}$ kann ausgedrückt werden als 0,285714 …, $\frac{1}{1-a}$ als $1 + a + a^2 + a^3$ usf. So ist er als *eine unendliche* Reihe; der Bruch selbst heißt die Summe oder der *endliche Ausdruck* derselben. Vergleichen wir die beiden Ausdrücke, so stellt der eine, die unendliche Reihe, ihn nicht mehr als Verhältnis, sondern nach der Seite dar, daß er ein Quantum ist als eine *Menge* von solchen, die zueinander hinzukommen, als eine Anzahl. – Daß die Größen, die ihn als Anzahl ausmachen sollen, wieder aus Dezimalbrüchen, also selbst aus Verhältnissen bestehen, darauf kommt es hier nicht an; denn dieser Umstand betrifft die besondere Art der *Einheit* dieser Größen, nicht sie, insofern sie die *Anzahl* konstituieren; wie auch eine aus mehreren Ziffern bestehende ganze Zahl des Dezimalsystems wesentlich als eine *Anzahl* gilt und nicht darauf gesehen wird, daß sie aus *Produkten* einer Zahl und der Zahl Zehn und deren Potenzen besteht. So wie es hier auch nicht darauf ankommt, daß es andere Brüche gibt als der z. B. genommene $\frac{2}{7}$, die, zu Dezimalbrüchen gemacht, nicht eine unendliche Reihe geben; jeder aber kann für ein Zahlensystem von anderer Einheit als eine solche ausgedrückt werden.

Indem nun in der unendlichen Reihe, die den Bruch als Anzahl darstellen soll, die Seite, daß er Verhältnis ist, verschwindet, so verschwindet auch die Seite, nach welcher er, wie vorhin gezeigt, die Unendlichkeit *an ihm* hatte. Diese aber ist auf eine andere Weise hereingekommen; die Reihe ist nämlich selbst unendlich.

Von welcher Art nun die Unendlichkeit der Reihe sei, erhellt von selbst; es ist die schlechte Unendlichkeit des Progresses. Die Reihe enthält und stellt den Widerspruch dar, etwas, das ein Verhältnis ist und *qualitative* Natur in ihm hat, als ein Verhältnisloses, als ein bloßes *Quantum*, als Anzahl darzustellen. Die Folge davon ist, daß an der Anzahl, die in der Reihe ausgedrückt ist, immer etwas fehlt, so daß über das, was gesetzt ist, immer hinausgegangen werden muß, um die geforderte Bestimmtheit zu erreichen. Das Gesetz des Fortgangs ist bekannt; es liegt in der Bestimmung des Quantums, die im Bruche enthalten ist, und in der Natur der Form, in der sie ausgedrückt werden soll. Die Anzahl kann wohl durch Fortsetzung der Reihe so genau gemacht werden, als *man nötig hat*; aber immer bleibt die Darstellung durch sie nur ein *Sollen*; sie ist mit einem *Jenseits* behaftet, das nicht aufgehoben werden kann, weil ein auf *qualitativer* Bestimmtheit Beruhendes als *Anzahl* auszudrücken der *bleibende Widerspruch* ist.

In dieser unendlichen Reihe ist jene *Ungenauigkeit* wirklich vorhanden, von der am wahrhaften mathematischen Unendlichen nur der Schein vorkommt. Diese *beiden Arten des mathematischen Unendlichen* sind sowenig zu verwechseln als die beiden Arten des philosophischen Unendlichen. Bei der Darstellung des wahrhaften mathematischen Unendlichen ist anfangs *die Form der Reihe* gebraucht oder auch neuerlich wieder hervorgerufen worden. Aber sie ist für dasselbe nicht notwendig; im Gegenteil ist das Unendliche der unendlichen Reihe wesentlich von jenem unterschieden, wie die Folge zeigen soll. Diese vielmehr steht sogar dem Ausdrucke des Bruches nach.

Die *unendliche Reihe* enthält nämlich die schlechte Unendlichkeit, weil das, was die Reihe ausdrücken soll, ein *Sollen* bleibt, und was sie ausdrückt, mit einem Jenseits, das nicht verschwindet, behaftet und *verschieden* von dem ist, was ausgedrückt werden soll. Sie ist unendlich nicht um der Glieder willen, die gesetzt sind, sondern darum, weil sie unvollständig sind, weil das Andere, das zu ihnen wesentlich gehört, jenseits ihrer ist; was in ihr da ist, der gesetzten Glieder mögen so viele sein als wollen, ist nur ein Endliches im eigentlichen Sinne, gesetzt als Endliches, d. i. als solches, *das nicht ist, was es sein soll.* Dagegen ist aber das, was der *endliche Ausdruck* oder die *Summe* solcher Reihe genannt wird, ohne Mangel; er enthält den Wert, den die Reihe nur sucht, vollständig; das Jenseits ist aus der Flucht zurückgerufen; was er ist und was er sein soll, ist nicht getrennt, sondern ist dasselbe.

Das beide Unterscheidende liegt näher sogleich darin, daß in der unendlichen Reihe das *Negative außerhalb* ihrer Glieder ist, welche Gegenwart haben, indem sie nur als Teile der *Anzahl* gelten. In dem endlichen Ausdrucke dagegen, der ein Verhältnis ist, ist das *Negative* immanent als das Bestimmtsein der Seiten des Verhältnisses *durch einander,* welches ein in sich Zurückgekehrtsein, sich auf sich beziehende Einheit, als Negation der Negation (*beide* Seiten des Verhältnisses sind nur als *Momente*) ist, hiermit die Bestimmung der Unendlichkeit *in sich hat.* – In der Tat ist also die gewöhnlich *so genannte Summe*, das $\frac{2}{7}$ oder $\frac{1}{1-a}$, ein *Verhältnis*; und dieser sogenannte *endliche Ausdruck* ist der wahrhaft *unendliche Ausdruck.* Die unendliche *Reihe* dagegen ist in Wahrheit *Summe*; ihr Zweck ist, das, was an sich Verhältnis ist, in der Form einer Summe darzustellen, und die vorhandenen Glieder der Reihe sind nicht als Glieder eines Verhältnisses, sondern eines Aggregats. Sie ist ferner vielmehr der *endliche Ausdruck*; denn sie ist das unvollkommene Aggregat und bleibt wesentlich ein Mangelhaftes. Sie ist nach dem, was in ihr da ist, ein bestimmtes Quantum, zugleich aber ein geringeres, als sie sein soll; alsdann auch das, was ihr fehlt, ist ein bestimmtes Quantum; dieser fehlende Teil ist in der Tat das, was das Unendliche an der Reihe heißt, nach der nur formellen Seite, daß er ein Fehlendes, ein *Nichtsein* ist; nach seinem Inhalte ist er ein endliches Quantum. Das, was in der Reihe da ist, zusammen mit dem, was ihr fehlt, macht erst das aus, was der Bruch ist, das bestimmte Quantum, das sie gleichfalls sein *soll*, aber zu sein nicht vermag. – Das Wort »*unendlich*« pflegt, auch in der unendlichen Reihe, in der Meinung etwas Hohes und Hehres zu sein; es ist dies eine Art von Aberglauben, der Aberglaube des Verstandes; man hat gesehen, wie es sich vielmehr auf die Bestimmung der *Mangelhaftigkeit* reduziert.

Daß es, kann noch bemerkt werden, unendliche Reihen gibt, die nicht summierbar sind, ist in bezug auf die Form von Reihe überhaupt ein äußerlicher und zufälliger Umstand. Sie enthalten eine höhere Art der Unendlichkeit als die summierbaren, nämlich eine Inkommensurabilität oder die Unmöglichkeit, das darin enthaltene quantitative Verhältnis als ein Quantum, sei es auch als Bruch, darzustellen; die *Form der Reihe* aber als solche, die sie haben, enthält dieselbe Bestimmung der schlechten Unendlichkeit, welche in der summierbaren Reihe ist.

Die soeben am Bruche und an seiner Reihe bemerkte Verkehrung in Ansehung des Ausdrucks findet auch statt, insofern das *mathematische* Unendliche – nämlich nicht das soeben genannte, sondern das wahrhafte – das *relative* Unendliche, das gewöhnliche *metaphysische* dagegen, worunter das abstrakte, schlechte Unendliche verstanden wird, das *absolute* genannt worden ist. In der Tat ist vielmehr dieses metaphysische nur das relative, weil die Negation, die es ausdrückt, nur so im Gegensatze einer Grenze ist, daß diese außer ihm *bestehen* bleibt und von ihm nicht aufgehoben wird; das mathematische Unendliche hingegen hat die endliche Grenze wahrhaft in sich aufgehoben, weil das Jenseits derselben mit ihr vereinigt ist.

In dem Sinne, in welchem aufgezeigt worden, daß die sogenannte Summe oder der endliche Ausdruck einer unendlichen Reihe vielmehr als der unendliche anzusehen ist, ist es vornehmlich, daß *Spinoza* den Begriff der wahren Unendlichkeit gegen den der schlechten aufstellt und durch Beispiele erläutert. Sein Begriff gewinnt am meisten Licht, indem ich das, was er darüber sagt, an diese Entwicklung anschließe.

Er definiert zunächst das *Unendliche* als die *absolute Affirmation* der Existenz irgendeiner Natur, das Endliche im Gegenteil als *Bestimmtheit*, als *Verneinung*. Die absolute Affirmation einer Existenz ist nämlich als ihre Beziehung *auf sich selbst* zu nehmen, nicht dadurch zu sein, daß ein Anderes ist; das Endliche hingegen ist die Verneinung, ein Aufhören als *Beziehung* auf ein *Anderes*, das *außer ihm* anfängt. Die absolute Affirmation einer Existenz erschöpft nun zwar den Begriff der Unendlichkeit nicht; dieser enthält, daß die Unendlichkeit Affirmation ist, nicht als unmittelbare, sondern nur als wiederhergestellte durch die Reflexion des Anderen in sich selbst oder als Negation des Negativen. Aber bei Spinoza hat die Substanz und deren absolute Einheit die Form von unbewegter, d. i. nicht sich mit sich selbst vermittelnder Einheit, von einer Starrheit, worin der Begriff der negativen Einheit des Selbst, die Subjektivität, sich noch nicht findet.

Das mathematische Beispiel, womit er das wahre Unendliche (*Epist.* XII) erläutert, ist ein Raum zwischen zwei ungleichen Kreisen, deren einer innerhalb des anderen, ohne ihn zu berühren, fällt und die nicht konzentrisch sind. Er machte, wie es scheint, sich viel aus dieser Figur und dem Begriff, als deren Beispiel er sie gebrauchte, daß er sie zum Motto seiner Ethik machte. – »Die Mathematiker«, sagt er, »schließen, daß die Ungleichheiten, die in einem solchen Raume möglich sind, unendlich sind, nicht aus der unendlichen *Menge* der Teile, denn seine *Größe* ist *bestimmt* und *begrenzt*, und ich kann größere und kleinere solche Räume setzen, sondern weil die *Natur der Sache* jede Bestimmtheit übertrifft.« – Man sieht, Spinoza verwirft jene Vorstellung vom Unendlichen, nach welcher es als Menge oder als Reihe vorgestellt wird, die nicht vollendet ist, und erinnert, daß hier an dem Raume des Beispiels das Unendliche nicht jenseits, sondern gegenwärtig und vollständig ist; dieser Raum ist ein Begrenztes, aber darum ein Unendliches, »weil die Natur der Sache jede Bestimmtheit übersteigt«, weil die darin enthaltene Größenbestimmung zugleich nicht als ein Quantum darstellbar ist oder nach obigem Kantischen Ausdruck das *Synthesieren* nicht zu einem – diskreten – Quantum vollendet werden kann. – Wie überhaupt der Gegensatz von *kontinuierlichem* und *diskretem* Quantum auf das Unendliche führt, soll in einer späteren Anmerkung auseinandergesetzt werden. – Jenes Unendliche einer Reihe nennt Spinoza *das Unendliche der Imagination*; das Unendliche hingegen als Beziehung auf sich selbst das *Unendliche des Denkens* oder *infinitum actu.* Es ist nämlich *actu*, es ist *wirklich* unendlich, weil es in sich vollendet und gegenwärtig ist. So ist die Reihe 0,285714 ... oder $1 + a + a^2 + a^3 \ldots$ das Unendliche bloß der Einbildung oder des Meinens; denn es hat keine Wirklichkeit, es fehlt ihm schlechthin etwas; hingegen $\frac{2}{7}$ oder $\frac{1}{1-a}$ ist das *wirklich*, nicht nur was die Reihe in ihren vorhandenen Gliedern ist, sondern noch das dazu, was ihr mangelt, was sie nur *sein soll.* Das $\frac{2}{7}$ oder

$\frac{1}{1-a}$ ist gleichfalls eine endliche Größe, wie der zwischen den zwei Kreisen eingeschlossene Raum Spinozas und dessen Ungleichheiten, und kann wie dieser Raum größer oder kleiner gemacht werden. Aber es kommt damit nicht die Ungereimtheit eines größeren oder kleineren Unendlichen heraus; denn dies Quantum des Ganzen geht das Verhältnis seiner Momente, *die Natur der Sache*, d. h. die qualitative Größenbestimmung nichts an; das, was in der unendlichen Reihe *da ist*, ist ebenso ein endliches Quantum, aber außerdem noch ein Mangelhaftes. – Die *Einbildung* dagegen bleibt beim Quantum als solchem stehen und reflektiert nicht auf die qualitative Beziehung, welche den Grund der vorhandenen Inkommensurabilität ausmacht.

Die Inkommensurabilität, welche in dem Beispiel Spinozas liegt, schließt überhaupt die Funktionen krummer Linien in sich und führt näher auf das Unendliche, das die Mathematik bei solchen Funktionen, überhaupt bei den *Funktionen veränderlicher Größen* eingeführt hat und welches das *wahrhafte mathematische,* quantitative Unendliche ist, das auch Spinoza sich dachte. Diese Bestimmung soll nun hier näher erörtert werden.

Was fürs erste die so wichtig geltende Kategorie der *Veränderlichkeit* betrifft, unter welche die in jenen Funktionen bezogenen Größen gefaßt werden, so sollen sie zunächst veränderlich nicht in dem Sinne sein, wie im Bruche $\frac{2}{7}$ die beiden Zahlen 2 und 7, indem ebensosehr 4 und 14, 6 und 21 und so fort ins Unendliche andere Zahlen an ihre Stelle gesetzt werden können, ohne den im Bruche gesetzten Wert zu ändern. So kann noch mehr in $\frac{a}{b}$ an die Stelle von a und b jede beliebige Zahl gesetzt werden, ohne das zu ändern, was $\frac{a}{b}$ ausdrücken soll. In dem Sinne nun[12], daß auch an die Stelle von x und y einer Funktion eine unendliche, d. h. unerschöpfliche *Menge* von Zahlen gesetzt werden könne, sind a und b so sehr veränderliche Größe als jene, x und y.

---

12 B: »nur«

Der Ausdruck *veränderliche Größen* ist darum sehr vage und unglücklich gewählt für Größenbestimmungen, die ihr Interesse und Behandlungsart in *etwas ganz anderem* liegen haben als in ihrer bloßen Veränderlichkeit.

Um es deutlich zu machen, worin die wahrhafte Bestimmung der Momente einer Funktion liegt, mit denen sich das Interesse der höheren Analysis beschäftigt, müssen wir die bemerklich gemachten Stufen noch einmal durchlaufen. In $\frac{2}{7}$ oder $\frac{a}{b}$ sind 2 und 7 jedes für sich bestimmte Quanta, und die Beziehung ist ihnen nicht wesentlich; a und b sollen gleichfalls solche Quanta vorstellen, die auch außer dem Verhältnisse bleiben, was sie sind. Ferner ist auch $\frac{2}{7}$ und $\frac{a}{b}$ ein fixes Quantum, ein Quotient; das Verhältnis macht eine Anzahl aus, deren Einheit der Nenner, und die Anzahl dieser Einheiten der Zähler – oder umgekehrt ausgedrückt, wenn auch 4 und 14 usf. an die Stelle von 2 und 7 treten, bleibt das Verhältnis auch als Quantum dasselbe. Dies verändert sich nun aber wesentlich in der Funktion $\frac{y^2}{x} = p$ z. B.; hier haben x und y zwar den Sinn, bestimmte Quanta sein zu können; aber nicht x und y, sondern nur x und y^2 haben einen bestimmten Quotienten. Dadurch sind diese *Seiten* des Verhältnisses, x und y, *erstens* nicht nur keine bestimmten Quanta, sondern *zweitens* ihr *Verhältnis* ist nicht ein fixes Quantum (noch ist dabei ein solches wie bei a und b *gemeint*), nicht ein fester Quotient, sondern er ist *als Quantum* schlechthin *veränderlich*. Dies aber ist allein darin enthalten, daß x nicht zu y ein Verhältnis hat, sondern zum *Quadrate* von y. Das Verhältnis einer Größe zur *Potenz* ist nicht ein *Quantum*, sondern wesentlich *qualitatives* Verhältnis; das *Potenzenverhältnis* ist der *Umstand*, der als *Grundbestimmung* anzusehen ist. – In der Funktion der geraden Linie $y = ax$ aber ist $\frac{x}{y} = a$ ein gewöhnlicher Bruch und Quotient; diese Funktion ist daher nur *formell* eine Funktion von veränderlichen Größen, oder x und y sind hier, was a und b in $\frac{a}{b}$, sie sind nicht in derjenigen Bestimmung, in welcher die Differential- und Integralrechnung sie betrachtet. – Wegen der *besonderen* Natur der veränderlichen Größen in dieser Betrachtungsweise wäre es zweckmäßig gewesen, für sie sowohl einen besonderen Namen als andere *Bezeichnungen* einzuführen als die gewöhnlichen der *unbekannten Größen* in jeder endlichen bestimmten oder unbestimmten Gleichung; um ihrer wesentlichen Verschiedenheit willen von solchen bloß unbekannten Größen, die an sich vollkommen bestimmte Quanta oder ein bestimmter Umfang von bestimmten Quantis sind. – Es ist auch nur der Mangel des Bewußtseins über die Eigentümlichkeit dessen, was das Interesse der höheren Analysis ausmacht und das Bedürfnis und die Erfindung des Differentialkalküls herbeigeführt hat, daß Funktionen des ersten Grades wie die Gleichung der geraden Linie in die Behandlung dieses Kalküls für sich mit hereingenommen werden; seinen Anteil an solchem Formalismus hat ferner der Mißverstand, der die an sich richtige Forderung der *Verallgemeinerung* einer Methode dadurch zu erfüllen meint, daß die *spezifische* Bestimmtheit, auf die sich das Bedürfnis gründet, weggelassen wird, so daß es dafür gilt, als ob es sich in diesem Felde nur um *veränderliche Größen überhaupt* handle. Es wäre wohl viel Formalismus in den Betrachtungen dieser Gegenstände wie in der Behandlung erspart worden, wenn man eingesehen hätte, daß derselbe nicht veränderliche Größen als solche, sondern *Potenzenbestimmungen* betreffe.

Aber es ist noch eine weitere Stufe, auf der das mathematische Unendliche in seiner Eigentümlichkeit hervortritt. In einer Gleichung, worin x und y zunächst als durch ein Potenzenverhältnis bestimmt, gesetzt sind, sollen x und y als solche noch Quanta bedeuten; diese Bedeutung nun geht vollends in den sogenannten *unendlich kleinen Differenzen* gänzlich verloren. dx, dy sind keine Quanta mehr, noch sollen sie solche bedeuten, sondern haben allein in ihrer Beziehung eine Bedeutung, *einen Sinn bloß als Momente.* Sie sind nicht mehr *Etwas,* das Etwas als Quantum genommen, nicht endliche Differenzen; aber auch *nicht Nichts,* nicht die bestimmungslose Null. Außer ihrem Verhältnisse sind sie reine Nullen, aber sie sollen nur als Momente des Verhältnisses, als *Bestimmungen* des Differentialkoeffizienten $\frac{dx}{dy}$ genommen werden.

In diesem Begriff des Unendlichen ist das Quantum wahrhaft zu einem qualitativen Dasein vollendet; es ist als wirklich unendlich gesetzt; es ist nicht nur als dieses oder jenes Quantum aufgehoben, sondern als Quantum überhaupt. Es *bleibt* aber die *Quantitätsbestimmtheit* als *Element* von Quantis Prinzip oder sie, wie man auch gesagt hat, in *ihrem ersten Begriffe*.

Gegen diesen Begriff ist aller Angriff gerichtet, der auf die Grundbestimmung der Mathematik dieses Unendlichen, der Differential- und Integralrechnung, gemacht worden ist. Unrichtige Vorstellungen der Mathematiker selbst veranlaßten es, wenn er nicht anerkannt worden ist; vornehmlich aber ist die Unvermögendheit, den Gegenstand als *Begriff* zu rechtfertigen, schuld an diesen Anfechtungen. Den Begriff kann aber die Mathematik, wie oben erinnert worden, hier nicht umgehen; denn als Mathematik des Unendlichen schränkt sie sich nicht auf die *endliche* Bestimmtheit ihrer Gegenstände ein – wie in der reinen Mathematik der Raum und die Zahl und deren Bestimmungen nur nach ihrer Endlichkeit betrachtet und aufeinander bezogen werden –, sondern sie versetzt eine von daher aufgenommene und von ihr behandelte Bestimmung in *Identität mit ihrer entgegengesetzten*, wie sie z. B. eine krumme Linie zu einer geraden, den Kreis zu einem Polygon usf. macht. Die Operationen, die sie sich als Differential- und Integralrechnung erlaubt, sind daher der Natur bloß endlicher Bestimmungen und deren Beziehungen gänzlich widersprechend und hätten darum ihre Rechtfertigung allein in dem *Begriff*.

Wenn die Mathematik des Unendlichen daran festhielt, daß jene Quantitätsbestimmungen verschwindende Größen, d. h. solche [seien], die nicht mehr irgendein Quantum, aber auch nicht nichts, sondern noch eine *Bestimmtheit gegen*

Anderes sind, so schien nichts klarer, als daß es keinen solchen *Mittelzustand,* wie man es nannte, zwischen Sein und Nichts gebe. – Was es mit diesem Einwurfe und sogenannten Mittelzustande auf sich habe, ist oben bereits bei der Kategorie des Werdens, Anm. 4 [S. 109 ff.] gezeigt. Allerdings ist die Einheit des Seins und Nichts kein *Zustand*; ein Zustand wäre eine Bestimmung des Seins und Nichts, worein diese Momente nur etwa zufälligerweise gleichsam als in eine Krankheit oder äußerliche Affektion durch ein irrtümliches Denken geraten sollten; sondern diese Mitte und Einheit, das Verschwinden oder ebenso das Werden ist vielmehr allein ihre *Wahrheit.*

Was unendlich sei, ist ferner gesagt worden, sei nicht *vergleichbar* als ein Größeres oder Kleineres; es könne daher nicht ein Verhältnis von Unendlichen zu Unendlichen, noch Ordnungen oder Dignitäten des Unendlichen geben, als welche Unterschiede der unendlichen Differenzen in der Wissenschaft derselben vorkommen. – Es liegt bei diesem schon erwähnten Einwurfe immer die Vorstellung zugrunde, daß hier von *Quantis* die Rede sein solle, die als Quanta verglichen werden; daß Bestimmungen, die keine Quanta mehr sind, kein Verhältnis mehr zueinander haben. Vielmehr ist aber das, was *nur* im Verhältnis ist, kein Quantum; das Quantum ist eine solche Bestimmung, die außer ihrem Verhältnis ein vollkommen gleichgültiges Dasein haben, der ihr Unterschied von einem Anderen gleichgültig sein soll, dahingegen das qualitative nur das ist, was es in seinem Unterschiede von einem Anderen ist. Jene unendlichen Größen sind daher nicht nur vergleichbar, sondern sind nur als Momente der Vergleichung, des Verhältnisses.

Ich führe die wichtigsten Bestimmungen an, welche in der Mathematik über dies Unendliche gegeben worden sind; es wird daraus erhellen, daß denselben der Gedanke der Sache, übereinstimmend mit dem hier entwickelten Begriffe, zugrunde liegt, daß ihre Urheber ihn aber als Begriff nicht ergründeten und bei der Anwendung wieder Auskunftsmittel nötig hatten, welche ihrer besseren Sache widersprechen.

Der Gedanke kann nicht richtiger bestimmt werden, als *Newton* ihn gegeben hat. Ich trenne dabei die Bestimmungen ab, die der Vorstellung der Bewegung und der Geschwindigkeit angehören (von welcher er vornehmlich den Namen *Fluxionen* nahm), weil der Gedanke hierin nicht in der gehörigen Abstraktion, sondern konkret, vermischt mit außerwesentlichen Formen erscheint. Diese Fluxionen erklärt Newton (*Philosophiae naturalis principia mathematica*, L. 1, Lemma XI, Schol.) dahin, daß er nicht *Unteilbare* – eine Form, deren sich frühere Mathematiker, Cavalieri[13] und andere, bedienten und welche den Begriff eines *an sich bestimmten* Quantums enthält – verstehe, sondern *verschwindende Teilbare*. Ferner nicht Summen und Verhältnisse bestimmter Teile, sondern die *Grenzen* (*limites*) der *Summen* und *Verhältnisse*. Es werde die Einwendung gemacht, daß verschwindende Größen kein *letztes Verhältnis* haben, weil es, ehe sie verschwunden, nicht das letzte, und wenn sie verschwunden, keines mehr ist. Aber unter dem Verhältnisse verschwindender Größen sei das Verhältnis zu verstehen, *nicht ehe* sie verschwinden und nicht *nachher*, sondern *mit dem* sie verschwinden (*quacum evanescunt*). Ebenso ist das *erste* Verhältnis werdender Größen das, *mit dem* sie werden.

Nach dem damaligen Stande der wissenschaftlichen Methode wurde nur erklärt, was unter einem Ausdrucke zu verstehen sei; daß aber dies oder jenes darunter zu verstehen sei, ist eigentlich eine subjektive Zumutung oder auch eine historische Forderung, wobei nicht gezeigt wird, daß ein solcher Begriff an und für sich notwendig ist und innere Wahrheit hat. Allein das Angeführte zeigt, daß der von Newton aufgestellte Begriff dem entspricht, wie die unendliche Größe sich in der obigen Darstellung aus der Reflexion des Quan-

---

13 Francesco Bonaventura Cavalieri, 1598–1647, italienischer Mathematiker

tums in sich ergab. Es sind Größen verstanden in ihrem Verschwinden, d. h. die nicht mehr Quanta sind; ferner nicht Verhältnisse bestimmter Teile, sondern die *Grenzen des Verhältnisses.* Es sollen also sowohl die Quanta für sich, die Seiten des Verhältnisses, als damit auch das Verhältnis, insofern es ein Quantum wäre, verschwinden; die Grenze des Größenverhältnisses ist, worin es ist und nicht ist; dies heißt genauer, worin das Quantum verschwunden und damit das Verhältnis nur als qualitatives Quantitätsverhältnis und die Seiten desselben ebenso als qualitative Quantitätsmomente erhalten sind. – Newton fügt hinzu, daß daraus, daß es letzte Verhältnisse der verschwindenden Größen gebe, nicht zu schließen sei, daß es letzte Größen, *Unteilbare,* gebe. Dies wäre nämlich wieder ein Absprung von dem abstrakten Verhältnisse auf solche Seiten desselben, welche für sich außer ihrer Beziehung einen Wert haben sollten als Unteilbare, als etwas, das ein Eins, ein Verhältnisloses sein würde.
Gegen jenen Mißverstand erinnert er noch, daß die *letzten Verhältnisse* nicht Verhältnisse *letzter Größen* seien, sondern Grenzen, denen die *Verhältnisse* der ohne Grenze abnehmenden Größen näher sind als jeder *gegebene,* d. h. endliche Unterschied, welche Grenze sie aber nicht überschreiten, so daß sie Nichts würden. – Unter *letzten Größen* hätten nämlich, wie gesagt, Unteilbare oder Eins verstanden werden können. In der Bestimmung des letzten Verhältnisses aber ist sowohl die Vorstellung des gleichgültigen Eins, des verhältnislosen, als auch des endlichen Quantums entfernt. Es bedürfte aber weder des *Abnehmens ohne Grenze,* in das Newton das Quantum versetzt und das nur den Progreß ins Unendliche ausdrückt, noch der Bestimmung der Teilbarkeit, welche hier keine unmittelbare Bedeutung mehr hat, wenn die geforderte Bestimmung sich zum Begriffe einer Größenbestimmung, die rein nur Moment des Verhältnisses ist, fortgebildet hätte.
In Rücksicht der *Erhaltung des Verhältnisses im Verschwinden der Quantorum* findet sich (anderwärts, wie bei Car-

not[14], *Réflexions sur la Métaphysique du Calcul Infinitésimal* [1797]) der Ausdruck, daß *vermöge des Gesetzes der Stetigkeit* die verschwindenden Größen noch das Verhältnis, aus dem sie herkommen, ehe sie verschwinden, behalten. – Diese Vorstellung *drückt* die wahre Natur der Sache aus, insofern nicht die Stetigkeit des Quantums verstanden wird, die es im unendlichen Progreß hat, sich in sein Verschwinden so zu kontinuieren, daß im *Jenseits* seiner wieder nur ein endliches Quantum, ein *neues Glied der Reihe* entsteht; ein *stetiger* Fortgang wird aber immer so vorgestellt, daß die Werte durchlaufen werden, welche noch endliche Quanta sind. In demjenigen Übergange dagegen, welcher in das wahrhafte Unendliche gemacht wird, ist das Verhältnis das *stetige*; es ist so sehr *stetig* und sich erhaltend, daß er vielmehr allein darin besteht, das Verhältnis rein herauszuheben und die verhältnislose Bestimmung, d. i. daß ein Quantum, welches Seite des Verhältnisses ist, auch außer dieser Beziehung gesetzt noch Quantum ist, verschwinden zu machen. – Diese Reinigung des quantitativen Verhältnisses ist insofern nichts anderes, als wenn ein empirisches *Dasein begriffen* wird. Dies wird hierdurch so über sich selbst erhoben, daß sein Begriff *dieselben Bestimmungen* enthält als es selbst, aber in ihrer Wesentlichkeit und *in die Einheit* des Begriffes gefaßt, worin sie ihr gleichgültiges, begriffloses Bestehen verloren haben.

Gleich interessant ist die andere Form der Newtonschen Darstellung der in Rede stehenden Größen, nämlich als *erzeugender Größen* oder *Prinzipien*. Eine *erzeugte* Größe (*genita*) ist ein Produkt oder Quotient, Wurzeln, Rechtecke, Quadrate, auch Seiten von Rechtecken, Quadraten, – überhaupt eine *endliche Größe*. – ›Sie als veränderlich betrachtet, wie sie in fortdauernder Bewegung und Fließen zu- oder abnehmend ist, so verstehe er ihre *momentanen Inkremente*

---

14 Lazare Nicolas Marguerite Carnot, 1753–1823, französischer Staatsmann

oder *Dekremente* unter dem Namen von *Momenten*. Diese sollen aber nicht für Teilchen von bestimmter Größe genommen werden (*particulae finitae*). Solche seien nicht selbst *Momente*, sondern aus Momenten *erzeugte* Größen; es seien vielmehr die werdenden *Prinzipien* oder *Anfänge* endlicher Größen zu verstehen.‹ – Das Quantum wird hier von sich selbst unterschieden, wie es als ein Produkt oder Daseiendes, und wie es in seinem *Werden*, in seinem *Anfange* und *Prinzip*, d. h. wie es in seinem *Begriffe* oder, was hier dasselbe ist, in seiner qualitativen Bestimmung ist; in der letzteren sind die quantitativen Unterschiede, die unendlichen Inkremente oder Dekremente, nur Momente; erst das Gewordene ist das in die Gleichgültigkeit des Daseins und in die Äußerlichkeit Übergegangene, das Quantum. – Wenn aber diese in Ansehung der Inkremente oder Dekremente angeführten Bestimmungen des Unendlichen von der Philosophie des wahrhaften Begriffs anerkannt werden müssen, so ist auch sogleich zu bemerken, daß die Formen selbst von Inkrementen usf. *innerhalb* der Kategorie des unmittelbaren Quantums und des erwähnten stetigen Fortgangs fallen; und vielmehr sind die Vorstellungen von *Inkrement, Zuwachs,* Zunahme des x um dx oder i usf. als das in den Methoden vorhandene Grundübel anzusehen, – als das bleibende Hindernis, aus der Vorstellung des gewöhnlichen Quantums die Bestimmung des qualitativen Quantitätsmoments rein herauszuheben.

Gegen die angegebenen Bestimmungen steht die *Vorstellung* von *unendlich kleinen Größen,* die auch im Inkrement oder Dekrement selbst steckt, weit zurück. Nach derselben sollen sie von der Beschaffenheit sein, daß nicht nur sie gegen endliche Größen, sondern auch deren höhere Ordnungen gegen die niedrigere oder auch die Produkte aus mehreren gegen eine einzelne *zu vernachlässigen* seien. – Bei *Leibniz* hebt sich die Forderung dieser *Vernachlässigung,* welche die vorhergehenden Erfinder von Methoden, die sich auf diese Größe bezogen, gleichfalls eintreten lassen, auffallender

hervor. Sie ist es vornehmlich, die diesem Kalkül beim Gewinne der Bequemlichkeit den Schein von Ungenauigkeit und ausdrücklicher Unrichtigkeit in dem Wege seiner Operation gibt. – *Wolff* hat sie in seiner Weise, die Sachen populär zu machen, d. h. den Begriff zu verunreinigen und unrichtige sinnliche Vorstellungen an dessen Stelle zu setzen, verständlich zu machen gesucht. Er vergleicht nämlich die Vernachlässigung der unendlichen Differenzen höherer Ordnungen gegen niedrigere mit dem Verfahren eines Geometers, der bei der Messung der Höhe eines Berges um nicht weniger genau gewesen sei, wenn der Wind indes ein Sandkörnchen von der Spitze weggeweht habe, oder mit der Vernachlässigung der Höhen der Häuser, Türme bei der Berechnung der Mondfinsternisse (*Elementa matheseos universae* [1713/15], Tom I.: Elementa analyseos mathematicae, P. II, C. I, s. Schol.).
Wenn die Billigkeit des gemeinen Menschenverstandes eine solche Ungenauigkeit erlaubt, so haben dagegen alle Geometer diese Vorstellung verworfen. Es drängt sich von selbst auf, daß in der Wissenschaft der Mathematik von einer solchen empirischen Genauigkeit ganz und gar nicht die Rede ist, daß das mathematische Messen durch Operationen des Kalküls oder durch Konstruktionen und Beweise der Geometrie gänzlich vom Feldmessen, vom Messen empirischer Linien, Figuren usf. unterschieden ist. Ohnehin zeigen, wie oben angeführt, die Analytiker durch die Vergleichung des Resultats, wie es auf streng geometrischem Wege und wie es nach der Methode der unendlichen Differenzen erhalten wird, daß das eine dasselbe ist als das andere und daß ein Mehr oder Weniger von Genauigkeit ganz und gar nicht stattfindet. Und es versteht sich von selbst, daß ein absolut genaues Resultat nicht aus einem Verfahren herkommen könne, das ungenau wäre. Jedoch kann wieder auf der andern Seite das *Verfahren selbst* jener Vernachlässigung aus dem Grunde der Unbedeutendheit, des Protestierens gegen die angeführte Rechtfertigungsweise unerachtet, nicht entbehren. Und dies ist die Schwierigkeit, um welche die Bemü-

hungen der Analytiker gehen, das hierin liegende Widersinnige begreiflich zu machen und es zu entfernen.

Es ist in dieser Rücksicht vornehmlich *Eulers*[15] Vorstellung anzuführen. Indem er die allgemeine Newtonsche Definition zugrunde legt, dringt er darauf, daß die Differentialrechnung die *Verhältnisse der Inkremente* einer Größe betrachte, daß aber die *unendliche Differenz* als solche ganz *als Null* zu betrachten sei (*Institutiones calculi differentialis* [Berlin 1755], P. I, C. III). – Wie dies zu verstehen ist, liegt im Vorhergehenden; die unendliche Differenz ist Null nur des Quantums, nicht eine qualitative Null, sondern als Null des Quantums vielmehr reines Moment nur des Verhältnisses. Sie ist nicht ein Unterschied *um eine Größe*; aber darum ist es einerseits überhaupt schief, jene Momente, welche unendlich kleine Größen heißen, auch als Inkremente oder Dekremente und als *Differenzen* auszusprechen. Dieser Bestimmung liegt zugrunde, daß zu der zuerst vorhandenen endlichen Größe etwas *hinzukomme* oder davon *abgezogen* werde, eine Subtraktion oder Addition, eine *arithmetische, äußerliche* Operation vorgehe. Der Übergang von der Funktion der veränderlichen Größe in ihr Differential ist aber anzusehen, daß er von ganz anderer Natur ist, nämlich, wie erörtert worden, daß er als Zurückführung der endlichen Funktion auf das qualitative Verhältnis ihrer Quantitätsbestimmungen zu betrachten ist. – Andererseits fällt die schiefe Seite für sich auf, wenn gesagt wird, daß die Inkremente für sich Nullen seien, daß nur ihre Verhältnisse betrachtet werden; denn eine Null hat überhaupt keine Bestimmtheit mehr. Diese Vorstellung kommt also zwar bis zum Negativen des Quantums und spricht es bestimmt aus, aber faßt dies Negative nicht zugleich in seiner positiven Bedeutung von qualitativen Quantitätsbestimmungen, die, wenn sie aus dem Verhältnisse gerissen und als Quanta genommen werden wollten, nur Nullen wären. – Lagrange

15 Leonhard Euler, 1707–1783, Schweizer Mathematiker

(*Théorie des fonctions analytiques* [Paris 1797], Introd.) urteilt über die Vorstellung der *Grenzen* oder *letzten Verhältnisse*, daß, wenn man gleich sehr gut das Verhältnis zweier Größen sich vorstellen könne, solange sie endlich bleiben, so gebe dies Verhältnis dem Verstande keinen deutlichen und bestimmten Begriff, sobald seine Glieder zugleich Null werden. – In der Tat muß der Verstand über diese bloß negative Seite, daß die Verhältnisglieder Nullen als Quanta sind, hinausgehen und sie positiv, als qualitative Momente auffassen. – Was aber *Euler* (am angeführten Ort § 84 ff.) weiter in betreff der gegebenen Bestimmung hinzufügt, um zu zeigen, daß zwei sogenannte unendlich kleine Größen, welche nichts anderes als Nullen sein sollen, doch ein Verhältnis zueinander haben und deswegen auch nicht das Zeichen der Null, sondern andere Zeichen für sie im Gebrauch seien, kann nicht für genügend angesehen werden. Er will dies durch den Unterschied des arithmetischen und geometrischen Verhältnisses begründen; bei jenem sehen wir auf die Differenz, bei diesem auf den Quotienten; obgleich das erstere zwischen zwei Nullen gleich sei, so sei es deswegen doch das geometrische nicht; wenn $2 : 1 = 0 : 0$, so müsse wegen der Natur der Proportion, da das erste Glied doppelt so groß sei als das zweite, auch das dritte Glied doppelt so groß als das vierte sein; $0 : 0$ soll also nach der Proportion als das Verhältnis von $2 : 1$ genommen werden. – Auch nach der gemeinen Arithmetik sei $n : 0 = 0$; es sei also $n : 1 = 0 : 0$. – Allein eben dadurch, daß $2 : 1$ oder $n : 1$ ein Verhältnis von Quantis ist, entspricht ihm nicht ein Verhältnis noch eine Bezeichnung von $0 : 0$.

Ich enthalte mich, die Anführungen zu vermehren, indem die betrachteten zur Genüge gezeigt haben, daß in ihnen wohl der wahrhafte Begriff des Unendlichen liegt, daß er aber nicht in seiner Bestimmtheit herausgehoben und gefaßt worden ist. Indem daher zur Operation selbst fortgegangen wird, so kann es nicht geschehen, daß in ihr die wahrhafte Begriffsbestimmung sich geltend mache; die endliche Quantitätsbestimmtheit kehrt vielmehr zurück, und die Operation kann der Vorstellung eines bloß *relativ Kleinen* nicht entbehren. Der Kalkül macht es notwendig, die sogenannten unendlichen Größen den gewöhnlichen arithmetischen Operationen des Addierens usf., welche sich auf die Natur endlicher Größen gründen, zu unterwerfen und sie somit als endliche Größen für einen Augenblick gelten zu lassen und als solche zu behandeln. Der Kalkül hätte sich darüber zu rechtfertigen, daß er sie das eine Mal in diese Sphäre herabzieht und sie als Inkremente oder Differenzen behandelt, und daß er auf der andern Seite sie als Quanta vernachlässigt, nachdem er soeben Formen und Gesetze der endlichen Größen auf sie angewendet hatte.

Über die Versuche der Geometer, diese Schwierigkeiten zu beseitigen, führe ich noch das Hauptsächlichste an.

Die älteren Analytiker machten sich hierüber weniger Skrupel; aber die Bemühungen der Neueren gingen vornehmlich dahin, den Kalkül des Unendlichen zur Evidenz der *eigentlich geometrischen Methode* zurückzubringen und in ihr die *Strenge der Beweise der Alten* (Ausdrücke von Lagrange) in der Mathematik zu erreichen. Allein da das Prinzip der Analysis des Unendlichen höherer Natur als das Prinzip der Mathematik endlicher Größen ist, so mußte jene von selbst sogleich auf jene Art von *Evidenz* Verzicht tun, wie die Philosophie auch auf diejenige Deutlichkeit keinen Anspruch machen kann, die die Wissenschaften des Sinnlichen, z. B. Naturgeschichte hat, – und wie Essen und Trinken für ein verständlicheres Geschäft gilt als Denken und Begreifen. Es wird sich demnach nur um die Bemühung handeln, die Strenge der Beweise der Alten zu erreichen.

Mehrere haben versucht, den Begriff des Unendlichen ganz zu entbehren und ohne ihn das zu leisten, was an den Gebrauch desselben gebunden schien. – Lagrange spricht z. B. von der Methode, die *Landen*[16] erfunden hat, und sagt von

16 John Landen, 1719–1790, englischer Mathematiker

ihr, daß sie rein analytisch sei und die unendlich kleinen Differenzen nicht gebrauche, sondern zuerst *verschiedene Werte* der veränderlichen Größen einführe und sie in der Folge *gleichsetze.* Er urteilt übrigens, daß darin die der Differentialrechnung eigenen Vorzüge, Einfachheit der Methode und Leichtigkeit der Operationen verlorengehe. – Es ist dies wohl ein Verfahren, das mit demjenigen etwas Entsprechendes hat, von welchem *Descartes'* Tangentenmethode ausgeht, die weiterhin noch näher zu erwähnen ist. Soviel, kann hier bemerkt werden, erhellt sogleich im allgemeinen, daß das Verfahren überhaupt, verschiedene Werte der veränderlichen Größen anzunehmen und sie nachher gleichzusetzen, einem anderen Kreise mathematischer Behandlung angehört als die Methode des Differentialkalküls selbst und die späterhin näher zu erörternde Eigentümlichkeit des einfachen Verhältnisses, auf welches sich die wirkliche konkrete Bestimmung desselben zurückführt, nämlich der abgeleiteten Funktion zu der ursprünglichen, nicht herausgehoben wird.

Die Älteren unter den Neueren, wie z. B. *Fermat*[17], *Barrow*[18] und andere, die sich zuerst des Unendlichkleinen in derjenigen Anwendung bedienten, welche später zur Differential- und Integralrechnung ausgebildet wurde, und dann auch *Leibniz* und die folgenden, auch *Euler*, haben immer unverhohlen die Produkte von unendlichen Differenzen sowie ihre höheren Potenzen nur aus dem Grunde weglassen zu dürfen geglaubt, weil sie *relativ* gegen die niedrige Ordnung *verschwinden.* Hierauf beruht bei ihnen allein der *Fundamentalsatz,* nämlich die Bestimmung dessen, was das Differential eines Produkts oder einer Potenz sei, *denn hierauf reduziert sich die ganze theoretische Lehre.* Das übrige ist teils Mechanismus der Entwicklung, teils aber Anwendung, in welche jedoch, was weiterhin zu betrachten ist, in der Tat auch das höhere oder vielmehr einzige Inter-

17 Pierre de Fermat, 1601–1665, französischer Mathematiker
18 Isaac Barrow, 1630–1677, englischer Theologe und Mathematiker

esse fällt. – In Rücksicht auf das Gegenwärtige ist hier nur das Elementarische anzuführen, daß aus dem gleichen Grunde der *Unbedeutendheit* als der Hauptsatz, die Kurven betreffend, angenommen wird, daß die Elemente der Kurven, nämlich die *Inkremente* der Abszisse und der Ordinate, das *Verhältnis* der *Subtangente* und der *Ordinate* zueinander haben; für die Absicht, ähnliche Dreiecke zu erhalten, wird der Bogen, der die dritte Seite eines Dreiecks zu den beiden Inkrementen des mit Recht vormals sogenannten *charakteristischen* Dreiecks ausmacht, als eine gerade Linie, als Teil der Tangente und damit das eine der Inkremente bis an die Tangente reichend angesehen. Diese Annahmen erheben jene Bestimmungen einerseits über die Natur endlicher Größen; andererseits aber wird ein Verfahren auf die nun unendlich genannten Momente angewendet, das nur von endlichen Größen gilt und bei dem nichts aus Rücksicht der Unbedeutendheit vernachlässigt werden darf. Die Schwierigkeit, von der die Methode gedrückt wird, bleibt bei solcher Verfahrensweise in ihrer ganzen Stärke.

Es ist hier eine merkwürdige Prozedur *Newtons* anzuführen (*Philosophiae naturalis principia mathematica*, Lib. II, Lemma II, nach Propos. VII), – die Erfindung eines sinnreichen Kunststücks, um das arithmetisch unrichtige Weglassen der Produkte unendlicher Differenzen oder höherer Ordnungen derselben bei dem Finden der Differentialien zu beseitigen. Er findet das Differential des Produkts – woraus sich dann die Differentialien der Quotienten, Potenzen usf. leicht herleiten – auf folgende Art. Das Produkt, wenn x, y, jedes um die *Hälfte* seiner unendlichen Differenz kleiner genommen wird, geht über in $xy - \frac{xdy}{2} - \frac{ydx}{2} + \frac{dxdy}{4}$; aber wenn man x und y um ebensoviel zunehmen läßt, in $xy + \frac{xdy}{2} + \frac{ydx}{2} + \frac{dxdy}{4}$. Von diesem zweiten Produkt nun das erste abgezogen, bleibt $ydx + xdy$ als Überschuß, und dies sei der *Überschuß des Wachstums um ein ganzes* dx und dy, denn um dieses Wachstum sind beide Produkte unterschieden; es ist also das Differential von xy. – Man

sieht, in diesem Verfahren fällt das Glied, welches die Hauptschwierigkeit ausmacht, das Produkt der beiden unendlichen Differenzen, *dxdy*, durch sich selbst hinweg. Aber des *Newtonschen* Namens unerachtet muß es gesagt werden dürfen, daß solche, obgleich sehr elementarische Operation, unrichtig ist; es ist unrichtig, daß
$(x + \frac{dx}{2})\ (y + \frac{dy}{2}) - (x - \frac{dx}{2})\ (y - \frac{dy}{2}) = (x + dx)$
$(y + dy) - xy$.
Es kann nur das Bedürfnis sein, den Fluxionenkalkül bei seiner Wichtigkeit zu begründen, was einen Newton dahin bringen konnte, die Täuschung solchen Beweisens sich zu machen.

Andere Formen, die Newton bei der Ableitung des Differentials gebraucht, sind an konkrete, auf Bewegung sich beziehende Bedeutungen der Elemente und deren Potenzen gebunden. – Beim Gebrauche der *Reihenform*, der sonst seine Methode auszeichnet, liegt es zu nahe zu sagen, daß man es immer in seiner Macht habe, durch das Hinzufügen weiterer Glieder die Größe *so genau* zu nehmen, *als man nötig habe*, und daß die weggelassenen *relativ unbedeutend*, überhaupt das Resultat nur eine *Näherung* sei, als daß er nicht auch hier mit diesem Grunde sich begnügt hätte, wie er bei seiner Methode der Auflösung der Gleichungen höherer Grade durch Näherung die höheren Potenzen, die bei der Substitution jedes gefundenen, noch ungenauen Wertes in die gegebene Gleichung entstehen, aus dem rohen Grunde ihrer Kleinigkeit wegläßt; s. Lagrange, *Équations numériques* [1798], p. 125.

Der *Fehler*, in welchen Newton bei der Auflösung eines Problems durch das Weglassen wesentlicher höherer Potenzen verfiel, der seinen Gegnern die Gelegenheit eines Triumphs ihrer Methode über die seinige gab und von welchem Lagrange in seiner neuerlichen Untersuchung desselben (*Théorie des fonctions analytiques*, 3me P., Ch. IV) den wahren Ursprung aufgezeigt hat, beweist das *Formelle* und die *Unsicherheit*, die im Gebrauche jenes Instruments noch vorhanden war. Lagrange zeigt, daß Newton dadurch in den Fehler fiel, weil er das Glied der Reihe vernachlässigte, das die Potenz enthielt, auf welche es in der bestimmten Aufgabe ankam. Newton hatte sich an jenes formelle oberflächliche Prinzip, Glieder wegen ihrer relativen Kleinheit wegzulassen, gehalten. – Es ist nämlich bekannt, daß in der *Mechanik* den Gliedern der Reihe, in der die Funktion einer Bewegung entwickelt wird, eine *bestimmte Bedeutung* gegeben wird, so daß sich das erste Glied oder die erste Funktion auf das Moment der Geschwindigkeit, die zweite auf die beschleunigende Kraft und die dritte auf den Widerstand von Kräften beziehe. Die Glieder der Reihe sind hiermit hier nicht nur als *Teile* einer Summe anzusehen, sondern als *qualitative Momente eines Ganzen des Begriffs.* Hierdurch erhält das *Weglassen* der übrigen Glieder, die der schlecht unendlichen Reihe angehören, eine gänzlich *verschiedene Bedeutung* von dem Weglassen aus dem Grunde der *relativen Kleinheit* derselben.* Die Newtonsche Auflösung ent-

* In einfacher Weise finden sich bei Lagrange in der Anwendung der Theorie der Funktionen auf die Mechanik, in dem Kapitel von der geradlinigen Bewegung, beide Rücksichten nebeneinander gestellt (*Théorie des fonctions*, 3me P., Ch. I, art. 4). Der durchlaufene Raum als Funktion der verflossenen Zeit betrachtet, gibt die Gleichung $x = ft$; diese als $f(t + \vartheta)$ entwickelt, gibt

$$ft + \vartheta f't + \frac{\vartheta'^2}{2} f''t + \text{usw.}$$

Also der während der Zeit durchlaufene Raum stellt sich in der Formel dar: $= \vartheta f't + \frac{\vartheta^2}{2} f''t + \frac{\vartheta^3}{2 \cdot 3} f'''t + \text{usw.}$ Die Bewegung, vermittels derer dieser Raum durchlaufen wird, ist *also*, wird gesagt – d. h. weil die analytische Entwicklung mehrere, und zwar unendlich viele Glieder gibt –, *zusammengesetzt* aus verschiedenen partiellen Bewegungen, deren der Zeit entsprechende Räume sein werden $\vartheta f't$, $\frac{\vartheta^2}{2} f''t$, $\frac{\vartheta^3}{2 \cdot 3} f'''t$, usw. Die erste partielle Bewegung ist, in bekannter Bewegung, die formell-gleichförmige mit einer durch $f't$ bestimmten Geschwindigkeit, die zweite die gleichförmig beschleunigte, die von einer dem $f''t$ proportionierten beschleunigenden Kraft herkommt. »Da nun die übrigen Glieder sich *auf keine einfache bekannte Bewegung beziehen, so ist nicht nötig*, sie besonders *in Rücksicht zu nehmen*, und wir werden zeigen, daß man *von ihnen* in der Bestimmung der Bewegung zu Anfang des Zeitpunkts *abstrahieren* kann.« Dies wird nun gezeigt, aber freilich nur durch die *Vergleichung* jener Reihe,

hielt jenen Fehler, *nicht* weil in ihr Glieder der Reihe nur als Teile einer Summe, sondern weil das *Glied, das die qualitative Bestimmung*, auf die es ankam, *enthält*, nicht berücksichtigt wurde.

In diesem Beispiele ist der qualitative *Sinn* dasjenige, wovon das Verfahren abhängig gemacht ist. Im Zusammenhange hiermit kann sogleich die allgemeine Behauptung aufgestellt werden, daß die ganze Schwierigkeit des Prinzips beseitigt sein würde, wenn – statt des Formalismus, die Bestimmung des *Differentials* nur in die ihm den *Namen* gebende Aufgabe, den *Unterschied* überhaupt einer Funktion von ihrer *Veränderung*, nachdem ihre veränderliche Größe einen *Zuwachs* erhalten, zu stellen – die *qualitative* Bedeutung des Prinzips angegeben und die Operation hiervon abhängig gemacht wäre. In diesem Sinne zeigt sich das Differential von x^n durch das erste Glied der Reihe, die durch die Entwicklung von $(x + dx)^n$ sich ergibt, gänzlich erschöpft. Daß die übrigen Glieder nicht berücksichtigt werden, kommt so nicht von ihrer relativen Kleinheit her; – es wird dabei nicht eine Ungenauigkeit, ein Fehler oder Irrtum vorausgesetzt, der durch einen anderen Irrtum *ausgeglichen* und *verbessert* würde; eine Ansicht, von welcher aus *Carnot* vornehmlich die gewöhnliche Methode der Infinitesimalrechnung rechtfertigt. Indem es sich *nicht* um eine *Summe*, sondern um ein *Verhältnis* handelt, so ist das Differential voll-

deren Glieder *alle* zur Bestimmung der *Größe* des in der Zeit durchlaufenen Raumes gehörten, mit der *art.* 3 für die Bewegung des Falls angegebenen Gleichung $x = at + bt^2$, als in welcher nur diese zwei Glieder vorkommen. Aber diese Gleichung hat selbst nur diese Gestalt durch die Voraussetzung der *Erklärung*, die den *durch analytische Entwicklung* entstehenden Gliedern *gegeben* wird, erhalten; diese Voraussetzung ist, daß die gleichförmig beschleunigte Bewegung *zusammengesetzt* sei aus einer formell-gleichförmigen, mit der im vorhergehenden Zeitteile erlangten Geschwindigkeit fortgesetzten Bewegung und einem Zuwachse (dem a in $s = at^2$, d. i. dem empirischen Koeffizienten), welcher der Kraft der Schwere zugeschrieben wird, – einem Unterschiede, der keineswegs in der Natur der Sache irgendeine Existenz oder Grund hat, sondern nur der fälschlich physikalisch gemachte Ausdruck dessen ist, was bei einer angenommenen analytischen Behandlung herauskommt.

kommen *durch das erste Glied* gefunden; und wo es fernerer Glieder, der Differentiale höherer Ordnungen bedarf, so liegt in ihrer Bestimmung nicht die Fortsetzung einer Reihe als *Summe,* sondern die *Wiederholung* eines und desselben *Verhältnisses,* das man allein will und das somit *im ersten Glied* bereits *vollkommen* ist. Das Bedürfnis der *Form* einer *Reihe* des Summierens derselben und was damit zusammenhängt muß dann ganz von jenem *Interesse des Verhältnisses* getrennt werden.

Die Erläuterungen, welche Carnot über die Methode der unendlichen Größen gibt, enthalten das Geläutertste und aufs klarste exponiert, was in den oben angeführten Vorstellungen vorkam. Aber bei dem Übergange zur Operation selbst treten mehr oder weniger die gewöhnlichen Vorstellungen von der unendlichen *Kleinheit* der weggelassenen Glieder *gegen* die anderen ein. Er rechtfertigt die Methode viel mehr durch die Tatsache, daß die *Resultate* richtig werden, und durch den *Nutzen,* den die Einführung *unvollkommener* Gleichungen, wie er sie nennt, d. h. solcher, in denen eine solche arithmetisch unrichtige Weglassung geschehen ist, für die Vereinfachung und Abkürzung des Kalküls habe, als durch die Natur der Sache selbst.

Lagrange hat bekanntlich die ursprüngliche Methode Newtons, die Methode der Reihen, wieder aufgenommen, um der Schwierigkeiten, welche die Vorstellung des Unendlichkleinen, sowie derjenigen, welche die Methode der ersten und letzten Verhältnisse und Grenzen mit sich führt, überhoben zu sein. Es ist von seinem Funktionenkalkül, dessen sonstige Vorzüge in Rücksicht auf Präzision, Abstraktion und Allgemeinheit anerkannt genug sind, als hierher gehörig nur dies anzuführen, daß er auf dem Fundamentalsatze beruht, daß die Differenz, ohne daß sie Null werde, *so klein angenommen werden könne, daß jedes Glied der Reihe die Summe aller folgenden an Größe übertreffe.* – Es wird auch in dieser Methode von den Kategorien vom *Zuwachs* und von der *Differenz* der Funktion angefangen, deren veränderliche Größe den *Zuwachs* erhalte, womit die lästige Reihe hereinkommt, von der ursprünglichen Funktion; so wie im Verfolg die wegzulassenden Glieder der Reihe nur in der Rücksicht, daß sie eine *Summe* konstituieren, in Betracht kommen und der Grund, sie wegzulassen, in das Relative ihres *Quantums* gesetzt wird. Die Weglassung ist also hier auch nicht für das Allgemeine auf den Gesichtspunkt zurückgeführt, der teils in einigen Anwendungen vorkommt, worin, wie vorhin erinnert, die Glieder der Reihe eine bestimmte *qualitative Bedeutung* haben sollen und Glieder außer acht gelassen werden, nicht darum, weil sie unbedeutend an Größe sind, sondern weil sie unbedeutend der Qualität nach sind; teils aber fällt dann die Weglassung selbst in dem wesentlichen Gesichtspunkte hinweg, der sich für den sogenannten Differentialkoeffizienten erst in der sogenannten *Anwendung* des Kalküls bei Lagrange bestimmt heraushebt, was in der folgenden Anmerkung [S. 322 ff.] ausführlicher auseinandergesetzt werden wird.

Der *qualitative Charakter überhaupt*, der hier an der in Rede stehenden Größenform in demjenigen, was dabei das Unendlichkleine genannt wird, nachgewiesen worden ist, findet sich am unmittelbarsten in der Kategorie der *Grenze des Verhältnisses*, die oben angeführt worden und deren Durchführung im Kalkül zu einer eigentümlichen Methode gestempelt worden ist. Was Lagrange von dieser Methode urteilt, daß sie der Leichtigkeit in der Anwendung entbehre und der Ausdruck *Grenze* keine bestimmte Idee darbiete, davon wollen wir das Zweite hier aufnehmen und näher sehen, was über ihre analytische Bedeutung aufgestellt wird. In der Vorstellung der Grenze liegt nämlich wohl die angegebene wahrhafte Kategorie der *qualitativen* Verhältnisbestimmung der veränderlichen Größen; denn die Formen, die von ihnen eintreten, dx und dy, sollen schlechthin nur als Momente von $\frac{dy}{dx}$ genommen und $\frac{dx}{dy}$ selbst als ein einziges unteilbares Zeichen angesehen werden. Daß hiermit für den Mechanismus des Kalküls besonders in seiner Anwendung der Vorteil verlorengeht, den er davon zieht, daß die Seiten des Differentialkoeffizienten voneinander abgesondert werden, ist hier beiseite zu setzen. Jene Grenze soll nun *Grenze* von einer gegebenen Funktion sein; – sie soll einen gewissen Wert in Beziehung auf dieselbe angeben, der sich durch die Weise der Ableitung bestimmt. Mit der bloßen Kategorie der Grenze aber wären wir nicht weiter als mit dem, um das es in dieser Anm. zu tun gewesen ist, nämlich aufzuzeigen, daß das Unendlichkleine, das in der Differentialrechnung als dx und dy vorkommt, nicht bloß den negativen, leeren Sinn einer nicht endlichen, nicht gegebenen Größe habe – wie wenn man sagt: eine unendliche Menge, ins Unendliche fort und dergleichen –, sondern den bestimmten Sinn der qualitativen Bestimmtheit des Quantitativen, eines Verhältnismoments als eines solchen. Diese Kategorie hat jedoch so noch kein Verhältnis zu dem, was eine gegebene Funktion ist, und greift für sich nicht in die Behandlung einer solchen und in einen Gebrauch, der an ihr von jener Bestimmung zu machen wäre, ein; so würde auch die Vorstellung der Grenze, zurückgehalten in dieser von ihr nachgewiesenen Bestimmtheit, zu nichts führen. Aber der Ausdruck *Grenze* enthält es schon selbst, daß sie Grenze *von etwas* sei, d. h. einen gewissen Wert ausdrücke, der in der Funktion veränderlicher Größe liegt; und es ist zu sehen, wie dies konkrete Benehmen mit ihr beschaffen ist. – Sie soll die Grenze des *Verhältnisses* sein, welches die zwei *Inkremente* zueinander haben, um welche die zwei veränderlichen Größen, die in einer Gleichung verbunden sind, deren die eine als eine Funktion der anderen angesehen wird, als *zunehmend* angenommen worden; der Zuwachs wird hier unbestimmt überhaupt genommen und insofern von dem Unendlichkleinen kein Gebrauch gemacht. Aber zunächst führt der Weg, diese Grenze zu finden, dieselben Inkonsequenzen herbei, die in den übrigen Methoden liegen. Dieser Weg ist nämlich folgender. Wenn $y = fx$, soll fx, wenn y in $y + k$ übergeht, sich in $fx + ph + qh^2 + rh^3$ usf. verändern, hiermit ist $k = ph + qh^2$ usf.

und $\frac{k}{h} = p + qh + rh^2$ usf. Wenn nun k und h verschwinden, so verschwindet das zweite Glied außer p, welches p nun die Grenze des Verhältnisses der beiden Zuwächse sei. Man sieht, daß h als Quantum $= 0$ gesetzt wird, aber daß darum $\frac{k}{h}$ nicht zugleich $= \frac{0}{0}$ sein, sondern noch ein Verhältnis bleiben soll. Den Vorteil, die Inkonsequenz, die hierin liegt, abzulehnen, soll nun die Vorstellung der *Grenze* gewähren; p soll zugleich nicht das wirkliche Verhältnis, das $= \frac{0}{0}$ wäre, sondern nur der bestimmte Wert sein, dem sich das Verhältnis *unendlich,* d. i. so *nähern* könne, daß der *Unterschied kleiner als jeder gegebene* werden könne. Der bestimmtere Sinn der *Näherung* in Rücksicht dessen, was sich eigentlich einander nähern soll, wird unten betrachtet werden. – Daß aber ein quantitativer Unterschied, der die Bestimmung hat, kleiner als jeder gegebene sein zu *können* nicht nur, sondern *sein zu sollen,* kein quantitativer Unterschied mehr ist, dies ist für sich klar, so evident, als irgend etwas in der Mathematik evident sein kann; damit aber ist über $\frac{dy}{dx} = \frac{0}{0}$ nicht hinausgekommen worden. Wenn dagegen $\frac{dy}{dx} = p$, d. i. als ein bestimmtes quantitatives Verhältnis angenommen wird, wie dies in der Tat der Fall ist, so kommt umgekehrt die Voraussetzung, welche $h = 0$ gesetzt hat, in Verlegenheit, eine Voraussetzung, durch welche allein $\frac{k}{h} = p$ gefunden wird. Gibt man aber zu, daß $\frac{k}{h} = 0$ ist – und mit $h = 0$ wird in der Tat von selbst auch $k = 0$, denn der Zuwachs k zu y findet nur unter der Bedingung statt, daß der Zuwachs h ist –, so wäre zu fragen[19], was denn p sein solle, welches ein ganz bestimmter quantitativer Wert ist. Hierauf gibt sich sogleich die einfache, trockene Antwort von selbst, daß es ein Koeffizient ist und aus welcher Ableitung er entsteht, – die auf gewisse bestimmte Weise abgeleitete erste Funktion einer ursprünglichen Funktion. Begnügte man sich damit, wie denn in der Tat *Lagrange* sich *der*

19 B: »sagen«

Sache nach damit begnügt hat, so wäre der allgemeine Teil der Wissenschaft des Differentialkalküls und unmittelbar diese seine Form selbst, welche die *Theorie der Grenzen* heißt, von den Zuwächsen, dann deren unendlicher oder beliebiger Kleinheit, von der Schwierigkeit, außer dem ersten Gliede oder vielmehr nur dem Koeffizienten des ersten Gliedes die weiteren Glieder einer Reihe, als welche durch die Einführung jener Zuwächse unabwendbar sich einfinden, wieder wegzubringen, befreit; außerdem aber auch von dem Weiteren, was damit zusammenhängt, von den formellen Kategorien vor allem des Unendlichen, der unendlichen Annäherung und der weiteren hier ebenso leeren Kategorien von kontinuierlicher Größe* und welche man sonst, wie *Bestreben, Werden, Gelegenheit einer Veränderung*, für nötig erachtet, gereinigt. Aber dann würde gefordert zu zeigen, was denn p außer der für die Theorie ganz genügenden trockenen Bestimmung, daß es weiter nichts als eine aus der Entwicklung eines Binomiums abgeleitete Funk-

* Die Kategorie von der *kontinuierlichen* oder *fließenden Größe* stellt sich mit der Betrachtung der *äußerlichen* und *empirischen* Veränderung der Größen, die durch eine Gleichung in die Beziehung, daß die eine eine Funktion der anderen ist, gebracht sind, ein; da aber der wissenschaftliche Gegenstand der Differentialrechnung *ein gewisses* (durch den Differentialkoeffizienten gewöhnlich ausgedrücktes) *Verhältnis*, welche Bestimmtheit ebensowohl *Gesetz* genannt werden kann, ist, so ist für diese spezifische Bestimmtheit die bloße Kontinuität teils schon eine fremdartige Seite, teils aber auf allen Fall die abstrakte und hier leere Kategorie, da über das Gesetz der Kontinuität gar nichts damit ausgedrückt ist. – Auf welche formelle Definitionen dabei vollends verfallen wird, ist aus meines verehrten Herrn Kollegen, Prof. *Dirksen*[20], scharfsinniger allgemeiner Darstellung der Grundbestimmungen, die für die Deduktion des Differentialkalküls gebraucht werden, welche sich an die Kritik einiger neuerer Werke über diese Wissenschaft anschließt und sich in den *Jahrbüchern für wissenschaftliche Kritik*, 1827, Nr. 153 ff., befindet, zu ersehen; es wird daselbst S. 1251 sogar die Definition angeführt: »Eine *stetige oder kontinuierliche* Größe, Kontinuum, ist jede Größe, welche man sich im Zustande des Werdens gedenkt, *so daß* dieses Werden nicht *sprungweise*, sondern durch *ununterbrochenen Fortgang* geschieht.« Das ist doch wohl tautologisch dasselbe, was das *definitum* ist.

---

20 Enno Heeren Dirksen, 1792–1850, Prof. der Mathematik in Berlin

tion ist, noch für eine *Bedeutung* und *Wert*, d. i. welchen *Zusammenhang* und *Gebrauch* für weiteres mathematisches Bedürfnis habe; hiervon soll die *zweite Anmerkung* handeln. – Es folgt aber zunächst hier noch die Auseinandersetzung der Verwirrung, welche durch den angeführten, in den Darstellungen so geläufigen Gebrauch der Vorstellung von *Annäherung* in das Auffassen der eigentlichen, qualitativen Bestimmtheit des Verhältnisses, um das es zunächst zu tun war, gebracht worden ist.

Es ist gezeigt worden, daß die sogenannten unendlichen Differenzen das Verschwinden der Seiten des Verhältnisses als Quantorum ausdrücken und daß das, was übrigbleibt, ihr Quantitätsverhältnis ist, rein insofern es auf qualitative Weise bestimmt ist; das qualitative Verhältnis geht hierin so wenig verloren, daß es vielmehr dasjenige ist, was eben durch die Verwandlung endlicher Größen in unendliche resultiert. Hierin besteht, wie wir gesehen, die ganze Natur der Sache. – So verschwinden im *letzten Verhältnisse* z. B. die Quanta der Abszisse und der Ordinate; aber die Seiten dieses Verhältnisses bleiben wesentlich die eine Element der Ordinate, die andere Element der Abszisse. Indem die Vorstellungsweise gebraucht wird, daß man die eine Ordinate sich der anderen *unendlich nähern* läßt, so geht die vorher unterschiedene Ordinate in die andere Ordinate und die vorher unterschiedene Abszisse in die andere Abszisse über; aber wesentlich geht nicht die Ordinate in die Abszisse oder die Abszisse in die Ordinate über. Das Element der Ordinate, um bei diesem Beispiele von veränderlichen Größen stehenzubleiben, ist nicht als der *Unterschied einer Ordinate von einer anderen Ordinate* zu nehmen, sondern ist vielmehr als der Unterschied oder die *qualitative* Größenbestimmung gegen *das Element der Abszisse*; *das Prinzip der einen veränderlichen Größe gegen das der anderen* steht im Verhältnisse miteinander. Der Unterschied, indem er nicht mehr Unterschied endlicher Größen ist, hat aufgehört, ein Vielfaches innerhalb seiner selbst zu sein; er ist in die einfache

Intensität zusammengesunken, in die Bestimmtheit eines qualitativen Verhältnismoments gegen das andere.

Diese Beschaffenheit der Sache wird aber dadurch verdunkelt, daß das, was soeben Element z. B. der Ordinate genannt worden, so als *Differenz* oder *Inkrement* gefaßt wird, daß es nur der Unterschied des Quantums einer Ordinate zwischen dem Quantum einer anderen Ordinate sei. Die *Grenze* hat hiermit hier nicht den Sinn des Verhältnisses; sie gilt nur als der letzte Wert, dem sich eine andere Größe von gleicher Art beständig so nähere, daß sie von ihm, sowenig als man will, unterschieden sein könne und daß das letzte *Verhältnis* ein Verhältnis der *Gleichheit* sei. So ist die unendliche Differenz das Schweben eines Unterschieds eines Quantums von einem Quantum, und die qualitative Natur, nach welcher dx wesentlich nicht eine Verhältnisbestimmung gegen x, sondern gegen dy ist, tritt in der Vorstellung zurück. Man läßt dx^2 gegen dx verschwinden, aber noch vielmehr verschwindet dx gegen x, dies heißt aber wahrhaftig: es hat *nur ein Verhältnis zu* dy. – Es ist den Geometern in solchen Darstellungen immer vorzüglich darum zu tun, die *Annäherung* einer Größe an ihre Grenze *begreiflich* zu machen und sich an diese Seite des Unterschiedes des Quantums vom Quantum, wie er kein Unterschied und doch noch ein Unterschied ist, zu halten. Aber die Annäherung ist ohnehin für sich eine nichtssagende und nichts begreiflich machende Kategorie; dx hat die Annäherung bereits im Rücken, es ist nicht nahe noch ein Näheres; und unendlich nahe heißt selbst die Negation des Naheseins und des Annäherns.

Indem es nun damit geschehen ist, daß die Inkremente oder unendlichen Differenzen nur nach der Seite des Quantums, das in ihnen verschwindet, und nur als Grenze desselben betrachtet worden sind, so sind sie so als *verhältnislose* Momente gefaßt. Es würde die unstatthafte Vorstellung daraus folgen, daß es erlaubt sei, in dem letzten Verhältnisse etwa Abszisse und Ordinate – oder auch Sinus, Kosinus, Tangente, Sinus versus und was alles noch – einander gleichzusetzen. –

Diese Vorstellung scheint zunächst darin obzuwalten, wenn ein Bogen als eine Tangente behandelt wird; denn auch der *Bogen* ist wohl *inkommensurabel* mit der *geraden Linie* und sein Element zunächst von anderer *Qualität* als das Element der geraden Linie. Es scheint noch widersinniger und unerlaubter als die Verwechslung der Abszisse, Ordinate, des Sinus versus, Kosinus usf., wenn *quadrata rotundis,* wenn ein obzwar unendlich kleiner Teil des Bogens für ein Stück der Tangente genommen und somit als gerade Linie behandelt wird. – Allein diese Behandlung ist von der gerügten Verwechslung wesentlich zu unterscheiden; sie hat ihre Rechtfertigung darin, daß in dem Dreieck, welches das Element eines Bogens und die Elemente seiner Abszisse und der Ordinate zu seinen Seiten hat, das *Verhältnis dasselbe* ist, als wenn jenes Element des Bogens das Element einer geraden Linie, der Tangente wäre; die *Winkel,* welche das *wesentliche Verhältnis* konstituieren, d. i. dasjenige, das diesen Elementen bleibt, indem von den ihnen zugehörigen endlichen Größen abstrahiert wird, sind die nämlichen. – Man kann sich hierüber auch ausdrücken, gerade Linien, als unendlich klein, seien in krumme Linien übergegangen, und das Verhältnis ihrer in ihrer Unendlichkeit sei ein Kurvenverhältnis. Da nach ihrer Definition die gerade Linie der *kürzeste* Weg zwischen zwei Punkten ist, so gründet sich ihr Unterschied von krummer Linie auf die Bestimmung von *Menge,* auf die *geringere* Menge des Unterscheidbaren auf diesem Wege, was also eine Bestimmung von *Quantum* ist. Aber diese Bestimmung verschwindet in ihr – sie als intensive Größe, als unendliches Moment, als Element genommen –, somit auch ihr Unterschied von der krummen Linie, der bloß auf dem Quantumsunterschiede beruhte. – Also als unendlich behält gerade Linie und Bogen kein quantitatives Verhältnis und damit, aufgrund der angenommenen Definition, auch keine qualitative Verschiedenheit mehr gegeneinander, sondern geht jene vielmehr in diese über.

Verwandt, jedoch zugleich verschieden von der Gleichsetzung

heterogener Bestimmungen ist die für sich unbestimmte und völlig gleichgültige Annahme, daß *unendlich kleine Teile* desselben Ganzen einander *gleich* seien; jedoch angewandt auf einen in sich heterogenen, d. i. mit wesentlicher Ungleichförmigkeit der Größenbestimmung behafteten Gegenstand, bringt sie die eigentümliche Verkehrung hervor, die in dem Satze der höheren Mechanik enthalten ist, daß in *gleichen* und zwar unendlich kleinen Zeiten unendlich kleine Teile einer Kurve *in gleichförmiger* Bewegung durchlaufen werden, indem dies von einer Bewegung behauptet wird, in der in gleichen *endlichen,* d. i. existierenden Zeitteilen *endliche,* d. i. existierende *ungleiche* Teile der Kurve durchlaufen werden, d. i. also von einer Bewegung, die als existierend ungleichförmig ist und so angenommen wird. Dieser Satz ist der Ausdruck desjenigen in Worten, was ein analytisches Glied, das sich in der oben auch angeführten Entwicklung der Formel von ungleichförmiger, übrigens einem Gesetze gemäßer Bewegung ergibt, bedeuten soll. Ältere Mathematiker suchten Ergebnisse der neu erfundenen Infinitesimalrechnung, die ohnehin immer mit konkreten Gegenständen zu tun hatte, in Worten und Sätzen auszudrücken und sie in geometrischen Verzeichnungen darzustellen, wesentlich um sie für die Lehrsätze nach gewöhnlicher Beweisart zu gebrauchen. Die Glieder einer mathematischen Formel, in welche die analytische Behandlung die *Größe* des Gegenstands, z. B. der Bewegung, zerlegte, erhielten dort eine *gegenständliche* Bedeutung, z. B. der Geschwindigkeit, beschleunigenden Kraft usf.; sie sollten nach solcher Bedeutung richtige Sätze, physikalische Gesetze geben und nach der analytischen Verbindung auch ihre objektiven Verknüpfungen und Verhältnisse bestimmt sein, wie z. B. eben daß in einer gleichförmig beschleunigten Bewegung eine besondere, den Zeiten proportionale Geschwindigkeit existiere, außerdem aber ein Zuwachs von der Kraft der Schwere her immer hinzukomme. Solche Sätze werden in der modernen, analytischen Gestalt der Mechanik durchaus als Ergebnisse des

Kalküls aufgeführt, unbekümmert darum, ob sie einen *reellen* Sinn, d. i. dem eine Existenz entspräche, für sich an ihnen selbst hätten, und um einen Beweis eines solchen; die Schwierigkeit, den Zusammenhang solcher Bestimmungen, wenn sie im ausgesprochenen reellen Sinn genommen werden, z. B. den Übergang von jener schlecht gleichförmigen Geschwindigkeit zu einer gleichförmigen beschleunigten begreiflich zu machen, gilt dafür, durch die analytische Behandlung ganz beseitigt zu sein, als in welcher solcher Zusammenhang einfache Folge der nunmehrigen festen Autorität der Operationen des Kalküls ist. Es wird für einen Triumph der Wissenschaft ausgegeben, durch den bloßen Kalkül *über die Erfahrung hinaus* Gesetze, d. i. Sätze der Existenz, die keine Existenz haben, zu finden. Aber in der ersteren noch naiven Zeit des Infinitesimalkalküls sollte von jenen Bestimmungen und Sätzen, in geometrischen Verzeichnungen vorgestellt, ein reeller Sinn für sich angegeben und plausibel gemacht und sie in solchem Sinne zum Beweise von den Hauptsätzen, um die es zu tun war, angewendet werden (man sehe den *Newtonschen* Beweis von seinem Fundamentalsatze der Theorie der Gravitation in den *Philosophiae naturalis principia mathematica,* lib. I, Sect. II, Prop. I. verglichen mit [Fr. Th.] Schuberts [*Theoretischer*] *Astronomie,* erste Ausg. [Leipzig 1798], Bd. III, § 20, wo zugestanden wird, daß es sich nicht *genau so,* d. i. in dem Punkte, welcher der Nerv des Beweises ist, sich nicht so verhalte, wie Newton annimmt).

Es wird nicht geleugnet werden können, daß man sich in diesem Felde vieles als Beweis, vornehmlich unter der Beihilfe des Nebels des Unendlichkleinen hat gefallen lassen, aus keinem anderen Grunde als dem, daß das, was herauskam, immer schon vorher bekannt war und der Beweis, der so eingerichtet wurde, daß es herauskam, wenigstens *den Schein eines Gerüstes von Beweis* zustande brachte – einen Schein, den man dem bloßen Glauben oder dem Wissen aus Erfahrung immer noch vorzog. Ich aber trage kein Beden-

ken, diese Manier für nicht mehr als eine bloße Taschenspielerei und Charlatanerie des Beweisens anzusehen und hierunter selbst Newtonsche Beweise zu rechnen, insbesondere die zu dem soeben Angeführten gehörigen, wegen welcher man Newton bis an den Himmel und über *Kepler* erhoben hat, das, was dieser *bloß durch Erfahrung* gefunden, mathematisch dargetan zu haben.
Das leere Gerüst solcher Beweise wurde errichtet, um physische Gesetze zu beweisen. Aber die Mathematik vermag überhaupt nicht Größenbestimmungen der Physik zu beweisen, insofern sie Gesetze sind, welche die *qualitative Natur* der Momente zum Grunde haben; aus dem einfachen Grunde, weil diese Wissenschaft nicht Philosophie ist, *nicht vom Begriffe* ausgeht und das Qualitative daher, insofern es nicht lemmatischerweise aus der Erfahrung aufgenommen wird, außer ihrer Sphäre liegt. Die Behauptung der *Ehre* der Mathematik, daß alle in ihr vorkommenden Sätze *streng bewiesen* sein sollen, ließ sie ihre Grenze oft vergessen; so schien es gegen ihre Ehre, für *Erfahrungssätze* einfach die *Erfahrung* als Quelle und als einzigen Beweis anzuerkennen; später ist das Bewußtsein hierüber gebildeter geworden; ehe dieses aber über den Unterschied sich nicht klar wird, was mathematisch beweisbar ist und was nur anderwärts genommen werden kann, wie darüber, was nur Glieder analytischer Entwicklung und was physikalische Existenzen sind, kann die Wissenschaftlichkeit sich nicht zu strenger und reiner Haltung herausbilden. – Jenem Gerüste Newtonschen Beweisens aber wird ohne Zweifel noch dasselbe Recht widerfahren, das einem anderen grundlosen Newtonschen Kunstgebäude aus *optischen Experimenten* und damit verbundenem *Schließen* angetan worden ist. Die angewandte Mathematik ist noch voll von einem gleichen Gebräue aus Erfahrung und Reflexion; aber wie von jener Optik seit geraumer Zeit bereits ein Teil nach dem anderen anfing, in der Wissenschaft *faktisch* ignoriert zu werden, mit der Inkonsequenz jedoch, das übrige, obgleich damit Widersprechende noch gewähren

zu lassen, – so ist es auch *Faktum,* daß bereits ein Teil jener trügerischen Beweise von selbst in Vergessenheit geraten oder durch andere ersetzt worden ist.

Anmerkung 2
Der Zweck des Differentialkalküls aus seiner Anwendung abgeleitet

In der vorigen Anmerkung ist teils die Begriffsbestimmtheit des *Unendlichkleinen,* das in dem Differentialkalkül gebraucht wird, teils die Grundlage seiner Einführung in denselben betrachtet worden; beides sind abstrakte und darum an sich auch leichte Bestimmungen; die sogenannte *Anwendung* aber bietet größere Schwierigkeiten sowohl als auch die interessantere Seite dar; die Elemente dieser *konkreten* Seite sollen der Gegenstand dieser Anmerkung sein. – Die ganze Methode der Differentialrechnung ist in dem Satze, daß $dx^n = nx^{n-1}\,dx$, oder $\frac{f(x+i)-fx}{i} = P$, d. i. gleich dem *Koeffizienten* des ersten Gliedes des nach den Potenzen von *dx* oder *i* entwickelten Binomiums $x + d$, $x + i$, absolviert. Man bedarf weiter nichts zu erlernen; die Ableitung der nächsten Formen, des Differentials eines Produkts, einer Exponentialgröße usf. ergibt sich daraus mechanisch; in wenig Zeit, vielleicht in einer halben Stunde – mit dem Finden der Differentiale ist das Umgekehrte, das Finden der ursprünglichen Funktion aus jenen, die Integration gleichfalls gegeben – kann man die ganze Theorie innehaben. Was allein länger aufhält, ist die Bemühung, es einzusehen, begreiflich zu machen, daß, nachdem der eine *Umstand* der Aufgabe, *das Finden jenes Koeffizienten,* auf analytische, d. i. ganz arithmetische Weise, durch die Entwicklung der Funktion der veränderlichen Größe, nachdem diese durch einen Zuwachs die Form eines Binomiums erhalten, so leicht bewerkstelligt worden, es auch mit dem *anderen Umstand,* nämlich mit dem Weglassen der übrigen Glieder der entstehenden Reihe außer den ersten, seine Richtigkeit habe. Wäre es der Fall, daß man jenen Koeffizienten allein nötig hätte, so wäre mit der Bestimmung desselben alles, was die Theorie betrifft, wie gesagt in weniger als einer halben Stunde abgetan, und das Weglassen der weiteren Glieder der Reihe machte so wenig eine Schwierigkeit, daß vielmehr von ihnen als Gliedern der Reihe (als zweiten, dritten usf. Funktionen ist ihre Bestimmung schon mit der Bestimmung des ersten gleichfalls absolviert) gar nicht die Rede wäre, da es um sie ganz und gar nicht zu tun ist.

Es kann die Bemerkung vorangeschickt werden, daß man es der Methode des Differentialkalküls wohl sogleich ansieht, daß sie nicht für sich selbst erfunden und aufgestellt worden ist; sie ist nicht nur nicht für sich begründet als eine andere Weise analytischen Verfahrens, sondern die Gewaltsamkeit, Glieder, die sich aus Entwicklung einer Funktion ergeben, indem doch das *Ganze* dieser Entwicklung *vollständig* zur *Sache* zu gehören angenommen ist – weil die Sache als der *Unterschied* der entwickelten Funktion einer veränderlichen Größe (nachdem dieser die Gestalt eines Binomiums gegeben worden) von der ursprünglichen angesehen wird –, geradezu wegzulassen, widerspricht vielmehr durchaus allen mathematischen Grundsätzen. Das Bedürfnis solcher Verfahrungsweise, wie die ihr an ihr selbst mangelnde Berechtigung, weist sogleich darauf hin, daß anderswo der Ursprung und die Grundlage sich befinden müsse. Es geschieht auch sonst in den Wissenschaften, daß das, was als das Elementarische vornehin gestellt ist und woraus die Sätze der Wissenschaft abgeleitet werden sollen, nicht einleuchtend ist und daß es sich ausweist, vielmehr in dem Nachfolgenden seine Veranlassung und seine Begründung zu haben. Der Hergang in der Geschichte des Differentialkalküls tut dar, daß in den verschiedenen sogenannten Tangentialmethoden vornehmlich die *Sache gleichsam als in Kunststücken* den Anfang genommen hat; die Art des Verfahrens, nachdem es auch auf weitere Gegenstände ausgedehnt worden, ist später zum Bewußtsein und in abstrakte Formeln gebracht worden, welche nun auch zu *Prinzipien* zu erheben versucht wurde.

Als die Begriffsbestimmtheit des sogenannten *Unendlichkleinen* ist die *qualitative* Quantitätsbestimmtheit solcher, die zunächst als Quanta im Verhältnis zueinander gesetzt sind, aufgezeigt worden, woran sich die empirische Untersuchung knüpfte, jene Begriffsbestimmtheit in den Beschreibungen oder Definitionen nachzuweisen, die sich von dem Unendlichkleinen, insofern es als unendliche Differenz und dergleichen genommen ist, vorfinden. – Dies ist nur im Interesse der abstrakten Begriffsbestimmtheit als solcher geschehen; die weitere Frage wäre, wie von ihr der Übergang zur mathematischen Gestaltung und Anwendung beschaffen wäre. Zu dem Ende ist zuerst das Theoretische, die Begriffsbestimmtheit, noch weiter vorzunehmen, welche sich an ihr selbst nicht ganz unfruchtbar zeigen wird; alsdann ist das Verhältnis derselben zur Anwendung zu betrachten und bei beidem nachzuweisen, soweit es hier angeht, daß die allgemeinen Folgerungen zugleich demjenigen, um was es in der Differentialrechnung zu tun ist, und der Art, wie sie es bewerkstelligt, angemessen sind.

Zunächst ist daran zu erinnern, daß die Form, welche die in Rede stehende Begriffsbestimmtheit im Mathematischen hat, bereits beiläufig angegeben ist. Die qualitative Bestimmtheit des Quantitativen ist zuerst im quantitativen *Verhältnis* überhaupt aufgewiesen; es ist aber auch schon bei der Nachweisung der unterschiedenen sogenannten Rechnungsarten (s. d. betr. Anm. [S. 234 ff.]) antizipiert worden, daß das nachher an seiner eigentümlichen Stelle noch zu betrachtende *Potenzenverhältnis* es ist, worin die Zahl durch Gleichsetzung ihrer Begriffsmomente, der Einheit und der Anzahl, als zu sich selbst zurückgekehrte gesetzt ist und damit das Moment der Unendlichkeit, des Fürsichseins, d. i. des Bestimmtseins durch sich selbst, an ihr erhält. Die ausdrückliche qualitative Größenbestimmtheit bezieht sich somit, wie gleichfalls schon erinnert, wesentlich auf Potenzenbestimmungen, und da die Differentialrechnung das Spezifische hat, mit qualitativen Größenformen zu operieren, so muß ihr eigentümlicher mathematischer Gegenstand die Behandlung von Potenzenformen sein, und die sämtlichen Aufgaben und deren Auflösungen, zu deren Behuf die Differentialrechnung gebraucht wird, zeigen es, daß das Interesse allein in der Behandlung von Potenzenbestimmungen als solchen liegt.

So wichtig diese Grundlage ist und sogleich an die Spitze etwas Bestimmtes stellt, statt der bloß formellen Kategorien von veränderlichen, kontinuierlichen oder unendlichen Größen und dergleichen oder auch nur von Funktionen überhaupt, so ist sie noch zu allgemein; andere Operationen haben gleichfalls damit zu tun; schon das Erheben in die Potenz und Wurzelausziehen, dann die Behandlung der Exponentialgrößen und Logarithmen, Reihen, die Gleichungen höherer Ordnungen haben ihr Interesse und ihre Bemühung allein mit Verhältnissen, die auf Potenzen beruhen. Ohne Zweifel müssen sie zusammen ein System der Potenzenbehandlung ausmachen; aber welches unter den verschiedenen Verhältnissen, worin Potenzenbestimmungen gesetzt werden können, dasjenige sei, das der eigentliche Gegenstand und das Interesse für die Differentialrechnung ist, dies ist aus dieser selbst, d. i. aus den sogenannten *Anwendungen* derselben zu entnehmen. Diese sind in der Tat die Sache selbst, das wirkliche Verfahren in der mathematischen Auflösung eines gewissen Kreises von Problemen; dies Verfahren ist früher gewesen als die Theorie oder der allgemeine Teil, und Anwendung ist dasselbe später genannt worden nur in Beziehung auf die nachher erschaffene Theorie, welche die allgemeine Methode des Verfahrens teils aufstellen, teils ihr aber Prinzipien, d. i. Rechtfertigung geben wollte. Welche vergebliche Bemühung es gewesen ist, für die bisherige Auffassungsweise des Verfahrens Prinzipien aufzufinden, welche den Widerspruch, der dabei zum Vorschein kommt, wirklich lösten, statt ihn nur durch die Unbedeutendheit des nach dem mathematischen Verfahren Notwendigen, hier aber Wegzulassenden, oder durch die auf dasselbe hinauslaufende Möglichkeit der unendlichen oder beliebigen Annäherung

u. dgl. zu entschuldigen oder zu verstecken, ist in voriger Anmerkung gezeigt worden. Wenn aus dem wirklichen Teil der Mathematik, der die Differentialrechnung genannt wird, das Allgemeine des Verfahrens anders abstrahiert würde, als bisher geschehen ist, so würden sich jene Prinzipien und die Bemühung mit denselben auch als entbehrlich zeigen, wie sie an ihnen selbst sich als etwas Schiefes und im Widerspruche Bleibendes ausweisen.

Wenn wir diesem Eigentümlichen durch einfaches Aufnehmen des in diesem Teile der Mathematik Vorhandenen nachforschen, so finden wir als Gegenstand

α) Gleichungen, in welchen eine beliebige Anzahl von Größen (wir können hier überhaupt bei *zwei* stehenbleiben) zu einem Ganzen der Bestimmtheit so verbunden sind, daß diese *erstens* ihre Bestimmtheit in *empirischen Größen* als festen Grenzen und dann in der Art der Verbindung mit denselben sowie ihrer Verbindung untereinander haben, wie dies überhaupt in einer Gleichung der Fall ist; indem aber nur *eine* Gleichung für beide Größen (und ebenso relativ wohl mehrere Gleichungen für mehrere Größen, aber immer weniger, als die Anzahl der Größen ist) vorhanden ist, gehören diese Gleichungen zu den *unbestimmten,* – und daß *zweitens* eine Seite, wie diese Größen hier ihre Bestimmtheit haben, darin liegt, daß sie (wenigstens eine derselben) in einer *höheren* als die erste *Potenz* in der Gleichung vorhanden sind.

Hierüber sind zunächst einige Bemerkungen zu machen; fürs erste, daß die Größen nach der ersten der angegebenen Bestimmungen ganz nur den Charakter solcher *veränderlichen* Größen haben, wie sie in den Aufgaben der *unbestimmten* Analysis vorkommen. Ihr Wert ist unbestimmt, aber so, daß, wenn anderswoher ein vollkommen bestimmter Wert, d. i. ein Zahlenwert für die eine kommt, auch die andere bestimmt, so die eine eine *Funktion* der anderen ist. Die Kategorien von veränderlichen Größen, Funktionen u. dgl. sind darum für die spezifische Größenbestimmtheit, die hier in Rede steht, nur *formell*, wie vorhin gesagt worden ist, weil sie von einer Allgemeinheit sind, in welcher dasjenige Spezifische, worauf das ganze Interesse des Differentialkalküls geht, noch nicht enthalten ist, noch daraus durch Analyse expliziert werden kann; sie sind für sich einfache, unbedeutende, leichte Bestimmungen, die nur erst schwierig gemacht werden, insofern das in sie gelegt werden soll, damit es dann aus ihnen abgeleitet werden könne, was nicht in ihnen liegt, nämlich die spezifische Bestimmung der Differentialrechnung. – Was alsdann die sogenannte *Konstante* betrifft, so kann über sie bemerkt werden, daß sie zunächst als eine gleichgültige empirische Größe ist, bestimmend für die veränderlichen Größen bloß in Ansehung ihres empirischen Quantums, als Grenze ihres Minimums und Maximums; die Art der Verbindung aber der Konstanten mit den veränderlichen Größen ist selbst eines der Momente für die Natur der besonderen Funktion, welche diese Größen sind. Umgekehrt sind aber auch die Konstanten selbst Funktionen; insofern z. B. eine gerade Linie den Sinn hat, *Parameter* einer Parabel zu sein, so ist dieser ihr Sinn dies, daß sie die Funktion $\frac{y^2}{x}$ ist; wie in der Entwicklung des Binomiums überhaupt die Konstante, welche der Koeffizient des ersten Entwicklungsgliedes ist, die Summe der Wurzeln, der des zweiten die Summe der Produkte derselben zu Zwei und Zwei usf., also diese Konstanten hier überhaupt Funktionen der Wurzeln sind; wo in der Integralrechnung die Konstante aus der gegebenen Formel bestimmt wird, wird sie insofern als eine Funktion von dieser behandelt. Jene Koeffizienten werden wir dann weiter in einer anderen Bestimmung als Funktionen betrachten, deren Bedeutung im Konkreten es ist, worauf das ganze Interesse geht.

Das Eigentümliche nun aber, wodurch die Betrachtung der veränderlichen Größen sich in der Differentialrechnung von ihrer Beschaffenheit in den unbestimmten Aufgaben unterscheidet, ist in das Angegebene zu setzen, daß wenigstens eine jener Größen oder auch alle sich in einer höheren Potenz als die erste befinde, wobei wieder gleichgültig ist, ob sämtliche von derselben höheren oder von ungleichen Potenzen sind; ihre spezifische Unbestimmtheit, die sie hier haben, liegt allein darin, daß sie *in solchem Potenzenverhältnisse Funktionen* voneinander sind. Dadurch ist die Veränderung der veränderlichen Größen *qualitativ* determiniert, damit *kontinuierlich,* und diese Kontinuität, die für sich wieder nur die formelle Kategorie überhaupt einer *Identität,* einer sich in der Veränderung erhaltenden, gleichbleibenden Bestimmtheit ist, hat hier ihren determinierten Sinn, und zwar allein in dem Potenzenverhältnisse, als welches kein Quantum zu seinem Exponenten hat und die *nicht quantitative,* bleibende Bestimmtheit des Verhältnisses der veränderlichen Größen ausmacht. Daher ist gegen einen anderen Formalismus die Bemerkung zu machen, daß die erste Potenz nur Potenz im Verhältnis zu höheren ist; für sich ist x nur irgendein unbestimmtes Quantum. So hat es keinen Sinn, *für sich* die Gleichungen $y = ax + b$, [die] der geraden Linie, oder $s = ct$, die der schlecht gleichförmigen Geschwindigkeit, zu differentiieren; wenn aus $y = ax$, oder auch aus $y = ax + b$, $a = \frac{dy}{dx}$, oder $\frac{ds}{dt} = c$ aus $s = ct$ wird, so ist ebensosehr $a = \frac{y}{x}$ die Bestimmung der Tangente oder $\frac{s}{t} = c$ die der schlechten Geschwindigkeit. Letztere wird als $\frac{dy}{dx}$ exponiert im *Zusammenhang* dessen, was für die Entwicklung der gleichförmig beschleunigten Bewegung ausgegeben wird; aber daß ein Moment von einfacher, schlecht gleichförmiger, d. i. nicht durch die höhere Potenz eines der Momente der Bewegung bestimmter Geschwindigkeit im Systeme solcher Bewegung vorkomme, ist, wie früher bemerkt, selbst eine leere, allein in der Routine der Methode gegründete Annahme. Indem die Methode von der Vorstellung des Zuwachses, den die veränderliche Größe erleiden solle, ausgeht, so kann freilich auch eine solche, die nur eine Funktion von erster Potenz ist, auch einen Zuwachs erleiden; wenn nun hierauf, um das Differential zu finden, der Unterschied der hierdurch entstandenen zweiten Gleichung von der gegebenen genommen werden soll, so zeigt sich das Leere der Operation, daß, wie bemerkt, die Gleichung vor und nach derselben für die sogenannten Zuwächse dieselbe ist als für die veränderlichen Größen selbst.

β) Durch das Gesagte ist die Natur der zu behandelnden Gleichung bestimmt, und es ist nun anzugeben, auf *welches Interesse* sich die *Behandlung* derselben gerichtet findet. Diese Betrachtung kann nur bekannte Resultate, wie sie der Form nach in der *Lagrange*schen Auffassung insbesondere vorhanden sind, geben; aber ich habe die Exposition so ganz elementarisch angestellt, um die damit vermischten heterogenen Bestimmungen zu entfernen. – Als die Grundlage der Behandlung der Gleichung von angegebener Art zeigt sich, daß die Potenz *innerhalb ihrer selbst* als ein Verhältnis, als ein *System von Verhältnisbestimmungen* gefaßt wird. Die Potenz ist oben als die Zahl angegeben worden, insofern sie dazu gekommen ist, daß ihre Veränderung *durch sie selbst bestimmt,* ihre Momente, Einheit und Anzahl identisch sind, wie früher nachgewiesen, – vollkommen zunächst im Quadrat, formeller, was hier keinen Unterschied macht, in den höheren Potenzen. Die Potenz nun, da sie als *Zahl* – wenn man den Ausdruck *Größe* als den allgemeineren vorzieht, so ist sie *an sich* immer die Zahl – eine *Menge* ist, auch als *Summe* dargestellt, kann zunächst innerhalb ihrer in eine beliebige Menge von Zahlen zerlegt werden, die ohne alle weitere Bestimmung gegeneinander und gegen ihre Summe sind als nur, daß sie zusammen dieser gleich sind. Aber die Potenz kann auch in eine *Summe* von solchen Unterschieden diszerniert werden, die durch die *Form der Potenz* bestimmt sind. Wird die Potenz als Summe genommen, so ist auch die Grundzahl derselben, die Wurzel, als Summe gefaßt und beliebig nach mannigfaltiger Zerlegung, welche Mannigfaltigkeit aber das gleichgültige empirische Quantitative ist. Die Summe, als welche die Wurzel sein soll, auf ihre einfache Bestimmtheit, d. i. ihre wahrhafte Allgemeinheit zurückgeführt, ist das *Binomium*; alle weitere Vermehrung der Glieder ist eine bloße *Wiederholung* derselben Bestimmung und daher etwas Leeres.* Worauf es ankommt, ist allein die hiermit *qualitative Bestimmtheit* der Glieder, welche sich durch die *Potenzierung* der als Summe angenommenen Wurzel ergibt, welche Bestimmtheit allein in der Veränderung, die das Potenzieren ist, liegt. Diese Glieder sind somit ganz *Funktionen der Potenzierung und der Potenz.* Jene Darstellung nun der Zahl, als *Summe* einer *Menge* von solchen Gliedern, welche Funktionen der Potenzierung sind, alsdann das Interesse, die *Form* solcher Funktionen und ferner diese *Summe* aus der Menge solcher Glieder zu finden, insofern dieses Finden allein von jener Form abhängen muß, – dies macht bekanntlich die besondere Lehre von den *Reihen* aus. Aber hierbei haben wir wesentlich das fernere Interesse zu unterscheiden, nämlich das *Verhältnis* der *zugrunde liegenden Größe* selbst – deren Bestimmtheit, insofern sie ein Komplex, d. i. hier eine Gleichung ist, eine Potenz *in sich schließt – zu den Funktionen ihrer Potenzierung.* Dies Verhältnis, ganz abstrahiert von dem vorhin genannten Interesse der *Summe,* wird sich als der Gesichtspunkt zeigen, der sich als der einzige, den die Differentialrechnung sich vorsetzt, aus der wirklichen Wissenschaft ergibt.

Es ist jedoch vorher noch eine Bestimmung zu dem Gesagten hinzuzufügen oder vielmehr eine, die darin liegt, zu entfernen. Es wurde nämlich gesagt, daß die veränderliche Größe, in deren Bestimmung die Potenz eintritt, angesehen werde *innerhalb ihrer selbst* als Summe, und zwar als ein System von Gliedern, insofern diese Funktionen der Potenzierung sind, womit auch die Wurzel als eine Summe und in

* Es gehört nur zum Formalismus derjenigen *Allgemeinheit,* auf welche die Analysis notwendigen Anspruch macht, wenn, statt $(a + b)^n$ für die Potenzenentwicklung zu nehmen, $(a + b + c + d \ldots)^n$ gesagt wird, wie dies auch in vielen anderen Fällen getan wird; es ist solche Form sozusagen nur für eine Koketterie des Scheins der Allgemeinheit zu halten; in dem Binomium ist die *Sache* erschöpft; es wird durch dessen Entwicklung *das Gesetz* gefunden, und das Gesetz ist die wahrhafte Allgemeinheit, nicht die äußerliche nur leere Wiederholung des Gesetzes, welche allein es ist, die durch jenes $a + b + c + d \ldots$ hervorgebracht wird.

der einfach bestimmten Form als Binomium betrachtet werde; $x^n = (y + z)^n = (y + ny^{n-1} z + \ldots)$. Diese Darstellung ging für die Entwicklung der Potenz, d. i. für das Erlangen ihrer Potenzierungsfunktionen, von der *Summe* als solcher aus; es ist jedoch hier nicht um eine *Summe* als solche noch um die daraus entspringende *Reihe* zu tun, sondern von der Summe ist nur die *Beziehung* aufzunehmen. Die *Beziehung* als solche der Größen ist das, was einerseits übrigbleibt, nachdem von dem *plus* einer Summe als solcher abstrahiert wird, und was andererseits für das Finden der Entwicklungsfunktionen der Potenz erforderlich ist. Solche Beziehung aber ist schon darin bestimmt, daß hier der Gegenstand eine Gleichung, $y^m = ax^n$ auch schon ein *Komplex* von mehreren (veränderlichen) Größen ist, der eine Potenzenbestimmung derselben enthält. In diesem Komplex ist jede dieser Größen schlechthin als in der *Beziehung* auf die andere mit der Bedeutung, könnte man sagen, eines *plus* an ihr selbst, – als Funktion der anderen Größen gesetzt; ihr Charakter, Funktionen voneinander zu sein, gibt ihnen diese Bestimmung des *plus*, eben damit aber eines ganz *unbestimmten*, nicht eines Zuwachses, Inkrements u. dgl. Doch diesen abstrakten Gesichtspunkt konnten wir auch auf der Seite lassen; es kann ganz einfach dabei stehengeblieben werden, daß, nachdem die veränderlichen Größen in der Gleichung als Funktionen voneinander, so daß diese Bestimmtheit ein Verhältnis von Potenzen enthält, gegeben sind, nun auch die Funktionen der *Potenzierung* einer jeden miteinander verglichen werden, – welche zweiten Funktionen durch gar nichts anderes weiter als durch die Potenzierung selbst bestimmt sind. Es kann *zunächst* für ein *Belieben* oder eine *Möglichkeit* ausgegeben werden, eine Gleichung von den Potenzen ihrer veränderlichen Größen auf ein Verhältnis ihrer Entwicklungsfunktionen zu setzen; ein weiterer *Zweck*, Nutzen, Gebrauch hat erst das *Dienliche* solcher Umgestaltung davon anzugeben; durch ihre Nützlichkeit allein ist jene Umstellung veranlaßt worden. Wenn vorhin von der Darstellung dieser Potenzierungsbestimmungen an einer Größe, die als *Summe in sich different* genommen werde, ausgegangen worden, so diente dies nur teils zur Angabe, von welcher Art solche Funktionen seien, teils liegt darin die Weise, sie zu finden.

Wir befinden uns hiermit bei der gewöhnlichen analytischen Entwicklung, die für den Zweck der Differentialrechnung so gefaßt wird, daß der veränderlichen Größe ein Zuwachs, *dx, i* gegeben und nun die Potenz des Binomiums durch die Gliederreihe, die ihm angehört, expliziert wird. Der sogenannte Zuwachs aber soll nicht ein Quantum, nur eine *Form* sein, deren ganzer Wert ist, zur Entwicklung *behilflich* zu sein; was man eingestandenermaßen, am bestimmtesten von *Euler* und *Lagrange*, und in der früher erwähnten Vorstellung der Grenze will, sind nur die sich ergebenden Potenzenbestimmungen der veränderlichen Größen, die sogenannten *Koeffizienten* zwar des Zuwachses und der Potenzen desselben, nach denen die Reihe sich ordnet und zu denen die unterschiedenen Koeffizienten gehören. Es kann hierzu etwa bemerkt werden, daß, indem nur um der Entwicklung willen ein Zuwachs angenommen ist, der ohne Quantum sei, es am geschicktesten gewesen wäre, 1 (das Eins) dafür zu nehmen, indem derselbe in der Entwicklung immer nur als Faktor vorkommt, womit eben der Faktor Eins den Zweck erfüllt, daß keine quantitative Bestimmtheit und Veränderung durch den Zuwachs gesetzt werden solle; dagegen *dx* mit der falschen Vorstellung von einer quantitativen Differenz und andere Zeichen, wie *i*, mit dem hier unnützen Scheine von Allgemeinheit behaftet, immer das Aussehen und die Prätention von einem *Quantum* und *dessen Potenzen* haben; welche Prätention dann die Mühe herbeibringt, sie dessenungeachtet *wegzubringen* und *wegzulassen*. Um die Form einer nach Potenzen entwickelten Reihe zu behalten, könnten die Exponentenbezeichnungen als *indices* ebensogut dem Eins angefügt werden. Aber es muß ohnehin von der Reihe und von der Bestimmung der Koeffizienten nach der Stelle, die sie in der Reihe haben, abstrahiert werden; das Verhältnis zwischen allen ist dasselbe; die zweite Funktion wird ganz ebenso aus der ersten als diese aus der ursprünglichen abgeleitet, und für die als die zweite gezählte ist die erste abgeleitete wieder ursprüngliche Funktion. Wesentlich aber geht das Interesse nicht auf die Reihe, sondern ganz allein auf die sich aus der Entwicklung ergebende Potenzenbestimmung in ihrem Verhältnis zu der *für sie unmittelbaren* Größe. Anstatt also jene als den *Koeffizienten* des *ersten* Gliedes der Entwicklung zu bestimmen, da ein Glied als das *erste* in Beziehung auf die anderen in der Reihe folgenden bezeichnet wird, eine solche Potenz als eines Zuwachses aber wie die Reihe selbst hierher nicht gehören, wäre der bloße Ausdruck *abgeleitete Potenzenfunktion* oder, wie vorhin gesagt wurde, eine Funktion des *Potenzierens* der Größe vorzuziehen, wobei als bekannt vorausgesetzt wird, auf welche Weise die Ableitung als *innerhalb* einer Potenz eingeschlossene Entwicklung genommen wird.

Wenn nun der eigentliche mathematische Anfang in diesem Teile der Analytik nichts weiter ist als das Finden der durch die Potenzenentwicklung bestimmten Funktion, so ist die weitere Frage, was mit dem damit erhaltenen Verhältnisse anzufangen ist, wo es eine *Anwendung* und *Gebrauch* hat, oder, in der Tat, für welchen *Zweck* solche Funktionen gesucht werden. Durch das Finden von Verhältnissen *an konkreten Gegenständen,* welche sich auf jene abstrakten analytischen zurückführen lassen, hat die Differentialrechnung ihr großes Interesse erhalten.

Über die Anwendbarkeit aber ergibt sich zunächst aus der Natur der Sache, ohne noch aus den Fällen der Anwendung selbst zu schließen, vermöge der aufgezeigten Gestalt der Potenzenmomente von selbst folgendes. Die Entwicklung der Potenzengrößen, wodurch sich die Funktionen ihrer Potenzierung ergeben, enthält, von näherer Bestimmung abstrahiert, zunächst überhaupt die *Herabsetzung* der Größe auf die nächst niedrigere Potenz. Die *Anwendbarkeit* dieser

Operation findet also bei solchen *Gegenständen* statt, bei welchen gleichfalls ein solcher Unterschied von Potenzenbestimmungen vorhanden ist. Wenn wir nun auf die *Raumbestimmtheit* reflektieren, so finden wir, daß sie die drei Dimensionen enthält, die wir, um sie von den abstrakten Unterschieden der Höhe, Länge und Breite zu unterscheiden, als die *konkreten* bezeichnen können, nämlich die Linie, die Fläche und den totalen Raum; und indem sie in ihren einfachsten Formen und in Beziehung auf Selbstbestimmung und damit auf analytische Dimensionen genommen werden, haben wir die gerade Linie, die ebene Fläche und dieselbe als Quadrat, und den Kubus. Die gerade Linie hat ein empirisches Quantum, aber mit der Ebene tritt das Qualitative, die Potenzenbestimmung ein; nähere Modifikationen, z. B. daß dies gleich auch mit den ebenen Kurven geschieht, können wir, insofern es zunächst um den Unterschied bloß im allgemeinen zu tun ist, unerörtert lassen. Hiermit entsteht auch das *Bedürfnis, von einer höheren Potenzenbestimmung zu einer niedrigeren und umgekehrt überzugehen,* indem z. B. lineare Bestimmungen aus gegebenen Gleichungen der Fläche usf. oder umgekehrt abgeleitet werden sollen. – Die *Bewegung* ferner, als an der das Größenverhältnis des durchlaufenen Raumes und der dazugehörigen verflossenen Zeit zu betrachten ist, zeigt sich in den verschiedenen Bestimmungen einer schlecht-gleichförmigen, einer gleichförmig beschleunigten, einer abwechselnd gleichförmig beschleunigten und gleichförmig retardierten, in sich zurückkehrenden Bewegung; indem diese unterschiedenen Arten der Bewegung nach dem Größenverhältnisse ihrer Momente, des Raums und der Zeit, ausgedrückt werden, ergeben sich für sie Gleichungen aus unterschiedenen Potenzenbestimmungen, und insofern es Bedürfnis sein kann, eine Art der Bewegung oder auch der Raumgrößen, an welche eine Art gebunden ist, aus einer anderen Art derselben zu bestimmen, führt die Operation gleichfalls das Übergehen von einer Potenzenfunktion zu einer höheren oder niedrigeren herbei. – Die Beispiele dieser zwei Gegenstände mögen für den Zweck, zu dem sie angeführt sind, genügen.

Der Anschein von Zufälligkeit, welchen die Differentialrechnung in ihren Anwendungen präsentiert, würde schon vereinfacht werden durch das Bewußtsein über die Natur der Gebiete, in welchem die Anwendung stattfinden kann, und über das eigentümliche Bedürfnis und die Bedingung dieser Anwendung. Nun aber kommt es weiter innerhalb dieser Gebiete selbst darauf an zu wissen, zwischen welchen *Teilen* der Gegenstände der mathematischen Aufgabe ein solches Verhältnis stattfinde, als durch den Differentialkalkül eigentümlich gesetzt wird. Es muß gleich vorläufig bemerkt werden, daß hierbei zweierlei Verhältnisse zu beachten sind. Die Operation des Depotenzierens einer *Gleichung*, sie nach den abgeleiteten Funktionen ihrer veränderlichen Größen betrachtet, gibt ein Resultat, welches *an ihm selbst* wahrhaft nicht mehr eine Gleichung, sondern ein *Verhältnis* ist; dieses Verhältnis ist der Gegenstand der *eigentlichen Differentialrechnung*. Eben damit auch ist zweitens das Verhältnis vorhanden von der höheren Potenzenbestimmung (der ursprünglichen Gleichung) selbst zu der niedrigeren (dem Abgeleiteten). Dies zweite Verhältnis haben wir hier zunächst beiseite zu lassen; es wird sich als der eigentümliche Gegenstand der *Integralrechnung* zeigen.

Betrachten wir zunächst das erste Verhältnis und nehmen zu der aus der sogenannten Anwendung zu entnehmenden Bestimmung des Moments, worin das Interesse der Operation liegt, das einfachste Beispiel an den Kurven vor, die durch eine Gleichung der zweiten Potenz bestimmt sind. Bekanntlich ist *unmittelbar* durch die Gleichung das Verhältnis der Koordinaten gegeben in einer Potenzenbestimmung. Folgen von der Grundbestimmung sind die Bestimmungen der mit den Koordinaten zusammenhängenden anderen geraden Linien, der Tangente, Subtangente, Normale usf. Die Gleichungen aber zwischen diesen Linien und den Koordinaten sind *lineare* Gleichungen; die Ganzen, als deren Teile diese

Linien bestimmt sind, sind rechtwinklige Dreiecke von *geraden* Linien. Der Übergang von der Grundgleichung, welche die Potenzenbestimmung enthält, zu jenen linearen Gleichungen enthält nun den angegebenen Übergang von der ursprünglichen Funktion, d. i. welche eine *Gleichung* ist, zu der abgeleiteten, welche ein *Verhältnis* ist, und zwar zwischen gewissen in der Kurve enthaltenen Linien. Der Zusammenhang zwischen dem *Verhältnisse* dieser Linien und der *Gleichung* der Kurve ist es, um dessen Finden es sich handelt.

Es ist nicht ohne Interesse, von dem Historischen hierüber so viel zu bemerken, daß die ersten Entdecker ihren Fund nur auf eine ganz empirische Weise anzugeben wissen, ohne eine Rechenschaft von der völlig äußerlich gebliebenen Operation geben zu können. Ich begnüge mich hierüber mit der Anführung *Barrows*, des Lehrers Newtons. In seinen *Lectiones opticae et geometricae*[21], worin er Probleme der höheren Geometrie nach der Methode der Unteilbaren behandelt, die sich zunächst von dem Eigentümlichen der Differentialrechnung unterscheidet, gibt er auch, »weil seine Freunde in ihn gedrungen« (lect. X), sein Verfahren, die Tangente zu bestimmen, an. Man muß bei ihm selbst nachlesen, wie diese Aufgabe beschaffen ist, um sich eine gehörige Vorstellung zu machen, wie das Verfahren ganz als *äußerliche Regel* angegeben ist, – in demselben Stile, wie vormals in den arithmetischen Schulbüchern die Regeldetri oder noch besser die sogenannte Neunerprobe der Rechnungsarten vorgetragen worden ist. Er macht die Verzeichnung der Linienchen, die man nachher die *Inkremente* im *charakteristischen* Dreieck einer Kurve genannt hat, und gibt nun die Vorschrift als eine bloße *Regel*, die Glieder als *überflüssig wegzuwerfen*, die in Folge der Entwicklung der Gleichungen als Potenzen jener Inkremente oder Produkte zum Vorschein kommen (*etenim isti termini nihilum valebunt*); ebenso seien

21 Isaak Barrow, *Lectiones opticae*, London 1669; *Lectiones geometricae*, London 1670

die Glieder, die nur aus der ursprünglichen Gleichung bestimmte Größen enthalten, wegzuwerfen (das nachherige Abziehen der ursprünglichen Gleichung von der mit den Inkrementen gebildeten) und zuletzt für *das Inkrement der Ordinate die Ordinate selbst und für das Inkrement der Abszisse die Subtangente zu substituieren.* Man kann, wenn es so zu reden erlaubt ist, das Verfahren nicht schulmeistermäßiger angeben; – die letztere Substitution ist die für die Tangentenbestimmung in der gewöhnlichen Differentialmethode zur Grundlage gemachte *Annahme der Proportionalität* der Inkremente der Ordinate und Abszisse mit der Ordinate und Subtangente; in Barrows Regel erscheint diese Annahme in ihrer ganz naiven Nacktheit. Eine einfache Weise, die Subtangente zu bestimmen, war gefunden; die Manieren *Robervals*[22] und *Fermats*[23] laufen auf Ähnliches hinaus, – die Methode, die größten und kleinsten Werte zu finden, von der der letztere ausging, beruht auf denselben Grundlagen und demselben Verfahren. Es war eine mathematische Sucht jener Zeiten, sogenannte *Methoden*, d. i. Regeln jener Art zu finden, dabei aus ihnen auch ein Geheimnis zu machen, was nicht nur leicht, sondern selbst in einer Rücksicht nötig war, aus demselben Grunde, als es leicht war, – nämlich weil die Erfinder nur eine empirische äußerliche Regel, keine Methode, d. i. nichts aus anerkannten Prinzipien Abgeleitetes, gefunden hatten. Solche sogenannten Methoden hat *Leibniz* von seiner Zeit und *Newton* ebenfalls von derselben und unmittelbar von seinem Lehrer *aufgenommen*; sie haben durch die Verallgemeinerung ihrer Form und Anwendbarkeit den Wissenschaften neue Bahnen gebrochen, aber damit zugleich das Bedürfnis gehabt, das Verfahren aus der Gestalt bloß äußerlicher Regeln zu reißen, und demselben die erforderliche Berechtigung zu verschaffen gesucht.

Analysieren wir die Methode näher, so ist der wahrhafte

22 Gilles Personne de Roberval, 1602–1675, französischer Mathematiker
23 siehe S. 306, Fn. 17

Vorgang dieser. Es werden *erstlich* die Potenzenbestimmungen (versteht sich: der veränderlichen Größen), welche die Gleichung enthält, auf ihre ersten Funktionen herabgesetzt. Damit aber wird der *Wert* der Glieder der Gleichung *verändert*; es bleibt daher keine Gleichung mehr, sondern es ist nur ein *Verhältnis* entstanden zwischen der ersten Funktion der einen veränderlichen Größe zu der ersten Funktion der anderen; statt $px = y^2$ hat man $p : 2y$, oder statt $2ax - x^2 = y^2$ hat man $a - x : y$, was nachher als das Verhältnis $\frac{dy}{dx}$ bezeichnet zu werden pflegte. Die Gleichung ist Gleichung der Kurve; dies Verhältnis, das ganz von derselben abhängig, aus derselben (oben nach einer bloßen *Regel*) abgeleitet ist, ist dagegen ein lineares, mit welchem gewisse Linien in Proportion sind; $p : 2y$ oder $a - x : y$ sind selbst Verhältnisse aus geraden Linien der Kurve, den Koordinaten und den Parametern; aber *damit weiß man noch nichts.* Das Interesse ist, von *anderen* an der Kurve vorkommenden Linien zu wissen, daß *ihnen jenes Verhältnis zukommt,* die Gleichheit zweier Verhältnisse zu finden. – Es ist also *zweitens* die Frage, welches die geraden, durch die Natur der Kurve bestimmten Linien sind, welche in solchem Verhältnisse stehen. – Dies aber ist es, was *schon früher bekannt* war, daß nämlich solches auf jenem Wege erhaltene Verhältnis das Verhältnis der Ordinate zur Subtangente ist. Dies hatten die Alten auf sinnreichem geometrischen Wege gefunden; was die neueren Erfinder entdeckt haben, ist das empirische Verfahren, die Gleichung der Kurve so zuzurichten, daß jenes erste Verhältnis geliefert wird, von dem *bereits bekannt war,* daß es einem Verhältnisse gleich ist, welches die Linie enthält, hier die Subtangente, um deren Bestimmung es zu tun ist. Teils ist nun jene Zurichtung der Gleichung methodisch gefaßt und gemacht worden – die Differentiation –, teils aber sind die imaginären Inkremente der Koordinaten und das imaginäre, hieraus und [aus] einem ebensolchen Inkremente der Tangente gebildete charakteristische Dreieck erfunden worden, damit die Proportionalität des durch die Depotenzierung der Gleichung gefundenen Verhältnisses mit dem Verhältnisse der Ordinate und der Subtangente nicht als etwas empirisch nur aus der alten Bekanntschaft Aufgenommenes, sondern als ein Erwiesenes dargestellt werde. Die alte Bekanntschaft jedoch erweist sich überhaupt und am unverkennbarsten in der angeführten Form von Regeln als die einzige Veranlassung und respektive Berechtigung der *Annahme des charakteristischen Dreiecks* und *jener Proportionalität.*

Lagrange hat nun diese Simulation verworfen und den echt wissenschaftlichen Weg eingeschlagen; seiner Methode ist die Einsicht zu verdanken, worauf es ankommt, indem sie darin besteht, die beiden Übergänge, die für die Auflösung der Aufgabe zu machen sind, zu trennen und jede dieser Seiten für sich zu behandeln und zu erweisen. Der eine Teil dieser Auflösung – indem wir für die nähere Angabe des Ganges bei dem Beispiele der elementarischen Aufgabe, die Subtangente zu finden, bleiben –, der theoretische oder allgemeine Teil, nämlich das Finden der *ersten Funktion* aus der gegebenen Kurvenvergleichung, wird für sich reguliert; derselbe gibt ein *lineares Verhältnis,* also von geraden Linien, die in dem Systeme der Kurvenbestimmung vorkommen. Der andere Teil der Auflösung ist nun die Findung derjenigen Linien an der Kurve, welche in jenem Verhältnisse stehen. Dies wird nun auf die direkte Weise (*Théorie des fonctions analytiques*, II. P., II. Chap.) bewerkstelligt, d. i. ohne das charakteristische Dreieck, nämlich ohne unendlichkleine Bogen, Ordinaten und Abszissen anzunehmen und diesen die Bestimmungen von *dy* und *dx,* d. i. von den Seiten jenes Verhältnisses und zugleich unmittelbar die Bedeutung der Gleichheit desselben mit der Ordinate und Subtangente selbst zu geben. Eine Linie (wie auch ein Punkt) hat allein ihre Bestimmung, insofern sie die Seite eines Dreiecks ausmacht, wie auch die Bestimmung eines Punkts nur in einem solchen liegt. Dies ist, um es im Vorbeigehen zu erwähnen, der Fundamentalsatz der analytischen Geometrie, welcher die Koordinaten wie, was dasselbe ist, in der Mechanik das Parallelogramm der Kräfte herbeiführt, das eben darum der vielen Bemühung um einen Beweis ganz unbedürftig ist. – Die Subtangente wird nun als die Seite eines Dreiecks gesetzt, dessen weitere Seiten die Ordinate und die darauf sich beziehende Tangente ist. Letztere hat als gerade Linie zu ihrer Gleichung $p = aq$ ($+ b$ hinzuzufügen ist für die Bestimmung unnütz und wird nur um der beliebten Allgemeinheit [willen] hinzugesetzt); die Determination des *Verhältnisses* $\frac{p}{q}$ fällt in a, den Koeffizienten von q, der die respektive erste Funktion der Gleichung ist, überhaupt aber nur als $a = \frac{p}{q}$ betrachtet zu werden braucht als, wie gesagt, die wesentliche Determination der geraden Linie, die als Tangente an die Kurve appliziert ist. Indem nun ferner die erste Funktion der Kurvengleichung genommen wird, ist sie ebenso die *Determination einer geraden Linie;* indem ferner die eine Koordinate p der ersten geraden Linie und y, die Ordinate der Kurve, als dieselben genommen werden, daß also der Punkt, in welchem jene als Tangente angenommene erste Gerade die Kurve berührt, gleichfalls der Anfangspunkt der durch die erste Funktion der Kurve bestimmten geraden Linie ist, so kommt es darauf an zu zeigen, daß diese zweite gerade Linie mit der ersten zusammenfällt, d. h. Tangente ist; algebraisch ausgedrückt, daß, indem $y = fx$ und $p = Fq$ ist und nun $y = p$, also $fx = Fq$ angenommen wird, auch $f'x = F'q$. Daß nun die als Tangente applizierte Gerade und jene aus der Gleichung durch deren erste Funktion determinierte gerade Linie zusammenfallen, daß die letztere also Tangente ist, dies wird mit Zuhilfenahme des *Inkrements* i der Abszisse und des durch die Entwicklung der Funktion bestimmten Inkrements der Ordinate gezeigt. Hier kommt denn also gleichfalls das berüchtigte Inkrement herein; aber wie es zu dem soeben angegebenen Behufe eingeführt wird, und die Entwicklung der Funktion nach demselben, muß von dem früher erwähnten Gebrauch des Inkrements für das Finden der Differentialgleichung und für das charakteristische Dreieck wohl unterschieden werden. Der hier gemachte Gebrauch ist berechtigt und notwendig; er fällt in den Umkreis der Geometrie, indem es zur geometrischen Bestimmung einer Tangente als solcher gehört, daß zwischen ihr und der Kurve, mit der sie einen Punkt gemeinschaftlich hat, keine andere gerade Linie, die gleichfalls in diesen Punkt fiele, durchgehen könne. Denn mit dieser Bestimmung ist die Qualität der Tangente oder Nicht-Tangente auf den *Größenunterschied* zurückgeführt, und diejenige Linie ist die Tangente, auf welche die *größere Kleinheit* schlechthin in Ansehung der Determination, auf welche es ankommt, falle. Diese scheinbar nur relative Kleinheit enthält durchaus nichts Empirisches, d. i. von einem Quantum als solchem Abhängiges; sie ist qualitativ durch die Natur der Formel gesetzt, wenn der Unterschied des Moments, von dem die zu vergleichende Größe abhängt, ein Potenzenunterschied ist; indem derselbe auf i und i^2 hinauskommt und i, das zuletzt doch eine Zahl bedeuten soll, dann als ein Bruch vorzustellen ist, so ist i^2 *an und für sich* kleiner als i, so daß selbst die Vorstellung von einer *beliebigen* Größe, in der man i nehmen könne, hier überflüssig und sogar nicht an ihrem Orte ist. Eben damit hat der Erweis der größeren Kleinheit nichts mit einem Unendlichkleinen zu tun, das hiermit hier keineswegs hereinzukommen hat.

Wäre es auch nur um der Schönheit und des heutigentags mehr vergessenen, aber wohlverdienten Ruhmes willen, daß ich noch *Descartes* Tangentenmethode anführen will; sie hat übrigens auch eine Beziehung auf die Natur der Gleichungen, über welche dann noch eine fernere Bemerkung zu machen ist. Descartes trägt diese selbständige Methode, worin die geforderte lineare Bestimmung gleichfalls aus derselben abgeleiteten Funktion gefunden wird, in seiner, sonst auch so fruchtbar gewordenen *Geometrie* (liv. II, p. 357 sq., *Oeuvres compl.*, ed. Cousin [11 Bde., Paris 1824 ff.], Tom. V) vor, indem er in derselben die große Grundlage von der Natur der Gleichungen und deren geometrischer Konstruktion und der damit so sehr erweiterten Analysis auf die Geometrie überhaupt gelehrt hat. Das Problem hat bei ihm die Form der Aufgabe, gerade Linien senkrecht auf beliebige Orte einer Kurve zu ziehen, als wodurch Subtangente usf. bestimmt wird; man begreift die Befriedigung, die er daselbst über seine Entdeckung, die einen Gegenstand von allgemeinem wissenschaftlichen Interesse der damaligen Zeit betraf und die so sehr geometrisch ist und dadurch so hoch über den oben erwähnten bloßen Regelmethoden seiner Nebenbuhler stand, ausdrückt: »j'ose dire que c'est ceci le problème le plus utile et le plus général, non seulement que je sache, mais même que j'ai jamais désiré de savoir en géometrie.«[24] – Er legt für die Auflösung die analytische Gleichung des rechtwinkligen Dreiecks zugrunde, das durch die Ordinate des Punkts der Kurve, auf welchem die im Probleme verlangte gerade Linie senkrecht sein soll, dann durch diese selbst, die Normale, und drittens durch den Teil der Achse, der durch die Ordinate und Normale abgeschnitten wird, durch die Subnormale, gebildet wird. Aus der bekannten Gleichung einer Kurve wird nun in jene Gleichung des Dreiecks der Wert, es sei der Ordinate oder der Abszisse, substituiert, so hat man eine Gleichung des zweiten Grades (und Descartes zeigt, wie auch Kurven, deren Gleichungen höhere Grade enthalten, sich hierauf zurückführen), in welcher nur noch die eine der veränderlichen Größen, und zwar im Quadrat und in der ersten Potenz vorkommt; – eine quadratische Gleichung, welche zunächst als eine sogenannte unreine erscheint. Nun macht Descartes die Reflexion, daß, wenn der auf der Kurve angenommene Punkt als Durchschnittspunkt derselben und eines Kreises vorgestellt wird, dieser Kreis die Kurve noch in einem anderen Punkte schneiden wird und alsdann sich für die zwei damit entste-

---

24 »Ich wage zu behaupten, daß dieses das fruchtbarste und allgemeinste Problem ist, das ich kenne, ja das ich jemals in der Geometrie zu erkennen gewünscht habe.«

henden und ungleichen x zwei Gleichungen mit denselben Konstanten und von derselben Form ergeben, – oder aber nur *eine* Gleichung mit ungleichen Werten von x. Die Gleichung wird aber nur *eine*, für das *eine* Dreieck, in welchem die Hypotenuse auf die Kurve senkrecht, Normale, ist, was so vorgestellt wird, daß man die beiden Durchschnittspunkte der Kurve durch den Kreis zusammenfallen, diesen also die Kurve berühren lasse. Damit aber fällt auch der Umstand der *ungleichen Wurzeln* des x oder y der quadratischen Gleichung hinweg. Bei einer quadratischen Gleichung von zwei gleichen Wurzeln nun aber ist der Koeffizient des Gliedes, das die Unbekannte in der ersten Potenz enthält, das Doppelte der nur *einen* Wurzel; dies nun gibt eine Gleichung, durch welche die verlangten Bestimmungen gefunden sind. Dieser Gang ist für den genialen Griff eines echt analytischen Kopfes anzusehen, wogegen die ganz assertorisch angenommene Proportionalität der Subtangente und der Ordinate mit den unendlich klein sein sollenden sogenannten Inkrementen der Abszisse und der Ordinate ganz zurücksteht.

Die auf die angegebene Weise erhaltene Endgleichung, welche den Koeffizienten des zweiten Gliedes der quadratischen Gleichung gleichsetzt der doppelten Wurzel oder Unbekannten, ist dieselbe, welche durch das Verfahren des Differentialkalküls gefunden wird. $x^2 - ax - b = 0$ differentiiert, gibt die neue Gleichung $2x - a = 0$; oder $x^3 - px - q = 0$ gibt $3x^2 - p = 0$. Es bietet sich hierbei aber die Bemerkung an, daß es sich keineswegs von selbst versteht, daß solche abgeleitete Gleichung auch richtig ist. Bei einer Gleichung mit zwei veränderlichen Größen, die darum, daß sie veränderliche sind, den Charakter, unbekannte Größen zu sein, nicht verlieren, kommt, wie oben betrachtet wurde, nur ein *Verhältnis* heraus, aus dem angegebenen einfachen Grunde, weil durch das Substituieren der Funktionen der Potenzierung an die Stelle der Potenzen selbst der Wert der beiden Glieder der Gleichung verändert wird und es für sich selbst noch unbekannt ist, ob auch zwischen ihnen bei so veränderten Werten noch eine Gleichung stattfinde. Die Gleichung $\frac{dy}{dx} = P$ drückt gar nichts weiter aus, als daß P ein *Verhältnis* ist, und es ist dem $\frac{dy}{dx}$ sonst kein reeller Sinn zuzuschreiben. Von diesem Verhältnis $= P$ ist es aber ebenso noch unbekannt, welchem anderen Verhältnisse es gleich sei; solche Gleichung, die *Proportionalität*, gibt demselben erst einen Wert und Bedeutung. – Wie angegeben wurde, daß man diese Bedeutung, was die Anwendung hieß, anderswoher, empirisch aufnahm, so muß bei den hier in Rede stehenden, durch Differentiation abgeleiteten Gleichungen anderswoher gewußt werden, ob sie gleiche Wurzeln haben, um zu wissen, ob die erhaltene Gleichung noch richtig sei. Dieser Umstand wird aber in den Lehrbüchern nicht ausdrücklich bemerklich gemacht; er wird wohl dadurch beseitigt, daß eine Gleichung mit einer Unbekannten, auf Null gebracht, sogleich $= y$ gesetzt wird, wodurch dann bei der Differentiation allerdings ein $\frac{dy}{dx}$, nur ein Verhältnis herauskommt. Der Funktionenkalkül soll es allerdings mit Funktionen der Potenzierung oder die Differentialrechnung mit Differentialien zu tun haben, aber daraus folgt für sich noch keineswegs, daß die Größen, deren Differentialien oder Funktionen der Potenzierung genommen werden, selbst auch *nur* Funktionen *anderer* Größen sein sollen. In dem theoretischen Teile, der Anweisung, die Differentiale, d. i. die Funktionen der Potenzierung abzuleiten, wird ohnehin noch nicht daran gedacht, daß die Größen, die vor solcher[25] Ableitung zu behandeln gelehrt wird, selbst Funktionen anderer Größen sein sollen.

Noch kann in Ansehung des Weglassens der Konstante bei dem Differentiieren *bemerklich* gemacht werden, daß dasselbe hier den Sinn hat, daß die Konstante für die Bestimmung der Wurzeln im Falle ihrer Gleichheit gleichgültig ist, als welche Bestimmung durch den Koeffizienten des zweiten Gliedes der Gleichung erschöpft ist. Wie im angeführten Bei-

---

25 B: »für solcher« – Lasson: »nach solcher«

spiele von Descartes die Konstante das Quadrat der Wurzeln selbst ist, also diese aus der Konstante ebenso wie aus den Koeffizienten bestimmt werden kann, indem sie überhaupt, wie die Koeffizienten, Funktion der Wurzeln der Gleichung ist. In der gewöhnlichen Darstellung erfolgt das Wegfallen der sogenannten nur durch + und — mit den übrigen Gliedern verbundenen Konstanten durch den bloßen Mechanismus des Verfahrens, daß, um das Differential eines zusammengesetzten Ausdrucks zu finden, nur den veränderlichen Größen ein Zuwachs gegeben und der hierdurch formierte Ausdruck von dem ursprünglichen abgezogen wird. Der Sinn der Konstanten und ihres Weglassens, inwiefern sie selbst Funktionen sind und nach dieser Bestimmung dienen oder nicht, kommt nicht zur Sprache.

Mit dem Weglassen der Konstanten hängt eine ähnliche Bemerkung zusammen, die über die *Namen* von Differentiation und Integration gemacht werden kann, als früher über den endlichen und unendlichen Ausdruck gemacht wurde, daß nämlich in ihrer Bestimmung vielmehr das Gegenteil von dem liegt, was der Ausdruck besagt. Differentiieren bezeichnet das Setzen von Differenzen; durch das Differentiieren aber wird eine Gleichung vielmehr auf weniger Dimensionen herabgebracht, durch das Weglassen der Konstante wird ein Moment der Bestimmtheit hinweggenommen; wie bemerkt, werden die Wurzeln der veränderlichen Größe auf eine Gleichheit gesetzt, die *Differenz also derselben aufgehoben.* In der Integration hingegen soll die Konstante wieder hinzugesetzt werden; die Gleichung wird dadurch allerdings, aber in dem Sinne integriert, daß die vorher aufgehobene *Differenz* der Wurzeln *wiederhergestellt,* das Gleichgesetzte wieder differentiiert wird. – Der gewöhnliche Ausdruck trägt dazu bei, die wesentliche Natur der Sache in Schatten zu setzen und alles auf den untergeordneten, ja der Hauptsache fremdartigen Gesichtspunkt teils der unendlich kleinen Differenz, des Inkrements und dergleichen, teils der bloßen Differenz überhaupt zwischen der gegebenen und der abgeleiteten Funktion, ohne deren spezifischen, d. i. den qualitativen Unterschied zu bezeichnen, zu stellen.

Ein anderes Hauptgebiet, in welchem von dem Differentialkalkül Gebrauch gemacht wird, ist die *Mechanik*; von den unterschiedenen Potenzenfunktionen, die sich bei den elementarischen Gleichungen ihres Gegenstandes, *der Bewegung*, ergeben, sind deren Bedeutungen bereits beiläufig erwähnt; ich will dieselben hier direkt aufnehmen. Die Gleichung, nämlich der mathematische Ausdruck, der schlecht-gleichförmigen Bewegung $c = \frac{s}{t}$ oder $s = ct$, in welcher die durchlaufenen Räume den verflossenen Zeiten nach einer empirischen Einheit c, der Größe der Geschwindigkeit, proportioniert sind, bietet für die Differentiation keinen Sinn dar; der Koeffizient c ist bereits vollkommen bestimmt und bekannt, und es kann keine weitere Potenzenentwicklung stattfinden. – Wie $s = at^2$, die Gleichung der Bewegung des Falles, analysiert wird, ist früher schon erinnert; – das erste Glied der Analyse $\frac{ds}{dt} = 2at$ wird in die Sprache und resp. in die Existenz so übersetzt, es solle ein Glied einer *Summe* (welche Vorstellung wir längst entfernt haben) der eine Teil der Bewegung sein, und zwar solle dieser der Kraft der Trägheit, d. i. einer schlecht-gleichförmigen Geschwindigkeit so zukommen, daß in den *unendlichkleinen* Zeitteilen die Bewegung *gleichförmig*, in den *endlichen* Zeitteilen, d. h. in der Tat existierenden, aber ungleichförmig sei. Freilich ist $fs = 2at$ und die Bedeutung von a und von t für sich bekannt, sowie daß hiermit die Bestimmung von gleichförmiger Geschwindigkeit einer Bewegung gesetzt ist; da $a = \frac{s}{t^2}$, ist $2at = \frac{2s}{t}$ überhaupt; damit aber weiß man im geringsten nichts weiter; nur die fälschliche Annahme, daß $2at$ ein Teil der Bewegung als einer *Summe* sei, gibt den fälschlichen Schein eines physikalischen Satzes. Der Faktor selbst, a, die empirische Einheit – ein Quantum als solches – wird der Schwere zugeschrieben; wenn die Kategorie der Kraft der Schwere gebraucht wird, so ist vielmehr zu sagen, daß eben das Ganze $s = at^2$ die Wirkung oder besser das Gesetz der

Schwere ist. – Gleichmäßig ist der aus $\frac{ds}{dt} = 2at$ abgeleitete Satz, daß, *wenn* die Schwere aufhörte zu wirken, der Körper mit der am *Ende* seines Falles erlangten Geschwindigkeit den doppelten Raum von dem, welchen er durchlaufen hat, in einer der Dauer seines Falles gleichen Zeit zurücklegen würde. – Es liegt hierin auch eine für sich schiefe Metaphysik; das *Ende* des Falles oder das *Ende* eines Zeitteils, in welchem der Körper gefallen, ist immer selbst noch ein Zeitteil; wäre es *kein* Zeitteil, so wäre *Ruhe* und damit keine Geschwindigkeit angenommen; die Geschwindigkeit kann nur nach dem Raume angesetzt werden, welcher in einem Zeitteil, nicht an seinem Ende, durchlaufen worden ist. – Wenn nun aber vollends in anderen physikalischen Gebieten, wo gar keine Bewegung vorhanden ist, wie z. B. im Verhalten des Lichts (außer dem, was seine Fortpflanzung im Raume genannt wird) und [bei] Größenbestimmungen an den Farben, eine Anwendung der Differentialrechnung gemacht wird und die erste Funktion von einer quadratischen Funktion hier auch Geschwindigkeit genannt wird, so ist dies für einen noch unstatthafteren Formalismus der Erdichtung von Existenz anzusehen.

Die Bewegung, welche durch die Gleichung $s = at^2$ vorgestellt wird, finden wir, sagt *Lagrange*, in der Erfahrung vom Falle der Körper; die einfachste Bewegung nach derselben würde die sein, deren Gleichung $s = ct^3$ wäre, aber die Natur zeige keine Bewegung dieser Art; wir wüßten nicht, was der Koeffizient c bedeuten könnte. Wenn dem wohl so ist, so gibt es dagegen eine Bewegung, deren Gleichung $s^3 = at^2$ ist, – das Keplersche Gesetz der Bewegung der Körper des Sonnensystems; – was hier die erste abgeleitete Funktion $\frac{2at}{3s^2}$ usf. bedeuten soll, und die fernere direkte Behandlung dieser Gleichung durch die Differentiation, die Entwicklung der Gesetze und Bestimmungen jener absoluten Bewegung von *diesem Ausgangspunkte* aus, müßte dagegen wohl als eine interessante Aufgabe erscheinen, in welcher die Analysis im würdigsten Glanze sich zeigen würde.

Für sich bietet so die Anwendung des Differentialkalküls auf die elementarischen Gleichungen der Bewegung kein *reelles* Interesse dar; das formelle Interesse kommt von dem allgemeinen Mechanismus des Kalküls. Eine andere Bedeutung aber erhält die Zerlegung der Bewegung in Beziehung auf die Bestimmung ihrer Trajektorie; wenn dieses eine Kurve ist und ihre Gleichung höhere Potenzen enthält, bedarf es der Übergänge von geradlinigen Funktionen als Funktionen der Potenzierung zu den Potenzen selbst, und indem jene aus der ursprünglichen Gleichung der Bewegung, welche den Faktor der Zeit enthält, mit Elimination der Zeit zu gewinnen sind, ist dieser zugleich auf die niedrigeren Entwicklungsfunktionen herabzusetzen, aus welchen jene Gleichungen linearer Bestimmungen erhalten werden können. Diese Seite führt auf das Interesse des anderen Teils der Differentialrechnung.

Das Bisherige hat den Zweck gehabt, die einfache spezifische Bestimmung des Differentialkalküls herauszuheben und festzustellen und dieselbe in einigen der elementarischen Beispiele nachzuweisen. Diese Bestimmung hat sich ergeben, darin zu bestehen, daß aus einer Gleichung von Potenzenfunktionen der Koeffizient des Entwicklungsgliedes, die sogenannte erste Funktion gefunden und das *Verhältnis*, welches diese ist, in Momenten des konkreten Gegenstands aufgewiesen werde, durch welche so erhaltene Gleichung zwischen den beiden Verhältnissen diese Momente selbst bestimmt sind. Es ist ebenso von dem Prinzip der *Integralrechnung* kurz zu betrachten, was sich aus dessen Anwendung für die spezifische konkrete Bestimmung derselben ergibt. Die Ansicht dieses Kalküls ist dadurch schon vereinfacht und richtiger bestimmt worden, daß er nicht mehr als *Summationsmethode* genommen wird, wie er im Gegensatz gegen das Differentiieren, wo der Zuwachs als das wesentliche Ingrediens gilt, genannt wurde und womit er in wesentlichem Zusammenhang mit der Form der Reihe erschien. – Die Aufgabe dieses Kalküls ist zunächst ebenso die theoretische oder vielmehr formelle als die der Differentialrechnung, bekanntlich aber die umgekehrte von dieser; – es wird hier von einer Funktion ausgegangen, die als *abgeleitete*, als der Koeffizient des nächsten aus der Entwicklung einer, aber noch unbekannten Gleichung entsprungenen Gliedes betrachtet wird, und aus ihr soll die ursprüngliche Potenzenfunktion gefunden werden; die in der natürlichen Ordnung der Entwicklung als ursprünglich anzusehende wird hier abgeleitet, und die früher als abgeleitet betrachtete ist hier die gegebene oder überhaupt die anfangende. Das Formelle dieser Operation scheint nun aber bereits durch den Differentialkalkül geleistet zu sein, indem darin überhaupt der Übergang und das Verhältnis von der ursprünglichen zu der Entwicklungsfunktion festgestellt ist. Wenn hierbei, teils schon um die Funktion, von der auszugehen ist, anzusetzen, teils aber den Übergang von ihr zu der ursprünglichen zu bewerkstelligen, notwendig in vielen Fällen zu der *Form der Reihe* die Zuflucht genommen werden muß, so ist zunächst festzuhalten, daß diese Form als solche mit dem eigentümlichen Prinzip des Integrierens unmittelbar nichts zu tun hat.

Der andere Teil nun aber der Aufgabe des Kalküls erscheint in Rücksicht auf die formelle Operation die *Anwendung* derselben. Diese ist nun selbst die *Aufgabe*, nämlich die *Bedeutung* in dem oben angegebenen Sinne zu kennen, welche die ursprüngliche Funktion von der gegebenen, als ersten Funktion betrachteten eines besonderen Gegenstandes hat. An sich könnte auch diese Lehre bereits in der Differentialrechnung ganz abgetan zu sein scheinen; allein es tritt ein weiterer Umstand ein, der die Sache nicht so einfach sein läßt. Indem nämlich in diesem Kalkül sich ergeben [hat], daß durch die erste Funktion der Gleichung einer Kurve das Verhältnis, welches ein lineares ist, erhalten worden, so weiß man damit auch, daß die Integration dieses Verhältnisses die Gleichung der Kurve im Verhältnisse der Abszisse und Ordinate gibt; oder wenn die Gleichung für die Ebene einer Kurve gegeben wäre, so würde die Differentialrechnung über die Bedeutung der ersten Funktion solcher Gleichung bereits gelehrt haben sollen, daß diese Funktion die Ordinate als Funktion der Abszisse, hiermit die Gleichung der Kurve darstellte.

Nun kommt es aber darauf an, welches von den Bestimmungsmomenten des Gegenstandes in der Gleichung selbst *gegeben* ist; denn nur von dem Gegebenen kann die analytische Behandlung den Ausgang nehmen und von da zu den übrigen Bestimmungen des Gegenstandes übergehen. Es ist z. B. nicht die Gleichung eines Flächenraums der Kurve, noch etwa des durch ihre Umdrehung entstehenden Körpers, noch auch eines Bogens derselben, sondern nur das Verhältnis der Abszisse und Ordinate in der Gleichung der Kurve selbst gegeben. Die Übergänge von jenen Bestimmungen zu dieser Gleichung selbst können daher nicht schon in der Differentialrechnung behandelt werden; es wird für die Integralrechnung aufgespart, diese Verhältnisse zu finden.

Ferner aber ist gezeigt worden, daß die Differentiierung der Gleichung von mehreren veränderlichen Größen die Entwicklungspotenz oder Differentialkoeffizienten nicht als eine Gleichung, sondern nur als ein Verhältnis gibt; die Aufgabe ist dann für dies *Verhältnis*, welches die *abgeleitete* Funktion ist, ein zweites in den Momenten des Gegenstandes anzugeben, das jenem gleich sei. Dagegen ist das Objekt der Integralrechnung das *Verhältnis* selbst der *ursprünglichen* zu der *abgeleiteten*, hier gegeben sein sollenden Funktion, und die Aufgabe ist, die Bedeutung der zu findenden ursprünglichen Funktion in dem Gegenstande der gegebenen ersten Funktion anzugeben oder vielmehr, indem diese *Bedeutung*, z. B. die Ebene einer Kurve oder die zu rektifizierende, als geradlinig vorgestellte Kurve usf., schon als *das Problem* ausgesprochen ist, zu zeigen, daß solche Bestimmung durch eine ursprüngliche Funktion gefunden werde und welches das *Moment* des Gegenstandes sei, welches *hierfür zur Ausgangs-* (der abgeleiteten) Funktion angenommen werden müsse.

Die gewöhnliche Methode nun, welche die Vorstellung der Differenz als des Unendlichkleinen gebraucht, macht sich die Sache leicht; für die Quadratur der Kurven also nimmt sie ein unendlich kleines Rektangel, ein Produkt der Ordinate in das Element, d. i. das Unendlichkleine der Abszisse, für das Trapez, das zu einer seiner Seiten den unendlichkleinen, jenem Unendlichkleinen der Abszisse gegenüberstehenden Bogen habe; das Produkt wird nun in dem Sinne integriert, daß das Integral die Summe der unendlich vielen Trapeze, die Ebene, deren Bestimmung verlangt wird, nämlich die *endliche* Größe jenes Elements der Ebene gebe. Ebenso formiert sie aus den Unendlichkleinen des Bogens und der dazugehörigen Ordinate und Abszisse ein rechtwinkliges Dreieck, in welchem das Quadrat jenes Bogens gleich sei der Summe der Quadrate der beiden anderen Unendlichkleinen, deren Integration den Bogen als einen endlichen gibt.
Dies Verfahren hat die allgemeine Entdeckung, welche diesem Gebiete der Analysis zugrunde liegt, zu seiner Voraussetzung, hier in der Weise, daß die quadrierte Kurve, der rektifizierte Bogen usf. zu einer gewissen, durch die Gleichung der Kurve gegebenen Funktion *in dem Verhältnis der sogenannten ursprünglichen Funktion zu der abgeleiteten* steht. Es handelt sich darum zu wissen, wenn ein gewisser Teil eines mathematischen Gegenstandes (z. B. einer Kurve) als die abgeleitete Funktion angenommen werde, welcher andere Teil desselben durch die entsprechende ursprüngliche Funktion ausgedrückt ist. Man weiß, daß, wenn die durch die Gleichung der Kurve gegebene Funktion der *Ordinate* als *abgeleitete* Funktion genommen wird, die relativ ursprüngliche Funktion der Größenausdruck der von dieser Ordinate abgeschnittenen *Area* der Kurve ist, daß, wenn eine *gewisse Tangentenbestimmung* als abgeleitete Funktion angesehen wird, die ursprüngliche Funktion derselben die Größe des zu dieser Tangentenbestimmung gehörigen *Bogens* ausdrückt usf., daß nun aber diese Verhältnisse, das eine einer ursprünglichen Funktion zu der abgeleiteten, das

andere von den Größen zweier Teile oder Umstände des mathematischen Gegenstandes, eine Proportion bilden, – dies zu erkennen und zu beweisen erspart sich die Methode, die das Unendlichkleine und die mechanische Operation mit demselben gebraucht. Das eigentümliche Verdienst des Scharfsinns ist, aus den anderwärts her bereits bekannten Resultaten herausgefunden zu haben, daß gewisse und welche Seiten eines mathematischen Gegenstandes in dem Verhältnisse von ursprünglicher und von abgeleiteter Funktion stehen.

Von diesen beiden Funktionen ist die abgeleitete oder, wie sie bestimmt worden ist, die Funktion der Potenzierung hier in diesem Kalkül die *gegebene*, relativ gegen die ursprüngliche, als welche erst aus jener durch die Integration gefunden werden soll. Allein sie ist nicht unmittelbar gegeben, noch ist es für sich schon gegeben, welcher Teil oder Bestimmung des mathematischen Gegenstandes als die abgeleitete Funktion angesehen werden soll, um durch Zurückführung derselben auf die ursprüngliche den anderen Teil oder Bestimmung zu finden, deren Größe das Problem verlangt. Die gewöhnliche Methode, die, wie gesagt, sogleich gewisse Teile des Gegenstandes als unendlich klein in der Form abgeleiteter Funktionen vorstellt, welche sich aus der ursprünglich gegebenen Gleichung des Gegenstandes überhaupt durch die Differentiierung bestimmen lassen (wie für die Rektifikation einer Kurve die unendlichkleinen Abszissen und Ordinaten), nimmt dafür solche, welche sich mit dem Gegenstande des Problems (in dem Beispiele dem Bogen), der ebenso als unendlichklein vorgestellt wird, in eine Verbindung bringen lassen, die in der Elementarmathematik festgestellt ist und wodurch, wenn jene Teile bekannt sind, auch dieser bestimmt ist, dessen Größe zu finden aufgegeben ist; so werden für die Rektifikation die angegebenen drei Unendlichkleinen in die Verbindung der Gleichung des rechtwinkligen Dreiecks gebracht, für die Quadratur die Ordinate mit der unendlichkleinen Abszisse in die Verbindung eines Produkts, indem eine Ebene überhaupt arithmetisch als Produkt von Linien angenommen ist. Der Übergang von solchem sogenannten Elemente der Ebene, des Bogens usf. zur Größe der Ebene, des Bogens usf. selbst gilt dann nur als das Aufsteigen von dem unendlichen Ausdruck zum endlichen oder zur *Summe* der unendlich vielen Elemente, aus denen die verlangte Größe bestehen soll.

Es kann daher nur oberflächlich gesagt werden, daß die Integralrechnung bloß das umgekehrte, überhaupt jedoch schwierigere Problem der Differentialrechnung sei; das *reelle* Interesse der Integralrechnung geht vielmehr ausschließlich auf das Verhältnis der ursprünglichen und der abgeleiteten Funktion in den konkreten Gegenständen zueinander.

Lagrange ist ebensowenig in diesem Teile des Kalküls darauf eingegangen, die Schwierigkeit der Probleme auf die glatte Weise jener direkten Annahmen abzutun. Es wird zur Erläuterung der Natur der Sache beitragen, gleichfalls das Nähere seines Verfahrens aus einigen wenigen Beispielen anzugeben. Dasselbe macht es sich eben zur Aufgabe, für sich *zu beweisen,* daß zwischen besonderen Bestimmungen eines mathematischen Ganzen, z. B. einer Kurve, ein Verhältnis von der ursprünglichen zu der abgeleiteten Funktion stattfinde. Dies kann nun aber in diesem Felde vermöge der Natur des Verhältnisses selbst, welches am mathematischen Gegenstande krumme mit geraden Linien, lineare Dimensionen und Funktionen derselben mit Ebenen-Flächen-Dimensionen und deren Funktion usf., also *qualitativ verschiedene* in Beziehung bringt, nicht auf direkte Weise bewerkstelligt werden; die Bestimmung läßt sich so nur als die Mitte zwischen einem *Größeren* und *Kleineren* auffassen. Hiermit tritt von selbst wohl wieder die Form eines *Zuwachses* mit *Plus* und *Minus* ein, und das rüstige *développons* ist an seiner Stelle; aber wie die Zuwächse hier nur arithmetische, endliche Bedeutung haben, davon ist vorhin gesprochen worden. Aus der Entwicklung jener Bedingung, daß die zu bestimmende Größe größer als die eine leicht bestimmbare Grenze und kleiner als die andere sei, wird dann z. B. hergeleitet, daß die Funktion der Ordinate die abgeleitete erste Funktion zu der Funktion der Area ist.

Die Rektifikation der Kurven, wie sie von *Lagrange* aufgezeigt wird, indem er von dem Archimedischen Prinzip ausgeht, hat das Interesse, die *Übersetzung* der Archimedischen Methode in das Prinzip der neueren Analysis einzusehen, was einen Blick in das Innere und in den wahrhaften Sinn des auf die andere Art mechanisch betriebenen Geschäftes tun läßt. Die Verfahrungsweise ist der soeben angegebenen notwendig analog; das Archimedische Prinzip, daß der Bogen einer Kurve größer ist als seine Chorde und kleiner als die Summe zweier an den Endpunkten des Bogens gezogenen Tangenten, insoweit sie zwischen diesen Punkten und ihrem Durchschnittspunkt enthalten sind, gibt keine direkte Gleichung. Die Übertragung jener Archimedischen Grundbestimmung in die moderne analytische Form ist die Erfindung eines Ausdrucks, der für sich eine einfache Grundgleichung sei, während jene Form nur die *Forderung* aufstellt, zwischen einem zu Großen und zu Kleinen, die sich jedesmal bestimmt haben, ins Unendliche fortzugehen, welches Fortgehen wieder immer nur ein neues zu Großes und ein neues zu Kleines, jedoch in immer engeren Grenzen gibt. Vermittels des Formalismus des Unendlichkleinen wird sogleich die Gleichung $dz^2 = dx^2 + dy^2$ angesetzt. Die Lagrangesche Exposition, ausgehend von der angegebenen Grundlage, zeigt hingegen auf, daß die Größe des Bogens die ursprüngliche Funktion ist zu einer abgeleiteten, von der das eigentümliche Glied selbst eine Funktion aus dem Verhältnisse einer abgeleiteten zu der ursprünglichen der Ordinate ist.

Weil in dem *Archimedischen* Verfahren, wie dann später in der *Keplerschen* Behandlung stereometrischer Gegenstände, die Vorstellung vom Unendlichkleinen vorkommt, so ist dies so oft als eine Autorität für den Gebrauch, der von dieser Vorstellung in dem Differentialkalkül gemacht wird, angeführt worden, ohne daß das Eigentümliche und Unterscheidende herausgehoben worden wäre. Das Unendlichkleine bedeutet zunächst die Negation des Quantums als eines solchen, d. i. eines sogenannten *endlichen* Ausdrucks, der vollendeten Bestimmtheit, wie sie das Quantum als solches hat. Ebenso ist in den darauf folgenden berühmten Methoden des *Valerius*[26], *Cavalieri*[27] u. a., die sich auf die Betrachtung der *Verhältnisse* geometrischer Gegenstände gründen, die Grundbestimmung, daß das *Quantum* als solches der Bestimmungen, welche nur im Verhältnisse zunächst betrachtet werden, für diesen Behuf auf die Seite gestellt und sie hiernach als ein *Nicht-Großes* sollen genommen werden. Aber teils ist hiermit das *Affirmative* überhaupt, welches hinter der bloß negativen Bestimmung liegt, nicht erkannt und herausgehoben, welches sich oben abstrakt als die *qualitative* Größenbestimmtheit und diese bestimmter in dem Potenzenverhältnisse liegend sich ergeben hat, – teils aber, indem dies Verhältnis selbst wieder eine Menge näher bestimmter Verhältnisse in sich begreift, wie das einer Potenz und deren Entwicklungsfunktion, so haben sie auch wieder auf die allgemeine und negative Bestimmung desselben Unendlichkleinen gegründet und daraus abgeleitet werden sollen. In der eben herausgehobenen Lagrangeschen Exposition ist das bestimmte Affirmative, das in der Archimedischen Entwicklungsweise der Aufgabe liegt, gefunden und damit dem mit einem unbegrenzten Hinausgehen behafteten Verfahren seine richtige Grenze gegeben worden. Das Große der modernen Erfindung für sich und ihre Fähigkeit, vorher intraktable Probleme zu lösen und die früher lösbaren auf eine einfache Weise zu behandeln, ist allein in die Entdeckung des Verhältnisses der ursprünglichen zu den sogenannten abgeleiteten und der Teile, welche an einem mathematischen Ganzen in einem solchen Verhältnisse stehen, zu setzen.

---

26 Luca Valerio, 1552–1618, italienischer Mathematiker
27 siehe S. 298, Fn. 13

Die gemachten Anführungen mögen für den Zweck genügen, das Eigentümliche des Verhältnisses von Größen herauszuheben, welches der Gegenstand der in Rede stehenden besondern Art des Kalküls ist. Diese Anführungen konnten sich auf einfache Probleme und deren Auflösungsweisen beschränken; und weder wäre es für die Begriffsbestimmung, um die es hier allein zu tun war, zweckmäßig gewesen, noch hätte es in dem Vermögen des Verfassers gestanden, den gesamten Umfang der sogenannten Anwendung der Differential- und Integralrechnung vorzunehmen und die Induktion, daß das aufgezeigte Prinzip derselben zugrunde liege, durch die Zurückführung aller ihrer Probleme und deren Lösungen darauf zu vervollständigen. Das Beigebrachte hat aber hinreichend gezeigt, daß, wie jede besondere Rechnungsweise eine besondere Bestimmtheit oder Verhältnis der Größe zu ihrem Gegenstande hat und ein solches das Addieren, Multiplizieren, das Erheben in Potenzen und Ausziehen der Wurzeln, die Rechnung mit Logarithmen, Reihen usf. konstituiert, ebenso der Differential- und Integralkalkül; für das diesem Kalkül Angehörige möchte der Name des Verhältnisses einer Potenzenfunktion und der Funktion ihrer Entwicklung oder Potenzierung der passendste sein, weil er der Einsicht der Natur der Sache am nächsten liegt. Nur wie die Operationen nach den anderen Größenverhältnissen, wie Addieren usf., bei diesem Kalkül überhaupt gleichfalls gebraucht werden, werden auch die Logarithmen-, Kreis- und Reihenverhältnisse angewendet, insbesondere um Ausdrücke zum Behuf der erforderlichen Operationen des Ableitens der ursprünglichen aus den Entwicklungsfunktionen traktabler zu machen. Mit der Reihenform hat die Differential- und Integralrechnung wohl das nähere Interesse gemeinschaftlich, die Entwicklungsfunktionen, welche bei den Reihen die Koeffizienten der Glieder heißen, zu bestimmen; aber indem das Interesse jenes Kalküls nur auf das Verhältnis der ursprünglichen Funktion zu dem nächsten Koeffizienten ihrer Entwicklung geht, will die Reihe in der nach Potenzen, die mit jenen Koeffizienten versehen sind, geordneten Menge von Gliedern eine *Summe* darstellen. Das Unendliche, das bei der unendlichen Reihe vorkommt, der unbestimmte Ausdruck des Negativen des Quantums überhaupt, hat mit der affirmativen Bestimmung, welche im Unendlichen jenes Kalküls liegt, nichts gemein. Ebenso ist das Unendlichkleine, als der *Zuwachs*, vermittels dessen die Entwicklung in die Form der Reihe fällt, nur ein äußeres Mittel für die Entwicklung, und seine sogenannte Unendlichkeit [ist] ohne alle andere Bedeutung als die, sonst gar keine zu haben als die jenes Mittels; die Reihe, da sie in der Tat es nicht ist, die verlangt wird, führt ein *Zuviel* herbei, welches wieder wegzubringen die überflüssige Mühe macht. Von dieser Mühe ist die Methode *Lagranges*, der die Form der Reihe vorzugsweise wieder aufgenommen hat, gleichfalls gedrückt; obgleich sie es ist, durch welche in dem, was die *Anwendung* genannt wird, die wahre Eigentümlichkeit sich heraushebt, indem, ohne die Formen von *dx, dy* usf. *in die Gegenstände* hineinzuzwängen, direkt derjenige Teil nachgewiesen wird, dem an ihnen die Bestimmtheit der abgeleiteten (Entwicklungs-) Funktion zukommt und es sich damit zeigt, daß die Form der Reihe hier nicht das ist, um das es sich handelt.*

* In der oben angeführten Kritik (*Jahrbuch für wissenschaftliche Kritik*, II. Bd., 1827, Nr. 155, 6) finden sich interessante Äußerungen eines gründlichen Gelehrten des Faches, Herrn *Spehr*[28], aus seinen *Neuen Prinzipien des Fluentenkalküls*, Braunschweig 1826, angeführt, die nämlich einen Umstand betreffen, der wesentlich zu den Dunkelheiten und dem Unwissenschaftlichen in der Differentialrechnung beitrage, und stimmen mit dem überein, was über das allgemeine Verhältnis der *Theorie* dieses Kalküls gesagt worden ist: »Man hat«, heißt es daselbst, »rein *arithmetische Untersuchungen*, welche freilich von allen ähnlichen zunächst auf die Differentialrechnung Bezug haben, nicht von der eigentlichen Differentialrechnung gesondert, ja diese Untersuchungen wohl gar, wie *Lagrange*, für die *Sache selbst* gehalten, während man diese nur als *Anwendung* jener ansah. Diese arithmetischen Untersuchungen begreifen die Regeln der

28 Friedrich Wilhelm Spehr, 1799–1833, Mathematiker in Braunschweig

Anmerkung 3
Noch andere mit der qualitativen Größenbestimmtheit zusammenhängende Formen

Das Unendlichkleine der Differentialrechnung ist in seinem affirmativen Sinn als die *qualitative* Größenbestimmtheit, und von dieser [ist] näher aufgezeigt worden, daß sie in diesem Kalkül als Potenzenbestimmtheit nicht nur überhaupt, sondern als die besondere des Verhältnisses einer Potenzenfunktion zu der Entwicklungspotenz vorhanden ist. Die qualitative Bestimmtheit ist aber auch noch in weiterer, sozusagen schwächerer Form vorhanden, und diese, wie auch der damit zusammenhängende Gebrauch des Unendlichkleinen und dessen Sinn in diesem Gebrauche, soll noch in dieser Anmerkung betrachtet werden.

Es ist, indem wir vom Vorhergehenden ausgehen, in dieser Rücksicht zuerst daran zu erinnern, daß die unterschiedenen Potenzenbestimmungen von der *analytischen* Seite zunächst so hervortreten, daß sie nur formell und ganz *homogen* darin sind, daß sie *Zahlengrößen* bedeuten, die als solche jene qualitative Verschiedenheit gegeneinander nicht haben. Aber in der Anwendung auf räumliche Gegenstände zeigt sich das analytische Verhältnis ganz in seiner qualitativen

Differentiation, die Ableitung des Taylorschen Lehrsatzes usw., ja selbst die verschiedenen Integrationsmethoden in sich. Es ist *ganz umgekehrt der Fall;* jene *Anwendungen* sind es gerade, welche den *Gegenstand* der *eigentlichen* Differentialrechnung ausmachen, und alle jene arithmetischen Entwicklungen und Operationen *setzt sie* aus der Analysis *voraus.*« – Es ist aufgezeigt worden, wie bei *Lagrange* die Trennung der sogenannten Anwendung von dem Verfahren des allgemeinen Teils, das von den Reihen ausgeht, eben dazu dient, die *eigentümliche Sache* der Differentialrechnung für sich zum Vorschein zu bringen. Aber bei der interessanten Einsicht des Herrn Verfassers, daß eben die sogenannten *Anwendungen* es sind, welche den *Gegenstand* der *eigentlichen* Differentialrechnung ausmachen, ist es zu verwundern, wie derselbe sich in die (ebenda angeführte) formelle Metaphysik von *kontinuierlicher* Größe, *Werden, Fließen* usf. hat einlassen und solchen Ballast noch mit neuem gar hat vermehren wollen; *formell* sind diese Bestimmungen, indem sie nur allgemeine Kategorien sind, welche eben das *Spezifische* der *Sache* nicht angeben, die aus den konkreten Lehren, den Anwendungen, zu erkennen und zu abstrahieren war.

Bestimmtheit als das Übergehen von linearen zu Flächenbestimmungen, von geradlinigen zu krummlinigen usf. Diese Anwendung bringt es ferner mit sich, daß die räumlichen, ihrer Natur nach in Form von *kontinuierlichen* Größen gegebenen Gegenstände in *diskreter* Weise gefaßt werden, die Fläche also als eine Menge von Linien, die Linie als eine Menge von Punkten usf. Diese Auflösung hat das einzige Interesse, die Punkte, in welche die Linie, die Linien, in welche die Fläche usf. aufgelöst ist, selbst zu bestimmen, um von solcher Bestimmung aus analytisch, d. h. eigentlich arithmetisch fortgehen zu können; diese Ausgangspunkte sind für die zu findenden Größenbestimmungen die *Elemente*, aus welchen die Funktion und Gleichung für das *Konkrete*, die *kontinuierliche* Größe, abgeleitet werden soll. Für die Probleme, wo sich vornehmlich das Interesse zeigt, dies Verfahren zu gebrauchen, wird im Elemente für den *Ausgang ein für sich selbst Bestimmtes* verlangt, *gegen* den Gang, der indirekt ist, indem er im Gegenteil nur mit *Grenzen* beginnen kann, zwischen welchen das Fürsichbestimmte liege, auf das als sein *Ziel* er losgehe. Das Resultat läuft in beiden Methoden dann auf dasselbe hinaus, wenn sich nur das Gesetz des weiteren Fortbestimmens finden läßt, ohne die geforderte vollkommene, d. h. sogenannte endliche Bestimmung erlangen zu können. *Kepler* wird die Ehre zugeschrieben, zuerst den Gedanken jener Umkehrung des Ganges gehabt und das Diskrete zum Ausgangspunkt gemacht zu haben. Seine Erklärung, wie er den ersten Satz in *Archimeds* Kreismessung verstehe, drückt dies auf einfache Weise aus. Der erste Satz Archimeds ist bekanntlich, daß der Kreis einem rechtwinkligen Dreieck gleich ist, dessen eine Kathete dem Halbmesser, die andere dem Umfange des Kreises gleich ist. Indem Kepler den Sinn dieses Satzes so nimmt, daß die *Peripherie* des Kreises ebensoviele Teile als *Punkte*, d. i. unendlich viele habe, deren jeder als die Grundlinie eines gleichschenkligen Dreiecks betrachtet werden könne usf., so spricht er die *Auflösung des Kontinuierlichen* in die Form des *Diskreten* aus. Der Ausdruck des *Unendlichen,* der hierbei vorkommt, ist noch weit entfernt von der Bestimmung, die er in dem Differentialkalkül haben soll. – Wenn nun für solche Diskrete eine Bestimmtheit, Funktion gefunden ist, so sollen sie ferner zusammengefaßt werden, wesentlich als Elemente des Kontinuierlichen sein. Da aber eine Summe von Punkten keine Linie, eine Summe von Linien keine Fläche gibt, werden die Punkte *schon sogleich* als *lineare* genommen, wie die Linien als flächenhafte. Weil jedoch zugleich jene Lineare noch keine *Linien sein sollen,* was sie sein würden, wenn sie als Quantum genommen würden, so werden sie als *unendlich klein* vorgestellt. Das Diskrete ist nur eines *äußerlichen* Zusammenfassens fähig, in welchem die Momente den Sinn von diskretem Eins behalten; der analytische Übergang von denselben geschieht nur zu ihrer *Summe,* er ist nicht zugleich der geometrische von dem *Punkte* in die *Linie* oder von der *Linie* in die *Fläche* usf.; dem Elemente, das als Punkt oder als Linie seine Bestimmung hat, wird daher zugleich auch mit jenem die lineare, dieser die Flächenqualität gegeben, damit die Summe als von kleinen Linien eine Linie, als von kleinen Flächen eine Fläche werde.

Das Bedürfnis, dies Moment des qualitativen Übergangs zu erhalten und dafür zu dem *Unendlichkleinen* die Zuflucht zu nehmen, muß als die Quelle aller der Vorstellungen angesehen werden, welche, indem sie jene Schwierigkeit ausgleichen sollen, an ihnen selbst die größte Schwierigkeit sind. Diese Nothilfe entbehrlich zu machen, müßte gezeigt werden können, daß in dem analytischen Verfahren selbst, welches als ein bloßes *Summieren* erscheint, in der Tat schon ein *Multiplizieren* enthalten ist. Aber in dieser Rücksicht tritt eine neue Annahme, welche die Grundlage in dieser Anwendung arithmetischer Verhältnisse auf geometrische Figurationen ausmacht, ein; nämlich daß das arithmetische Multiplizieren auch für die geometrische Bestimmung ein Übergang in eine höhere Dimension, – die arithmetische Multiplikation von Größen, die ihren räumlichen Bestimmungen nach *Linien* sind, zugleich eine Produktion des Linearen zur *Flächenbestimmung* sei; 3mal 4 lineare Fuße gibt 12 lineare Fuße, aber 3 lineare Fuße *mal* 4 lineare Fuße gibt 12 Flächenfuße, und zwar Quadratfuße, indem die Einheit in beiden als diskreten Größen dieselbe ist. Die *Multiplikation* von *Linien* mit *Linien* bietet sich zunächst als etwas Widersinniges dar, insofern die Multiplikation überhaupt Zahlen betrifft, d. i. eine Veränderung von solchen ist, welche mit dem, in das sie übergehen, mit *dem Produkte ganz homogen* sind und nur die *Größe* verändern. Dagegen ist das, was Multiplizieren der Linie als solcher mit Linie hieße – es ist *ductus lineae in lineam* wie *plani in planum* genannt worden, es ist auch *ductus puncti in lineam* –, eine Veränderung nicht bloß der Größe, sondern ihrer als *qualitativer Bestimmung der Räumlichkeit*, als einer Dimension; das Übergehen der Linie in Fläche ist als *Außersichkommen* derselben zu fassen, wie das Außersichkommen des Punktes die Linie, der Fläche ein ganzer Raum ist. Es ist dies dasselbe, was so vorgestellt wird, daß die *Bewegung* des Punktes die Linie usf. sei; aber die Bewegung schließt die Zeitbestimmung ein und erscheint so in jener Vorstellung mehr nur als eine zufällige, äußerliche Veränderung des Zustandes; es ist aber die Begriffsbestimmtheit, die als Außersichkommen ausgedrückt worden, zu nehmen, – die qualitative Veränderung, und welche arithmetisch ein Multiplizieren der Einheit (als des Punktes usf.) in die Anzahl (in die Linie usf.) ist. – Es kann hierzu noch bemerkt werden, daß bei dem Außersichkommen der Fläche, was als ein Multiplizieren von Fläche in Fläche erscheinen würde, sich der Schein eines Unterschiedes des arithmetischen und geometrischen Produzierens so ergibt, daß das Außersichkommen der Fläche als *ductus plani in planum* arithmetisch eine Multiplikation der zweiten Dimensionsbestimmung mit solcher, hiermit ein Produkt von vier Dimensionen gäbe, das aber durch die geometrische Bestimmung auf drei herabgesetzt wird. Wenn auf der einen

Seite die Zahl darum, weil sie das Eins zu ihrem Prinzip hat, die feste Bestimmung für das äußerliche Quantitative gibt, so sehr ist [andererseits] ihr Produzieren formell; $3 \cdot 3$, als Zahlbestimmung genommen, sich selbst produzierend ist $3 \cdot 3 \times 3 \cdot 3$; aber dieselbe Größe als Flächenbestimmung sich produzierend wird bei $3 \cdot 3 \cdot 3$ zurückgehalten, weil der Raum als ein Hinausgehen vom Punkte, der nur abstrakten Grenze aus vorgestellt seine wahrhafte Grenze als *konkrete* Bestimmtheit von der Linie aus in der dritten Dimension hat. Der angeführte Unterschied könnte sich in Rücksicht der freien Bewegung, worin die eine, die räumliche Seite unter der geometrischen Bestimmung (im Keplerschen Gesetze $s^3 : t^2$), die andere, die zeitliche Seite unter der arithmetischen steht, von Wirksamkeit zeigen.

Wie das Qualitative, das hier betrachtet wird, von dem Gegenstande der vorigen Anmerkung verschieden ist, kann nun ohne weitere Bemerkung von selbst erhellen. In dieser lag das Qualitative in der Potenzenbestimmtheit; hier ist dasselbe wie das Unendlichkleine, nur als Faktor arithmetisch gegen das Produkt oder als Punkt gegen die Linie, Linie gegen Fläche usf. Der qualitative Übergang nun, der von dem Diskreten, als in welches die kontinuierliche Größe aufgelöst vorgestellt wird, zu dem Kontinuierlichen zu machen ist, wird als ein Summieren bewerkstelligt.

Daß aber die angebliche bloße Summation in der Tat eine Multiplikation, also den Übergang von der linearen in die Flächenbestimmung in sich selbst enthält, erscheint am einfachsten in der Art, wie zum Beispiel gezeigt wird, daß der Flächeninhalt eines Trapezes gleich sei dem Produkt der Summe der beiden gegenüberstehenden parallelen Linien in die halbe Höhe. Diese Höhe wird nur als die *Anzahl* von einer Menge *diskreter* Größen vorgestellt, welche summiert werden sollen. Diese Größen sind Linien, die parallel zwischen jenen zwei begrenzenden Parallelen liegen; es sind deren unendlich viele, denn sie sollen die Fläche ausmachen, sind aber Linien, welche also, um ein Flächenhaftes zu sein, zugleich mit der Negation gesetzt werden müssen. Um der Schwierigkeit zu entgehen, daß eine Summe von Linien eine Fläche geben sollte, werden Linien sogleich als Flächen, aber gleichfalls als *unendlich dünne* angenommen, denn ihre Determination haben sie allein in dem Linearen der parallelen Grenzen des Trapezes. Als parallel und durch das andere Paar der geradlinigen Seiten des Trapezes begrenzt, können sie als die Glieder einer arithmetischen Progression vorgestellt werden, deren Differenz dieselbe überhaupt ist, aber nicht bestimmt zu werden braucht, und deren erstes und letztes Glied jene beiden Parallelen sind; die Summe solcher Reihe ist bekanntlich das *Produkt* jener Parallelen in die halbe *Anzahl* der Glieder. Dies letzte Quantum ist nur ganz relativ auf die Vorstellung von den unendlich vielen Linien *Anzahl* genannt; es ist die Größenbestimmtheit überhaupt eines *Kontinuierlichen*, – der Höhe. Es ist deutlich, daß, was Summe heißt, zugleich ein *ductus lineae in lineam, Multiplizieren* von Linearem mit Linearem, nach obiger Bestimmung ein Hervorgehen von Flächenhaftem ist. In dem einfachsten Falle nun eines Rektangels überhaupt, *ab*, ist jeder der beiden Faktoren eine einfache Größe; aber schon in dem weiteren selbst elementarischen Beispiele vom Trapez ist nur der eine Faktor das Einfache der halben Höhe, der andere dagegen wird durch eine Progression bestimmt; er ist gleichfalls ein Lineares, dessen Größenbestimmtheit aber verwickelter ist; insofern sie nur durch eine Reihe ausgedrückt werden kann, so heißt analytisch, d. h. arithmetisch das Interesse, sie zu summieren; das geometrische Moment darin aber ist die Multiplikation, das Qualitative des Übergangs aus der Dimension der Linie in die Fläche; der eine Faktor ist *diskret* nur für die arithmetische Bestimmung des anderen genommen worden und ist für sich, wie dieser, die Größe eines Linearen.

Das Verfahren, Flächen als Summen von Linien vorzustellen, wird aber auch häufig gebraucht, wo nicht eine Multiplikation als solche zum Behufe des Resultates statthat. Dies geschieht, wo es nicht darum zu tun ist, die Größe in der Gleichung als Quantum anzugeben, sondern in einer Proportion. Es ist z. B. eine bekannte Art zu zeigen, daß eine Kreisfläche sich zur Fläche einer Ellipse, deren große Achse der Diameter jenes Kreises ist, verhalte wie die große zur kleinen Achse, indem jede dieser Flächen als die *Summe* der ihr zugehörigen *Ordinaten* genommen wird; jede Ordinate der Ellipse verhält sich zu der entsprechenden des Kreises wie die kleine zur großen Achse; also, wird geschlossen, verhalten [sich] auch die *Summen* der Ordinaten, d. i. *die Flächen* ebenso. Diejenigen, welche dabei die Vorstellung der Fläche als einer Summe von Linien vermeiden wollen, machen die Ordinaten mit der gewöhnlichen, ganz überflüssigen Aushilfe zu *Trapezen* von unendlich kleiner Breite; da die Gleichung nur eine Proportion ist, kommt nur das eine der zwei linearen Elemente der Fläche in Vergleichung. Das andere, die Abszissenachse, ist in Ellipse und Kreis als gleich, als Faktor arithmetischer Größenbestimmung, also gleich 1 angenommen und die Proportion daher ganz nur von dem Verhältnis des einen bestimmenden Moments abhängig. Zur *Vorstellung* der Fläche sind die zwei Dimensionen notwendig; aber die *Größenbestimmung*, wie sie in jener Proportion angegeben werden soll, geht nur auf das *eine* Moment allein; der Vorstellung damit nachgeben oder aufhelfen, daß die Vorstellung von *Summe* zu diesem *einen* Momente hinzugefügt wird, ist eigentlich eine Verkennung dessen, worauf es hier für die mathematische Bestimmtheit ankommt.

Was hier auseinandergesetzt worden, enthält auch das Kriterium für die früher erwähnte Methode der *Unteilbaren* des *Cavalieri*, die damit ebenso gerechtfertigt ist und der Zuflucht zu dem Unendlichkleinen nicht bedarf. Diese Unteilbaren sind Linien, indem er eine Fläche, oder Quadrate, Kreisflächen, indem er eine Pyramide oder Konus usf. betrachtet; die als bestimmt angenommene Grundlinie, Grundfläche nennt er die *Regel*; es ist die Konstante, in Beziehung auf eine Reihe das erste oder letzte Glied derselben; mit ihr werden jene Unteilbaren parallel, also in gleicher Bestimmung in Rücksicht der Figur betrachtet. Der allgemeine Grundsatz *Cavalieris* ist nun (*Exercitationes geometricae*, VI – das spätere Werk [1647] – Exerc. I, p. 6), »daß alle sowohl ebenen als körperlichen Figuren im *Verhältnisse* aller ihrer Indivisibilien sind, diese kollektiv und, wenn etwa ein gemeinschaftliches Verhältnis in solchen stattfindet, distributiv miteinander vergleichen«. – Er vergleicht zu diesem Behufe in den Figuren, von *gleicher* Grundlinie und Höhe gemacht, die Verhältnisse von den Linien, die parallel mit jener und *in gleicher Entfernung* mit ihr gezogen werden; alle solchen Linien einer Figur haben eine und dieselbe Bestimmung und machen deren ganzen Inhalt aus. Auf solche Weise beweist Cavalieri z. B. auch den elementarischen Satz, daß Parallelogramme von gleicher Höhe im Verhältnisse ihrer Grundlinie sind; jede zwei Linien, in gleicher Entfernung von der Grundlinie und mit ihr parallel, in beiden Figuren gezogen, sind in demselben Verhältnisse der Grundlinien, also die ganzen Figuren. In der Tat machen die Linien nicht den Inhalt der Figur als *kontinuierlicher* aus, aber den Inhalt, insofern er arithmetisch *bestimmt* werden soll; das Lineare ist sein Element, durch welches allein die Bestimmtheit desselben gefaßt werden muß.

Wir werden hierbei darauf geführt, auf den Unterschied zu reflektieren, der in Ansehung dessen stattfindet, worein die *Bestimmtheit* einer Figur fällt; nämlich entweder ist sie beschaffen wie hier die *Höhe* der Figur, oder sie ist *äußere Grenze*. Insofern sie als *äußere Grenze* ist, gibt man zu, daß der Gleichheit oder dem Verhältnisse der Grenze die *Kontinuität* der Figur sozusagen *folgt*; z. B. die Gleichheit der Figuren, die sich *decken*, beruht darauf, daß die begrenzenden Linien sich decken. Bei Parallelogrammen aber von gleicher Höhe und Grundlinie ist nur die letztere Bestimmtheit eine äußere Grenze; die Höhe, nicht die *Parallelität* überhaupt, auf welcher die *zweite Hauptbestimmung* der Figuren, *ihr Verhältnis*, beruht, führt ein zweites Prinzip der Bestimmung zu den äußeren Grenzen herbei. Der Euklidische Beweis von der Gleichheit der Parallelogramme, die gleiche Höhe und Grundlinie haben, führt sie auf Dreiecke zurück, auf *äußerlich begrenzte* Kontinuierliche; in Cavalieris Beweis, zunächst über die Proportionalität von Parallelogrammen, ist die Grenze *Größenbestimmtheit als solche* überhaupt, welche, als an jedem Paare von Linien, die mit gleichem Abstand in beiden Figuren gezogen werden, genommen, expliziert wird. Diese gleichen oder in gleichem Verhältnis mit der Grundlinie stehenden Linien, *kollektiv* genommen, geben die in gleichem Verhältnisse stehenden Figuren. Die Vorstellung eines *Aggregats* von Linien geht gegen die Kontinuität der Figur; allein die Betrachtung der Linien erschöpft die Bestimmtheit, auf welche es ankommt, vollkommen. Cavalieri gibt häufige Antwort auf die Schwierigkeit, als ob die Vorstellung von den Unteilbaren es mit sich führe, daß der *Anzahl* nach unendliche Linien oder Ebenen verglichen werden sollen (*Geometria* [*indivisibilium continuorum nova*, 1635], lib. II, Prop. I, Schol.); er macht den richtigen Unterschied, daß er nicht die *Anzahl* derselben, welche wir nicht kennen – d. i. vielmehr die, wie bemerkt worden, eine zu Hilfe genommene leere Vorstellung ist –, sondern nur die *Größe*, d. i. die quantitative Bestimmtheit als solche, welche dem von diesen Linien eingenommenen Raume gleich ist, vergleiche; weil dieser in Grenzen eingeschlossen ist, ist auch jene seine Größe in dieselben Grenzen eingeschlossen; *das Kontinuierliche ist nichts anderes als die Unteilbaren selbst*, sagt er; wäre es etwas *außer diesen*, so wäre es nicht vergleichbar; es würde aber ungereimt sein zu sagen, begrenzte Kontinuierliche seien nicht miteinander vergleichbar.

Man sieht, daß Cavalieri dasjenige, was zur *äußerlichen Existenz* des Kontinuierlichen gehört, von demjenigen unterscheiden will, worein dessen *Bestimmtheit* fällt und das für die Vergleichung und zum Behufe von Theoremen über dasselbe allein herauszuheben ist. Die Kategorien, die er dabei gebraucht, daß das Kontinuierliche aus den Unteilbaren *zusammengesetzt* sei oder *bestehe* und dergleichen, sind freilich nicht genügend, weil dabei die Anschauung des Kontinuierlichen oder, wie vorhin gesagt, dessen äußerliche Existenz zugleich in Anspruch genommen wird; statt zu sagen, daß das Kontinuierliche nichts anderes ist als die Unteilbaren selbst, würde es richtiger und damit auch sogleich für sich klar heißen, daß die Größenbestimmtheit des Kontinuierlichen keine andere ist als die der Unteilbaren selbst. – Cavalieri macht sich nichts aus der schlechten Folgerung, daß es größere und kleinere Unendliche gebe, welche aus der Vorstellung, daß die Unteilbaren das Kontinuierliche ausmachen, *von der Schule* gezogen werde, und drückt weiterhin (*Geometria*, Lib. VII, Praef.) das bestimmtere Bewußtsein aus, daß er durch seine Beweisart keineswegs zur Vorstellung der Zusammensetzung des Kontinuierlichen aus den Unteilbaren genötigt sei; die *Kontinuierlichen folgen nur der Proportion der Unteilbaren.* Er habe die Aggregate der Unteilbaren nicht so genommen, wie sie in die Bestimmung der Unendlichkeit um einer *unendlichen Menge* von Linien oder Ebenen willen zu verfallen scheinen, sondern insofern sie *eine bestimmte Beschaffenheit und Natur der Begrenztheit* an ihnen haben. Um denn aber doch diesen Stein des Anstoßes zu entfernen, läßt er sich die Mühe nicht verdrießen, noch in dem eigens dafür hinzugefügten siebenten Buche die Hauptsätze seiner Geometrie auf eine Art zu beweisen, welche von der Einmischung der Unendlichkeit frei bleibe. – Diese Manier reduziert die Beweise auf die vorhin angeführte gewöhnliche Form des *Deckens* der Figuren, d. i., wie bemerkt worden, der Vorstellung der Bestimmtheit als *äußerer Raumgrenze.*

Über diese Form des Deckens kann zunächst noch diese Bemerkung gemacht werden, daß sie überhaupt eine sozusagen kindliche Hilfe für die sinnliche Anschauung ist. In den elementarischen Sätzen über die Dreiecke werden zwei solche nebeneinander vorgestellt, und indem von ihren je sechs Stücken gewisse drei als gleich groß mit den entsprechenden drei des anderen Dreiecks angenommen werden, so wird gezeigt, daß solche Dreiecke einander kongruent seien, d. i. jedes auch die *übrigen drei* Stücke gleich groß mit denen des anderen habe, – weil sie vermöge der Gleichheit nach jenen drei ersten *einander decken.* Die Sache abstrakter gefaßt, so ist eben um dieser Gleichheit jeden Paars der in beiden einander entsprechenden Stücke nur *ein* Dreieck vorhanden; in diesem sind drei Stücke als *bereits bestimmt* angenommen, woraus denn die *Bestimmtheit* auch der drei übrigen Stücke folgt. Die *Bestimmtheit* wird auf diese Weise als in drei Stücken *vollendet* aufgezeigt; für die Bestimmtheit als solche sind somit die drei übrigen Stücke ein *Überfluß*, der *Überfluß der sinnlichen Existenz*, d. i. der Anschauung der Kontinuität. In solcher Form ausgesprochen, tritt hier die qualitative Bestimmtheit im Unterschiede von dem hervor, was in der Anschauung vorliegt, dem Ganzen als einem in sich kontinuierlichen; das *Decken* läßt diesen Unterschied nicht zum Bewußtsein kommen.

Mit den Parallellinien und bei den Parallelogrammen tritt, wie bemerkt worden, ein neuer Umstand, teils die Gleichheit nur der Winkel, teils die Höhe der Figuren ein, von welcher letzteren deren äußere Grenzen, die Seiten der Parallelogramme, unterschieden sind. Hierbei kommt die Zweideutigkeit zum Vorschein, inwiefern bei diesen Figuren außer der Bestimmtheit der einen Seite, der Grundlinie, welche als äußere Grenze ist, für die andere Bestimmtheit die *andere äußere Grenze*, nämlich die andere Seite des Parallelogramms, oder aber die Höhe zu nehmen ist. Bei zwei solchen Figuren von einerlei Grundlinie und Höhe, wovon das eine rechtwinklig ist, das andere sehr spitz, damit zu den gegenüberstehenden sehr stumpfe Winkel hat, kann der Anschauung letzteres leicht größer scheinen als das erstere, insofern sie die vorliegende große Seite desselben als *bestimmend* nimmt und nach der Vorstellungsweise Cavalieris die *Ebenen* nach einer *Menge* von parallelen Linien, durch welche sie durchschnitten werden können, vergleicht; die *größere* Seite könnte als eine Möglichkeit von *mehreren* Linien, als die senkrechte Seite des Rechtecks gibt, angesehen werden. Solche Vorstellung gibt jedoch keinen Einwurf gegen Cavalieris Methode an die Hand; denn die in beiden Parallelogrammen für die Vergleichung vorgestellte *Menge* von parallelen Linien setzt *die Gleichheit ihrer Entfernung* voneinander oder von der Grundlinie zugleich voraus, woraus folgt, daß die Höhe – und nicht die andere Seite des Parallelogramms – das *andere bestimmende Moment* ist. Dies ändert sich aber ferner, wenn zwei Parallelogramme miteinander verglichen werden, die von gleicher Höhe und Grundlinie sind, aber nicht in einer Ebene liegen und zu einer dritten Ebene verschiedene Winkel machen; hier sind die parallelen Durchschnitte, die entstehen, wenn man sich die dritte Ebene durch sie gelegt und sich parallel mit sich fortbewegend vorstellt, nicht mehr gleich weit voneinander entfernt, und jene zwei Ebenen sind einander ungleich. Cavalieri macht sehr sorgfältig auf diesen Unterschied, den er als einen Unterschied von *transitus rectus* und *transitus obliquus* der Unteilbaren bestimmt (gleich in *Exercitationes* I, n. XII ff., wie schon in der *Geometria* I, II), aufmerksam und schneidet damit oberflächlichen Mißverstand ab, der nach dieser Seite entstehen könnte. Ich erinnere mich, daß *Barrow* in seinem oben angeführten Werke (*Lectiones geometricae* II, p. 21), indem er die Methode der Unteilbaren gleichfalls gebraucht – jedoch sie bereits mit der von ihm aus auf seinen Schüler Newton und die sonstigen mathematischen Zeitgenossen, darunter auch Leibniz, übergegangenen Annahme der Gleichsetzbarkeit eines krummlinigen Dreiecks, wie das sogenannte charakteristische ist, mit einem geradlinigen, insofern beide unendlich, d. h. *sehr* klein seien, versetzt und verunreinigt hat –, einen eben dahingehenden Einwurf *Tacquets*[29], eines damaligen in neuen Methoden

29 André Tacquet, 1612–1660, belgischer Mathematiker

gleichfalls tätigen, scharfsinnigen Geometers, anführte. Die von diesem gemachte Schwierigkeit bezieht sich ebenfalls darauf, welche Linie, und zwar bei Berechnung konischer und sphärischer Oberflächen, als *Grundmoment der Bestimmung* für die auf Anwendung des Diskreten gestützte Betrachtung genommen werden solle. Tacquet wende gegen die Methode der Unteilbaren ein, daß, wenn die *Oberfläche* eines rechtwinkligen Kegels berechnet werden sollte, so werde nach jener atomistischen Methode das Dreieck des Kegels als zusammengesetzt aus den geraden, mit der Grundlinie parallelen, auf die Achse senkrechten *Linien* vorgestellt, welche zugleich die *Radien der Kreise* sind, aus denen die *Oberfläche* des Kegels bestehe. Wenn nun diese Oberfläche als Summe der Peripherien und diese Summe aus der Anzahl ihrer Radien, d. i. der Größe der Achse, der Höhe des Kegels, bestimmt werde, so sei solches Resultat mit der sonst von Archimed gelehrten und bewiesenen Wahrheit im Widerspruch. Barrow zeigt nun dagegen, daß für die Bestimmung der Oberfläche nicht die Achse, sondern die *Seite* des Dreiecks des Kegels als diejenige Linie genommen werden müsse, deren Umdrehung die Oberfläche erzeuge und welche daher, und nicht die Achse, als die Größenbestimmtheit für die Menge der Peripherien angenommen werden müsse.

Dergleichen Einwürfe oder Unsicherheiten haben ihre Quelle allein in der gebrauchten unbestimmten Vorstellung der *unendlichen* Menge von Punkten, aus denen die Linie, oder von Linien, aus denen die Fläche usf. bestehend angesehen wird; durch diese Vorstellung wird die wesentliche Größenbestimmtheit der Linien oder Flächen in Schatten gestellt. – Es ist die Absicht dieser Anmerkungen gewesen, die *affirmativen* Bestimmungen, die bei dem verschiedenen Gebrauch, der von dem Unendlichkleinen in der Mathematik gemacht wird, sozusagen im Hintergrunde bleiben, aufzuweisen und sie aus der Nebulosität hervorzuheben, in welche sie durch jene bloß negativ gehaltene Kategorie gehüllt werden. Bei der unendlichen Reihe, wie in der Archimedischen Kreismessung, bedeutet das Unendliche nichts weiter, als daß das Gesetz der Fortbestimmung bekannt ist, aber der sogenannte *endliche* Ausdruck, d. i. der arithmetische, nicht gegeben [ist], die Zurückführung des Bogens auf die gerade Linie nicht bewerkstelligt werden kann; diese Inkommensurabilität ist die qualitative Verschiedenheit derselben. Die qualitative Verschiedenheit des Diskreten mit dem Kontinuierlichen überhaupt enthält gleichfalls eine negative Bestimmung, welche sie als inkommensurabel erscheinen läßt und das Unendliche herbeiführt, in dem Sinne, daß das als diskret zu nehmende Kontinuierliche nun kein Quantum nach seiner kontinuierlichen Bestimmtheit mehr haben soll. Das Kontinuierliche, das arithmetisch als *Produkt* zu nehmen ist, ist damit diskret an ihm selbst gesetzt, nämlich in die Elemente, die seine Faktoren sind, zerlegt; in diesen liegt seine Größenbestimmtheit; sie sind als eben damit, daß sie diese Faktoren oder Elemente sind, von einer niedrigeren Dimension und, insofern die Potenzenbestimmtheit eintritt, von einer niedrigeren Potenz als die Größe, deren Elemente oder Faktoren sie sind. Arithmetisch erscheint dieser Unterschied als ein bloß quantitativer – der Wurzel und der Potenz oder welcher Potenzenbestimmtheit es sei; jedoch wenn der Ausdruck nur auf das Quantitative als solches geht, z. B. $a : a^2$ oder $d \cdot a^2 = 2a : a^2 = 2 : a$, oder für das Gesetz des Falles, $t : at^2$, so gibt er die nichtssagenden Verhältnisse von $1 : a$, $2 : a$, $1 : at$; die Seiten müßten gegen ihre bloß quantitative Bestimmung durch die unterschiedene qualitative Bedeutung auseinandergehalten werden, wie $s : at^2$, wodurch die Größe als eine Qualität ausgesprochen wird, als Funktion der Größe einer anderen Qualität. Hierbei steht dann bloß die quantitative Bestimmtheit vor dem Bewußtsein, mit der nach ihrer Art ohne Schwierigkeit operiert wird, und man kann kein Arges daran haben, die Größe einer Linie mit der Größe einer anderen Linie zu multiplizieren; aber die Multiplikation dieser selben Größen gibt zugleich die qualitative Veränderung des Übergangs von Linie in Fläche; insofern tritt eine negative Bestimmung ein; sie ist es, welche die Schwierigkeit veranlaßt, die durch die Einsicht in ihre Eigentümlichkeit und in die einfache Natur der Sache gelöst, aber durch die Hilfe des Unendlichen, wodurch sie beseitigt werden soll, vielmehr nur in Verworrenheit gesetzt und ganz unaufgelöst erhalten wird.

Drittes Kapitel
Das quantitative Verhältnis

Die Unendlichkeit des Quantums ist dahin bestimmt worden, daß sie das negative Jenseits desselben ist, das es aber an ihm selbst hat. Dies Jenseits ist das Qualitative überhaupt. Das unendliche Quantum ist als die Einheit beider Momente, der quantitativen und qualitativen Bestimmtheit, zunächst *Verhältnis.*

Im Verhältnisse hat das Quantum nicht mehr eine nur gleichgültige Bestimmtheit, sondern ist qualitativ bestimmt als schlechthin bezogen auf sein Jenseits. Es kontinuiert sich in sein Jenseits; dieses ist zunächst ein *anderes* Quantum überhaupt. Aber wesentlich sind sie nicht als äußerliche Quanta aufeinander bezogen, sondern *jedes hat seine Bestimmtheit in dieser Beziehung auf das andere.* Sie sind so in diesem ihrem Anderssein in sich zurückgekehrt; was jedes ist, ist es in dem Anderen; das Andere macht die Bestimmtheit eines jeden aus. – Das Hinausgehen des Quantums über sich hat also jetzt diesen Sinn, daß es sich weder nur in ein Anderes noch in sein abstraktes Anderes, in sein negatives Jenseits veränderte, sondern darin zu seiner Bestimmtheit gelangt ist; es findet *sich selbst* in seinem Jenseits, welches ein anderes Quantum ist. Die *Qualität* des Quantums, seine Begriffsbestimmtheit, ist seine Äußerlichkeit überhaupt, und im Verhältnis ist es nun so *gesetzt,* in seiner Äußerlichkeit, an einem anderen Quantum seine Bestimmtheit zu haben, in seinem Jenseits das zu sein, was es ist.

Es sind Quanta, welche die Beziehung, die sich ergab, aufeinander haben. Diese *Beziehung* ist selbst auch eine Größe; das Quantum ist nicht nur *im Verhältnis*, sondern *es selbst ist als Verhältnis gesetzt*; es ist *ein* Quantum überhaupt, das jene qualitative Bestimmtheit *innerhalb seiner* hat. So als Verhältnis drückt es sich als in sich geschlossene Totalität und seine Gleichgültigkeit gegen die Grenze aus, dadurch daß es die Äußerlichkeit seines Bestimmtseins innerhalb seiner selbst hat und in ihr nur auf sich bezogen, somit an ihm selbst unendlich ist.

Das Verhältnis überhaupt ist

1. das *direkte* Verhältnis. In demselben tritt das *Qualitative* noch nicht als solches für sich heraus; es ist noch in keiner weiteren Weise als der des Quantums, daß dieses in seiner Äußerlichkeit selbst seine Bestimmtheit zu haben gesetzt ist. – Das quantitative Verhältnis ist an sich der Widerspruch der Äußerlichkeit und der Beziehung auf sich selbst, des Bestehens der Quantorum und der Negation derselben; – er hebt sich auf, indem zunächst

2. im *indirekten* Verhältnisse die *Negation* des einen Quantums als solche mit in der Veränderung des anderen und die Veränderlichkeit des direkten Verhältnisses selbst gesetzt wird;

3. im *Potenzenverhältnis* aber macht sich die in ihrem Unterschiede sich auf sich beziehende Einheit als einfache Selbstproduktion des Quantums geltend; dies Qualitative selbst endlich in einfacher Bestimmung, und identisch mit dem Quantum gesetzt, wird das *Maß*.

Über die Natur der folgenden Verhältnisse ist vieles in den vorhergehenden Anmerkungen, welche das Unendliche der Quantität, d. i. das qualitative Moment an derselben betreffen, antizipiert worden; es bleibt daher nur der abstrakte Begriff dieser Verhältnisse auseinanderzusetzen.

A. Das direkte Verhältnis

1. Im Verhältnisse, welches als unmittelbar das *direkte* ist, liegt die Bestimmtheit des einen Quantums gegenseitig in der Bestimmtheit des anderen. Es ist nur *eine* Bestimmtheit oder Grenze beider, die selbst Quantum ist, der *Exponent* des Verhältnisses.

2. Der Exponent ist irgendein Quantum; aber in seiner *Äußerlichkeit* an ihm selbst *sich auf sich* beziehendes, qualitativ bestimmtes Quantum ist er nur, insofern er den Unterschied seiner, sein Jenseits und Anderssein an ihm selbst hat. Dieser Unterschied des Quantums an ihm *selbst* aber ist der Unterschied der *Einheit* und der *Anzahl*; die Einheit – das Fürsichbestimmtsein, die Anzahl – das gleichgültige Hin- und Hergehen an der Bestimmtheit, die äußere Gleichgültigkeit des Quantums. Einheit und Anzahl waren zuerst die Momente des Quantums; jetzt im Verhältnisse, dem insofern realisierten Quantum, erscheint jedes seiner Momente als *ein eigenes Quantum* und als Bestimmungen seines Daseins, als Begrenzungen gegen die sonst nur äußerliche, gleichgültige Größenbestimmtheit.

Der Exponent ist dieser Unterschied als einfache Bestimmtheit, d. h. er hat unmittelbar die Bedeutung beider Bestimmungen an ihm selbst. Er ist *erstens* Quantum; so ist er die Anzahl. Wenn die eine Seite des Verhältnisses, welche als Einheit genommen wird, als numerisches Eins ausgedrückt ist – und sie gilt nur für solches –, so ist die andere, die Anzahl, das Quantum des Exponenten selbst. *Zweitens* ist er die einfache Bestimmtheit als das Qualitative der Seiten des Verhältnisses; wenn das Quantum der einen bestimmt ist, ist auch das andere durch den Exponenten bestimmt, und es ist völlig gleichgültig, wie das erste bestimmt wird; es hat als für sich bestimmtes Quantum keine Bedeutung mehr, sondern kann ebensogut jedes andere sein, ohne die Bestimmtheit des Verhältnisses zu ändern, die allein auf dem Exponenten beruht. Das eine, welches als Einheit genommen ist, bleibt, wie groß es werde, immer Einheit, und das andere, wie groß es ebenso dabei werde, muß *dieselbe* Anzahl jener Einheit bleiben.

3. Hiernach machen beide eigentlich nur *ein* Quantum aus; das eine hat gegen das andere nur den Wert der Einheit, nicht einer Anzahl; das andere nur den der Anzahl; *nach ihrer Begriffsbestimmtheit* sind sie selbst somit *nicht vollständige* Quanta. Diese Unvollständigkeit aber ist eine Negation an ihnen, und dies nicht nach ihrer Veränderlichkeit überhaupt, nach der das eine (und jedes ist eines der beiden) alle mögliche Größe annehmen kann, sondern nach der Bestimmung, daß, wenn das eine verändert wird, das andere um ebensoviel vermehrt oder vermindert wird; dies heißt, wie gezeigt, nur das *eine*, die Einheit, wird als Quantum verändert, die andere Seite, die Anzahl, bleibt dasselbe Quantum *von Einheiten*, aber auch jene bleibt ebenso nur als Einheit *geltend*, sie werde als Quantum verändert, wie sie wolle. Jede Seite ist so nur eines der beiden Momente des Quantums, und die Selbständigkeit, die zu dessen Eigentümlichkeit gehört, ist an sich *negiert*; in diesem qualitativen Zusammenhange sind sie als *negative* gegeneinander *zu setzen*.

Der Exponent soll das vollständige Quantum sein, indem die Bestimmung der *beiden* Seiten in ihm zusammenläuft; er hat aber in der Tat als Quotient selbst nur den Wert der *Anzahl* oder der *Einheit*. Es ist keine Bestimmung vorhanden, welche der Seiten des Verhältnisses als die Einheit oder als die Anzahl genommen werden müsse; die eine, das Quantum *B* an dem Quantum *A* als der Einheit gemessen, so ist der Quotient *C* die Anzahl solcher Einheiten; aber *A* selbst als Anzahl genommen, ist der Quotient *C* die Einheit, welche zu der Anzahl *A* für das Quantum *B* erfordert wird; dieser Quotient ist als Exponent somit nicht als das gesetzt, was er sein soll: das Bestimmende des Verhältnisses oder als seine qualitative Einheit. Als diese ist er nur gesetzt, insofern er den Wert hat, die *Einheit der beiden Momente*, der Einheit und der Anzahl, zu sein. Indem diese Seiten zwar als Quanta, wie sie in dem expliziten Quantum, dem Verhältnisse, sein sollen, vorhanden sind, aber zugleich nur in dem Werte, den sie als dessen Seiten haben sollen, *unvollständige* Quanta zu sein und nur als eines jener qualitativen Momente zu gelten, so sind sie mit dieser ihrer Negation zu setzen; womit ein seiner Bestimmung entsprechenderes reelleres Verhältnis entsteht, worin der Exponent die Bedeutung des Produkts derselben hat; nach dieser Bestimmtheit ist es das *umgekehrte Verhältnis.*

B. Das umgekehrte Verhältnis

1. Das Verhältnis, wie es sich nun ergeben, ist das *aufgehobene* direkte Verhältnis; es war das *unmittelbare,* somit noch nicht wahrhaft bestimmte; nunmehr ist die Bestimmtheit so hinzugekommen, daß der Exponent als Produkt, Einheit der Einheit und der Anzahl, gilt. Nach der Unmittelbarkeit konnte er gleichgültig ebensowohl als Einheit wie als Anzahl genommen werden, wie vorhin gezeigt worden, – womit er auch nur als Quantum überhaupt und damit vorzugsweise als Anzahl war; die eine Seite war die Einheit und als Eins zu nehmen, zu welcher die andere eine fixe Anzahl sei, die zugleich der Exponent ist; dessen Qualität war somit nur dies, daß dies Quantum als festes genommen [wird] oder vielmehr das Feste nur den Sinn des Quantums hat.

In dem umgekehrten Verhältnisse nun ist der Exponent gleichfalls als Quantum ein unmittelbares, und irgendeines als festes angenommen. Aber dies Quantum ist nicht *fixe Anzahl* zu dem *Eins* des anderen Quantums *im Verhältnisse*; dieses im vorhergehenden feste Verhältnis ist nun vielmehr als veränderlich gesetzt; wenn zum Eins der einen Seite ein anderes Quantum genommen wird, so bleibt nun die andere nicht mehr *dieselbe Anzahl* von Einheiten der ersten. Im direkten Verhältnisse ist diese Einheit nur das Gemeinschaftliche beider Seiten; sie als solche kontinuiert sich in die andere Seite, in die Anzahl; die Anzahl selbst für sich oder der Exponent ist gegen die Einheit gleichgültig.

Wie nunmehr aber die Bestimmtheit des Verhältnisses ist, wird die Anzahl als solche gegen das Eins, zu dem sie die andere Seite des Verhältnisses ausmacht, verändert; je nachdem zum *Eins* ein anderes Quantum genommen wird, wird sie eine andere. Der Exponent ist daher zwar auch nur ein unmittelbares, nur beliebig als fest angenommenes Quantum, aber er erhält sich nicht als solches in der Seite des Verhältnisses, sondern diese und damit das direkte Verhältnis der Seiten ist veränderlich. Hiermit ist, in dem nunmehrigen Verhältnisse, der Exponent als das bestimmende Quantum negativ gegen sich als Quantum des Verhältnisses, hiermit als qualitativ, als Grenze gesetzt, daß also das Qualitative für sich im Unterschied gegen das Quantitative hervortritt. – In dem direkten Verhältnisse ist die *Veränderung* der beiden Seiten nur die eine Veränderung des Quantums, als welches die Einheit, die das Gemeinschaftliche ist, genommen wird, um soviel also die eine Seite vergrößert oder vermindert wird, um soviel auch die andere; das Verhältnis selbst ist gegen diese Veränderung gleichgültig, sie ist ihm äußerlich. Im indirekten Verhältnisse aber ist die Veränderung, obgleich nach dem gleichgültigen quantitativen Momente auch beliebig, *innerhalb des Verhältnisses* gehalten und auch dies beliebige quantitative Hinausgehen durch die negative Bestimmtheit des Exponenten als durch eine Grenze beschränkt.

2. Diese qualitative Natur des indirekten Verhältnisses ist noch näher, nämlich in ihrer Realisation zu betrachten und die Verwicklung des Affirmativen mit dem Negativen, die darin enthalten ist, auseinanderzusetzen. – Es ist das Quantum gesetzt als qualitativ das Quantum, d. i. sich selbst bestimmend, als Grenze seiner an ihm sich darstellend. Es ist hiermit *erstens* eine unmittelbare Größe als *einfache* Bestimmtheit, das *Ganze* als *seiendes*, affirmatives Quantum. Aber *zweitens* ist diese unmittelbare *Bestimmtheit* zugleich

Grenze; dafür ist es in zwei Quanta unterschieden, die zunächst andere gegeneinander sind, – aber als deren qualitative Bestimmtheit, und zwar dieselbe als vollständig, ist es die Einheit der Einheit und der Anzahl, Produkt, dessen Faktoren sie sind. So ist der Exponent ihres Verhältnisses einesteils in ihnen identisch mit sich und das Affirmative derselben, wonach sie Quanta sind; andernteils ist er als die an ihnen gesetzte Negation die *Einheit* an ihnen, nach der zunächst jedes ein unmittelbares, begrenztes Quantum überhaupt, zugleich so ein begrenztes ist, daß es nur *an sich identisch* mit seinem Anderen ist. Drittens ist er, als die einfache Bestimmtheit, die negative Einheit dieser seiner Unterscheidung in die zwei Quanta und die Grenze ihres gegenseitigen Begrenzens.

Nach diesen Bestimmungen *begrenzen* sich die beiden Momente innerhalb des Exponenten und sind das eine das Negative des anderen, da er ihre bestimmte Einheit ist; das eine wird um sovielmal kleiner, als das andere größer wird; jedes hat insofern seine Größe, als es die des anderen an ihm hat, die[30] dem anderen mangelt. Jede kontinuiert sich auf diese Weise *negativ* in die andere; soviel sie an Anzahl ist, hebt sie an der anderen als Anzahl auf und ist, was sie ist, nur durch die Negation oder Grenze, die an ihr von der anderen gesetzt wird. Jede *enthält* auf diese Weise auch die andere und ist an ihr gemessen, denn jede soll nur das Quantum sein, das die andere nicht ist; für den Wert jeder ist die Größe der anderen unentbehrlich und damit untrennbar von ihr.

Diese Kontinuität jeder in der anderen macht das Moment der *Einheit* aus, wodurch sie im Verhältnisse sind, – der *einen* Bestimmtheit, der einfachen Grenze, die der Exponent ist. Diese Einheit, das Ganze, macht das *Ansichsein* einer jeden aus, von dem ihre *vorhandene* Größe unterschieden ist, nach welcher jede[31] nur ist, insofern sie der anderen von

30 B: »als«
31 B: »jedes«

ihrem gemeinsamen Ansichsein, dem Ganzen, entzieht. Aber sie kann nur so viel, als sie diesem Ansichsein gleichmacht, der anderen entziehen; sie hat an dem Exponent ihr Maximum, der nach der angegebenen zweiten Bestimmung die Grenze ihrer gegenseitigen Begrenzung ist. Und indem jede nur insofern Moment des Verhältnisses ist, als sie die andere begrenzt und damit von der anderen begrenzt wird, so verliert sie diese ihre Bestimmung, indem sie sich ihrem Ansichsein gleichmacht; die andere Größe wird nicht nur darin Null, sondern sie selbst verschwindet, da sie nicht bloßes Quantum, sondern, was sie als solches ist, nur als solches Verhältnismoment sein soll. So ist jede Seite der Widerspruch der Bestimmung als ihres Ansichseins, d. i. der Einheit des Ganzen, das der Exponent ist, und der Bestimmung als Verhältnismomentes; dieser Widerspruch ist wieder die *Unendlichkeit* in einer neuen eigentümlichen Form.

Der Exponent ist *Grenze* der Seiten seines Verhältnisses, innerhalb deren sie gegeneinander zu- und abnehmen, dem sie nach der affirmativen Bestimmtheit, die er als Quantum ist, nicht gleich werden können. So als Grenze ihres gegenseitigen Begrenzens ist er α) ihr *Jenseits*, dem sie sich *unendlich* nähern, aber das sie nicht erreichen können. Diese Unendlichkeit, als in der sie sich ihm nähern, ist die schlechte des unendlichen Progresses; sie ist selbst endlich, hat in ihrem Gegenteil, in der Endlichkeit jeder Seite und des Exponenten selbst, ihre Schranke und ist daher nur *Näherung*. Aber β) die schlechte Unendlichkeit ist hier zugleich *gesetzt* als das, was sie *in Wahrheit* ist, nämlich nur das *negative Moment* überhaupt, nach welchem der Exponent gegen die unterschiedenen Quanta des Verhältnisses die *einfache Grenze* als das Ansichsein ist, auf das ihre Endlichkeit, als das schlechthin Veränderliche, bezogen wird, aber schlechthin von ihnen verschieden, als ihre Negation, bleibt. Dies Unendliche, dem sich dieselben nur annähern können, ist dann gleichfalls als *affirmatives Diesseits* vorhanden und gegenwärtig, – das simple Quantum des Exponenten. Darin ist das Jenseits, mit dem die Seiten des Verhältnisses behaftet sind, erreicht; es ist *an sich* die Einheit beider oder damit an sich die andere Seite einer jeden; denn jede hat nur so viel Wert, als die andere nicht hat; ihre ganze Bestimmtheit liegt so in der anderen, und dies ihr Ansichsein ist als affirmative Unendlichkeit einfach der Exponent.

3. Hiermit aber hat sich der Übergang des umgekehrten Verhältnisses in eine andere Bestimmung ergeben, als es zunächst hatte. Diese bestand darin, daß ein Quantum als unmittelbares zugleich auf ein anderes die Beziehung hat, um so viel größer zu sein, als dieses kleiner ist, durch negatives Verhalten gegen das andere zu sein, was es ist; ebenso ist eine dritte Größe die gemeinsame Schranke dieses ihres Größerwerdens. Diese Veränderung ist hier, im Gegensatze gegen das Qualitative als *feste* Grenze, ihre Eigentümlichkeit; sie haben die Bestimmung von *veränderlichen* Größen, für welche jenes Feste ein unendliches Jenseits ist.

Die Bestimmungen aber, die sich gezeigt und die wir zusammenzufassen haben, sind nicht nur, daß dies unendliche Jenseits zugleich als ein gegenwärtiges und irgendein endliches Quantum ist, sondern daß seine Festigkeit, wodurch es solches unendliches Jenseits gegen das Quantitative ist und die das Qualitative des Seins nur als abstrakte Beziehung auf sich selbst ist, sich als Vermittlung seiner in seinem Anderen, dem Endlichen des Verhältnisses, mit sich selbst entwickelt hat. Das Allgemeine hiervon liegt darin, daß überhaupt das Ganze als Exponent die Grenze des gegenseitigen Begrenzens der beiden Glieder [ist], also die *Negation der Negation*, somit die Unendlichkeit, *affirmatives* Verhalten zu sich selbst, gesetzt ist. Das Bestimmtere ist, daß *an sich* der Exponent schon als Produkt die Einheit der Einheit und der Anzahl, jedes der beiden Glieder aber nur das eine dieser beiden Momente ist, wodurch er sie also in sich schließt und in ihnen *an sich* sich auf sich bezieht. Aber der Unterschied ist im umgekehrten Verhältnisse zur *Äußerlichkeit* des quantitativen Seins entwickelt und das Qualitative nicht bloß das

Feste, noch nur die Momente unmittelbar in sich einschließend, sondern in dem *außersichseienden Anderssein* sich *mit sich* zusammenschließend vorhanden. Diese Bestimmung ist es, die sich als Resultat in den Momenten, die sich gezeigt, heraushebt. Der Exponent ergibt sich nämlich als das Ansichsein, dessen Momente in Quantis und in deren Veränderlichkeit überhaupt realisiert ist; die Gleichgültigkeit ihrer Größen in ihrer Veränderung stellt sich als unendlicher Progreß dar; was dem zugrunde liegt, ist, daß in ihrer Gleichgültigkeit dies ihre Bestimmtheit ist, ihren Wert in dem Werte des anderen zu haben, somit α) nach der affirmativen Seite ihres Quantums *an sich* das Ganze des Exponenten zu sein. Ebenso haben sie β) für ihr negatives Moment, für ihr gegenseitiges Begrenzen die Größe des Exponenten; ihre Grenze ist die seinige. Daß sie keine andere immanente Grenze, eine feste Unmittelbarkeit, mehr haben, ist in dem unendlichen Progresse ihres Daseins und ihrer Begrenzung, in der Negation jedes besonderen Wertes gesetzt. Diese ist hiernach die *Negation* des Außersichseins des Exponenten, das in ihnen dargestellt ist, und dieser, d. i. zugleich selbst ein Quantum überhaupt und in Quanta auch ausgelegt, ist damit gesetzt als das in der Negation ihres gleichgültigen Bestehens sich Erhaltende, mit sich Zusammengehende, so das Bestimmende solchen Hinausgehens über sich zu sein.
Das Verhältnis ist hiermit zum *Potenzenverhältnis* bestimmt.

C. Potenzenverhältnis

1. Das Quantum in seinem Anderssein sich identisch mit sich setzend, sein Hinausgehen über sich selbst bestimmend, ist zum Fürsichsein gekommen. So qualitative Totalität, indem sie sich als entwickelt setzt, hat sie zu ihren Momenten die Begriffsbestimmungen der Zahl, die Einheit und die Anzahl; die letztere ist noch im umgekehrten Verhältnisse eine nicht durch die erstere selbst als solche, sondern anderswoher,

durch ein Drittes bestimmte Menge; nun ist sie nur durch jene bestimmt gesetzt. Dies ist der Fall im Potenzenverhältnisse, wo die Einheit, welche Anzahl an ihr selbst ist, zugleich die Anzahl gegen sich als Einheit ist. Das Anderssein, die Anzahl der Einheiten, ist die *Einheit* selbst. Die Potenz ist eine Menge von Einheiten, deren jede diese Menge selbst ist. Das Quantum als gleichgültige Bestimmtheit verändert sich; aber insofern diese Veränderung ein Erheben in die Potenz ist, ist dies sein Anderssein rein durch sich selbst begrenzt. – Das Quantum ist so in der Potenz als in sich selbst zurückgekehrt gesetzt; es ist unmittelbar es selbst und auch sein Anderssein.

Der *Exponent* dieses Verhältnisses ist nicht mehr ein unmittelbares Quantum wie im direkten und auch im umgekehrten Verhältnisse. Er ist im Potenzenverhältnis ganz *qualitativer* Natur, diese *einfache* Bestimmtheit, daß die Anzahl die Einheit selbst, das Quantum in seinem Anderssein mit sich selbst *identisch* ist. Darin liegt zugleich die Seite seiner *quantitativen* Natur, daß die Grenze oder Negation nicht als unmittelbar Seiendes, sondern das Dasein als in sein Anderssein kontinuiert gesetzt ist; denn die Wahrheit der Qualität ist eben dies, Quantität, die unmittelbare Bestimmtheit als aufgehobene, zu sein.

2. Das Potenzenverhältnis erscheint zunächst als eine äußere Veränderung, in welche irgendein Quantum versetzt wird; es hat aber die engere Beziehung auf den *Begriff* des Quantums, daß dieses in dem Dasein, zu welchem es in jenem Verhältnisse fortgebildet ist, denselben erreicht, ihn auf vollständige Weise realisiert hat; dies Verhältnis ist die Darstellung dessen, was das Quantum *an sich* ist, und drückt dessen Bestimmtheit oder *Qualität* aus, wodurch es sich von anderem unterscheidet. Das Quantum ist die *gleichgültige*, als *aufgehoben gesetzte* Bestimmtheit, d. h. die Bestimmtheit als Grenze, welche ebensosehr keine ist, in ihr Anderssein sich kontinuiert, in ihm sich also identisch mit sich bleibt; so ist es im Potenzenverhältnis *gesetzt*; sein Anderssein, Hin-

ausgehen über sich in ein anderes Quantum, als durch es selbst bestimmt.

Vergleichen wir den Fortgang dieser Realisierung in den bisherigen Verhältnissen, so ist die Qualität des Quantums, als Unterschied seiner von sich selbst gesetzt zu sein, überhaupt dies, Verhältnis zu sein. Als direktes Verhältnis ist es als solcher gesetzte Unterschied nur erst überhaupt oder unmittelbar, so daß seine Beziehung auf sich selbst, die es gegen seine Unterschiede als der Exponent hat, nur als die Festigkeit einer Anzahl der Einheit gilt. Im umgekehrten Verhältnis ist das Quantum in negativer Bestimmung ein Verhalten seiner zu sich selbst, – zu sich als seiner Negation, in der es aber seinen Wert hat; als affirmative Beziehung auf sich ist es ein Exponent, der als Quantum nur *an sich* das Bestimmende seiner Momente ist. Im Potenzenverhältnis aber ist es in dem Unterschiede *als seiner von sich selbst* vorhanden. Die *Äußerlichkeit* der Bestimmtheit ist die Qualität des Quantums; diese Äußerlichkeit ist so nun seinem Begriffe gemäß als sein eigenes Bestimmen, *als* seine Beziehung auf sich selbst, seine *Qualität* gesetzt.

3. Damit aber, daß das Quantum *gesetzt* ist, wie es seinem Begriffe gemäß ist, ist es in eine andere Bestimmung übergegangen oder, wie es auch ausgedrückt werden kann, daß seine *Bestimmung* nun auch als die *Bestimmtheit*, das *Ansichsein* auch als *Dasein* ist. Es ist als *Quantum*, insofern die Äußerlichkeit oder Gleichgültigkeit des Bestimmtseins (daß es das ist, wie man sagt, was vergrößert oder vermindert werden kann) nur *einfach* oder *unmittelbar* gilt und gesetzt ist; es ist zu seinem Anderen, der Qualität, geworden, insofern jene Äußerlichkeit nun als vermittelt durch es selbst, so als ein Moment gesetzt ist, daß es eben *in ihr sich auf sich selbst bezieht*, Sein als Qualität ist.

Zunächst erscheint also die Quantität als solche der Qualität gegenüber; aber die Quantität ist selbst *eine* Qualität, sich auf sich beziehende Bestimmtheit überhaupt, unterschieden von der ihr anderen Bestimmtheit, von der Qualität als solcher. Allein sie ist nicht nur *eine* Qualität, sondern die Wahrheit der Qualität selbst ist die Quantität; jene hat sich als in diese übergehend gezeigt. Die Quantität ist dagegen in ihrer Wahrheit die in sich selbst zurückgekehrte, nicht gleichgültige Äußerlichkeit. So ist sie die Qualität selbst, so daß außer dieser Bestimmung nicht die Qualität als solche noch etwas wäre. – Daß die Totalität *gesetzt* sei, dazu gehört der *gedoppelte* Übergang, nicht nur der der einen Bestimmtheit in ihre andere, sondern ebenso der Übergang dieser anderen, ihr Rückgang, in die erste. Durch den ersten ist nur erst *an sich* die Identität beider vorhanden; – die Qualität ist in der Quantität enthalten, die aber damit noch eine einseitige Bestimmtheit ist. Daß diese umgekehrt ebenso in der ersten enthalten, sie ebenso nur als aufgehobene ist, ergibt sich im zweiten Übergang, – der Rückkehr in das erste; diese Bemerkung über die Notwendigkeit des *doppelten* Übergangs ist von großer Wichtigkeit für das Ganze der wissenschaftlichen Methode.

Das Quantum nunmehr nicht mehr als gleichgültige oder äußerliche Bestimmung, sondern so, daß es[32] ebenso als solche aufgehoben und die Qualität und das ist, wodurch etwas das ist, was es ist, ist die Wahrheit des Quantums, *Maß* zu sein.

Anmerkung

Es ist oben, in den Anmerkungen über das quantitativ Unendliche, auseinandergesetzt worden, daß dieses sowie die Schwierigkeiten, die sich darüber ergeben, in dem *qualitativen* Momente, das sich im quantitativen hervortut, ihren Ursprung haben, und wie das Qualitative des Potenzenverhältnisses insbesondere in die mannigfaltigen Entwicklungen und Verwicklungen ausgeht; als der Grundmangel, der die Auffassung des Begriffes verhindert, wurde aufgezeigt, daß

---

32 ergänzt nach A. – B: »Das Quantum nunmehr als ... Bestimmung, so daß es«

bei dem Unendlichen nur nach der negativen Bestimmung, die Negation des Quantums zu sein, stehengeblieben und nicht zu der einfachen Bestimmung, dem Affirmativen, daß dieses das Qualitative ist, fortgegangen wird. – Hier bleibt nur übrig, noch eine Bemerkung über die in der Philosophie geschehene Einmischung von Formen des Quantitativen in die reinen qualitativen Formen des Denkens zu machen. Besonders ist es das *Potenzenverhältnis,* welches in neuerer Zeit auf *Begriffsbestimmungen* angewendet worden ist. Der Begriff in seiner Unmittelbarkeit wurde die *erste* Potenz, in seinem Anderssein oder der Differenz, dem Dasein seiner Momente die *zweite,* und in seiner Rückkehr in sich oder als Totalität die *dritte* Potenz genannt. – Hiergegen fällt sogleich auf, daß die Potenz, so gebraucht, eine Kategorie ist, die dem Quantum wesentlich angehört; – es ist bei diesen Potenzen nicht an die *potentia,* δύναμις des Aristoteles gedacht. So drückt das Potenzenverhältnis die Bestimmtheit aus, wie dieselbe als der Unterschied, wie er im *besonderen Begriffe* des Quantums ist, zu seiner Wahrheit gelangt, aber nicht, wie derselbe am Begriffe als solchem ist. Das Quantum enthält die Negativität, welche zur Natur des Begriffs gehört, noch gar nicht in dessen eigentümlicher Bestimmung gesetzt; Unterschiede, die dem Quantum zukommen, sind oberflächliche Bestimmungen für den Begriff selbst; sie sind noch weit entfernt, bestimmt zu sein, wie sie es im Begriffe sind. Es ist in der Kindheit des Philosophierens, daß, wie von *Pythagoras,* Zahlen – und erste, zweite Potenz usf. haben insofern vor Zahlen nichts voraus – zur Bezeichnung allgemeiner, wesentlicher Unterschiede gebraucht worden sind. Es war dies eine Vorstufe des reinen denkenden Erfassens; nach Pythagoras erst sind die Gedankenbestimmungen selbst erfunden, d. i. *für sich* zum Bewußtsein gebracht worden. Aber von solchen weg zu Zahlenbestimmungen zurückzugehen, gehört einem sich unvermögend fühlenden Denken an, das nun im Gegensatze gegen vorhandene philosophische Bildung, die an Gedankenbestimmungen gewohnt ist, selbst das Lächerliche hinzufügt, jene Schwäche für etwas Neues, Vornehmes und für einen Fortschritt geltend machen zu wollen.

Insofern der Potenzenausdruck nur als *Symbol* gebraucht wird, so ist dagegen sowenig zu sagen als gegen die Zahlen oder Symbole anderer Art für Begriffe; aber zugleich ebensoviel als gegen alle Symbolik überhaupt, in welcher reine Begriffs- oder philosophische Bestimmungen dargestellt werden sollen. Die Philosophie bedarf solche Hilfe nicht, weder aus der sinnlichen Welt, noch aus der vorstellenden Einbildungskraft, auch nicht aus Sphären ihres eigentümlichen Bodens, welche untergeordnet sind, deren Bestimmungen daher nicht für höhere Kreise und für das Ganze passen. Das letztere geschieht, wenn überhaupt Kategorien des Endlichen auf das Unendliche angewendet werden; die geläufigen Bestimmungen von Kraft oder Substantialität, Ursache und Wirkung usf. sind gleichfalls nur Symbole für den Ausdruck z. B. lebendiger oder geistiger Verhältnisse, d. i. unwahre Bestimmungen für dieselben, so noch mehr die Potenzen des Quantums und gezählte Potenzen für dergleichen und für spekulative Verhältnisse überhaupt. – Wenn Zahlen, Potenzen, das mathematisch Unendliche und dergleichen nicht als Symbole, sondern als Formen für philosophische Bestimmungen und damit selbst als philosophische Formen sollen gebraucht werden, so müßte vor allem ihre philosophische Bedeutung, d. i. ihre Begriffsbestimmtheit aufgezeigt werden. Geschieht dies, so sind sie selbst überflüssige Bezeichnungen; die Begriffsbestimmtheit bezeichnet sich selbst, und ihre Bezeichnung ist allein die richtige und passende. Der Gebrauch jener Formen ist darum weiter nichts als ein bequemes Mittel, es zu ersparen, die Begriffsbestimmungen zu fassen, anzugeben und zu rechtfertigen.

Dritter Abschnitt
Das Maß

Im Maße sind, abstrakt ausgedrückt, Qualität und Quantität vereinigt. Das *Sein* als solches ist unmittelbare Gleichheit der Bestimmtheit mit sich selbst. Diese Unmittelbarkeit der Bestimmtheit hat sich aufgehoben. Die Quantität ist das so in sich zurückgekehrte Sein, daß es einfache Gleichheit mit sich als Gleichgültigkeit gegen die Bestimmtheit ist. Aber diese Gleichgültigkeit ist nur die Äußerlichkeit, nicht an sich selbst, sondern in anderem die Bestimmtheit zu haben. Das Dritte ist nun die sich auf sich selbst beziehende Äußerlichkeit; als Beziehung auf sich ist es zugleich *aufgehobene* Äußerlichkeit und hat an ihr selbst den Unterschied von sich, der als Äußerlichkeit das *quantitative*, als in sich zurückgenommene das *qualitative* Moment ist.

Indem die *Modalität* unter den Kategorien des transzendentalen Idealismus nach der Quantität und Qualität, auf Einschiebung der Relation, aufgeführt wird, so kann derselben hier erwähnt werden. Diese Kategorie hat daselbst die Bedeutung, die Beziehung des *Gegenstandes* auf das *Denken* zu sein. Im Sinne jenes Idealismus ist das Denken überhaupt dem Ding-an-sich wesentlich äußerlich. Insofern die anderen Kategorien nur die transzendentale Bestimmung haben, dem Bewußtsein, aber als das *Objektive desselben,* anzugehören, so enthält die Modalität, als die Kategorie der Beziehung auf das Subjekt, insofern relativ die Bestimmung der *Reflexion*-in-sich; d. h. die Objektivität, welche den anderen Kategorien zukomme, mangelt denen der Modalität; diese vermehren, nach Kants Ausdruck, den Begriff als Bestimmung des Objekts nicht im mindesten, sondern drücken nur das Verhältnis zum Erkenntnisvermögen aus (*Kritik der reinen Vernunft*, 2. Aufl. [B], s. S. 99, 266). – Die Kategorien, die Kant unter der Modalität zusammenfaßt, Möglichkeit, Wirklichkeit und Notwendigkeit, werden in der Folge an ihrer Stelle vorkommen; Kant hat die unendlich wichtige Form der Triplizität, sosehr sie bei ihm nur erst als ein formeller Lichtfunken erschienen, nicht auf die Gattungen seiner Kategorien (Quantität, Qualität usf.), wie auch diesen Namen nur auf deren Arten angewendet; daher hat er nicht auf das Dritte der Qualität und Quantität kommen können.

Bei *Spinoza* ist der *Modus* nach Substanz und Attribut gleichfalls das Dritte; er erklärt ihn für die *Affektionen* der Substanz oder für dasjenige, was in einem Anderen ist, durch welches es auch begriffen wird. Dieses Dritte ist nach diesem Begriffe nur die Äußerlichkeit als solche; wie sonst erinnert worden, daß bei Spinoza überhaupt der starren Substantialität die Rückkehr in sich selbst fehlt.

Die hier gemachte Bemerkung dehnt sich allgemeiner auf die Systeme des Pantheismus aus, welche der Gedanke etwas ausgebildet hat. Das Sein, das Eine, die Substanz, das Unendliche, das Wesen ist das Erste; gegen dieses Abstraktum kann das Zweite, alle Bestimmtheit, überhaupt als das nur Endliche, nur Akzidentelle, Vergängliche, Außer- und Unwesentliche usf. ebenso abstrakt zusammengefaßt werden, wie in dem ganz formalen Denken gewöhnlich und zunächst geschieht. Aber es drängt sich zu sehr der Zusammenhang dieses Zweiten mit dem Ersten auf, um es nicht zugleich in einer Einheit mit demselben zu fassen, wie das *Attribut* bei Spinoza die ganze Substanz ist, aber von dem Verstand, selbst einer Beschränkung oder Modus, gefaßt; der Modus aber, das Nichtsubstantielle überhaupt, das nur aus einem Anderen gefaßt werden kann, macht so das andere Extrem zu der Substanz, das Dritte überhaupt aus. Der *indische* Pantheismus hat in seiner ungeheuren Phantasterei gleichfalls, abstrakt genommen, diese Ausbildung erhalten, die sich durch ihr Maßloses hindurch als ein mäßigender Faden zu einigem Interesse zieht, daß Brahman, das Eine des abstrakten Denkens, durch die Gestaltung in Wischnu, besonders in der Form Krischnas, zu dem Dritten, Schiwa, fortgeht. Die Bestimmung dieses Dritten ist der Modus, Veränderung, Entstehen und Vergehen, das Feld der Äußerlichkeit überhaupt. Wenn diese indische Dreiheit zu einer Vergleichung mit der christlichen verleitet hat, so ist in ihnen zwar ein gemeinsames Element der Begriffsbestimmung zu erkennen, aber über den Unterschied ist wesentlich ein bestimmteres Bewußtsein zu fassen; derselbe ist nicht nur unendlich, sondern die wahrhafte Unendlichkeit macht den Unterschied selbst aus. Jenes dritte Prinzip ist seiner Bestimmung nach das Auseinanderfahren der substantiellen Einheit in ihr Gegenteil, *nicht die Rückkehr derselben* zu sich, – das Geistlose vielmehr, nicht der Geist. In der wahrhaften Dreiheit ist nicht nur Einheit, sondern Einigkeit, der Schluß zur *inhaltsvollen* und *wirklichen* Einheit, die in ihrer ganz konkreten Bestimmung der *Geist* ist, gebracht. Jenes Prinzip des Modus und der Veränderung schließt wohl die Einheit nicht überhaupt aus; wie nämlich im Spinozismus eben der Modus als solcher das Unwahre und nur die Substanz das Wahrhafte ist, alles auf diese zurückgeführt werden soll, welches dann ein Vesenken alles Inhalts in die Leerheit, in nur formelle, inhaltslose Einheit ist, so ist auch Schiwa wieder das große Ganze, von Brahman nicht Unterschiedene, Brahman selbst; d. h. der Unterschied und die Bestimmtheit verschwindet nur wieder, aber wird nicht aufbewahrt, nicht aufgehoben, und die Einheit wird nicht zur konkreten Einheit, die Entzweiung nicht zur Versöhnung zurückgeführt. Das höchste Ziel für den in die Sphäre des Entstehens und Vergehens, der Modalität überhaupt versetzten Menschen ist die Versenkung in die Bewußtlosigkeit, die Einheit mit Brahman, die Vernichtung; dasselbe ist das buddhistische Nirwana, Nieban usf.

Wenn nun der Modus überhaupt die abstrakte Äußerlichkeit, die Gleichgültigkeit gegen die qualitativen wie gegen die quantitativen Bestimmungen ist und es im Wesen auf das Äußerliche, Unwesentliche nicht ankommen soll, so wird auch wieder in vielem zugestanden, daß alles auf die *Art und Weise* ankomme; der Modus wird damit selbst für wesentlich zum Substantiellen einer Sache gehörig erklärt; in welcher sehr unbestimmten Beziehung wenigstens dies liegt, daß dies Äußerliche nicht so abstrakt das Äußerliche sei.

Hier hat der Modus die bestimmte Bedeutung, das *Maß* zu sein. Der spinozistische Modus wie das indische Prinzip der Veränderung ist das Maßlose. Das griechische, selbst noch unbestimmte Bewußtsein, daß *alles ein Maß hat*, so daß selbst Parmenides nach dem abstrakten Sein die *Notwendigkeit* als die *alte Grenze, die allem gesetzt ist,* eingeführt [hat], ist der Anfang eines viel höheren Begriffs, als die Substanz und der Unterschied des Modus von derselben enthält.

Das entwickeltere, reflektiertere Maß ist die Notwendigkeit; das Schicksal, die *Nemesis*, schränkt sich im allgemeinen auf die Bestimmtheit des Maßes ein, daß, was sich *vermesse*, zu groß, zu hoch mache, auf das andere Extrem der Herabsetzung zur Nichtigkeit reduziert und damit die Mitte des Maßes, die Mittelmäßigkeit, hergestellt werde. – »Das Absolute, Gott, ist das *Maß* aller Dinge« ist nicht stärker pantheistisch als die Definition »das Absolute, Gott, ist das *Sein*«, aber unendlich wahrhafter. – Das Maß ist zwar äußerliche Art und Weise, ein Mehr oder Weniger, welches aber zugleich ebenso in sich reflektiert, nicht bloß gleichgültige und äußerliche, sondern an sich seiende Bestimmtheit ist; es ist so *die konkrete Wahrheit des Seins;* in dem Maße haben darum die Völker etwas Unantastbares, Heiliges verehrt.

Es liegt in dem Maße bereits die Idee des *Wesens*, nämlich in der Unmittelbarkeit des Bestimmtseins identisch mit sich zu sein, so daß jene Unmittelbarkeit durch diese Identität-mit-sich zu einem Vermittelten herabgesetzt ist, wie diese ebenso nur durch diese Äußerlichkeit vermittelt, aber die Vermittlung *mit sich* ist, – die Reflexion, deren Bestimmungen *sind*, aber in diesem Sein schlechthin nur als Momente ihrer negativen Einheit. Im Maße ist das Qualitative quantitativ; die Bestimmtheit oder der Unterschied ist als gleichgültig, damit ist es ein Unterschied, der keiner ist, er ist aufgehoben; diese Quantitativität macht als Rückkehr in sich, worin sie als das Qualitative ist, das Anundfürsichsein aus, welches das *Wesen* ist. Aber das Maß ist erst *an sich* oder im Begriffe das Wesen; dieser *Begriff* des Maßes ist noch nicht *gesetzt*. Das Maß noch als solches ist selbst die *seiende* Einheit des Qualitativen und Quantitativen; seine Momente sind als ein Dasein, eine Qualität und Quanta derselben, die nur erst an sich untrennbar [sind], aber noch nicht die Bedeutung dieser reflektierten Bestimmung haben. Die Entwicklung des Maßes enthält die Unterscheidung dieser Momente, aber zugleich die *Beziehung* derselben, so daß die Identität, welche sie *an sich* sind, *als* ihre Beziehung aufeinander wird, d. i. *gesetzt* wird. Die Bedeutung dieser Entwicklung ist die Realisation des Maßes, in der es sich zu sich selbst ins Verhältnis und damit zugleich als Moment setzt; durch diese Vermittlung wird es als Aufgehobenes bestimmt; seine Unmittelbarkeit wie die seiner Momente verschwindet, sie sind als reflektierte; so als das hervorgetreten, was es seinem Begriffe nach ist, ist es in das *Wesen* übergegangen.

Das Maß ist zunächst *unmittelbare* Einheit des Qualitativen und Quantitativen, so daß

erstens ein Quantum ist, das qualitative Bedeutung hat und *als Maß* ist. Dessen Fortbestimmung ist, daß *an ihm*, dem *an sich* Bestimmten, der Unterschied seiner Momente, des qualitativen und quantitativen Bestimmtseins, hervortritt. Diese Momente bestimmen sich weiter selbst zu Ganzen des Maßes, welche insofern als *Selbständige* sind; indem sie sich wesentlich aufeinander beziehen, wird das Maß

zweitens Verhältnis von spezifischen Quantis *als selbstständigen Maßen*. Ihre Selbständigkeit beruht aber wesentlich zugleich auf dem quantitativen Verhältnisse und dem Größenunterschiede; so wird ihre Selbständigkeit ein Übergehen ineinander. Das Maß geht damit im *Maßlosen* zugrunde. – Dies Jenseits des Maßes ist aber die Negativität desselben nur an sich selbst; es ist dadurch *drittens* die *Indifferenz* der Maßbestimmungen und als reell mit der in ihr enthaltenen Negativität das Maß gesetzt als *umgekehrtes Verhältnis von Maßen*, welche als selbständige Qualitäten wesentlich nur auf ihrer Quantität und auf ihrer negativen Beziehung aufeinander beruhen und damit sich erweisen, nur Momente ihrer wahrhaft selbständigen Einheit zu sein, welche ihre Reflexion-in-sich und das Setzen derselben, *das Wesen*, ist.

Die Entwicklung des Maßes, die im folgenden versucht worden, ist eine der schwierigsten Materien; indem sie von dem unmittelbaren, äußerlichen Maße anfängt, hätte sie einerseits zu der abstrakten Fortbestimmung des Quantitativen (einer *Mathematik der Natur*) fortzugehen, andererseits den Zusammenhang dieser Maßbestimmung mit den *Qualitäten* der natürlichen Dinge anzuzeigen, wenigstens im allgemeinen; denn die bestimmte Nachweisung des aus dem Begriffe des konkreten Gegenstandes hervorgehenden *Zusammenhangs* des Qualitativen und Quantitativen gehört in die besondere Wissenschaft des Konkreten, – wovon Beispiele in der *Enzyklopädie der philosophischen Wissenschaften*, 3. Aufl. [1830], § 267 u. 270 Anm., das Gesetz des Falles und das der freien himmlischen Bewegung betreffend nachzusehen sind. Es mag hierbei dies überhaupt bemerkt werden, daß die verschiedenen Formen, in welchen sich das Maß realisiert, auch *verschiedenen Sphären der natürlichen Realität* angehören. Die vollständige, abstrakte Gleichgültigkeit des entwickelten Maßes, d. i. der *Gesetze* desselben, kann nur in der Sphäre des *Mechanismus* statthaben, als in welchem das konkrete Körperliche nur die selbst abstrakte Materie ist; die qualitativen Unterschiede derselben haben wesentlich das Quantitative zu ihrer Bestimmtheit; *Raum* und *Zeit* sind die reinen Äußerlichkeiten selbst, und die *Menge* der Materien, Massen, Intensität des *Gewichts* sind ebenso äußerliche Bestimmungen, die an dem Quantitativen ihre eigentümliche Bestimmtheit haben. Dagegen wird solche Größenbestimmtheit des abstrakt Materiellen schon durch die Mehrheit und damit einen Konflikt von Qualitäten im *Physikalischen*, noch mehr aber im *Organischen* gestört. Aber es tritt hier nicht bloß der Konflikt von Qualitäten als solchen ein, sondern das Maß wird hier höheren Verhältnissen untergeordnet und die *immanente Entwicklung* des Maßes vielmehr auf die einfache Form des unmittelbaren Maßes reduziert. Die Glieder des animalischen Organismus haben ein Maß, welches als ein einfaches Quantum im Verhältnis zu anderen Quantis der anderen Glieder steht; die Proportionen des menschlichen Körpers sind die festen Verhältnisse von solchen Quantis; die Naturwissenschaft hat noch weithin, von dem Zusammenhange solcher Größen mit den organischen Funktionen, von denen sie ganz abhängig sind, etwas einzusehen. Aber von der Herabsetzung eines immanenten Maßes zu einer bloß äußerlich determinierten Größe ist die *Bewegung* das nächste Beispiel. An den Himmelskörpern ist sie die freie, nur durch den Begriff bestimmte Bewegung, deren Größen hiermit ebenso nur von demselben abhängen (s. oben), aber von dem Organischen wird sie zur *willkürlichen* oder mechanisch-regelmäßigen, d. h. überhaupt abstrakten formellen Bewegung heruntergesetzt.

Noch weniger aber findet im Reich des Geistes eine eigentümliche, freie Entwicklung des Maßes statt. Man sieht z. B. wohl ein, daß eine republikanische Verfassung wie die atheniensische oder eine durch Demokratie versetzte aristokratische nur bei einer gewissen Größe des Staates Platz haben kann, daß in der entwickelten bürgerlichen Gesellschaft die Mengen von Individuen, welche den verschiedenen Gewerben angehören, in einem Verhältnisse miteinander stehen; aber dies gibt weder Gesetze von Maßen noch eigentümliche Formen desselben. Im Geistigen als solchen kommen Unterschiede von *Intensität* des Charakters, *Stärke* der Einbildungskraft, der Empfindungen, der Vorstellungen usf. vor; aber über dies Unbestimmte der *Stärke* oder *Schwäche* geht die Bestimmung nicht hinaus. Wie matt und völlig leer die sogenannten Gesetze ausfallen, die über das Verhältnis von Stärke und Schwäche der Empfindungen, Vorstellungen usf. aufgestellt werden, wird man inne, wenn man die Psychologien nachsieht, welche sich mit dergleichen bemühen.

Erstes Kapitel
Die spezifische Quantität

Die qualitative Quantität ist *zunächst* ein unmittelbares *spezifisches Quantum*, das

zweitens, als sich zu anderem verhaltend, ein quantitatives Spezifizieren, ein Aufheben des gleichgültigen Quantums wird. Dieses Maß ist insofern eine *Regel* und enthält die *beiden Momente* des Maßes *unterschieden*, nämlich die ansichseiende quantitative Bestimmtheit und das äußerliche Quantum. In diesem Unterschiede werden aber diese beiden Seiten zu Qualitäten und die Regel zu einem Verhältnisse derselben; das Maß stellt sich daher dar

drittens als *Verhältnis von Qualitäten*, die zunächst *ein* Maß haben, das sich aber ferner so zu einem Unterschiede von Maßen in sich spezifiziert.

A. Das spezifische Quantum

1. Das Maß ist die einfache Beziehung des Quantums auf sich, seine eigene Bestimmtheit an sich selbst; so ist das Quantum qualitativ. Zunächst ist es als unmittelbares Maß ein unmittelbares, daher als irgendein bestimmtes Quantum; ebenso unmittelbar ist die ihm zugehörige Qualität; sie ist irgendeine bestimmte Qualität. – Das Quantum als diese nicht mehr gleichgültige Grenze, sondern sich auf sich beziehende Äußerlichkeit ist so selbst die Qualität, und unterschieden von dieser geht es nicht über sie hinaus, so wie diese nicht über dasselbe hinausgeht. Es ist so in die einfache Gleichheit mit sich zurückgekehrte Bestimmtheit; eins mit dem bestimmten Dasein, so wie dieses mit seinem Quantum.

Wenn man aus der erhaltenen Bestimmung einen Satz machen will, so kann man sich ausdrücken: *Alles, was da ist, hat ein Maß*. Alles Dasein hat eine Größe, und diese Größe gehört zur Natur von Etwas selbst; sie macht seine bestimmte Natur und sein Insichsein aus. Etwas ist gegen diese Größe nicht gleichgültig, so daß, wenn sie geändert würde, es bliebe, was es ist, sondern die Änderung derselben änderte seine Qualität. Das Quantum hat als Maß aufgehört, Grenze zu sein, die keine ist; es ist nunmehr die Bestimmung der Sache, so daß diese, über dies Quantum vermehrt oder vermindert, zugrunde ginge.

Ein Maß, als Maßstab im gewöhnlichen Sinne, ist ein Quantum, das als die *an sich bestimmte* Einheit gegen äußerliche Anzahl willkürlich angenommen wird. Eine solche Einheit kann zwar auch in der Tat an sich bestimmte Einheit sein, wie Fuß und dergleichen ursprüngliche Maße; insofern sie aber als Maßstab zugleich für andere Dinge gebraucht wird, ist sie für diese nur äußerliches, nicht ihr ursprüngliches Maß. – So mag der Erddurchmesser oder die Pendellänge als spezifisches Quantum für sich genommen werden. Aber es ist willkürlich, den wievielsten Teil des Erddurchmessers oder der Pendellänge und unter welchem Breitengrade man diese nehmen wolle, um sie als Maßstab zu gebrauchen. Noch mehr aber ist für andere Dinge ein solcher Maßstab etwas Äußerliches. Diese haben das allgemeine spezifische Quantum wieder auf besondere Art spezifiziert und sind dadurch zu besonderen Dingen gemacht. Es ist daher töricht, von einem natürlichen *Maßstabe* der Dinge zu sprechen. Ohnehin soll ein allgemeiner Maßstab nur für die äußerliche Vergleichung dienen; in diesem oberflächlichsten Sinne, in welchem er als *allgemeines Maß* genommen wird, ist es völlig gleichgültig, was dafür gebraucht wird. Es soll nicht ein Grundmaß in dem Sinne sein, daß die Naturmaße der besonderen Dinge daran dargestellt und daraus nach einer Regel, als Spezifikation eines allgemeinen Maßes, des Maßes ihres allgemeinen Körpers, erkannt würden. Ohne diesen

Sinn aber hat ein absoluter Maßstab nur das Interesse und die Bedeutung eines *Gemeinschaftlichen*, und ein solches ist nicht *an sich*, sondern durch Übereinkommen ein Allgemeines.

Das unmittelbare Maß ist eine einfache Größenbestimmung, wie z. B. die Größe der organischen Wesen, ihrer Gliedmaßen und so fort. Aber jedes Existierende hat eine Größe, um das zu sein, was es ist, und überhaupt um Dasein zu haben. – Als Quantum ist es gleichgültige Größe, äußerlicher Bestimmung offen und des Auf- und Abgehens am Mehr und Weniger fähig. Aber als Maß ist es zugleich von sich selbst als Quantum, als solcher gleichgültigen Bestimmung, verschieden und eine Beschränkung jenes gleichgültigen Hin- und Hergehens an einer Grenze.

Indem die Quantitätsbestimmtheit so an dem Dasein die gedoppelte ist, das eine Mal die, an welche die Qualität gebunden ist, das andere Mal aber die, an der unbeschadet jener hin- und hergegangen werden kann, so geschieht das Untergehen von etwas, das ein Maß hat, darin, daß sein Quantum verändert wird. Dies Untergehen erscheint einesteils als *unerwartet*, insofern an dem Quantum, ohne das Maß und die Qualität zu verändern, geändert werden kann, andernteils aber wird es zu einem als ganz Begreiflichen gemacht, nämlich durch die *Allmählichkeit*. Zu dieser Kategorie wird so leicht gegriffen, um das Vergehen von einer Qualität oder von etwas vorstellig zu machen oder zu *erklären*, indem man so dem Verschwinden beinahe mit den Augen zusehen zu können scheint, weil das Quantum die als äußerliche, ihrer Natur nach veränderliche Grenze gesetzt ist, hiermit die *Veränderung*, als nur des Quantums, sich von selbst versteht. In der Tat aber wird nichts dadurch erklärt; die Veränderung ist zugleich wesentlich der Übergang einer Qualität in eine andere oder der abstraktere von einem Dasein in ein Nichtdasein; darin liegt eine andere Bestimmung als in der Allmählichkeit, welche nur eine Verminderung oder Vermehrung und das einseitige Festhalten an der Größe ist.

2. Daß aber eine als bloß quantitativ erscheinende Veränderung auch in eine qualitative umschlägt, auf diesen Zusammenhang sind schon die Alten aufmerksam gewesen und haben die [aus] der Unkenntnis desselben entstehenden Kollisionen in populären Beispielen vorgestellt; unter den Namen des Kahlen, des Haufens sind hierher gehörige *Elenchen* bekannt, d. i. nach des Aristoteles Erklärung Weisen, wodurch man genötigt wird, das Gegenteil von dem zu sagen, was man vorher behauptet hatte. Man fragte: macht das Ausraufen *eines* Haares vom Kopfe oder einem Pferdeschweife kahl oder hört ein Haufe auf, ein Haufe zu sein, wenn ein Korn weggenommen wird? Dies[1] kann man unbedenklich zugeben, indem solche Wegnahme nur einen, und zwar selbst ganz unbedeutenden quantitativen Unterschied ausmacht; so wird *ein* Haar, *ein* Korn weggenommen und dies so wiederholt, daß jedesmal nach dem, was zugegeben worden, nur eines weggenommen wird; zuletzt zeigt sich die qualitative Veränderung, daß der Kopf, der Schweif kahl, der Haufe verschwunden ist. Man vergaß bei jenem Zugeben nicht nur die Wiederholung, sondern daß sich die für sich unbedeutenden Quantitäten (wie die für sich unbedeutenden Ausgaben von einem Vermögen) *summieren* und die Summe das qualitativ Ganze ausmacht, so daß am Ende dieses verschwunden, der Kopf kahl, der Beutel leer ist.
Die Verlegenheit, der Widerspruch, welcher als Resultat herauskommt, ist nicht etwas Sophistisches im gebräuchlichen Sinne des Worts, als ob solcher Widerspruch eine falsche Vorspiegelung wäre. Das Falsche ist, was der angenommene Andere, d. h. unser gewöhnliches Bewußtsein begeht, eine Quantität nur für eine gleichgültige Grenze, d. h. sie eben im bestimmten Sinne einer Quantität zu nehmen. Diese Annahme wird durch die Wahrheit, zu der sie geführt wird, Moment des Maßes zu sein und mit der Qualität zu-

---

1 sc. daß ein Haar bzw. ein Korn weggenommen wird

sammenzuhängen, konfundiert; was widerlegt wird, ist das einseitige Festhalten an der abstrakten Quantumsbestimmtheit. – Jene Wendungen sind darum auch kein leerer oder pedantischer Spaß, sondern in sich richtig und Erzeugnisse eines Bewußtseins, das ein Interesse an den Erscheinungen hat, die im Denken vorkommen.

Das Quantum, indem es als eine gleichgültige Grenze genommen wird, ist die Seite, an der ein Dasein unverdächtig angegriffen und zugrunde gerichtet wird. Es ist die *List* des Begriffes, ein Dasein an dieser Seite zu fassen, von der seine Qualität nicht ins Spiel zu kommen scheint, – und zwar so sehr, daß die Vergrößerung eines Staats, eines Vermögens usf., welche das Unglück des Staats, des Besitzers herbeiführt, sogar als dessen Glück zunächst erscheint.

3. Das Maß ist in seiner Unmittelbarkeit eine gewöhnliche Qualität von einer bestimmten ihr zugehörigen Größe. Von der Seite nun, nach welcher das Quantum gleichgültige Grenze ist, an der, ohne die Qualität zu ändern, hin- und hergegangen werden kann, ist seine andere Seite, nach welcher es qualitativ, spezifisch ist, auch unterschieden. Beides sind Größenbestimmungen eines und desselben; aber nach der Unmittelbarkeit, in der zuerst das Maß ist, ist ferner dieser Unterschied als ein unmittelbarer zu nehmen; beide Seiten haben hiernach auch eine verschiedene Existenz. Die Existenz des Maßes, welche die *an sich* bestimmte Größe ist, ist dann in ihrem Verhalten zu der Existenz der veränderlichen, äußerlichen Seite ein Aufheben ihrer Gleichgültigkeit, ein *Spezifizieren* desselben.

B. Spezifizierendes Mass

Dasselbe ist

erstlich eine Regel, ein Maß äußerlich gegen das bloße Quantum;

zweitens spezifische Quantität, welche das äußerliche Quantum bestimmt;

drittens verhalten sich *beide Seiten* als *Qualitäten* von spezifischer Quantitätsbestimmtheit gegeneinander als *ein* Maß.

a. Die Regel

Die Regel oder der Maßstab, von dem schon gesprochen worden, ist zunächst als eine an sich bestimmte Größe, welche Einheit gegen ein Quantum ist, das eine besondere Existenz ist, an einem anderen Etwas, als das Etwas der Regel ist, existiert, an ihr gemessen, d. i. als Anzahl jener Einheit bestimmt wird. Diese *Vergleichung* ist ein *äußerliches* Tun, jene Einheit selbst eine willkürliche Größe, die ebenso wieder als Anzahl (der Fuß als eine Anzahl von Zollen) gesetzt werden kann. Aber das Maß ist nicht nur äußerliche Regel, sondern als spezifisches ist es dies, sich an sich selbst zu seinem Anderen zu verhalten, das ein Quantum ist.

b. Das spezifizierende Maß

Das Maß ist spezifisches Bestimmen der *äußerlichen* Größe, d. i. der gleichgültigen, die nun von einer anderen Existenz überhaupt an dem Etwas des Maßes gesetzt wird, welches zwar selbst Quantum, aber im Unterschiede von solchem das Qualitative, bestimmend das bloß gleichgültige, äußerliche Quantum, ist. Das Etwas hat diese Seite des Seins-für-Anderes an ihm, der das gleichgültige Vermehrt- und Vermindertwerden zukommt. Jenes immanente Messende ist eine Qualität des Etwas, dem dieselbe Qualität an einem anderen Etwas gegenübersteht, aber an diesem zunächst relativ mit maßlosem Quantum überhaupt gegen jene, die als messend bestimmt ist.

An Etwas, insofern es ein Maß in sich ist, kommt äußerlich eine Veränderung der Größe seiner Qualität; es nimmt davon nicht die arithmetische Menge an. Sein Maß reagiert dagegen, verhält sich als ein Intensives gegen die Menge und nimmt sie auf eine eigentümliche Weise auf; es verändert die äußerlich gesetzte Veränderung, macht aus diesem Quantum ein Anderes und zeigt sich durch diese Spezifikation als Fürsichsein in dieser Äußerlichkeit. – Diese *spezifisch aufgenommene* Menge ist selbst ein Quantum, auch abhängig von der anderen oder ihr als nur *äußerlicher Menge*. Die spezifizierte Menge ist daher auch veränderlich, aber darum nicht ein Quantum als solches, sondern das äußere Quantum als auf eine konstante Weise spezifiziert. Das Maß hat so sein Dasein als ein *Verhältnis*, und das Spezifische desselben ist überhaupt der *Exponent* dieses Verhältnisses.

Im *intensiven* und *extensiven* Quantum ist es, wie sich bei diesen Bestimmungen ergab, *dasselbe* Quantum, welches das eine Mal in der Form der Intensität, das andere Mal in der Form der Extensität vorhanden ist. Das zugrunde liegende Quantum erleidet in diesem Unterschiede keine Veränderung, dieser ist nur eine äußere Form. In dem spezifizierenden Maße hingegen ist das Quantum das eine Mal in seiner unmittelbaren Größe, das andere Mal aber wird es durch den Verhältnisexponenten in einer anderen Anzahl genommen.

Der Exponent, der das Spezifische ausmacht, kann zunächst ein fixes Quantum zu sein scheinen, als Quotient des Verhältnisses zwischen dem äußerlichen und dem qualitativ bestimmten. Aber so wäre er nichts als ein äußerliches Quantum; es ist unter dem Exponenten hier nichts anderes als das Moment des Qualitativen selbst zu verstehen, welches das Quantum als solches spezifiziert. Das eigentlich immanente Qualitative des Quantums ist, wie sich früher ergeben hat, nur die *Potenzbestimmung*. Eine solche muß es sein, welche das Verhältnis konstituiert und die hier als die an sich seiende Bestimmung dem Quantum als der äußerlichen Beschaffenheit gegenübergetreten ist. Dieses hat zu seinem Prinzip das numerische Eins, das dessen An-sich-Bestimmtsein ausmacht; und die Beziehung des numerischen Eins ist die äußerliche, und die nur durch die Natur des unmittelbaren Quantums als solchen bestimmte Veränderung besteht für sich in dem Hinzutreten eines solchen numerischen Eins und wieder eines solchen usf. Wenn so das äußerliche Quantum in arithmetischer Progression sich verändert, so bringt die spezifizierende Reaktion der qualitativen Natur des Maßes eine andere Reihe hervor, welche sich auf die erste bezieht, mit ihr zu- und abnimmt, aber nicht in einem durch einen Zahlexponenten bestimmten, sondern einer Zahl inkommensurablen Verhältnisse, nach einer Potenzenbestimmung.

Anmerkung

Um ein Beispiel anzuführen, so ist die *Temperatur* eine Qualität, an der diese beiden Seiten, äußerliches und spezifiziertes Quantum zu sein, sich unterscheiden. Als Quantum ist sie äußerliche Temperatur, und zwar auch eines Körpers als allgemeinen Mediums, von der angenommen wird, daß ihre Veränderung an der Skala der arithmetischen Progression fortgehe und daß sie gleichförmig zu- oder abnehme; wogegen sie von den verschiedenen in ihr befindlichen besonderen Körpern verschieden aufgenommen wird, indem dieselben durch ihr immanentes Maß die äußerlich empfangene Temperatur bestimmen, die Temperaturveränderung derselben nicht der des Mediums oder ihrer untereinander im direkten Verhältnisse entspricht. Verschiedene Körper, in einer und derselben Temperatur verglichen, geben Verhältniszahlen ihrer spezifischen Wärmen, ihrer Wärmekapazitäten. Aber diese Kapazitäten der Körper ändern sich in verschiedenen Temperaturen, womit das Eintreten einer Veränderung der spezifischen Gestalt sich verbindet. In der Vermehrung oder Verminderung der Temperatur zeigt sich somit eine besondere Spezifikation. Das Verhältnis der Temperatur, die als äußerliche vorgestellt wird, zur Temperatur eines bestimmten Körpers, die zugleich von jener abhängig ist, hat nicht einen festen Verhältnisexponenten; die Vermehrung oder Verminderung dieser Wärme geht nicht gleichförmig mit der Zu- und Abnahme der äußerlichen fort. – Es wird hierbei eine Temperatur als äußerlich überhaupt angenommen, deren Veränderung bloß äußerlich oder rein quantitativ sei. Sie ist jedoch selbst Temperatur der Luft oder sonst spezifische Temperatur. Näher betrachtet würde daher das Verhältnis eigentlich nicht als Verhältnis von einem bloß quantitativen zu einem qualifizierenden, sondern von zwei spezifischen Quantis zu nehmen sein. Wie sich das spezifizierende Verhältnis gleich weiter bestimmen wird, daß die Momente des Maßes nicht nur in einer quantitativen und einer das Quantum qualifizierenden Seite einer und derselben Qualität bestehen, sondern im Verhältnisse zweier Qualitäten, welche an ihnen selbst Maße sind.

c. Verhältnis beider Seiten als Qualitäten

1. Die qualitative, an sich bestimmte Seite des Quantums ist nur als Beziehung auf das äußerlich Quantitative; als Spezifizieren desselben ist sie das Aufheben seiner Äußerlichkeit, durch welche das Quantum als solches ist; sie hat so dasselbe zu ihrer Voraussetzung und fängt von ihm an. Dieses aber ist von der Qualität selbst auch qualitativ unterschieden; dieser Unterschied beider ist in der *Unmittelbarkeit* des Seins überhaupt, in welcher das Maß noch ist, zu setzen; so sind beide Seiten qualitativ gegeneinander und jede für sich ein solches Dasein, und das eine, zunächst nur als [das] formelle, an ihm unbestimmte Quantum ist das Quantum eines Etwas und seiner Qualität und, wie sich deren Beziehung aufeinander nun zum Maße überhaupt bestimmt hat, gleichfalls die spezifische Größe dieser Qualitäten. Diese Qualitäten sind nach der Maßbestimmung im Verhältnis zueinander, – diese ist ihr Exponent; sie sind aber an sich schon im *Fürsichsein* des Maßes aufeinander bezogen, das Quantum ist in seinem Doppelsein als äußerliches und spezifisches, so daß jede der unterschiedenen Quantitäten diese zweifache Bestimmung an ihr hat und zugleich schlechthin

mit der anderen verschränkt ist; eben darin allein sind die Qualitäten bestimmt. Sie sind so nicht nur füreinander seiendes Dasein überhaupt, sondern untrennbar gesetzt, und die an sie geknüpfte Größenbestimmtheit ist eine qualitative Einheit, – *eine* Maßbestimmung, in der sie ihrem Begriffe nach, an sich zusammenhängen. Das Maß ist so das *immanente* quantitative Verhalten *zweier* Qualitäten zueinander.

2. Im Maß tritt die wesentliche Bestimmung der *veränderlichen Größe* ein, denn es ist das Quantum als aufgehoben, also nicht mehr als das, was es sein soll, um Quantum zu sein, sondern als Quantum und zugleich als etwas anderes; dies Andere ist das Qualitative und, wie bestimmt worden, nichts anderes als das Potenzenverhältnis desselben. Im unmittelbaren Maße ist diese Veränderung noch nicht gesetzt; es ist nur irgend und zwar ein einzelnes Quantum überhaupt, an das eine Qualität geknüpft ist. Im Spezifizieren des Maßes, der vorhergehenden Bestimmung, als einer Veränderung des bloß äußerlichen Quantums durch das Qualitative ist Unterschiedenheit beider Größenbestimmtheiten und damit überhaupt die Mehrheit von Maßen an einem gemeinschaftlichen äußerlichen Quantum gesetzt; das Quantum zeigt sich erst als daseiendes Maß in solcher Unterschiedenheit seiner von sich selbst, indem es, ein und dasselbe (z. B. dieselbe Temperatur des Mediums), zugleich als verschiedenes, und zwar quantitatives Dasein (in den verschiedenen Temperaturen der in jenem befindlichen Körper) hervortritt. Diese Unterschiedenheit des Quantums in den verschiedenen Qualitäten – den verschiedenen Körpern – gibt eine weitere, diejenige Form des Maßes, in welcher beide Seiten als qualitativ bestimmte Quanta sich zueinander verhalten, was das *realisierte Maß* genannt werden kann.

Die Größe ist als eine Größe überhaupt veränderlich, denn ihre Bestimmtheit ist als eine Grenze, die zugleich keine ist; die Veränderung betrifft insofern nur ein besonderes Quantum, an dessen Stelle ein anderes gesetzt wird; die wahrhafte

Veränderung aber ist die des Quantums als solchen; dies gibt die – so gefaßt – interessante Bestimmung der veränderlichen Größe in der höheren Mathematik; wobei nicht bei dem Formellen der *Veränderlichkeit* überhaupt stehenzubleiben noch andere als die einfache Bestimmung des Begriffs herbeizunehmen ist, nach welcher das *Andere des Quantums* nur *das Qualitative* ist. Die wahrhafte Bestimmung also der reellen veränderlichen Größe ist, daß sie die qualitativ, hiermit, wie zur Genüge gezeigt worden, die durch ein Potenzenverhältnis bestimmte ist; in dieser veränderlichen Größe ist es *gesetzt*, daß das Quantum nicht als solches gilt, sondern nach seiner ihm anderen Bestimmung, der qualitativen.

Die Seiten dieses Verhaltens haben nach ihrer abstrakten Seite als Qualitäten überhaupt irgendeine besondere Bedeutung, z. B. Raum und Zeit. In ihrem Maßverhältnis als Größenbestimmtheiten zunächst überhaupt genommen, ist die eine davon Anzahl, die in äußerlicher, arithmetischer Progression auf- und abgeht, die andere eine Anzahl, die durch jene, welche Einheit für sie ist, spezifisch bestimmt wird. Insofern jede ebenso nur eine besondere Qualität überhaupt wäre, läge kein Unterschied in ihnen, welche von den beiden, in Rücksicht auf ihre Größenbestimmung, als die bloß äußerlich quantitative und welche als die in quantitativer Spezifikation sich verändernd genommen werde. Wenn sie sich z. B. als Wurzel und Quadrat verhalten, ist es gleichviel, an welcher die Vermehrung oder Verminderung als bloß äußerlich, in arithmetischer Progression fortgehend, und welche dagegen als an diesem Quantum sich spezifisch bestimmend angesehen wird.

Aber die Qualitäten sind nicht unbestimmt verschieden gegeneinander, denn in ihnen soll als Momenten des Maßes die Qualifikation desselben liegen. Die nächste Bestimmtheit der Qualitäten selbst ist: der einen, das *Extensive*, die Äußerlichkeit an ihr selbst zu sein, der anderen, das *Intensive*, das Insichseiende oder Negative gegen jene. Von den quantitativen Momenten kommt hiernach jener die Anzahl, dieser die Einheit zu; im einfachen direkten Verhältnisse ist jene als der Dividend, diese als Divisor, im spezifizierenden Verhältnis jene als die Potenz oder das Anderswerden, diese als Wurzel zu nehmen. Insofern hier noch gezählt, d. i. auf das äußerliche Quantum (das so als die ganz zufällige, empirisch genannte Größenbestimmtheit ist) reflektiert, hiermit die Veränderung gleichfalls auch als in äußerlicher, arithmetischer Progression fortgehend genommen wird, so fällt dies auf die Seite der Einheit, der intensiven Qualität; die äußerliche, extensive Seite hingegen ist als in der spezifizierten Reihe sich verändernd darzustellen. Aber das direkte Verhältnis (wie die Geschwindigkeit überhaupt, $\frac{s}{t}$) ist hier zur formellen, nicht existierenden, sondern nur der abstrahierenden Reflexion angehörigen Bestimmung herabgesetzt; und wenn noch im Verhältnis von Wurzel und Quadrat (wie in $s = at^2$) die Wurzel als empirisches Quantum und in arithmetischer Progression fortgehend, die andere Seite aber als spezifiziert zu nehmen ist, so ist die höhere, dem Begriffe entsprechendere Realisation der Qualifikation des Quantitativen diese, daß beide Seiten in höheren Potenzenbestimmungen (wie in $s^3 = at^2$ der Fall ist) sich verhalten.

Anmerkung

Das hier Erörterte in Rücksicht des Zusammenhangs der qualitativen Natur eines Daseins und seiner Quantitätsbestimmung im Maße hat seine Anwendung in dem schon angedeuteten Beispiel der Bewegung, zunächst daß in der *Geschwindigkeit*, als dem direkten Verhältnisse von durchlaufenem Raume und verflossener Zeit, die Größe der Zeit als Nenner, die Größe des Raums dagegen als Zähler angenommen wird. Wenn Geschwindigkeit überhaupt nur ein Verhältnis vom Raum und der Zeit einer Bewegung ist, so ist es gleichgültig, welches von beiden Momenten als die Anzahl oder als die Einheit betrachtet werden soll. Aber Raum, wie in der spezifischen Schwere das Gewicht, ist äußerliches, reales Ganzes überhaupt, somit Anzahl; die Zeit hingegen, wie das Volumen, ist das Ideelle, das Negative, die Seite der Einheit. – Wesentlich aber gehört hierher das wichtigere Verhältnis, daß in der *freien Bewegung*, zuerst der noch bedingten des *Falls*, Zeit- und Raumquantität, jene als Wurzel, diese als Quadrat, oder, in der absolutfreien Bewegung der Himmelskörper, die Umlaufszeit und die Entfernung, jene um eine Potenz tiefer als diese, jene als Quadrat, diese als Kubus, gegeneinander bestimmt seien. Dergleichen Grundverhältnisse beruhen auf der Natur der im Verhältnis stehenden Qualitäten, des Raums und der Zeit, und [auf] der Art der Beziehung, in welcher sie stehen, entweder als mechanische Bewegung, d. i. als unfreie, durch den Begriff der Momente nicht bestimmte, oder als Fall, d. i. bedingtfreie, oder als absolutfreie himmlische Bewegung, – welche Arten der Bewegung ebensowohl als deren Gesetze auf der Entwicklung des Begriffs ihrer Momente, des Raums und der Zeit, beruhen, indem diese Qualitäten als solche, *an sich*, d. i. im Begriffe sich als *untrennbar* erweisen und ihr quantitatives Verhältnis das *Fürsichsein* des Maßes, nur *eine* Maßbestimmung ist.

In Rücksicht auf die absoluten Maßverhältnisse darf wohl erinnert werden, daß die *Mathematik der Natur*, wenn sie des Namens von Wissenschaft würdig sein will, wesentlich die Wissenschaft der Maße sein müsse – eine Wissenschaft, für welche empirisch wohl viel, aber eigentlich wissenschaftlich, d. i. philosophisch noch wenig getan ist. *Mathematische Prinzipien der Naturphilosophie* – wie *Newton* sein Werk genannt hat –, wenn sie diese Bestimmung in einem tieferen Sinn erfüllen sollten, als er und das ganze Baconsche Geschlecht von Philosophie und Wissenschaft hatte, müßten ganz andere Dinge enthalten, um ein Licht in diese noch dunklen, aber höchst betrachtungswürdigen Regionen zu bringen. – Es ist ein großes Verdienst, die empirischen Zahlen der Natur kennenzulernen, z. B. Entfernungen der Planeten voneinander, aber ein unendlich größeres, die empirischen Quanta verschwinden zu machen und sie in eine *allgemeine Form* von Quantitätsbestimmungen zu erheben, so daß sie Momente eines *Gesetzes* oder Maßes werden; – unsterbliche Verdienste, die sich z. B. *Galilei* in Rücksicht auf den Fall und *Kepler* in Rücksicht auf die Bewegung der himmlischen Körper erworben hat. Sie haben die Gesetze, die sie gefunden haben, so *erwiesen*, daß sie gezeigt haben, daß ihnen der Umfang der Einzelheiten der Wahrnehmung entspricht. Es muß aber noch ein höheres *Beweisen* dieser Gesetze gefordert werden, nämlich nichts anderes, als daß ihre Quantitätsbestimmungen aus den Qualitäten oder bestimmten Begriffen, die bezogen sind (wie Zeit und Raum), erkannt werden. Von dieser Art des Beweisens findet sich in jenen mathematischen Prinzipien der *Naturphilosophie* sowie in den ferneren Arbeiten dieser Art noch keine Spur. Es ist oben bei Gelegenheit des Scheins mathematischer Beweise von Naturverhältnissen, der sich auf den Mißbrauch des Unendlichkleinen gründet, bemerkt worden, daß der Versuch, solche Beweise eigentlich *mathematisch*, d. h. weder aus der Empirie noch aus dem Begriffe zu führen, ein widersinniges Unternehmen ist. Diese Beweise *setzen* ihre Theoreme, eben jene Gesetze, aus der Erfahrung *voraus*; was sie leisten, besteht darin, sie auf abstrakte Ausdrücke und bequeme Formeln zu bringen. Das ganze reelle Verdienst, das *Newton* im Vorzug gegen *Kepler* in Beziehung auf die nämlichen Gegenstände zugeschrieben wird, wird – das Scheingerüst von Beweisen abgezogen – ohne Zweifel bei gereinigterer Reflexion über das, was die Mathematik zu leisten vermag und was sie geleistet hat, einst mit deutlicher Kenntnis auf jene *Umformung des Ausdrucks** und der den *Anfängen* nach eingeführten analytischen Behandlung eingeschränkt werden.

* S. *Enzyklopädie der philosophischen Wissenschaften*, Anm. zu § 270 über die Umformung des Keplerschen $\frac{S^3}{T^2}$ in $\frac{S^2 \cdot S}{T^2}$ in das Newtonsche, indem der Teil $\frac{S}{T^2}$ die Kraft der Schwere genannt worden ist.

1. In der soeben betrachteten Form des spezifizierten Maßes ist das Quantitative beider Seiten qualitativ bestimmt (beide im Potenzenverhältnis); sie sind so Momente *einer* Maßbestimmtheit von qualitativer Natur. Dabei sind aber die Qualitäten nur erst noch als unmittelbare, *nur verschiedene* gesetzt, die nicht selbst in jenem Verhältnisse stehen, in welchem ihre Größenbestimmtheiten sind, nämlich *außer* solchem Verhältnisse keinen Sinn noch Dasein zu haben, was die Potenzenbestimmtheit der Größe enthält. Das Qualitative verhüllt sich so als nicht sich selbst, sondern die Größenbestimmtheit spezifizierend; nur als *an* dieser ist es *gesetzt*, für sich aber *unmittelbare* Qualität als solche, die außerhalb dessen, daß die Größe von ihr in Differenz gesetzt wird, und außer ihrer Beziehung auf ihre andere noch für sich bestehendes Dasein habe. So Raum und Zeit gelten beide außer jener Spezifikation, die ihre Größenbestimmtheit in der Bewegung des Falles oder in der absolutfreien Bewegung enthält, als Raum überhaupt, Zeit überhaupt, der Raum bestehend für sich außer und ohne die Zeit als dauernd und die Zeit als für sich fließend unabhängig vom Raume.

Diese Unmittelbarkeit des Qualitativen gegen seine spezifische Maßbeziehung ist aber ebensosehr mit einer quantitativen Unmittelbarkeit und der Gleichgültigkeit eines *Quantitativen* an ihm gegen dies sein Verhältnis verknüpft; die unmittelbare Qualität hat auch ein nur *unmittelbares Quantum*. Daher hat denn das spezifische Maß auch eine Seite zunächst äußerlicher Veränderung, deren Fortgang bloß arithmetisch ist, von jenem nicht gestört wird, und in welche die äußerliche, darum nur empirische Größenbestimmtheit fällt. Qualität und Quantum, auch so außer dem spezifischen Maße auftretend, sind zugleich in der Beziehung auf dieses; die Unmittelbarkeit ist ein Moment von solchen, die selbst zum Maße gehören. So sind die unmittelbaren Qualitäten dem Maße auch angehörig, gleichfalls in Beziehung, und stehen nach der Größenbestimmtheit in einem Verhältnis, welches als außerhalb des spezifizierten, der Potenzbestimmung, selbst nur das direkte Verhältnis und unmittelbares Maß ist. Diese Folgerung und deren Zusammenhang ist näher anzugeben.

2. Das unmittelbar bestimmte Quantum als solches ist, wenn es auch als Maßmoment sonst an sich in einem Begriffszusammenhang begründet ist, in der Beziehung zu dem spezifischen Maße als ein äußerlich gegebenes. Die Unmittelbarkeit, die hiermit gesetzt ist, ist aber die Negation der qualitativen Maßbestimmung; dieselbe wurde vorhin an den Seiten dieser Maßbestimmung aufgezeigt, welche darum als selbständige Qualitäten erschienen. Solche Negation und das Zurückkehren zur unmittelbaren Quantitätsbestimmtheit liegt in dem qualitativ bestimmten Verhältnisse insofern, als das Verhältnis Unterschiedener überhaupt deren Beziehung als *eine* Bestimmtheit enthält, die hiermit hier im Quantitativen, unterschieden von der Verhältnisbestimmung, ein Quantum ist. Als Negation der unterschiedenen qualitativ bestimmten Seiten ist dieser Exponent ein Fürsichsein, das Schlechthin-Bestimmtsein; aber [er] ist solches Fürsichsein nur *an sich*, – als Dasein ein einfaches, unmittelbares Quantum, Quotient oder Exponent als eines Verhältnisses der Seiten des Maßes, dies Verhältnis als ein direktes genommen, aber überhaupt die als empirisch erscheinende Einheit in dem Quantitativen des Maßes. – Im Falle der Körper stehen die durchlaufenen Räume im Verhältnisse des Quadrats der verflossenen Zeiten; $s = at^2$; dies ist das spezifisch bestimmte, ein Potenzenverhältnis des Raums und der Zeit; das andere, das direkte Verhältnis käme dem Raum und der Zeit als gegeneinander gleichgültigen Qualitäten zu; es soll das des Raumes zu dem *ersten* Zeitmomente sein; derselbe Koeffizient *a* bleibt in allen folgenden Zeitpunkten, – die *Einheit* als ein gewöhnliches Quantum für die übrigens durch das spezifizierende Maß bestimmte Anzahl. Sie gilt zugleich als der Expo-

nent jenes direkten Verhältnisses, welches der *vorgestellten* schlechten, d. i. formellen, nicht durch den Begriff spezifisch bestimmten Geschwindigkeit zukommt. Solche Geschwindigkeit existiert hier nicht, sowenig als die früher erwähnte, die dem Körper am *Ende* eines Zeitmoments zukommen sollte. Jene wird dem *ersten* Zeitmomente des Falles zugeschrieben, aber dieser sogenannte Zeitmoment ist eine selbst nur angenommene Einheit und hat als solcher atomer Punkt kein Dasein; der Anfang der Bewegung – die Kleinheit, die für diesen vorgegeben wird, könnte keinen Unterschied machen – ist sogleich eine Größe, und zwar eine durch das Gesetz des Falles spezifizierte Größe. Jenes empirische Quantum wird der Kraft der Schwere zugeschrieben, so daß diese Kraft selbst keine Beziehung auf die vorhandene Spezifikation (die Potenzenbestimmtheit), auf das Eigentümliche der Maßbestimmung haben soll. Das *unmittelbare* Moment, daß in der Bewegung des Falles auf eine Zeiteinheit (eine Sekunde und zwar die sogenannte *erste*) die Anzahl von etwa fünfzehn räumlichen Einheiten, die als Fuße angenommen sind, komme, ist ein *unmittelbares Maß* wie die Maßgröße der menschlichen Gliedmaßen, die Distanzen, Durchmesser der Planeten usf. Die Bestimmung solchen Maßes fällt anderswohin als innerhalb der qualitativen Maßbestimmung, hier des Gesetzes des Falles selbst; wovon aber solche *Zahlen*, das nur unmittelbar, daher als empirisch Erscheinende eines Maßes, abhängen, darüber haben uns die konkreten Wissenschaften noch keinen Aufschluß gegeben. Hier haben wir es nur mit dieser Begriffsbestimmtheit zu tun; diese ist, daß jener empirische Koeffizient das *Fürsichsein* in der Maßbestimmung ausmacht, aber nur das Moment des Fürsichseins, insofern dasselbe *an sich* und daher als unmittelbares ist. Das andere ist das *Entwickelte* dieses Fürsichseins, die spezifische Maßbestimmtheit der Seiten. – Die Schwere, im Verhältnisse des Fallens, einer zwar noch halb bedingten und nur halbfreien Bewegung, ist nach diesem zweiten Momente als eine Naturkraft anzusehen, so daß durch die Natur der Zeit und des Raums ihr Verhältnis bestimmt ist und daher in die Schwere jene Spezifikation, das Potenzenverhältnis, fällt; jenes, das einfache direkte Verhältnis, drückt nur ein mechanisches Verhalten der Zeit und des Raums aus, die formelle, äußerlich hervorgebrachte und determinierte Geschwindigkeit.

3. Das Maß hat sich dahin bestimmt, ein spezifiziertes Größenverhältnis zu sein, das als quantitativ das gewöhnliche äußerliche Quantum an ihm hat; dieses aber ist nicht ein Quantum überhaupt, sondern wesentlich als Bestimmungsmoment des Verhältnisses als solchen; es ist so Exponent und als nun unmittelbares Bestimmtsein ein unveränderlicher Exponent, somit des schon erwähnten direkten Verhältnisses derselben Qualitäten, durch welches zugleich ihr Größenverhältnis zueinander spezifisch bestimmt wird. Dieses direkte Verhältnis ist im gebrauchten Beispiel des Maßes der Fallbewegung gleichsam antizipiert und als vorhanden angenommen; aber wie bemerkt, existiert es in dieser Bewegung noch nicht. – Es macht aber die weitere Bestimmung aus, daß das Maß nun auf diese Weise *realisiert* ist, daß seine beiden Seiten Maße – unterschieden als unmittelbares, äußerliches, und als in sich spezifiziertes – sind und es die Einheit derselben ist. Als diese Einheit enthält das Maß das Verhältnis, in welchem die Größen durch die Natur der Qualitäten bestimmt und different gesetzt sind und dessen Bestimmtheit daher ganz immanent und selbständig, zugleich in das Fürsichsein des unmittelbaren Quantums, den Exponenten eines direkten Verhältnisses, zusammengegangen ist; seine Selbstbestimmung ist darin *negiert*, indem es in diesem seinem Anderen die letzte, fürsichseiende Bestimmtheit hat; und umgekehrt hat das unmittelbare Maß, welches an ihm selbst qualitativ sein soll, an jenem erst in Wahrheit die qualitative Bestimmtheit. Diese negative Einheit ist *reales Fürsichsein*, die Kategorie eines *Etwas*, als Einheit von Qualitäten, die im Maßverhältnisse sind, – eine volle *Selbständigkeit*. Unmittelbar geben die beiden, welche sich

als zwei verschiedene Verhältnisse ergeben haben, auch ein zweifaches Dasein, oder näher: solches selbständige Ganze ist als Fürsichseiendes überhaupt zugleich ein Abstoßen in *unterschiedene Selbständige*, deren qualitative Natur und Bestehen (Materialität) in ihrer Maßbestimmtheit liegt.

Zweites Kapitel Das reale Maß

Das Maß ist bestimmt zu einer Beziehung von Maßen, welche die Qualität unterschiedener selbständiger Etwas – geläufiger: *Dinge* – ausmachen. Die soeben betrachteten Maßverhältnisse gehören abstrakten Qualitäten wie dem Raume und der Zeit an; zu den im Bevorstehenden zu betrachtenden sind spezifische Schwere, weiterhin die chemischen Eigenschaften die Beispiele, welche als Bestimmungen *materieller* Existenzen sind. Raum und Zeit sind auch Momente solcher Maße, die aber nun, weiteren Bestimmungen untergeordnet, nicht mehr nur nach ihrer eigenen Begriffsbestimmung sich zueinander verhalten. Im Klange z. B. ist die *Zeit,* in welcher eine Anzahl der Schwingungen erfolgt, das Räumliche der Länge, Dicke des schwingenden Körpers unter den Bestimmungsmomenten; aber die Größen jener ideellen Momente sind äußerlich bestimmt, sie zeigen sich nicht mehr in einem Potenzen-, sondern in gewöhnlichem direkten Verhältnisse gegeneinander, und das Harmonische reduziert sich auf die ganz äußerliche Einfachheit von Zahlen, deren Verhältnisse sich am leichtesten auffassen lassen und damit eine Befriedigung gewähren, die ganz der Empfindung anheimfällt, da für den Geist keine Vorstellung, Phantasiebild, Gedanke und dergleichen ihn Erfüllendes vorhanden ist. Indem die Seiten, welche nun das Maßverhältnis ausmachen, selbst Maße, aber zugleich reelle Etwas sind, sind ihre Maße zunächst unmittelbare Maße und als Verhältnisse an ihnen direkte Verhältnisse. Es ist das Verhältnis solcher Verhältnisse zueinander, welches nun in seiner Fortbestimmung zu betrachten ist.

Das Maß, wie es so nunmehr reales ist, ist

erstens ein selbständiges Maß einer Körperlichkeit, das sich zu *anderen* verhält und in diesem Verhalten dieselben sowie damit die selbständige Materialität spezifiziert. Diese Spezifikation, als ein äußerliches Beziehen zu vielen Anderen überhaupt, ist das Hervorbringen anderer Verhältnisse, somit anderer im Maße, und die spezifische Selbständigkeit bleibt nicht in *einem* direkten Verhältnisse bestehen, sondern geht in *spezifische Bestimmtheit*, die eine *Reihe von Maßen* ist, über.

Zweitens sind die dadurch entstehenden direkten Verhältnisse an sich bestimmte und ausschließende Maße (Wahlverwandtschaften); indem aber ihr Unterschied voneinander zugleich nur quantitativ ist, so ist ein Fortgang von Verhältnissen vorhanden, der zum Teil bloß äußerlich quantitativ ist, aber auch durch qualitative Verhältnisse unterbrochen wird und eine *Knotenlinie* von *spezifischen Selbständigen* bildet.

Drittens aber tritt in diesem Fortgange für das Maß die *Maßlosigkeit* überhaupt und bestimmter die *Unendlichkeit* des Maßes ein, in welcher die sich ausschließenden Selbständigkeiten eins miteinander sind und das Selbständige in negative Beziehung zu sich selbst tritt.

A. Das Verhältnis selbständiger Masse

Die Maße heißen nun nicht mehr bloß unmittelbare, sondern selbständige, insofern sie an ihnen selbst zu Verhältnissen von Maßen [werden], welche spezifiziert sind, so in diesem Fürsichsein Etwas, physikalische, zunächst materielle Dinge sind. Das Ganze, welches ein Verhältnis solcher Maße ist, ist aber

a) zunächst selbst *unmittelbar*; so sind die beiden Seiten, welche als solche selbständige Maße bestimmt sind, außer-

einander an besonderen Dingen bestehend und werden *äußerlich* in *Verbindung* gesetzt;
b) die selbständigen Materialitäten sind aber, was sie qualitativ sind, nur durch die quantitative Bestimmung, die sie als Maße haben, somit durch selbst quantitative Beziehung auf andere, als *different* dagegen (sogenannte *Affinität*), und zwar als *Glieder einer Reihe* solchen quantitativen Verhaltens bestimmt;
c) dieses gleichgültige mannigfaltige Verhalten schließt sich zugleich zum *ausschließenden* Fürsichsein ab, – sogenannte *Wahlverwandtschaft.*

a. Verbindung zweier Maße

Etwas ist in sich als Maßverhältnis von Quantis bestimmt, welchen ferner Qualitäten zukommen, und das Etwas ist die Beziehung von diesen Qualitäten. Die eine ist dessen *Insichsein,* wonach es ein Fürsichseiendes – Materielles – ist (wie, intensiv genommen, das Gewicht, oder extensiv, die *Menge,* aber von materiellen Teilen); die andere aber ist die *Äußerlichkeit* dieses Insichseins (das Abstrakte, Ideelle, der Raum). Diese Qualitäten sind quantitativ bestimmt, und das Verhältnis derselben zueinander macht die qualitative Natur des materiellen Etwas aus, – das Verhältnis des Gewichts zum Volumen die bestimmte spezifische Schwere. Das Volumen, das Ideelle, ist als die Einheit anzunehmen, das Intensive aber, das in quantitativer Bestimmtheit und in der Vergleichung mit jenem als extensive Größe, Menge von fürsichseienden Eins erscheint, als die Anzahl. – Das reine qualitative Verhalten der beiden Größenbestimmtheiten nach einem Potenzenverhältnis ist darin verschwunden, daß in der Selbständigkeit des Fürsichseins (materiellen Seins) die Unmittelbarkeit zurückgekehrt ist, an welcher die Größenbestimmtheit ein Quantum als solches und das Verhältnis eines solchen zu der anderen Seite ebenfalls in dem gewöhnlichen Exponenten eines direkten Verhältnisses bestimmt ist.

Dieser Exponent ist das spezifische Quantum des Etwas, aber er ist unmittelbares Quantum, und dieses, damit die spezifische Natur von solchem Etwas, ist nur in der *Vergleichung* mit anderen Exponenten solcher Verhältnisse bestimmt. Er macht das *spezifische Ansich*bestimmtsein, das innere eigentümliche Maß von etwas aus; aber indem dieses sein Maß auf dem Quantum beruht, ist es auch nur als äußerliche, gleichgültige Bestimmtheit, und solches Etwas ist dadurch, der innerlichen Maßbestimmung ungeachtet, veränderlich. Das Andere, zu dem es als veränderlich sich verhalten kann, ist nicht eine Menge von Materie, ein Quantum überhaupt – hiergegen hält sein spezifisches Ansichbestimmtsein aus –, sondern ein Quantum, das zugleich ebenso Exponent solchen spezifischen Verhältnisses ist. Es sind zwei Dinge von verschiedenem inneren Maße, die in Beziehung stehen und in Verbindung treten – wie zwei Metalle von verschiedener spezifischer Schwere; welche Gleichartigkeit ihrer Natur – daß es z. B. nicht ein Metall ist, von dessen Verbindung mit Wasser die Rede wäre – sonst zur Möglichkeit solcher Verbindung erforderlich sei, gehört nicht hierher zu betrachten. – Einerseits erhält sich nun jedes der beiden Maße in der Veränderung, die an dasselbe durch die Äußerlichkeit des Quantums kommen sollte, weil es Maß ist, andererseits aber ist dieses Sicherhalten selbst ein negatives Verhalten zu diesem Quantum, eine Spezifikation desselben und, da dasselbe Exponent des Maßverhältnisses ist, eine Veränderung des Maßes selbst und zwar eine gegenseitige Spezifikation.

Nach der bloß quantitativen Bestimmung wäre die Verbindung ein bloßes Summieren der zwei Größen der einen und der zwei der anderen Qualität, z. B. die Summe der beiden Gewichte und der beiden Volumen bei der Verbindung zweier Materien von verschiedener spezifischer Schwere, so daß nicht nur das Gewicht des Gemisches gleich jener Summe bliebe, sondern auch der Raum, den dasselbe einnimmt, gleich der Summe jener Räume. Allein nur das Ge-

wicht findet sich als die Summe der Gewichte, die vor der Verbindung vorhanden waren; es summiert sich die Seite, welche als die fürsichseiende zum festen Dasein und damit von bleibendem unmittelbaren Quantum geworden ist, – das Gewicht der Materie oder, was für dasselbe nach der Rücksicht der quantitativen Bestimmtheit gilt, die Menge der materiellen Teile. Aber in die Exponenten fällt die Veränderung, indem sie der Ausdruck der qualitativen Bestimmtheit, des Fürsichseins als Maßverhältnisse sind, welches, indem das Quantum als solches die zufällige, äußerliche Veränderung durch Zusatz, der summiert wird, erleidet, zugleich sich als negierend gegen diese Äußerlichkeit erweist. Dieses immanente Bestimmen des Quantitativen, da es, wie gezeigt, nicht am Gewichte erscheinen kann, erweist sich an der anderen Qualität, welche die ideelle Seite des Verhältnisses ist. Für die sinnliche Wahrnehmung kann es auffallend sein, daß sich nach der Vermischung zweier spezifisch verschiedener Materien eine Veränderung – gewöhnlich eine Verminderung – des summierten Volumens zeigt; der Raum selbst macht das Bestehen der außereinanderseienden Materie aus. Aber dies Bestehen gegen die Negativität, welche das Fürsichsein in sich enthält, ist das nicht an sich Seiende, das Veränderliche; der Raum wird auf diese Weise als das, was er wahrhaft ist, als das Ideelle gesetzt.
Es ist aber hiermit nicht nur die eine der qualitativen Seiten als veränderlich gesetzt, sondern das Maß selbst und damit die darauf gegründete qualitative Bestimmtheit des Etwas hat sich so gezeigt, nicht an ihm selbst ein Festes zu sein, sondern, wie das Quantum überhaupt, seine Bestimmtheit in anderen Maßverhältnissen zu haben.

b. Das Maß als Reihe von Maßverhältnissen

1. Wenn etwas, das mit anderem vereint wird, und ebenso dies Andere, nur durch die einfache Qualität bestimmt, das wäre, was es ist, so würden sie in dieser Verbindung nur sich

aufheben. Aber etwas, das Maßverhältnis in sich ist, ist selbständig, aber dadurch zugleich vereinbar mit einem ebensolchen; indem es in dieser Einheit aufgehoben wird, erhält es sich durch sein gleichgültiges, quantitatives Bestehen und verhält sich zugleich als spezifizierendes Moment eines neuen Maßverhältnisses. Seine Qualität ist eingehüllt in das Quantitative; damit ist sie ebenso gleichgültig gegen das andere Maß, kontinuiert sich in dasselbe und in das neue gebildete Maß hinein; der Exponent des neuen Maßes ist selbst nur irgendein Quantum, äußerliche Bestimmtheit, stellt sich als Gleichgültigkeit darin dar, daß das spezifisch bestimmte Etwas mit anderen ebensolchen Maßen ebendergleichen Neutralisierungen der beiderseitigen Maßverhältnisse eingeht; in nur einem, von ihm und einem anderen gebildeten [Maß] drückt sich seine spezifische Eigentümlichkeit nicht aus.

2. Diese Verbindung mit mehreren, die gleichfalls Maße an ihnen sind, gibt verschiedene Verhältnisse, die also verschiedene Exponenten haben. Das Selbständige hat den Exponenten seines Ansichbestimmtseins nur in der Vergleichung mit anderen; die Neutralität mit anderen aber macht seine reelle Vergleichung mit denselben aus; es ist seine Vergleichung mit ihnen durch sich selbst. Die Exponenten dieser Verhältnisse aber sind verschieden, und es stellt hiermit seinen qualitativen Exponenten als die *Reihe* dieser *verschiedenen Anzahlen* dar, zu denen es die Einheit ist, – als eine *Reihe von spezifischem Verhalten zu anderen.* Der qualitative Exponent als *ein* unmittelbares Quantum drückt eine einzelne Relation aus. Wahrhaft unterscheidet sich das Selbständige durch die *eigentümliche Reihe* der Exponenten, die es, als Einheit angenommen, mit anderen solchen Selbständigkeiten bildet, indem ein Anderes derselben ebenso mit ebendenselben in Beziehung gebracht und, als Einheit angenommen, eine andere Reihe formiert. – Das Verhältnis solcher Reihe innerhalb ihrer macht nun das Qualitative des Selbständigen aus.

Insofern nun solches Selbständiges mit einer Reihe von Selbständigen eine Reihe von Exponenten bildet, scheint es zunächst von einem Anderen außer dieser Reihe selbst, mit welchem es *verglichen* wird, dadurch unterschieden zu sein, daß dieses eine andere Reihe von Exponenten mit denselben Gegenüberstehenden macht. Aber auf diese Weise wären diese beiden Selbständigen *nicht vergleichbar,* insofern jedes so als *Einheit* gegen seine Exponenten betrachtet wird und die beiden aus dieser Beziehung entstehenden Reihen *unbestimmt andere* sind. Die beiden, die als Selbständige verglichen werden sollen, sind zunächst gegeneinander nur als Quanta unterschieden; ihr Verhältnis zu bestimmen, bedarf es selbst einer gemeinschaftlichen, fürsichseienden Einheit. Diese bestimmte Einheit ist nur in dem zu suchen, worin die zu Vergleichenden, wie gezeigt, das spezifische Dasein ihres Maßes haben, also in dem Verhältnisse, das die Verhältnisexponenten der Reihe zueinander haben. Dies Verhältnis der Exponenten selbst ist aber nur so fürsichseiende, in der Tat bestimmte Einheit, als die Glieder der Reihe dasselbe als ein *konstantes* Verhältnis untereinander zu beiden haben; so kann es *ihre gemeinschaftliche Einheit* sein. In ihr also liegt allein die Vergleichbarkeit der beiden Selbständigen, die als sich nicht miteinander neutralisierend, sondern als gleichgültig gegeneinander angenommen wurden. Jedes abgesondert außerhalb der Vergleichung ist die Einheit der Verhältnisse mit den gegenüberstehenden Gliedern, welche die Anzahlen gegen jene Einheit sind, somit die Reihe von Exponenten vorstellen. Diese Reihe ist dagegen umgekehrt die Einheit für jene beiden, die, verglichen miteinander, Quanta gegeneinander sind; als solche sind sie selbst verschiedene Anzahlen ihrer soeben aufgezeigten Einheit.

Diejenigen aber ferner, welche mit den gegenüberstehenden, unter sich verglichenen Beiden oder vielmehr *Vielen* überhaupt die Reihe der Exponenten des Verhaltens derselben abgeben, sind an ihnen selbst gleichfalls Selbständige, jedes ein spezifisches Etwas von einem ihm an sich zuständigen

Maßverhältnis. Sie sind insofern gleichfalls jedes als Einheit zu nehmen, so daß sie an den erstgenannten unter sich bloß verglichenen Beiden oder vielmehr unbestimmt Mehreren eine Reihe von Exponenten haben, welche Exponenten die Vergleichungszahlen der soeben genannten unter sich sind; so wie die Vergleichungszahlen der nun einzeln auch als selbständig genommenen unter sich gleichfalls umgekehrt die Reihe der Exponenten für die Glieder der ersten Reihe sind. Beide Seiten sind auf diese Weise Reihen, in denen jede Zahl *erstens* Einheit überhaupt ist gegen ihre gegenüberstehende Reihe, an der sie ihr Fürsichbestimmtsein als eine Reihe von Exponenten hat; *zweitens* ist sie selbst einer der Exponenten für jedes Glied der gegenüberstehenden Reihe; und *drittens* Vergleichungszahl zu den übrigen Zahlen ihrer Reihe und hat als solche Anzahl, die ihr auch als Exponent zukommt, ihre für sich bestimmte Einheit an der gegenüberstehenden Reihe.

3. In diesem Verhalten ist die Art und Weise wiedergekehrt, wie das Quantum als fürsichseiend, nämlich als Grad gesetzt ist, einfach zu sein, aber die Größenbestimmtheit an einem außer ihm seienden Quantum, das ein Kreis von Quantis ist, zu haben. Im Maße aber ist dies Äußerliche nicht bloß ein Quantum und ein Kreis von Quantis, sondern eine Reihe von Verhältniszahlen, und das Ganze derselben ist es, worin das Fürsichbestimmtsein des Maßes liegt. Wie [es] beim Fürsichsein des Quantums als Grad der Fall ist, hat in diese Äußerlichkeit seiner selbst sich die Natur des selbständigen Maßes verkehrt. Seine Beziehung auf sich ist zunächst als *unmittelbares* Verhältnis, und damit besteht sogleich seine Gleichgültigkeit gegen Anderes nur in dem Quantum. In diese Äußerlichkeit fällt daher seine qualitative Seite, und *sein Verhalten zu Anderem* wird zu dem, was die spezifische Bestimmung dieses Selbständigen ausmacht. Sie besteht so schlechthin in der quantitativen Art und Weise dieses Verhaltens, und diese Art und Weise ist sosehr durch das Andere als durch es selbst bestimmt, und dies Andere ist eine Reihe

von Quantis und es selbst gegenseitig ein solches. Aber diese Beziehung, in welcher sich zwei Spezifische zu etwas, zu einem Dritten, dem Exponenten, spezifizieren, enthält ferner dies, daß das eine darin nicht in das andere übergegangen, also nicht nur *eine* Negation überhaupt, sondern *beide* darin negativ gesetzt sind und, indem jedes sich gleichgültig darin erhält, *seine Negation* auch wieder *negiert* ist. Diese ihre qualitative Einheit ist somit für sich seiende *ausschließende* Einheit. Die Exponenten, welche zunächst Vergleichungszahlen unter sich sind, haben in dem Momente des Ausschließens erst ihre wahrhaft spezifische Bestimmtheit gegeneinander an ihnen, und ihr Unterschied wird so zugleich qualitativer Natur. Er gründet sich aber auf das Quantitative; das Selbständige verhält sich *erstens* nur darum zu einem *Mehreren* seiner qualitativ anderen Seite, weil es in diesem Verhalten zugleich gleichgültig ist; *zweitens* ist nun die neutrale Beziehung durch die in ihr enthaltene Quantitativität nicht nur Veränderung, sondern als Negation der Negation gesetzt und ausschließende Einheit. Dadurch ist die *Verwandtschaft* eines Selbständigen zu den Mehreren der anderen Seite nicht mehr eine indifferente Beziehung, sondern eine *Wahlverwandtschaft*.

c. *Wahlverwandtschaft*

Es ist hier der Ausdruck *Wahlverwandtschaft*, wie auch im vorhergehenden *Neutralität, Verwandtschaft* gebraucht worden, – Ausdrücke, die sich auf das *chemische* Verhältnis beziehen. Denn in der chemischen Sphäre hat wesentlich das Materielle seine spezifische Bestimmtheit in der Beziehung auf sein Anderes; es existiert nur als diese Differenz. Diese spezifische Beziehung ist ferner an die Quantität gebunden und ist zugleich nicht nur die Beziehung auf ein einzelnes Anderes, sondern auf eine Reihe solcher ihm gegenüberstehenden Differenten; die Verbindungen mit dieser Reihe beruhen auf einer sogenannten *Verwandtschaft* mit *jedem*

Gliede derselben, aber bei dieser Gleichgültigkeit ist zugleich jede ausschließend gegen andere, welche Beziehung entgegengesetzter Bestimmungen noch zu betrachten ist. – Es ist aber nicht nur im Chemischen, daß sich das Spezifische in einem Kreise von Verbindungen darstellt; auch der einzelne Ton hat erst seinen Sinn in dem Verhalten und der Verbindung mit einem anderen und mit der Reihe von anderen; die Harmonie oder Disharmonie in solchem Kreise von Verbindungen macht seine qualitative Natur aus, welche zugleich auf quantitativen Verhältnissen beruht, die eine Reihe von Exponenten bilden und die Verhältnisse von den beiden spezifischen Verhältnissen sind, die jeder der verbundenen Töne an ihm selbst ist. Der einzelne Ton ist der Grundton eines Systems, aber ebenso wieder einzelnes Glied im Systeme jedes anderen Grundtons. Die Harmonien sind ausschließende Wahlverwandtschaften, deren qualitative Eigentümlichkeit sich aber ebensosehr wieder in die Äußerlichkeit bloß quantitativen Fortgehens auflöst. – Worin aber das Prinzip eines Maßes für diejenigen Verwandtschaften, welche (chemische oder musikalische oder andere) Wahlverwandtschaften unter [den] und gegen die anderen sind, liege, darüber wird im folgenden in betreff der chemischen noch eine Bemerkung vorkommen; aber diese höhere Frage hängt mit dem Spezifischen des eigentlichen Qualitativen aufs engste zusammen und gehört in die besonderen Teile der konkreten Naturwissenschaft.

Insofern das Glied einer Reihe seine qualitative Einheit in seinem Verhalten zu dem Ganzen einer gegenüberstehenden Reihe hat, deren Glieder aber gegeneinander nur durch das Quantum, nach welchem sie sich mit jenem neutralisieren, verschieden sind, so ist die speziellere Bestimmtheit in dieser vielfachen Verwandtschaft gleichfalls nur eine quantitative. In der Wahlverwandtschaft als ausschließender, qualitativer Beziehung entnimmt das Verhalten sich diesem quantitativen Unterschiede. Die nächste Bestimmung, die sich darbietet, ist, daß nach dem Unterschied der Menge, als der *extensiven*

Größe, der unter den Gliedern der einen Seite für die Neutralisierung eines Gliedes der anderen Seite stattfindet, sich auch die Wahlverwandtschaft dieses Gliedes zu den Gliedern der anderen Reihe, mit denen allen es in Verwandtschaft steht, richte. Das Ausschließen als ein *festeres* Zusammenhalten gegen andere Möglichkeiten der Verbindung, welches dadurch begründet wäre, erschiene so umgewandelt in um soviel größerer *Intensität,* nach der früher nachgewiesenen Identität der Formen von extensiver und intensiver Größe, als in welchen beiden Formen die Größenbestimmtheit eine und dieselbe ist. Dies Umschlagen der einseitigen Form der extensiven Größe auch in ihre andere, die intensive, ändert aber an der Natur der Grundbestimmung, welche das eine und dasselbe Quantum ist, nichts; so daß hiermit in der Tat kein Ausschließen gesetzt wäre, sondern gleichgültig entweder nur *eine* Verbindung oder ebensowohl eine Kombination, unbestimmt von wievielen Gliedern, wenn nur die Portionen, die von ihnen einträten, in Gemäßheit ihrer Verhältnisse untereinander dem geforderten Quantum entsprechend wären, statthaben könnte.

Allein die Verbindung, die wir auch Neutralisation genannt haben, ist nicht nur die Form der Intensität; der Exponent ist wesentlich Maßbestimmung und damit ausschließend; die Zahlen haben in dieser Seite ausschließenden Verhaltens ihre Kontinuität und Zusammenfließbarkeit miteinander verloren; es ist das *Mehr* oder *Weniger,* was einen negativen Charakter erhält, und der *Vorzug,* den ein Exponent gegen andere hat, bleibt nicht in der Größenbestimmtheit stehen. Ebensosehr ist aber auch diese andere Seite vorhanden, nach welcher es einem Momente wieder gleichgültig ist, von mehreren ihm gegenüberstehenden Momenten das neutralisierende Quantum zu erhalten, von jedem nach seiner spezifischen Bestimmtheit gegen das andere; das ausschließende, negative Verhalten leidet zugleich diesen Eintrag von der quantitativen Seite her. – Es ist hiermit ein Umschlagen von gleichgültigem, bloß quantitativem Verhalten in ein qualitatives und umgekehrt ein Übergehen des spezifischen Bestimmtseins in das bloß äußerliche Verhältnis gesetzt, – eine Reihe von Verhältnissen, die bald bloß quantitativer Natur, bald spezifische und Maße sind.

Anmerkung

Die *chemischen Stoffe* sind die eigentümlichsten Beispiele solcher Maße, welche Maßmomente sind, die dasjenige, was ihre Bestimmung ausmacht, allein im Verhalten zu anderen haben. Säuren und Kalien oder Basen überhaupt erscheinen als unmittelbar an sich bestimmte Dinge, aber vielmehr als unvollkommene Körperelemente, als Bestandteile, die eigentlich nicht für sich existieren, sondern nur diese Existenz haben, ihr isoliertes Bestehen aufzuheben und sich mit einem anderen zu verbinden. Der Unterschied ferner, wodurch sie als *selbständige* sind, besteht nicht in dieser unmittelbaren Qualität, sondern in der quantitativen Art und Weise des Verhaltens. Er ist nämlich nicht auf den chemischen Gegensatz von Säure und Kali oder Basis überhaupt eingeschränkt, sondern ist zu einem *Maße der Sättigung* spezifiziert und besteht in der spezifischen Bestimmtheit der Quantität der sich neutralisierenden Stoffe. Diese Quantitätsbestimmung in Rücksicht auf die Sättigung macht die qualitative Natur eines Stoffes aus; sie macht ihn zu dem, was er für sich ist, und die Zahl, die dies ausdrückt, ist wesentlich einer von mehreren Exponenten für eine gegenüberstehende Einheit. – Solcher Stoff steht mit einem anderen in sogenannter Verwandtschaft; insofern diese Beziehung rein qualitativer Natur bliebe, so wäre – wie die Beziehung der magnetischen Pole oder der Elektrizitäten – die eine Bestimmtheit nur die negative der anderen, und beide Seiten zeigten sich nicht auch zugleich gleichgültig gegeneinander. Aber weil die Beziehung auch quantitativer Natur ist, ist jeder dieser Stoffe fähig, mit *mehreren* sich zu neutralisieren, und nicht auf einen gegenüberstehenden eingeschränkt. Es verhält sich nicht nur die Säure und das Kali oder Basis, sondern Säuren und Kalien oder Basen zueinander. Sie charakterisieren sich zunächst dadurch gegeneinander, je nachdem eine Säure z. B. von einem Kali mehr bedarf, um sich mit ihm zu sättigen, als eine andere. Aber die fürsichseiende Selbständigkeit zeigt sich darin, daß die Verwandtschaften sich ausschließend verhalten und eine vor der anderen den Vorzug hat, indem für sich eine Säure mit allen Kalien, und umgekehrt, eine Verbindung eingehen kann. Es macht so den Hauptunterschied einer Säure gegen eine andere aus, ob sie zu einer Basis eine nähere Verwandtschaft habe als eine andere, d. i. eine sogenannte Wahlverwandtschaft.

Über die chemischen Verwandtschaften der Säuren und Kalien ist das Gesetz gefunden worden, daß, wenn zwei neutrale Solutionen gemischt werden, wodurch eine Scheidung und daraus zwei neue Verbindungen entstehen, diese Produkte gleichfalls neutral sind. Es folgt hieraus, daß die Mengen von zwei kalischen Basen, die zur Sättigung einer Säure erfordert werden, in *demselben Verhältnisse* zur Sättigung einer anderen nötig sind; überhaupt wenn für ein Kali als Einheit genommen die *Reihe der Verhältniszahlen* bestimmt worden ist, in denen die verschiedenen Säuren dasselbe sättigen, so ist für jedes andere Kali diese Reihe dieselbe, nur daß die verschiedenen Kalien gegeneinander in verschiedenen Anzahlen zu nehmen sind – Anzahlen, die wieder ihrerseits eine ebensolche beständige Reihe von Exponenten für jede der gegenüberstehenden Säuren bilden, indem sie ebenso zu jeder einzelnen Säure sich in demselben Verhältnisse beziehen als zu jeder anderen. – *Fischer*[2] hat zuerst diese *Reihen* aus den Richterschen[3] Arbeiten in ihrer Einfachheit herausgehoben; s. in seinen Anmerkungen zur Übersetzung von *Berthollets* Abhandlung über die Gesetze

2 Ernst Gottfried Fischer, 1754–1831, Physiker
3 Jeremias Benjamin Richter, 1762–1807, Bergassessor bei der Bergwerks- und Hüttenadministration in Berlin

der Verwandtschaft in der Chemie, S. 232, und Berthollet, *Statique chimique* I, p. 134 ff.[4] – Die, seit dies zuerst geschrieben worden, nach allen Seiten hin so sehr ausgebildete Kenntnis von den Verhältniszahlen der Mischungen der chemischen Elemente hier berücksichtigen zu wollen, würde auch darum eine Abschweifung sein, da diese empirische, zu einem Teil aber auch nur hypothetische Erweiterung innerhalb derselben Begriffsbestimmungen eingeschlossen bleibt. Aber über die dabei gebrauchten Kategorien, ferner über die Ansichten der chemischen Wahlverwandtschaft selbst und ihrer Beziehung auf das Quantitative, sowie über den Versuch, dieselbe auf bestimmte physikalische Qualitäten zu gründen, mögen noch einige Bemerkungen hinzugefügt werden.

Bekanntlich hat *Berthollet* die allgemeine Vorstellung von der Wahlverwandtschaft durch den Begriff von der Wirksamkeit *einer chemischen Masse* modifiziert. Diese Modifikation hat, was wohl zu unterscheiden ist, auf die Quantitätsverhältnisse der chemischen Sättigungsgesetze selbst keinen Einfluß, aber das qualitative Moment der ausschließenden Wahlverwandtschaft als solcher wird nicht nur geschwächt, sondern vielmehr aufgehoben. Wenn zwei Säuren auf ein Kali wirken und diejenige, von welcher gesagt wird, daß sie eine größere Verwandtschaft zu demselben habe, auch in dem Quantum vorhanden ist, welches fähig ist, das Quantum der Basis zu sättigen, so erfolgt nach der Vorstellung der Wahlverwandtschaft nur diese Sättigung; die andere Säure bleibt ganz unwirksam und von der neutralen Verbindung ausgeschlossen. Nach jenem Begriffe der Wirksamkeit einer *chemischen Masse* hingegen ist jede von beiden wirksam in einem Verhältnis, das aus ihrer vorhandenen

4 Claude Louis Berthollet, *Essai de statique chimique*, 2 Bde., Paris 1803. Deutsch: *Claude Louis Berthollets Versuch einer chemischen Statik, das ist einer Theorie der chemischen Naturkräfte*; übersetzt von Georg Wilhelm Bartholdy und mit Erläuterungen begleitet von Ernst Gottfried Fischer, Berlin 1811

Menge und ihrer Sättigungsfähigkeit oder sogenannten Affinität zusammengesetzt ist. Berthollets Untersuchungen haben die näheren Umstände angegeben, unter welchen die Wirksamkeit der chemischen Masse aufgehoben wird und eine (stärker verwandte) Säure die andere (schwächere) auszutreiben und deren Wirkung *auszuschließen,* somit nach dem Sinne der Wahlverwandtschaft tätig zu sein scheint. Er hat gezeigt, daß es *Umstände,* wie die Stärke der Kohäsion, Unauflösbarkeit der gebildeten Salze im Wasser, sind, unter welchen jenes Ausschließen stattfindet, nicht die qualitative *Natur* der Agentien als solche, – Umstände, welche wieder durch andere Umstände, z. B. die Temperatur, in ihrer Wirkung aufgehoben werden können. Mit der Beseitigung dieser Hindernisse tritt die chemische Masse unverkümmert in Wirksamkeit, und das, was als rein qualitatives Ausschließen, als Wahlverwandtschaft erschien, zeigt sich, nur in äußerlichen Modifikationen zu liegen.

Berzelius[5] wäre es vornehmlich, der weiter über diesen Gegenstand zu hören ist. Derselbe stellt aber in seinem *Lehrbuch der Chemie* [6 Bde., 1808–28] über die Sache nichts Eigentümliches und Bestimmteres auf. Es sind die Berthollетschen Ansichten aufgenommen und wörtlich wiederholt, nur mit der eigentümlichen Metaphysik einer unkritischen Reflexion ausstaffiert worden, deren Kategorien also allein sich für die nähere Betrachtung darbieten. Die Theorie geht über die Erfahrung hinaus und erfindet teils sinnliche Vorstellungen, wie sie nicht selbst in der Erfahrung gegeben sind, teils wendet sie Denkbestimmungen an und macht sich auf beide Weisen zum Gegenstande logischer Kritik. Wir wollen daher das in jenem Lehrbuche selbst, III. Bd., I. Abt. (übers. von Wöhler [4 Bde., Dresden 1825–31], S. 82 ff.) über die Theorie Vorgetragene vornehmen. Daselbst nun liest man, ›daß man sich *vorstellen müsse*, in einer gleich-

5 Jöns Jakob Berzelius, 1779–1848, schwedischer Chemiker

förmig gemischten Flüssigkeit sei ein jedes *Atom* vom aufgelösten Körper von einer *gleichen Anzahl* von *Atomen* des Auflösungsmittels *umgeben*; und wenn mehrere Substanzen zusammen aufgelöst sind, so müssen sie die *Zwischenräume* zwischen den Atomen des Auflösungsmittels *unter sich teilen*, so daß, bei einer gleichförmigen Mischung der Flüssigkeit, eine solche *Symmetrie in der Lage* der Atome entstehe, daß *alle Atome* der einzelnen Körper sich *in Beziehung zu den Atomen* der anderen Körper *in einer gleichförmigen Lage* befinden; man könne daher sagen, daß die Auflösung durch die *Symmetrie in der Stellung* der Atome sowie die *Verbindung durch die bestimmten Proportionen* charakterisiert sei‹. – Dies wird hierauf durch ein Beispiel der Verbindungen erläutert, die aus einer Auflösung von Kupferchlorid, zu welcher Schwefelsäure hinzugesetzt wird, entstehen; aber an diesem Beispiele wird freilich weder aufgezeigt, daß *Atome* existieren, noch daß eine Anzahl von Atomen der aufgelösten Körper Atome der Flüssigkeit *umgeben*, freie Atome der beiden Säuren sich um die (mit dem Kupferoxyd) verbunden bleibenden *lagern*, noch daß die *Symmetrie* in der *Stellung und Lage*, noch daß Zwischenräume zwischen den Atomen existieren, – am allerwenigsten, daß die aufgelösten Substanzen die *Zwischenräume* der Atome des Auflösungsmittels *unter sich teilen*. Dies hieße, daß die aufgelösten da ihre Stellung nehmen, wo das Auflösungsmittel *nicht* ist – denn die Zwischenräume desselben sind die von ihm *leeren* Räume –, somit daß die aufgelösten Substanzen sich *nicht im* Auflösungsmittel befinden, sondern – wenn auch dasselbe umgebend und umlagernd oder von demselben umgeben und umlagert – *außerhalb desselben*, also gewiß auch von ihm nicht aufgelöst sind. Man sieht somit nicht ein, daß man sich solche *Vorstellungen* machen müsse, welche in der Erfahrung nicht aufgezeigt sind, im wesentlichen sich sogleich widersprechen und sonst auf andere Weise nicht erhärtet sind. Dies könnte nur durch die Betrachtung dieser Vorstellungen selbst, d. i.

durch Metaphysik, welche Logik ist, geschehen; durch diese aber werden sie sowenig als durch die Erfahrung bestätigt – im Gegenteil! Übrigens gibt Berzelius zu, was auch oben gesagt worden, daß die Sätze Berthollets der Theorie von den bestimmten Proportionen nicht entgegen seien, – er fügt freilich hinzu, daß sie auch den Ansichten von der Korpuskularphilosophie, d. i. der vorhin angeführten Vorstellungen von den Atomen, der Erfüllung der *Zwischenräume* der auflösenden Flüssigkeit durch die Atome der festen Körper usf. nicht entgegen seien; diese letztere grundlose Metaphysik hat aber wesentlich nichts mit den Proportionen der Sättigung selbst zu tun.

Das Spezifische, was in den Sättigungsgesetzen ausgedrückt ist, betrifft somit nur die *Menge* von selbst quantitativen Einheiten (nicht Atomen) eines Körpers, mit welcher sich die quantitative *Einheit* (ebensowenig ein Atom) eines anderen, gegen ersteren chemisch differenten Körpers neutralisiert; die Verschiedenheit besteht allein in diesen verschiedenen Proportionen. Wenn dann Berzelius, ungeachtet seine Proportionenlehre ganz nur eine Bestimmung von *Mengen* ist, doch auch von Affinitäts*graden* spricht, z. B. S. 86, indem er die *chemische Masse* Berthollets als die Summe des *Affinitätsgrades* aus der vorhandenen Quantität des wirksamen Körpers erklärt, [wo] stattdessen Berthollet konsequenter den Ausdruck *capacité de saturation* gebraucht, so verfällt er damit selbst in die Form *intensiver* Größe. Dies ist aber die Form, welche das Eigentümliche der sogenannten *dynamischen* Philosophie ausmacht, die er früher S. 29 (a. a. O.) »die spekulative Philosophie gewisser deutschen Schulen« nennt und zum Besten der vortrefflichen »Korpuskularphilosophie« nachdrücklich verwirft. Von dieser dynamischen Philosophie gibt er dort an, daß sie annehme, die Elemente in ihrer chemischen Vereinigung *durchdringen* sich, und die Neutralisation bestehe in dieser *gegen*seitigen *Durchdringung*; dies heißt nichts anderes, als daß die chemisch differenten Partikel, die als *Menge* gegeneinander sind, in die Einfachheit einer *intensiven* Größe zusammengehen, was sich auch als Verminderung des Volumens kundgibt. Dagegen sollen in der Korpuskulartheorie auch die chemisch *verbundenen* Atome sich in den Zwischenräumen, d. h. *außereinander* erhalten (Juxtaposition); *Grad* der Affinität hat in solchem Verhalten als einer nur extensiven Größe, eines Perennierens von *Menge*, keinen Sinn. Wenn ebendaselbst angegeben wird, daß die Erscheinungen der bestimmten Proportionen für die dynamische Ansicht ganz unvorhergesehen gekommen seien, so wäre dies nur ein äußerlicher historischer Umstand, abgesehen davon, daß die *Richter*schen stöchiometrischen Reihen in der Fischerschen Zusammenstellung bereits Berthollet bekannt [waren] und in der ersten Ausgabe dieser Logik, welche die Nichtigkeit der Kategorien erweist, auf denen die alte wie die neuseinwollende Korpuskulartheorie beruht, angeführt sind. Irrtümlich aber urteilt Berzelius, als ob unter der Herrschaft »der dynamischen Ansicht« die Erscheinungen der bestimmten Proportionen »für immer« unbekannt geblieben wären, – in dem Sinne, daß jene Ansicht sich nicht mit der Bestimmtheit der Proportionen vertrüge. Diese ist auf allen Fall nur Größenbestimmtheit, gleichgültig ob in extensiver und intensiver Form, – so daß auch Berzelius, so sehr er an der ersteren Form, der Menge, hängt, selbst die Vorstellung von Affinitätsgraden gebraucht.

Indem hiermit die Verwandtschaft auf den quantitativen Unterschied zurückgeführt ist, ist sie als Wahlverwandtschaft aufgehoben; das *Ausschließende* aber, das bei derselben stattfindet, ist auf Umstände zurückgeführt, d. i. auf Bestimmungen, welche als etwas der Verwandtschaft Äußerliches erscheinen, auf Kohäsion, Unauflöslichkeit der zustande gekommenen Verbindungen usf. Es kann mit dieser Vorstellung zum Teil das Verfahren bei der Betrachtung der Wirkung der Schwere verglichen werden, wo das, was *an sich* der Schwere selbst zukommt, daß der bewegte Pendel durch sie notwendig zur Ruhe übergeht, nur als der zugleich vorhandene Umstand des äußeren Widerstands der Luft des Fadens usf. genommen und der *Reibung* allein statt der Schwere zugeschrieben wird. – Hier für die Natur des *Qualitativen*, welches in der Wahlverwandtschaft liegt, macht es keinen Unterschied, ob dasselbe in der Form jener Umstände als seiner Bedingungen erscheint und aufgefaßt wird. Es beginnt mit dem Qualitativen als solchem eine neue Ordnung, deren Spezifikation nicht mehr nur quantitativer Unterschied ist.

Wenn nun sonach der Unterschied der chemischen Affinität in einer Reihe quantitativer Verhältnisse sich genau feststellt gegen die Wahlverwandtschaft als [ein Unterschied] eintretender qualitativer Bestimmtheit, deren Verhalten mit jener Ordnung keineswegs zusammenfällt, so wird dieser Unterschied wieder in völlige Verwirrung durch die Art geworfen, in welcher mit dem chemischen Verhalten das *elektrische* in neueren Zeiten in Verbindung gebracht wird, und die Hoffnung, von diesem tiefer sein sollenden Prinzip aus über das wichtigste, das Maßverhältnis, einen Aufschluß zu erhalten, wird gänzlich getäuscht. Diese Theorie, in welcher die Erscheinungen der Elektrizität und des Chemismus vollkommen *identifiziert* werden, insofern sie das Physikalische und nicht bloß die Maßverhältnisse betrifft, ist hier nicht in nähere Betrachtung zu nehmen und nur insofern zu erwähnen, als die Unterschiedenheit der Maßbestimmungen dadurch verworren wird. Für sich selbst ist sie seicht zu nennen, weil die Seichtigkeit darin besteht, das Verschiedene mit Weglassung der Verschiedenheit identisch zu nehmen. Was hierbei die Affinität betrifft, so ist sie, indem so chemische Prozesse mit elektrischen, ingleichen mit Feuer- und Lichterscheinungen, identifiziert werden, »auf Neutralisation entgegengesetzter Elektrizitäten« reduziert worden. Die Identifikation der Elektrizität und des Chemismus selbst ist es beinahe komisch (a. a. O., S. 63) in folgender Weise dargestellt zu finden, daß »die elektrischen Phänomene wohl die Wirkung der Körper auf größeren oder geringeren Abstand, ihre *Anziehung vor* der Vereinigung (d. i. das *noch nicht* chemische Verhalten) und das durch diese Vereinigung entstehende *Feuer* (?) wohl erklären, aber uns über die Ursache der mit einer so großen Kraft, *nach Vernichtung* des entgegengesetzten *elektrischen Zustandes, fortdauernden Vereinigung* der Körper *keinen Aufschluß geben*«; d. h. die Theorie gibt den Aufschluß, daß die Elektrizität die Ursache des chemischen Verhaltens sei, daß aber die Elektrizität über das, was im chemischen Prozesse chemisch ist, keinen Aufschluß gebe. – Damit, daß die chemische Differenz überhaupt auf den Gegensatz positiver und negativer Elektrizität zurückgeführt wird, wird die Affinitätsverschiedenheit der auf die eine und auf die andere Seite fallenden Agentien unter sich als die Ordnung von zwei Reihen elektropositiver und elektronegativer Körper bestimmt. Bei dem Identifizieren der Elektrizität und des Chemismus ihrer allgemeinen Bestimmung nach wird schon dies übersehen, daß die erstere überhaupt und deren Neutralisierung *flüchtig* ist und der Qualität der Körper *äußerlich* bleibt, der Chemismus in seiner Aktion und besonders in der Neutralisation die *ganze* qualitative Natur der Körper *in Anspruch nimmt* und *alteriert*. Ebenso flüchtig ist innerhalb der Elektrizität ihr Gegensatz von positiver und negativer; er ist ein so Unstetes, daß er von den geringsten äußerlichen Umständen abhängig ist und in keinen Vergleich gestellt werden kann mit der Bestimmtheit und Festigkeit des Gegensatzes von Säuren z. B. gegen die Metalle usw. Die Veränderlichkeit, die in diesem chemischen Verhalten durch höchst gewaltsame Einwirkungen, z. B. einer erhöhten Temperatur usf., stattfinden kann, steht in keinem Vergleich mit der Oberflächlichkeit des elektrischen Gegensatzes. Der fernere Unterschied nun *innerhalb der Reihe* jeder der beiden Seiten zwischen mehr oder weniger positiv-elektrischer oder mehr oder weniger negativ-elektrischer Beschaffenheit ist vollends sowohl ein völlig Unsicheres als Unkonstatiertes. Aus diesen Reihen der Körper aber (Berzelius, a. a. O., S. 64 f.) ›nach ihren elektrischen Dispositionen soll das elektrochemische System entstehen, welches sich von allen am besten eignet, eine *Idee von der Chemie* zu geben‹: diese Reihen werden nun angegeben; wie sie aber in der Tat beschaffen sind, darüber wird S. 67 hinzugefügt: ›daß dies *ungefähr* die Ordnung dieser Körper sei, aber diese Materie sei so wenig untersucht, daß sich noch *nichts ganz Gewisses* hinsichtlich dieser relativen Ordnung bestimmen lasse‹. – Sowohl die Verhältniszahlen jener (von Richter zuerst gemachten) Affinitätsreihen als die höchst interessante von Berzelius aufgestellte Reduktion der Verbindungen von zwei Körpern auf die Einfachheit weniger quantitativer Verhältnisse sind ganz und gar unabhängig von jenem elektrochemisch sein sollenden Gebräue. Wenn in jenen Proportionen und in deren seit Richter nach allen Seiten hin gewonnenen Ausdehnung der experimentale Weg der richtige Leitstern gewesen, so kontrastiert für sich damit um so mehr die Vermischung dieser großen Entdeckungen mit der außer dem Weg der Erfahrung liegenden Öde der sogenannten Korpuskulartheorie; nur dieser Anfang, das Prinzip der Erfahrung zu verlassen, konnte es motivieren, noch weiter jenen früher von *Ritter*[6] vornehmlich angefangenen Einfall wieder aufzunehmen, feste Ordnungen von elektropositiven und elektronegativen Körpern, die zugleich chemische Bedeutung haben sollten, aufzustellen.

Schon die Nichtigkeit der Grundlage, die für die chemische Affinität in dem Gegensatze von elektropositiven und elektronegativen Körpern, wenn dieser für sich auch faktisch richtiger wäre, als er ist, angenommen wird, zeigt sich bald selbst auf dem experimentalen Wege, was denn aber wieder zu weiterer Inkonsequenz führt. Es wird S. 73 (a. a. O.) zugestanden, daß zwei sogenannte elektronegative Körper wie Schwefel und Sauerstoff auf eine viel innigere Art sich mit-

---

6 Johann Wilhelm Ritter, 1776–1810, Naturwissenschaftler, entdeckte 1801 die ultravioletten Strahlen

einander verbinden als z. B. der Sauerstoff und das Kupfer, obgleich letzteres elektropositiv sei. Die auf den allgemeinen Gegensatz von positiver und negativer Elektrizität basierte Grundlage für die Affinität muß hier hiermit gegen ein bloßes Mehr oder Weniger innerhalb einer und derselben Reihe von elektrischer Bestimmtheit zurückgestellt werden. Der *Verwandtschaftsgrad* der Körper, wird nun hieraus geschlossen, hänge demnach nicht allein von ihrer spezifischen *Unipolarität* (mit welcher Hypothese diese Bestimmung zusammenhängt, tut hierher nichts; sie gilt hier nur für das Entweder des Positiven und das Oder des Negativen) ab; der Verwandtschaftsgrad müsse hauptsächlich von der *Intensität ihrer Polarität* im allgemeinen hergeleitet werden. Hier geht somit näher die Betrachtung der Affinität zu dem Verhältnis der *Wahlverwandtschaft* über, um die [es] uns vornehmlich zu tun ist; sehen wir, was sich denn für diese nun ergibt. Indem sogleich (ebenda S. 73) zugestanden wird, daß der *Grad* dieser Polarität, wenn sie nicht bloß in unserer Vorstellung existiere, *keine konstante* Quantität zu sein scheine, sondern sehr von der Temperatur abhänge, so findet sich nach allem diesem als Resultat angegeben nicht nur, daß jede chemische Wirkung also ihrem *Grunde nach* ein *elektrisches* Phänomen sei, sondern auch, was Wirkung der sogenannten *Wahlverwandtschaft* zu sein scheine, *nur* durch eine in gewissen Körpern *stärker* als in anderen vorhandene *elektrische Polarität* bewirkt werde. Zum Beschlusse des bisherigen Herumwindens in hypothetischen Vorstellungen bleibt es somit bei der Kategorie *stärkerer Intensität*, welche dasselbe Formelle als die Wahlverwandtschaft überhaupt ist und diese damit, daß sie auf eine stärkere Intensität elektrischer Polarität gestellt wird, im geringsten nicht weiter auf einen physikalischen Grund bringt als vorher. Aber auch das, was hier als größere spezifische Intensität bestimmt sein soll, wird späterhin nur auf die bereits angeführten, von Berthollet aufgezeigten Modifikationen zurückgeführt.

Das Verdienst und der Ruhm von *Berzelius* wegen der auf alle chemischen Verhältnisse ausgedehnten Proportionenlehre durfte für sich kein Abhaltungsgrund sein, die Blöße der angeführten Theorie auseinanderzusetzen; ein näherer Grund aber, dies zu tun, muß der Umstand sein, daß solches Verdienst in einer Seite der Wissenschaft, wie bei Newton, *Autorität* für ein damit in Zusammenhang gesetztes grundloses Gebäude von schlechten Kategorien zu werden pflegt und daß gerade solche Metaphysik dasjenige ist, was mit der größten Prätention ausgegeben und ebenso nachgesprochen wird.
Außer den Formen des Maßverhältnisses, die sich auf die chemische Affinität und Wahlverwandtschaft beziehen, können auch noch andere in Rücksicht auf Quantitäten, die sich zu einem System qualifizieren, betrachtet werden. Die chemischen Körper bilden in Beziehung auf Sättigung ein System von Verhältnissen; die Sättigung selbst beruht auf der bestimmten Proportion, in welcher die beiderseitigen Mengen, die eine besondere materielle Existenz gegeneinander haben, sich verbinden. Aber es gibt auch Maßverhältnisse, deren Momente untrennbar sind und nicht in einer eigenen, voneinander verschiedenen Existenz dargestellt werden können. Diese sind das, was vorhin die *unmittelbaren selbständigen* Maße genannt [wurde] und die in den *spezifischen Schweren* der Körper repräsentiert sind. – Sie sind innerhalb der Körper ein Verhältnis von Gewicht zum Volumen; der Verhältnisexponent, welcher die Bestimmtheit einer spezifischen Schwere zum Unterschiede von anderen ausdrückt, ist bestimmtes Quantum nur der *Vergleichung*, ein ihnen äußeres Verhältnis in einer äußeren Reflexion, das sich nicht auf das eigene qualitative Verhalten zu einer gegenüberstehenden Existenz gründet. Es wäre die Aufgabe vorhanden, die Verhältnisexponenten der *Reihe der spezifischen Schweren* als ein *System* aus einer *Regel* zu erkennen, welche eine bloß arithmetische Vielheit zu einer Reihe harmonischer Knoten spezifizierte. – Dieselbe Forde-

rung fände für die Erkenntnis der angeführten chemischen Verwandtschaftsreihen statt. Aber die Wissenschaft hat noch weit, um dahin zu gelangen, so weit als dahin, die Zahlen der Entfernungen der Planeten des Sonnensystems in einem Maßsysteme zu fassen.

Die spezifischen Schweren, ob sie gleich zunächst kein qualitatives Verhältnis zueinander zu haben scheinen, treten jedoch gleichfalls in qualitative Beziehung. Indem die Körper chemisch verbunden, auch nur amalgamiert oder synsomatisiert werden, zeigt sich gleichfalls eine *Neutralisation* der spezifischen Schweren. Es ist vorhin die Erscheinung angeführt worden, daß das Volumen, auch des Gemisches von chemisch gegeneinander eigentlich gleichgültig bleibenden Materien, nicht von gleicher Größe mit der Summe des Volumens derselben vor der Vermischung ist. Sie modifizieren in dieser gegenseitig das Quantum der Bestimmtheit, mit dem sie in die Beziehung eintreten, und geben sich auf diese Weise als sich qualitativ verhaltend gegeneinander kund. Hier äußert sich das Quantum der spezifischen Schwere nicht bloß als eine fixe *Vergleichungszahl*, sondern als eine *Verhältniszahl*, die verrückbar ist; und die Exponenten der Gemische geben Reihen von Maßen, deren Fortgang von einem anderen Prinzip bestimmt wird als den Verhältniszahlen der spezifischen Schweren, die miteinander verbunden werden. Die Exponenten dieser Verhältnisse sind nicht ausschließende Maßbestimmungen; ihr Fortgang ist ein kontinuierlicher, aber enthält ein spezifizierendes Gesetz in sich, das von den formell fortgehenden Verhältnissen, in denen die Mengen verbunden werden, verschieden [ist] und jenen Fortgang mit diesem inkommensurabel macht.

B. Knotenlinie von Massverhältnissen

Die letzte Bestimmung des Maßverhältnisses war, daß es als spezifisch *ausschließend* ist; das Ausschließen kommt der

Neutralität als *negativer* Einheit der unterschiedenen Momente zu. Für diese *fürsichseiende* Einheit, die Wahlverwandtschaft, hat sich in Ansehung ihrer Beziehung auf die anderen Neutralitäten kein weiteres Prinzip der Spezifikation ergeben; diese bleibt nur in der quantitativen Bestimmung der Affinität überhaupt, nach der es bestimmte Mengen sind, welche sich neutralisieren und damit anderen relativen Wahlverwandtschaften ihrer Momente gegenüberstehen. Aber ferner um der quantitativen Grundbestimmung willen *kontinuiert* sich die *ausschließende* Wahlverwandtschaft auch in die ihr anderen Neutralitäten, und diese Kontinuität ist nicht nur äußerliche Beziehung der verschiedenen Neutralitätsverhältnisse als eine Vergleichung, sondern die Neutralität hat als solche eine *Trennbarkeit* in ihr, indem die, aus deren Einheit sie geworden ist, als selbständige Etwas – jedes als gleichgültig, mit diesem oder mit anderen der gegenüberstehenden Reihe, obzwar in verschiedenen spezifisch bestimmten Mengen sich zu verbinden – in Beziehung treten. Dadurch ist dies Maß, das auf einem solchen Verhältnisse in ihm selbst beruht, mit eigener Gleichgültigkeit behaftet; es ist ein an ihm selbst Äußerliches und in seiner Beziehung auf sich ein Veränderliches.

Diese *Beziehung* des Verhältnismaßes *auf sich* ist verschieden von seiner Äußerlichkeit und Veränderlichkeit als seiner quantitativen Seite; es ist, als Beziehung auf sich gegen diese, eine seiende, qualitative Grundlage, – bleibendes, materielles Substrat, welches, zugleich als die Kontinuität des Maßes in seiner Äußerlichkeit *mit sich selbst*, in seiner Qualität jenes Prinzip der Spezifikation dieser Äußerlichkeit enthalten müßte.

Das ausschließende Maß nach dieser näheren Bestimmung nun, in seinem Fürsichsein sich äußerlich, stößt sich von sich selbst ab, setzt sich sowohl als ein anderes, nur quantitatives, als auch als ein solches anderes Verhältnis, das zugleich ein anderes Maß ist, – ist als an sich selbst spezifizierende Einheit bestimmt, welche an ihr Maßverhältnisse produziert.

Diese Verhältnisse sind von der obigen Art der Affinitäten, in welchen ein Selbständiges sich zu Selbständigen anderer Qualität und zu einer Reihe solcher verhält, verschieden; sie finden an *einem und demselben* Substrate, innerhalb derselben Momente der Neutralität statt; das Maß bestimmt sich von sich abstoßend zu anderen nur quantitativ verschiedenen Verhältnissen, welche gleichfalls *Affinitäten* und *Maße* bilden, *abwechselnd* mit solchen, welche nur *quantitative Verschiedenheiten* bleiben. Sie bilden auf solche Weise eine *Knotenlinie* von Maßen auf einer Skala des Mehr und Weniger.

Es ist ein Maßverhältnis vorhanden; eine selbständige Realität, die qualitativ von anderen unterschieden ist. Ein solches Fürsichsein ist, weil es zugleich wesentlich ein Verhältnis von Quantis ist, der Äußerlichkeit und der Quantumsveränderung offen; es hat eine Weile, innerhalb derer es gegen diese Veränderung gleichgültig bleibt und seine Qualität nicht ändert. Aber es tritt ein Punkt dieser Änderung des Quantitativen ein, auf welchem die Qualität geändert wird, das Quantum sich als spezifizierend erweist, so daß das veränderte quantitative Verhältnis in ein Maß und damit in eine neue Qualität, ein neues Etwas, umgeschlagen ist. Das Verhältnis, das an die Stelle des ersten getreten, ist durch dieses bestimmt teils nach der qualitativen Dieselbigkeit der Momente, die in Affinität stehen, teils nach der quantitativen Kontinuität. Aber indem der Unterschied in dieses Quantitative fällt, verhält sich das neue Etwas gleichgültig gegen das vorhergehende; ihr Unterschied ist der äußerliche des Quantums. Es ist also nicht aus dem vorhergehenden, sondern unmittelbar aus sich hervorgetreten, d. i. aus der innerlichen, noch nicht ins Dasein getretenen spezifizierenden Einheit. – Die neue Qualität oder das neue Etwas ist demselben Fortgange seiner Veränderung unterworfen und so fort ins Unendliche.

Insofern der Fortgang von einer Qualität in stetiger Kontinuität der Quantität ist, sind die einem qualifizierenden

Punkte sich nähernden Verhältnisse, quantitativ betrachtet, nur durch das Mehr und Weniger unterschieden. Die Veränderung ist nach dieser Seite eine *allmähliche*. Aber die Allmählichkeit betrifft bloß das Äußerliche der Veränderung, nicht das Qualitative derselben; das vorhergehende quantitative Verhältnis, das dem folgenden unendlich nahe ist, ist noch ein anderes qualitatives Dasein. Nach der qualitativen Seite wird daher das bloß quantitative Fortgehen der Allmählichkeit, das keine Grenze an sich selbst ist, absolut abgebrochen; indem die neu eintretende Qualität nach ihrer bloß quantitativen Beziehung eine gegen die verschwindende unbestimmt andere, eine gleichgültige ist, ist der Übergang ein *Sprung*; beide sind als völlig äußerliche gegeneinander gesetzt. – Man sucht sich gern durch die Allmählichkeit des Übergangs eine Veränderung *begreiflich* zu machen; aber vielmehr ist die Allmählichkeit gerade die bloß gleichgültige Änderung, das Gegenteil der qualitativen. In der Allmählichkeit ist vielmehr der Zusammenhang der beiden Realitäten – sie werden als Zustände oder als selbständige Dinge genommen – aufgehoben; es ist gesetzt, daß keine die Grenze der anderen, sondern eine der anderen schlechthin äußerlich ist; hiermit wird gerade das, was zum *Begreifen* nötig ist, wenn auch noch sowenig dazu erfordert wird, entfernt.

Anmerkung

Das natürliche Zahlensystem zeigt schon eine solche *Knotenlinie* von qualitativen Momenten, die sich in dem bloß äußerlichen Fortgang hervortun. Es ist einesteils ein bloß quantitatives Vor- und Zurückgehen, ein fortwährendes Hinzutun oder Wegnehmen, so daß jede Zahl dasselbe *arithmetische* Verhältnis zu ihrer vorhergehenden und nachfolgenden hat als diese zu ihrer vorhergehenden und nachfolgenden usf. Aber die hierdurch entstehenden Zahlen haben auch zu anderen vorhergehenden oder folgenden ein *spezifisches* Verhältnis, entweder ein solches Vielfaches von einer derselben, als eine ganze Zahl ausdrückt, oder Potenz und Wurzel zu sein. – In den *musikalischen* Verhältnissen tritt ein harmonisches Verhältnis in der Skala des quantitativen Fortgehens durch ein Quantum ein, ohne daß dieses Quantum für sich auf der Skala zu seinem vorhergehenden und nachfolgenden ein anderes Verhältnis hätte als diese wieder zu ihren vorhergehenden und nachfolgenden. Indem folgende Töne vom Grundtone sich immer mehr zu entfernen oder Zahlen durch das arithmetische Fortgehen nur noch mehr andere zu werden scheinen, tut sich vielmehr auf einmal eine *Rückkehr,* eine überraschende Übereinstimmung hervor, die nicht durch das unmittelbar Vorhergehende qualitativ vorbereitet war, sondern als eine *actio in distans,* als eine Beziehung zu einem Entfernten, erscheint; der Fortgang an bloß gleichgültigen Verhältnissen, welche die vorhergehende spezifische Realität nicht ändern oder auch überhaupt keine solche bilden, unterbricht sich auf einmal, und indem er in quantitativer Rücksicht auf dieselbe Weise fortgesetzt ist, bricht somit durch einen Sprung ein spezifisches Verhältnis ein.

In *chemischen Verbindungen* kommen bei der progressiven Änderung der Mischungsverhältnisse solche qualitative Knoten und Sprünge vor, daß zwei Stoffe auf besonderen Punkten der Mischungsskala Produkte bilden, welche besondere Qualitäten zeigen. Diese Produkte unterscheiden sich nicht bloß durch ein Mehr und Weniger voneinander, noch sind sie mit den Verhältnissen, die jenen Knotenverhältnissen naheliegen, schon vorhanden, etwa nur in einem schwächeren Grade, sondern sind an solche Punkte selbst gebunden. Z. B. die Verbindungen von Sauerstoff und Stickstoff geben die verschiedenen Stickstoffoxyde und Salpetersäu[illegible] die nur an bestimmten Quantitätsverhältnissen der Mischung hervortreten und wesentlich verschiedene Qualitäten haben, so daß in dazwischenliegenden Mischungsverhältnissen keine Verbindungen von spezifischen Existenzen erfolgen. – Die *Metalloxyde,* z. B. die Bleioxyde, bilden sich auf gewissen quantitativen Punkten der Oxydation und unterscheiden sich durch Farben und andere Qualitäten. Sie gehen nicht allmählich ineinander über; die zwischen jenen Knoten liegenden Verhältnisse geben kein neutrales, kein spezifisches Dasein. Ohne durch Zwischenstufen durchgegangen zu sein, tritt eine spezifische Verbindung auf, die auf einem Maßverhältnisse beruht und eigene Qualitäten hat. – Oder das *Wasser*, indem es seine Temperatur ändert, wird damit nicht bloß mehr oder weniger warm, sondern geht durch die Zustände der Härte, der tropfbaren Flüssigkeit und der elastischen Flüssigkeit hindurch; diese verschiedenen Zustände treten nicht allmählich ein, sondern eben das bloß allmähliche Fortgehen der Temperaturänderung wird durch diese Punkte mit einem Male unterbrochen und gehemmt, und der Eintritt eines anderen Zustandes ist ein Sprung. – Alle *Geburt* und *Tod* sind, statt eine fortgesetzte Allmählichkeit zu sein, vielmehr ein Abbrechen derselben und der Sprung aus quantitativer Veränderung in qualitative.

Es gibt keinen Sprung in der Natur, wird gesagt; und die gewöhnliche Vorstellung, wenn sie ein *Entstehen* oder *Vergehen* begreifen soll, meint, wie erinnert, es damit begriffen zu haben, daß sie es als ein *allmähliches* Hervorgehen oder Verschwinden vorstellt. Es hat sich aber gezeigt, daß die Veränderungen des Seins überhaupt nicht nur das Übergehen einer Größe in eine andere Größe, sondern Übergang vom Qualitativen in das Quantitative und umgekehrt sind, ein Anderswerden, das ein Abbrechen des Allmählichen und ein qualitativ Anderes gegen das vorhergehende Dasein ist. Das Wasser wird durch die Erkältung nicht nach und nach hart, so daß es breiartig würde und allmählich bis zur Konsistenz des Eises sich verhärtete, sondern ist auf einmal hart; schon mit der ganzen Temperatur des Eispunktes, wenn es ruhig steht, kann es noch seine ganze Flüssigkeit haben, und eine geringe Erschütterung bringt es in den Zustand der Härte.

Bei der Allmählichkeit des Entstehens liegt die Vorstellung zugrunde, daß das *Entstehende* schon sinnlich oder überhaupt *wirklich vorhanden*, nur wegen seiner Kleinheit noch *nicht wahrnehmbar*, sowie bei der Allmählichkeit des Verschwindens, daß das *Nichtsein* oder das *Andere*, an seine Stelle Tretende gleichfalls *vorhanden*, nur *noch nicht bemerkbar sei*, – und zwar vorhanden nicht in dem Sinne, daß das Andere in dem vorhandenen Anderen *an sich* enthalten, sondern daß es *als Dasein*, nur unbemerkbar, *vorhanden* sei. Es wird damit das Entstehen und Vergehen überhaupt aufgehoben oder das *Ansich*, das Innere, in welchem etwas vor seinem Dasein ist, in eine *Kleinheit* des *äußerlichen Daseins* verwandelt und der wesentliche oder der Begriffsunterschied in einen äußerlichen, bloßen Größenunterschied. – Das Begreiflichmachen eines Entstehens oder Vergehens aus der Allmählichkeit der Veränderung hat die der Tautologie eigene Langweiligkeit; es hat das Entstehende oder Vergehende schon vorher ganz fertig und macht die Veränderung zu einer bloßen Änderung eines äußerlichen Unterschiedes, wodurch sie in der Tat nur eine Tautologie ist. Die Schwierigkeit für solchen begreifen wollenden Verstand liegt in dem qualitativen Übergang von Etwas in sein Anderes überhaupt und in sein Entgegengesetztes; dagegen spiegelt er sich die *Identität* und die *Veränderung* als die gleichgültige, äußerliche des *Quantitativen* vor.

Im *Moralischen*, insofern es in der Sphäre des Seins betrachtet wird, findet derselbe Übergang des Quantitativen ins Qualitative statt, und verschiedene Qualitäten erscheinen, sich auf eine Verschiedenheit der Größe zu gründen. Es ist ein Mehr und Weniger, wodurch das Maß des Leichtsinns überschritten wird und etwas ganz anderes, Verbrechen, hervortritt, wodurch Recht in Unrecht, Tugend in Laster übergeht. – So erhalten auch Staaten durch ihren Größenunterschied, wenn das Übrige als gleich angenommen wird, einen verschiedenen qualitativen Charakter. Gesetze und Verfassung werden zu etwas anderem, wenn der Umfang des Staats und die Anzahl der Bürger sich erweitert. Der Staat hat ein Maß seiner Größe, über welches hinausgetrieben er haltungslos in sich zerfällt unter derselben Verfassung, welche bei nur anderem Umfange sein Glück und seine Stärke ausmachte.

C. Das Masslose

Das ausschließende Maß bleibt in seinem realisierten Fürsichsein selbst mit dem Momente quantitativen Daseins behaftet, darum des Auf- und Absteigens an der Skala des Quantums fähig, auf welcher die Verhältnisse sich ändern. Etwas oder eine Qualität als auf solchem Verhältnisse beruhend wird über sich hinaus in das *Maßlose* getrieben und geht durch die bloße Änderung seiner Größe zugrunde. Die Größe ist die Beschaffenheit, an der ein Dasein mit dem Scheine von Unverfänglichkeit ergriffen und wodurch es zerstört werden kann.

Das abstrakte Maßlose ist das Quantum überhaupt als in sich bestimmungslos und als nur gleichgültige Bestimmtheit, durch welche das Maß nicht verändert wird. In der Knotenlinie der Maße ist sie zugleich als spezifizierend gesetzt; jenes abstrakte Maßlose hebt sich zur qualitativen Bestimmtheit auf; das neue Maßverhältnis, in welches das zuerst vorhandene übergeht, ist ein Maßloses in Rücksicht auf dieses, an ihm selbst aber ebenso eine für sich seiende Qualität; so ist die Abwechslung von spezifischen Existenzen miteinander und derselben ebenso mit bloß quantitativ bleibenden Verhältnissen gesetzt, – so fort ins *Unendliche*. Was also in diesem Übergehen vorhanden ist, ist sowohl die Negation der spezifischen Verhältnisse als die Negation des quantitativen Fortgangs selbst; das fürsichseiende *Unendliche*. – Die *qualitative* Unendlichkeit, wie sie am Dasein ist, war das Hervorbrechen des Unendlichen am Endlichen, als *unmittelbarer Übergang* und Verschwinden des Diesseits in seinem Jenseits. Die *quantitative* Unendlichkeit hingegen ist ihrer Bestimmtheit nach schon die *Kontinuität* des Quantums, eine Kontinuität desselben über sich hinaus. Das qualitativ Endliche *wird* zum Unendlichen; das quantitativ Endliche ist sein Jenseits an ihm selbst und *weist über sich hinaus.* Aber diese Unendlichkeit der Spezifikation des Maßes *setzt* ebensowohl das Qualitative wie das Quantitative als sich ineinander *aufhebend* und damit die erste, unmittelbare *Einheit* derselben, welche das Maß überhaupt ist, als in sich zurückgekehrt und damit selbst als *gesetzt.* Das Qualitative, eine spezifische Existenz, geht in eine andere so über, daß nur eine Veränderung der Größenbestimmtheit eines Verhältnisses vorgeht; die Veränderung des Qualitativen selbst in Qualitatives ist damit als eine äußerliche und gleichgültige und als ein *Zusammengehen mit sich selbst* gesetzt; das Quantitative hebt sich ohnehin als umschlagend in Qualitatives, das An-und-für-sich-Bestimmtsein auf. Diese so sich in ihrem Wechsel der Maße in sich selbst kontinuierende Einheit ist die wahrhaft bestehenbleibende, selbständige *Materie, Sache.*

Was hiermit vorhanden ist, ist α) eine und dieselbe Sache, welche als Grundlage in ihren Unterscheidungen und als perennierend gesetzt ist. Schon im Quantum überhaupt beginnt dies Abtrennen des Seins von seiner Bestimmtheit; *groß* ist etwas als gleichgültig gegen seine seiende Bestimmtheit. Im Maße ist die Sache selbst bereits an sich Einheit des Qualitativen und Quantitativen, – der beiden Momente, die innerhalb der allgemeinen Sphäre des Seins den Unterschied ausmachen und wovon das eine das Jenseits des anderen ist; das perennierende Substrat hat auf diese Weise zunächst an ihm selbst die Bestimmung seiender Unendlichkeit. β) Diese Dieselbigkeit des Substrats ist darin *gesetzt,* daß die qualitativen Selbständigkeiten, in welche die maßbestimmende Einheit abgestoßen ist, nur in quantitativen Unterschieden bestehen, so daß das Substrat sich in dies sein Unterscheiden kontinuiert; γ) in dem unendlichen Progresse der Knotenreihe ist die Kontinuierung des Qualitativen in das quantitative Fortgehen als in eine gleichgültige Veränderung, aber ebenso die darin enthaltene *Negation* des

Qualitativen und zugleich damit der bloß quantitativen Äußerlichkeit gesetzt. Das quantitative Hinausweisen über sich zu einem Anderen als anderem Quantitativen geht unter in dem Hervortreten eines Verhältnismaßes, einer Qualität, und das qualitative Übergehen hebt sich eben darin auf, daß die neue Qualität selbst nur ein quantitatives Verhältnis ist. Dies Übergehen des Qualitativen und des Quantitativen ineinander geht auf dem Boden ihrer Einheit vor, und der Sinn dieses Prozesses ist nur das *Dasein*, das *Zeigen* oder *Setzen*, daß demselben ein solches Substrat zugrunde liegt, welches ihre Einheit sei.

In den Reihen selbständiger Maßverhältnisse sind die einseitigen Glieder der Reihen unmittelbare qualitative Etwas (die spezifischen Schweren oder die chemischen Stoffe, die basischen oder kalischen, die sauren z. B.), und dann die Neutralisationen derselben (worunter hier auch die Verbindungen von Stoffen verschiedener spezifischer Schwere zu begreifen sind) sind selbständige und selbst ausschließende Maßverhältnisse, gegeneinander gleichgültige Totalitäten fürsichseienden Daseins. Nun sind solche Verhältnisse nur als Knoten eines und desselben Substrats bestimmt. Damit sind die Maße und die damit gesetzten Selbständigkeiten zu *Zuständen* herabgesetzt. Die Veränderung ist nur Änderung eines *Zustandes*, und das *Übergehende* ist als darin *dasselbe* bleibend gesetzt.

Um die Fortbestimmung, welche das Maß durchlaufen hat, zu übersehen, so fassen sich die Momente derselben so zusammen, daß das Maß zunächst die selbst *unmittelbare* Einheit der Qualität und der Quantität ist als ein gewöhnliches Quantum, das aber spezifisch ist. Hiermit als [sich] nicht auf Anderes, sondern auf sich beziehende Quantitätsbestimmtheit ist es wesentlich *Verhältnis*. Daher ferner enthält es seine Momente als aufgehobene und ungetrennte in sich; wie immer in einem Begriffe ist der Unterschied in demselben so, daß jedes von dessen Momenten selbst Einheit des Qualitativen und Quantitativen ist. Dieser hiermit *reale*

Unterschied ergibt eine Menge von Maßverhältnissen, die als formelle Totalitäten in sich selbständig sind. Die Reihen, welche die Seiten dieser Verhältnisse bilden, sind für jedes einzelne Glied, das als einer Seite zugehörig sich zu der ganzen gegenüberstehenden Reihe verhält, dieselbe konstante Ordnung. Diese, als bloße *Ordnung*, noch ganz äußerliche Einheit, zeigt sich zwar als immanente spezifizierende Einheit eines fürsichseienden Maßes unterschieden von seinen Spezifikationen; aber das spezifizierende Prinzip ist noch nicht der freie Begriff, welcher allein seinen Unterschieden immanente Bestimmung gibt, sondern das Prinzip ist zunächst nur Substrat, eine Materie, für deren Unterschiede, um als Totalitäten zu sein, d. i. die Natur des sich selbst gleich bleibenden Substrats in sich zu haben, nur die äußerliche quantitative Bestimmung vorhanden ist, die sich als Verschiedenheit der Qualität zugleich zeigt. Die Maßbestimmung ist in dieser Einheit des Substrats mit sich selbst eine aufgehobene, ihre Qualität ein durch das Quantum bestimmter, äußerlicher Zustand. – Dieser Verlauf ist ebensowohl die realisierende Fortbestimmung des Maßes, als sie das Herabsetzen desselben zu einem Momente ist.

Drittes Kapitel
Das Werden des Wesens

A. Die absolute Indifferenz

Das Sein ist die abstrakte Gleichgültigkeit – wofür, da sie für sich als Sein gedacht werden soll, der Ausdruck *Indifferenz* gebraucht worden ist –, an der noch keine Art von Bestimmtheit sein soll; die reine Quantität ist die Indifferenz als aller Bestimmungen fähig, so aber, daß diese ihr äußerlich [sind] und sie aus sich keinen Zusammenhang mit denselben hat; die Indifferenz aber, welche die absolute genannt werden kann, ist [die], die *durch die Negation* aller Bestimmtheiten des Seins, der Qualität und Quantität und deren zunächst unmittelbarer Einheit, des Maßes, *sich mit sich* zur einfachen Einheit *vermittelt.* Die Bestimmtheit ist an ihr nur noch als Zustand, d. i. als ein *qualitatives Äußerliches,* das die Indifferenz zum *Substrate* hat.

Das aber, was so als qualitatives Äußerliches bestimmt worden, ist nur ein Verschwindendes; als so äußerlich gegen das Sein ist das Qualitative als das Gegenteil seiner selbst nur das sich Aufhebende. Die Bestimmtheit ist auf diese Weise an dem Substrate nur noch gesetzt als ein leeres Unterscheiden. Aber eben dies leere Unterscheiden ist die Indifferenz selbst als Resultat. Und zwar ist sie so das Konkrete, das in ihm selbst durch die Negation aller Bestimmungen des Seins mit sich Vermittelte. Als diese Vermittlung enthält sie die Negation und Verhältnis, und was Zustand hieß, ist ihr immanentes, sich auf sich beziehendes Unterscheiden; eben die Äußerlichkeit und deren Verschwinden macht die Einheit des Seins zur Indifferenz und ist also *innerhalb* dieser, welche damit aufhört, nur Substrat und *an ihr selbst* nur abstrakt zu sein.

B. Die Indifferenz als umgekehrtes Verhältnis ihrer Faktoren

Es ist nun zu sehen, wie diese Bestimmung der Indifferenz an ihr selbst und sie damit als *fürsichseiend* gesetzt ist.

1. Die Reduktion der zunächst als selbständig geltenden Maßverhältnisse begründet *ein Substrat* derselben; dieses ist deren Kontinuierung ineinander, somit das untrennbare Selbständige, das in seinen Unterschieden *ganz* vorhanden ist. Für diesen Unterschied sind die in ihm enthaltenen Bestimmungen, die Qualität und die Quantität vorhanden, und es kommt ganz nur darauf an, wie diese an ihm gesetzt sind. Dies aber ist dadurch bestimmt, daß das Substrat zunächst als Resultat und *an sich* die Vermittlung, aber diese so *an ihm* noch nicht als solche gesetzt ist, wodurch dasselbe

zunächst Substrat und in Ansehung der Bestimmtheit als die *Indifferenz* ist.

Der Unterschied ist daher an ihr wesentlich zunächst der nur quantitative äußerliche, und es sind zwei unterschiedene Quanta eines und desselben Substrats, welches auf diese Weise *die Summe* derselben, somit selbst als Quantum bestimmt wäre. Die Indifferenz ist aber dieses feste Maß, die ansichseiende absolute Grenze nur in *Beziehung* auf jene Unterschiede so, daß sie nicht an ihr selbst Quantum wäre und in irgendeiner Weise als Summe oder auch Exponent anderen, es sei Summen, Indifferenzen, gegenüberträte. Es ist nur die abstrakte Bestimmtheit, welche in die Indifferenz fällt; die beiden Quanta, um als Momente an ihr gesetzt zu sein, sind veränderlich, gleichgültig, größer oder kleiner gegeneinander. Durch die feste Grenze ihrer Summe beschränkt aber verhalten sie sich zugleich nicht äußerlich, sondern negativ gegeneinander, – was nun die qualitative Bestimmung ist, in der sie zueinander stehen. Sie sind danach im *umgekehrten Verhältnisse* zueinander. Von dem früheren formellen umgekehrten Verhältnisse ist dieses dadurch unterschieden, daß hier das Ganze ein reales Substrat und jede der beiden Seiten gesetzt ist, selbst *an sich* dies Ganze sein zu sollen.

Nach der angegebenen qualitativen Bestimmtheit ist der Unterschied ferner als von *zwei Qualitäten* vorhanden, deren eine durch die andere aufgehoben wird, aber, als in *einer* Einheit gehalten und sie ausmachend, von der anderen untrennbar ist. Das Substrat selbst ist als die Indifferenz gleichfalls an sich die Einheit der beiden Qualitäten; jede der Seiten des Verhältnisses enthält daher ebenso sie beide in sich und ist nur durch ein Mehr der einen Qualität und das Weniger der anderen und umgekehrt unterschieden; die eine Qualität ist durch ihr Quantum in der einen Seite nur die *überwiegende*, die andere in der anderen.

Jede Seite ist somit an ihr selbst ein umgekehrtes Verhältnis; dieses Verhältnis kehrt als formelles an den unterschiedenen

Seiten zurück. Diese Seiten selbst kontinuieren sich so auch nach ihren qualitativen Bestimmungen ineinander; jede der Qualitäten verhält in der anderen sich zu sich selbst und ist in jeder der beiden Seiten nur in einem verschiedenen Quantum. Ihr quantitativer Unterschied ist jene Indifferenz, nach der sie sich ineinander kontinuieren, und diese Kontinuation ist als Dieselbigkeit der Qualitäten in jeder der beiden Einheiten. – Die Seiten aber, jede als das Ganze der Bestimmungen, hiermit die Indifferenz selbst enthaltend, sind so gegeneinander zugleich als selbständig gesetzt.

2. Das Sein ist nun als diese Indifferenz das Bestimmtsein des Maßes nicht mehr in seiner Unmittelbarkeit, sondern dasselbe auf die soeben aufgezeigte entwickelte Weise: Indifferenz, als es *an sich* das Ganze der Bestimmungen des Seins, welche zu dieser Einheit aufgelöst sind [,ist]; ebenso *Dasein,* als Totalität der gesetzten Realisation, in welcher die Momente selbst die ansichseiende Totalität der Indifferenz, von ihr als ihrer Einheit getragen, sind. Weil aber die Einheit nur als *Indifferenz* und damit nur als *an sich* festgehalten und die Momente noch nicht als *fürsichseiend,* d. i. noch nicht *an ihnen* selbst und *durch einander* sich zur Einheit aufhebend bestimmt sind, so ist damit überhaupt die *Gleichgültigkeit* ihrer selbst *gegen sich* als entwickelte Bestimmtheit vorhanden.

Dies so untrennbare Selbständige ist nun näher zu betrachten. Es ist immanent in allen seinen Bestimmungen und bleibt in ihnen in der Einheit mit sich ungetrübt von ihnen, aber hat α) als *an sich* die Totalität bleibend die Bestimmtheiten, welche in ihr aufgehoben sind, nur grundlos an ihr *hervortretend.* Das *Ansich* der Indifferenz und dies ihr *Dasein* ist unverbunden; die Bestimmtheiten zeigen sich auf unmittelbare Weise an ihr; sie ist ganz in jeder derselben, deren Unterschied hiermit zunächst als ein aufgehobener, also als *quantitativer* gesetzt, aber eben damit nicht als das Abstoßen ihrer von sich selbst, sie nicht als selbstbestimmend, nur als *äußerlich* bestimmtseiend und bestimmtwerdend.

β) Die beiden Momente sind in umgekehrtem quantitativen Verhältnisse, – ein Hin- und Hergehen an der Größe, das aber nicht durch die Indifferenz, welche eben die Gleichgültigkeit dieses Hin- und Hergehens ist, sondern hiermit nur äußerlich bestimmt ist. Es wird auf ein Anderes hingewiesen, das außerhalb ihrer ist und in welchem das Bestimmen liegt. Das *Absolute* als Indifferenz hat nach dieser Seite den zweiten Mangel der *quantitativen* Form, daß die Bestimmtheit des Unterschieds nicht durch dasselbe determiniert ist, wie es daran den ersten hat, daß die Unterschiede an ihm nur überhaupt *hervortreten,* d. i. das Setzen desselben etwas Unmittelbares, nicht seine Vermittlung mit sich selbst ist.

γ) Die quantitative Bestimmtheit der Momente, welche nun *Seiten* des Verhältnisses sind, macht die Weise ihres *Bestehens* aus; ihr *Dasein* ist durch diese Gleichgültigkeit dem Übergehen des Qualitativen entnommen. Aber sie haben ein von diesem ihrem Dasein verschiedenes, ihr *an sich* seiendes Bestehen, darin, daß sie *an sich* die Indifferenz selbst, jede selbst die Einheit der beiden *Qualitäten* ist, in welche das qualitative Moment sich spaltet. Der Unterschied der beiden Seiten beschränkt sich darauf, daß die eine Qualität in der einen Seite mit einem Mehr, in der anderen mit einem Weniger und die andere danach umgekehrt gesetzt ist. So ist jede Seite an ihr die Totalität der Indifferenz. – Jede der beiden Qualitäten, einzeln für sich genommen, bleibt gleichfalls dieselbe Summe, welche die Indifferenz ist: sie kontinuiert sich aus der einen Seite in die andere und wird durch die quantitative Grenze, die dabei in ihr gesetzt wird, nicht beschränkt. Hieran kommen die Bestimmungen in unmittelbaren Gegensatz, welcher sich zum Widerspruch entwickelt, was nun zu sehen ist.

3. Nämlich jede Qualität tritt *innerhalb* jeder Seite in die Beziehung zu der anderen, und zwar so, daß auch, wie bestimmt worden ist, diese Beziehung nur ein quantitativer Unterschied sein soll. Sind beide Qualitäten selbständig –

etwa genommen wie voneinander unabhängige, sinnliche Materien –, so fällt die ganze Bestimmtheit der Indifferenz auseinander; ihre Einheit und Totalität wären leere Namen. Sie sind aber vielmehr zugleich so bestimmt, daß sie in einer Einheit befaßt, daß sie untrennbar sind, jede nur Sinn und Realität in dieser einen qualitativen Beziehung auf die andere hat. Darum nun aber, *weil ihre Quantitativität schlechthin von dieser qualitativen Natur ist, reicht jede nur so weit als die andere.* Insofern sie als Quanta verschieden sein sollten, ginge die eine über die andere hinaus und hätte in ihrem Mehr ein gleichgültiges Dasein, welches die andere nicht hätte. Aber in ihrer qualitativen Beziehung ist jede nur, insofern die andere ist. – Hieraus folgt dies, daß sie *im Gleichgewicht* sind, da, um soviel die eine sich vermehrte oder verminderte, die andere gleichfalls zu- oder abnähme und in demselben Verhältnisse zu- oder abnähme.

Aus dem Grunde ihrer *qualitativen* Beziehung kann es daher zu keinem *quantitativen* Unterschiede und keinem *Mehr* der einen Qualität kommen. Das Mehr, um welches das *eine* der in Beziehung stehenden Momente über das *andere* hinaus wäre, wäre nur eine haltungslose Bestimmung, oder dies Mehr *wäre nur wieder das andere selbst*; in dieser Gleichheit beider aber ist keines vorhanden, denn ihr Dasein sollte nur auf der Ungleichheit ihres Quantums beruhen. – Jeder dieser sein sollenden Faktoren verschwindet ebenso, indem er über den anderen *hinaus*, als indem er ihm *gleich* sein soll. Jenes Verschwinden erscheint so, daß von der quantitativen Vorstellung aus das Gleichgewicht gestört und der eine Faktor größer genommen wird als der andere; so ist das Aufheben der Qualität des anderen und seine Haltungslosigkeit gesetzt; der erstere wird das Überwiegende, daß der andere mit beschleunigter Geschwindigkeit abnimmt und von dem ersten überwältigt wird, dieser also sich zum einzigen Selbständigen macht; aber damit sind nicht mehr zwei Spezifische und Faktoren, sondern nur das eine Ganze.

Diese Einheit, so gesetzt als die Totalität des Bestimmens, wie sie selbst darin als Indifferenz bestimmt ist, ist der allseitige Widerspruch; sie ist somit so *zu setzen* als dieser sich selbst aufhebende Widerspruch, zur fürsichseienden Selbständigkeit bestimmt zu sein, welche die nicht mehr nur indifferente, sondern die in ihr selbst immanent negative absolute Einheit zum Resultate und Wahrheit hat, welche das *Wesen* ist.

Anmerkung

Das *Verhältnis* eines Ganzen, das seine Bestimmtheit in dem Größenunterschiede qualitativ gegeneinander bestimmter Faktoren haben soll, wird bei der elliptischen Bewegung der Himmelskörper gebraucht. Dies Beispiel zeigt zunächst nur zwei Qualitäten im umgekehrten Verhältnisse zueinander, nicht zwei Seiten, deren jede selbst die Einheit beider und ihr umgekehrtes Verhältnis wäre. Bei der Festigkeit der empirischen Grundlage wird die Konsequenz übersehen, auf welche die in dieselbe gebrachte Theorie führt, nämlich das zugrunde liegende Faktum zu zerstören oder, indem dieses, wie gehörig, festgehalten wird, die Leerheit der Theorie gegen dasselbe darzutun. Das Ignorieren der Konsequenz läßt Faktum und die ihm widersprechende Theorie ruhig nebeneinander bestehen. – Das einfache Faktum ist, daß in der elliptischen Bewegung der Himmelskörper sich ihre Geschwindigkeit beschleunigt, indem sie sich dem Perihelium, und sich vermindert, indem sie sich dem Aphelium nähert. Das Quantitative dieses Faktums ist durch den unermüdlichen Fleiß des Beobachtens genau bestimmt und dasselbe weiter auf sein einfaches Gesetz und Formel zurückgeführt, somit alles geleistet, was wahrhaft an die Theorie zu fordern ist. Aber dies hat dem reflektierenden Verstande nicht genügend geschienen. Zur sogenannten Erklärung des Phänomens und seines Gesetzes werden eine *Zentripetal-* und *Zentrifugalkraft* als qualitative Momente der Bewegung in der krummen Linie angenommen. Ihr qualitativer Unterschied besteht in der Entgegensetzung der Richtung und in quantitativer Rücksicht darin, indem sie als ungleich bestimmt sind, daß, wie die eine zu-, die andere abnehmen soll und umgekehrt, dann auch ferner, daß das Verhältnis derselben wieder umschlage, daß, nachdem die Zentripetalkraft eine Zeitlang zugenommen, die Zentrifugalkraft aber abgenommen, ein Punkt eintrete, wo die Zentripetalkraft ab-, die Zentrifugalkraft dagegen zunehme. Dieser Vorstellung widerspricht aber das Verhältnis ihrer wesentlich qualitativen Bestimmtheit gegeneinander. Durch diese sind sie schlechthin nicht auseinanderzubringen; jede hat nur Bedeutung in Rücksicht auf die andere; insofern also eine einen Überschuß über die andere hätte, insofern hätte sie keine Beziehung auf diese und wäre nicht vorhanden. – Bei der Annahme, daß die eine das eine Mal größer sei als die andere, wenn sie als größere in Beziehung auf die kleinere stünde, tritt das oben Gesagte ein, daß sie absolut das Übergewicht erhielte und die andere verschwände; die letztere ist als das Verschwindende, Haltungslose gesetzt, und an dieser Bestimmung ändert es nichts, daß das Verschwinden nur allmählich geschehen, und ebensowenig, daß, *soviel* sie abnähme an Größe, der ersteren zuwachsen soll; dieses geht mit der anderen zugrunde, da, was sie ist, allein insofern ist, insofern die andere ist. Es ist eine sehr einfache Betrachtung, daß, wenn z. B., wie vorgegeben wird, die Zentripetalkraft des Körpers, indem er sich dem Perihelium nähert, zunehmen, die Zentrifugalkraft hingegen um ebensoviel abnehmen soll, die letztere *nicht mehr vermöchte*, ihn der ersteren zu entreißen und von seinem Zentralkörper wieder zu entfernen; im Gegenteil, da die erstere einmal das Übergewicht haben soll, so ist die andere überwältigt, und der Körper wird mit beschleunigter Geschwindigkeit seinem Zentralkörper zugeführt. Wie umgekehrt, wenn die Zentrifugalkraft an der unendlichen Nähe des Apheliums die Oberhand hat, es ebenso widersprechend ist, daß sie nun im Aphelium selbst von der schwächeren überwältigt werden sollte. – Es erhellt ferner, daß es eine *fremde Kraft* wäre, welche *diese Umkehrung* bewirkte; dies heißt, daß die bald beschleunigte, bald retardierte Geschwindigkeit der Bewegung *nicht* aus der angenommenen Bestimmung jener Faktoren *erkannt* oder, wie es genannt wird, *erklärt werden* könne, welche gerade deswegen angenommen worden sind, um diesen Unterschied zu erklären. Die Konsequenz des Verschwindens der einen oder der anderen Richtung und damit der elliptischen Bewegung überhaupt wird um des feststehenden Faktums willen, daß diese Bewegung fortdauert und aus der beschleunigten in die retardierte Geschwindigkeit übergeht, ignoriert und verborgen. Die Annahme des Umschlagens der Schwäche der Zentripetalkraft im Aphelium in eine überwiegende Stärke gegen die Zentrifugalkraft, und umgekehrt beim Perihelium, enthält *teils* dasjenige, was oben entwickelt worden, daß jede der Seiten des umgekehrten Verhältnisses an ihr selbst dies ganze umgekehrte Verhältnis ist; denn die Seite der Bewegung vom Aphelium zum Perihelium – der überwiegend sein sollenden Zentripetalkraft – soll noch die Zentrifugalkraft enthalten, aber im Abnehmen, wie jene zunimmt; in eben dem umgekehrten Verhältnis soll sich in der Seite der retardierten Bewegung die überwiegende und immer überwiegender werdende Zentrifugalkraft zur Zentripetalkraft befinden, so daß auf keiner Seite eine derselben verschwunden sei, sondern nur immer kleiner werde bis zur Zeit ihres Umschlagens zum Überwiegen über die andere. Es rekurriert damit nur an jeder Seite das, was der Mangel an diesem umgekehrten Verhältnis ist, daß entweder jede Kraft selbständig für sich genommen wird und mit dem bloß *äußerlichen* Zusammentreffen derselben zu einer Bewegung, wie im Parallelogramm der Kräfte, die Einheit des Begriffs, die Natur der Sache aufgehoben ist oder daß, indem beide sich qualitativ durch den Begriff zueinander verhalten, keine ein gleichgültiges, selbständiges Bestehen gegen die andere erhalten kann, was ihr durch ein Mehr zugeteilt werden sollte;

die Form der Intensität, das sogenannte Dynamische ändert nichts, da es selbst in dem Quantum seine Bestimmtheit hat und damit ebenso nur so viel Kraft äußern kann, d. h. nur insoweit existiert, als es an der entgegengesetzten Kraft sich gegenüberstehen hat. *Teils* aber enthält jenes Umschlagen aus dem Überwiegen in das Gegenteil die Abwechslung der qualitativen Bestimmung von Positiven und Negativen; das Zunehmen der einen ist ebensoviel Verlust der anderen. Der untrennbare qualitative Zusammenhang dieses qualitativen Gegensatzes ist in der Theorie in ein *Nacheinander* auseinandergerückt; aber damit bleibt sie die *Erklärung* dieser Abwechslung sowohl als vornehmlich dieses Auseinanderrückens selbst schuldig. Der Schein von Einheit, der noch in dem Zunehmen der einen mit ebensovielem Abnehmen der anderen liegt, verschwindet hier vollends; es ist ein bloß *äußerliches* Erfolgen angegeben, das nur der Konsequenz jenes Zusammenhangs, nach der, insofern die eine überwiegend geworden, die andere verschwinden muß, widerspricht.

Dasselbe Verhältnis ist auf die Attraktiv- und Repulsivkraft angewendet worden, um die verschiedene *Dichtigkeit* der Körper zu begreifen; auch das umgekehrte Verhältnis der Sensibilität und Irritabilität hat dazu dienen sollen, um aus dem Ungleichwerden dieser Faktoren des *Lebens* die verschiedenen Bestimmungen des Ganzen, der Gesundheit, wie auch die Verschiedenheit der Gattungen der Lebendigen zu begreifen. Jedoch die Verwirrung und der Galimathias, in welchen sich dies Erklären, das eine naturphilosophische Grundlage der Physiologie, Nosologie und dann der Zoologie werden sollte, in dem unkritischen Gebrauche dieser Begriffsbestimmungen verwickelte, hat hier zur Folge gehabt, daß dieser Formalismus bald wieder aufgegeben worden ist, der in der Wissenschaft besonders der physikalischen Astronomie in seiner ganzen Ausdehnung fortgeführt wird.

Insofern die *absolute Indifferenz* die Grundbestimmung der *spinozistischen Substanz* zu sein scheinen kann, so kann hierüber noch bemerkt werden, daß sie dies allerdings in der Rücksicht ist, daß in beiden alle Bestimmungen des Seins, wie überhaupt jede weitere konkrete Unterscheidung von Denken und Ausdehnung usf., als verschwunden gesetzt werden. Es ist überhaupt gleichgültig, wenn bei der Abstraktion stehengeblieben werden soll, wie dasjenige, was in diesem Abgrund untergegangen ist, in seinem Dasein ausgesehen habe. Aber die Substanz als Indifferenz ist teils *mit dem Bedürfnis des Bestimmens* und mit *der Rücksicht* auf dasselbe verbunden; sie soll nicht die Substanz des Spinoza bleiben, deren einzige Bestimmung das Negative ist, daß in ihr alles absorbiert sei. Bei Spinoza kommt der Unterschied, die Attribute, Denken und Ausdehnung, alsdann auch die Modi, die Affekte und alle übrigen Determinationen, ganz empirisch herbei; es ist der Verstand, selbst ein Modus, in welchen dies Unterscheiden fällt; die Attribute stehen zur Substanz und zueinander in keiner *weiteren Bestimmtheit*, als daß sie die Substanz ganz ausdrücken und ihr Inhalt, die Ordnung der Dinge als ausgedehnter und als Gedanken, dieselbe ist. Durch die Bestimmung der Substanz als Indifferenz kommt aber die Reflexion auf den *Unterschied* hinzu; er wird nun *gesetzt* als das, was er bei Spinoza an sich ist, nämlich als *äußerlicher* und damit näher als *quantitativer*. Die Indifferenz bleibt so in ihm wohl sich immanent wie die Substanz, – aber abstrakt, nur an *sich*; der Unterschied ist *nicht ihr* immanent, als quantitativer ist er vielmehr das Gegenteil der Immanenz, und die quantitative Indifferenz ist vielmehr das Außersichsein der Einheit. Der Unterschied ist damit auch nicht qualitativ aufgefaßt, die Substanz nicht als das sich selbst Unterscheidende, nicht als Subjekt bestimmt. Die nächste Folge in Rücksicht auf die Kategorie der Indifferenz selbst ist, daß an ihr der Unterschied von quantitativer oder qualitativer Bestimmung auseinanderfällt, wie in der Entwicklung der Indifferenz sich ergab; sie ist die *Auflösung des Maßes*, in welchem beide Momente unmittelbar als eins gesetzt waren.

C. Übergang in das Wesen

Die absolute Indifferenz ist die letzte Bestimmung des *Seins*, ehe dieses zum *Wesen* wird; sie erreicht aber dieses nicht. Sie zeigt sich, noch der Sphäre des *Seins* anzugehören, indem sie noch, als *gleichgültig* bestimmt, den Unterschied als *äußerlichen*, quantitativen an ihr hat. Dies ist ihr *Dasein*, womit sie sich zugleich in dem Gegensatze befindet, gegen dasselbe als nur das *ansichseiende* bestimmt, nicht als das *fürsichseiende* Absolute gedacht zu sein. Oder es ist die *äußere Reflexion*, welche dabei stehenbleibt, daß die Spezifischen *an sich* oder im Absoluten *dasselbe* und *eins* sind, daß ihr Unterschied nur ein gleichgültiger, kein Unterschied an sich ist. Was hier noch fehlt, besteht darin, daß diese Reflexion nicht die *äußere* Reflexion des *denkenden*, subjektiven Bewußtseins, sondern die eigene Bestimmung der Unterschiede jener Einheit sei, sich aufzuheben, welche Einheit denn so sich erweist, die absolute Negativität, ihre Gleichgültigkeit *gegen sich selbst*, gegen ihre eigene Gleichgültigkeit, ebensosehr als gegen das Anderssein zu sein.

Dies Sich-Aufheben der Bestimmung der Indifferenz aber hat sich bereits ergeben; sie hat sich in der Entwicklung ihres Gesetztseins nach allen Seiten als der Widerspruch gezeigt. Sie ist *an sich* die Totalität, in der alle Bestimmungen des Seins aufgehoben und enthalten sind; so ist sie die Grundlage, aber ist nur erst in der *einseitigen Bestimmung* des *Ansichseins*, und damit sind die Unterschiede, die quantitative Differenz und das umgekehrte Verhältnis von Faktoren, als *äußerlich* an ihr. So der Widerspruch ihrer selbst und ihres Bestimmtseins, ihrer an sich seienden Bestimmung und ihrer gesetzten Bestimmtheit, ist sie die negative Totalität, deren Bestimmtheiten sich an ihnen selbst und damit diese ihre Grundeinseitigkeit, ihr Ansichsein, aufgehoben haben. Gesetzt hiermit als das, was die Indifferenz in der Tat ist, ist sie einfache und unendliche negative Beziehung auf sich, die Unverträglichkeit ihrer mit ihr selbst, Abstoßen ihrer von sich selbst. Das Bestimmen und Bestimmtwerden ist nicht ein Übergehen, noch äußerliche Veränderung, noch ein *Hervortreten* der Bestimmungen an ihr, sondern ihr eigenes Beziehen auf sich, das die Negativität ihrer selbst, ihres Ansichseins ist.

Die Bestimmungen, als solche abgestoßene, gehören aber nun nicht sich selbst an, treten nicht in Selbständigkeit oder Äußerlichkeit hervor, sondern sind *als* Momente – erstens der *ansichseienden* Einheit angehörig, nicht von ihr entlassen, sondern von ihr als dem Substrate getragen und nur von ihr erfüllt, und zweitens als die Bestimmungen, die der *fürsichseienden* Einheit immanent, nur durch deren Abstoßen von sich sind. Sie sind statt *Seiender* wie in der ganzen Sphäre des Seins nunmehr schlechthin nur *als Gesetzte*, schlechthin mit der Bestimmung und Bedeutung, auf ihre Einheit, somit jede auf ihre andere und Negation *bezogen* zu sein, – bezeichnet mit dieser ihrer Relativität.

Damit ist das Sein überhaupt und das Sein oder die Unmittelbarkeit der unterschiedenen Bestimmtheiten ebensosehr als das *Ansichsein* verschwunden, und die Einheit ist Sein, *unmittelbare vorausgesetzte* Totalität, so daß sie diese *einfache Beziehung auf sich nur ist vermittelt* durch das *Aufheben dieser Voraussetzung*, und dies Vorausgesetztsein und unmittelbare Sein selbst nur ein Moment ihres Abstoßens ist, die ursprüngliche Selbständigkeit und Identität mit sich nur ist als das *resultierende, unendliche Zusammengehen mit sich*; – so ist das Sein zum *Wesen* bestimmt, das Sein als durch Aufheben des Seins einfaches Sein mit sich.